호남의 불교문화와 불교유적

윤덕향 · 정병삼 · 최인선 · 최선주 지음

백산서당

Buddhist Culture and Cultural Heritage in Honam

by

Yun, Duk-Hyang
(Professor, Chonbuk National University)
Jung, Byung-Sam
(Associate Professor, Sookmyung Woman's University)
Choi, In-Seon
(Professor, Sunchon National University)
Choi, Seon-Ju
(Curator, Chonju National Museum)

1998
BAIKSANSEODANG PUBLISHING

책을 펴내면서

　호남지방은 지리적으로 한반도의 서남부에 자리하고 있다. 동쪽으로는 소백산맥에 의하여 영남지방과 경계를 이루고, 서쪽과 남쪽은 바다에 면하고, 북쪽으로는 대체로 금강을 경계로 충청지방과 나누어진다. 이러한 지리적 특성으로 인해 고대에 있어 한반도 문화는 북에서 육로를 통하여 남쪽으로 전파되었다는 인식과 어우러져 호남지방의 문화 발전이 시기적으로 뒤진 것으로 생각하였다. 뿐만 아니라 호남지방은 정치의 중심이었던 때가 없었다는 점에서 문화적으로도 중심 외곽의 문화 또는 변경의 문화로 인식되었다. 이러한 인식은 불교문화에서도 마찬가지로 이 지역의 불교와 관련된 공식적인 기록은 매우 영세하며, 특히 불교문화의 전래 및 전개에 대한 초기 기록은 거의 없는 실정이다.
　그럼에도 호남지역 각지에는 불교사원과 불교와 관련된 유적·유물이 자리하고 있으며 이들 유적·유물과 관련된 전설도 적지 않게 남아 있다. 한 지역, 특히 문헌 기록이 영세한 지역의 역사와 문화를 재구성하는 방법 중의 하나는 유물·유적에 대한 연구이다. 여기에서는 호남지역의 불교문화를 파악하기 위한 기초적인 작업의 하나로 이 지역에 남아 있는 불교문화와 관련된 유물·유적을 정리하여 제시하려고 한다. 그리고 이 지역이 가지는 불교문화에서의 의미를 파악하기 위하여 불교 사상적인 면에서 접근을 서론으로 내세웠다. 불교문화에는 여기에 제시된 유물·유적 외에도 많은 유물·유적이 남아 있으며, 그들 개개가 나름의 의미를 가지는 것은 두말할 나위도 없는 것이다.

  조사의 한계로 인하여 살펴보지 못한 부분이 적지 않음을 고백하지 않을 수 없다. 이는 앞으로 지속적으로 보완되어야 할 것이다. 이 작은 작업이 이루어질 수 있도록 도움을 주고 성원을 보내주신 대상문화재단의 관계자 여러분에게 더 없는 감사를 드린다. 이 작은 작업이 다소라도 호남지역의 문화를 이해하는 데 도움이 된다면, 이는 모두 흔쾌히 연구에 참여해주신 정병삼, 최인선, 최선주 선생과 성원을 보내주신 대상문화재단 관계자 여러분의 공이라 하지 않을 수 없다.

1998년 7월
윤덕향

호남의 불교문화와 불교유적

책을 펴내면서

제1장 호남지역 불교사원의 역사적 고찰 / 정병삼
1. 머리말 17
2. 百濟佛敎와 彌勒寺 18
   1) 玄光과 惠現의 法華信仰 18
   2) 다양한 敎學 연구 20
   3) 觀音신앙과 彌勒신앙 22
3. 統一新羅 中代 敎學의 진전 26
   1) 圓測과 唯識學 27
   2) 元曉의 불교철학 31
   3) 義相의 華嚴思想 36
   4) 戒律學의 발전 41
4. 華嚴學의 융성과 華嚴寺 43
   1) 華嚴十刹과 十聖 45
   2) 화엄사의 내력과 緣起조사의 중창 46
   3) 華嚴石經과 獅子塔 50
5. 法相宗과 眞表 - 禪雲寺와 金山寺 53
   1) 禪雲寺 54
   2) 金山寺와 眞表의 법상종 57
6. 신라 下代 禪宗의 성행과 禪門九山 60

7. 實相寺, 寶林寺, 泰安寺, 雙峰寺, 玉龍寺 ·· 62
　　1) 實相山門의 洪陟선사 ··· 62
　　2) 迦智山門 寶林寺 ··· 66
　　3) 普照禪師 彰聖塔과 毘盧遮那佛像 ·· 69
　　4) 桐裏山門 泰安寺 ··· 72
　　5) 寂忍선사와 廣慈대사 ··· 73
　　6) 雙峰寺와 澈鑑선사 ·· 79
　　7) 澈鑑禪師塔과 碑 ··· 81
　　8) 無爲寺와 先覺大師 ·· 83
　　9) 玉龍山門의 道詵과 慶甫 ··· 85
　　10) 證心寺와 광주 일대의 사원 ·· 88
8. 맺음말 — 백제·통일신라 불교와 호남 사원 ·· 90

제2장 호남지방의 절터 / 윤덕향

1. 머 리 말 ··· 93
2. 발굴조사가 이루어진 절터 ·· 94
　彌勒寺址·94 / 萬福寺址·98 / 용암리 사지·99 / 安心寺址·101 / 護國寺址·102 / 운곡리 빈대절터·102 / 傳 彌勒寺址·102 / 오방골 사지·103　3. 각 지역의 절터·103

1) 광주광역시 ·· 103
　　(1) 동 구
　栢川寺址·103 / 大皇寺址·104 / 壯元寺址·104 / 芝山洞寺址·104 / 證覺寺址·105 / 鳳凰臺寺址·105 / 傳 白雲庵址·105
　　(2) 서 구
　聖居寺址·105
　　(3) 북 구
　十信寺址·106 / 禪寺址·106 / 長雲洞寺址·106 / 靑玉洞 佛堂골 寺址·106 / 金谷洞 한사골 寺址·107 / 斗岩洞 佛堂골 寺址·107
　　(3) 광산구
　湧珍寺址·107 / 余芚寺址·107 / 推善寺址·108 / 松鶴洞 절재 寺址·108 / 鳳凰寺址·108 / 棲鳳寺址·109 / 新龍洞寺址·109 / 沙湖洞 새절골 寺址·109 / 池亭洞 북당골 寺址·109 / 池山洞 절골 寺址·109 / 池山洞寺址·110 / 明道洞 명곡마을 寺址·110 / 明道洞 불당골 寺址·110 / 芝坪洞 절골 寺址·110 / 內山洞 탑골 寺址·110 / 內山洞 大鳳마을 寺址·111 /

漆石洞 절골 寺址・111 / 陶村洞 절골 寺址・111 / 安淸洞 원골 寺址・111 / 牛山洞 불당골 寺址・111

2) 전라남도 ··· 112

    (1) 나주시

興龍寺址・112

    (2) 순천시

大光寺址・112 / 旺大 大光寺址・112

    (3) 광양시

古吉寺址・113 / 成佛寺址・113 / 中興寺址・113 / 玉龍寺址・114 / 松川寺址・115 / 普雲寺址・116 / 開龍寺址・116 / 雲岩寺址・116 / 玉泉寺址・116 / 柏庵寺址・117 / 浮屠庵址・117 / 黃龍寺址・117 / 王師庵址・117 / 松林寺址・117 / 龍谷寺址・118 / 어치리 사지・118

    (4) 여수시

寒山寺址・118 / 石泉寺址・118

    (5) 영광군

笠岩里寺址・119 / 月坪寺址・119 / 利興寺址・119

    (6) 장성군

下淸寺址・120 / 鷲棲寺址・120 / 新興寺址・120

    (7) 담양군

傳 중정寺址・120 / 담양 읍내리 사지・121 / 瑞峯寺址・121 / 開仙寺址・121 / 金峴里寺址・121 / 傳 彦谷寺址・122 / 煙洞寺址・122 / 分香里寺址・122

    (8) 화순군

雙溪寺址・122 / 圭峰寺址・123 / 開天寺址・123 / 運舟寺址, 雲住寺址・123 / 萬淵寺址・123 / 維摩寺址・123 / 寒山寺址・124

    (9) 함평군

大堀寺址・124 / 龍泉寺址・124 / 君遊寺址・124

    (10) 영암군

雙溪寺址・125 / 龍岩寺址・125 / 玉龍庵址・125 / 月岩寺址・125 / 利甘庵址・125 / 淸風寺址・126 / 미암리 사지・126 춘양리 사지・126

    (11) 강진군

月下里寺址・126 / 白雲洞寺址・126 / 약사골 사지・127 / 月南寺址・127 / 신월마을 사지・127 / 龍穴庵址・127

    (12) 장흥군

新興寺址・127 / 高山寺址・128 / 玉龍寺址・128 / 塔山寺址・128 / 芙蓉寺址・129 / 生陽寺址・129

    (13) 무안군

里人寺址·129 / 法泉寺址·130 / 總持寺址·130
　　⑭ 해남군
黑石寺址·130
　　⑮ 완도군
法華寺址·131 / 海東里寺址·131
　　⑯ 진도군
臥牛寺址·131 / 上萬寺址·131 / 海院寺址·131 / 龍藏寺址·132 / 竹林寺址·132 / 海堰寺址·132 / 七田里寺址·132
　　⑰ 구례군
華嚴寺龍門庵址·132 / 竹亭里寺址·133 / 大田里寺址·133 / 論谷里寺址·133
　　⑱ 곡성군
華藏寺址·133 / 觀音寺址·133 / 天台庵址·134
　　⑲ 보성군
鳳岬寺址·134 / 梧桐寺址·134 / 正興寺址·134 / 月林寺址·134 / 日林寺址·135 / 金華寺址·135 / 夕陽寺址·135 / 澄光寺址·135
　　⑳ 고흥군
中興寺址·136 / 佛臺寺址·136 / 新虎里寺址·137 / 서당골사지·137

3) 전라북도 ·· 137
　　⑴ 전주시
中老松洞寺址·137 / 黑石寺址·137 / 北固寺址·138
　　⑵ 군산시
취산리 사지·138 / 오성산 사지·138
　　⑶ 익산시
熊浦里寺址·138 / 笠店里寺址·139 / 惺佛寺址·139 / 日新寺址·139 / 龍頭里寺址(일명 木蓮寺址)·139 / 道新庵址·139 / 道新寺址·140 / 원수리 사지·140 / 上院寺址·140 / 五金寺址·140 / 帝釋寺址·141 / 장항동 사지(일명 꽃절)·141 /
　　⑷ 정읍시
栢山里寺址·141 / 福興里寺址·141 / 長文里寺址·142 / 南福里寺址·142 / 圓通庵址·142 / 萬日寺址·142 / 海鼎寺址·142 / 后地里寺址·143 / 靈泉寺址·143 / 무성리 사지·143 / 雲住寺址(또는 龍藏寺址)·143 / 象頭寺址·143 / 靈源寺址·144 / 泉谷寺址·144 / 二祖庵址·144 / 碧蓮寺址·144 / 月照庵址·145 / 淨齋庵址·145 / 佛出庵址·145 / 靈隱寺址·145 / 圓寂庵址·145 / 金仙庵址·146 / 龍窟庵址·146
　　⑸ 김제시
龍虎寺址·146 / 蘭瓦寺址·146
　　⑹ 남원시

龍潭寺址·147 / 波根寺址·147 / 水晶寺址·147 / 서재마을 빈대절터·147 / 新興寺址·148 / 勝蓮寺址·148 / 歸政寺址·148 / 科笠里寺址·148 / 陽街里寺址·149

　　(7) 완주군

觀音寺址·149 / 明德里寺址·149 / 海月里寺址·149 / 圓巖寺址·149 / 普光寺址·150 / 景福寺址·150 / 長波寺址·150 / 鳳林寺址·151 / 雲門寺址·151 / 金塘寺址·151

　　(8) 무주군

淸凉寺址·151 / 九川洞寺址·152 / 白雲庵址·152 / 天德庵址·152 / 黑龍寺址·152

　　(8) 진안군

丹陽里寺址·153 / 內後寺洞寺址·153 / 玉渠里寺址·153 / 壽川里寺址·153 / 檜寺洞寺址·153 / 道通里寺址·154 / 도통리 지곡마을사지·154 / 龍浦里寺址·154 / 穴巖寺址·154 / 多羅尼寺址·154 / 溪西里寺址·155 / 元斗南寺址(또는 黔丹寺址)·155 / 晶水庵址·155 / 鳳鶴里寺址·155 / 雲峰里寺址·155 / 安定洞寺址·156 / 中山里寺址·156

　　(9) 장수군

龍溪里寺址·156 / 大成里寺址·156 / 元興寺址·156 / 月岡里寺址·157 / 南陽里寺址·157 / 三顧寺址·157

　　(10) 임실군

二道寺址·158 / 杜谷里寺址·158 / 斗福里寺址·159 / 立石里寺址·160 / 龍岩里寺址·160 / 枉訪里寺址·161 / 三吉里寺址·161 / 德溪里寺址·161 / 白蓮寺址·162 / 星座庵址·162 / 水落寺址·162

　　(11) 순창군

玉川寺址·162 / 南溪寺址·163 / 開心寺址·163 / 蘭溪寺址·163 / 葛宮寺址·163 / 佛岩寺址·164 / 鷲岩寺址·164 / 安亭里寺址·164 / 如雲寺址·164 / 雙溪寺址·164 / 木洞里寺址·165 / 大街里 寺址·165

　　(12) 고창군

聖山寺址·165 / 安德寺址·165 / 安德寺址·166 / 蟠岩里寺址·166 / 선운사 주변 암자터·166 / 古縣里寺址·166 / 葛山마을 寺址·166 / 葛山寺址·167 / 新興寺址·167 / 高峰寺址·167 / 月寺址·167 / 龍溪寺址·167 / 上登里寺址·167

　　(13) 부안군

西外里寺址·168 / 白雲寺址·168 / 成桂寺址·168 / 興浪寺址·168 / 實相寺址·168 / 義湘寺址·169 / 不思議房丈·169 / 내소사 부속 암자터·169 / 開岩寺玉泉庵址·169 / 靑林里寺址·169 / 靑林寺址(일명 新靑林寺址)·170 / 晴湖里寺址·170 / 文殊寺址·170

4. 고찰 — 결론을 겸하여 ·· 170
1) 분포 ·· 170
2) 창건시기와 동기 ·· 173
3) 폐찰 시기와 동기 ·· 175

제3장 호남지방의 불상 / 최인선·최선주

1. 머리말 ·· 179
2. 호남지방의 초기 불교문화 수용 ·· 181
3. 백제시대의 불상 ·· 188

익산 蓮洞里 石造如來坐像·188 / 익산 胎峰寺 石造三尊佛·190 / 정읍 普化里 石造如來立像(2구)·191 / 김제 出土 銅造板佛·193 / 彌勒寺址 出土 塑造佛·196 / 장흥 玉龍寺址 出土 金銅藥師如來立像·197

4. 통일신라와 고려시대 각 지역의 불상 ··· 199

1) 광주광역시 ·· 199

광주 藥師寺 石造如來坐像·199 / 광주 證心寺 鐵造毘盧舍那佛坐像·200 / 광주 極樂庵 磨崖如來坐像·204 / 광주 新龍洞 石造如來坐像·206

2) 전라남도 ··· 207

中興寺 石造地藏菩薩半跏像·207

(2) 나주시

鐵川里 石造如來立像·208 / 鐵川里 七佛石像·209 / 萬峰里 石造如來立像·210 / 竹林寺 石造如來坐像·211 / 龍雲寺 石造如來坐像·212 / 尋香寺 石造如來坐像·213 / 羅州 尋香寺 乾漆阿彌陀如來坐像·214

(3) 순천시

金芚寺 石佛碑像·215 / 松廣寺 木造三尊佛龕·217 / 仙巖寺 鐵造如來坐像·217 / 松廣寺 傳高峰國師 所持 佛龕·220 / 順天 石峴洞 磨崖佛坐像·221 / 仙巖寺 磨崖佛立像·223 / 仙巖寺 千佛殿 發見 金銅觀音菩薩坐像·224 / 倉村里 石造如來坐像·227 / 杏亭里 石造如來坐像·228

(4) 여수시

傳竹林寺址 石造毘盧舍那佛坐像·230

(5) 강진군

月南里 兩面石佛·231 / 金陵鏡浦臺 대문안골 磨崖如來立像·233 / 塔洞 石造如來立像·234 / 無爲寺 石造如來立像·235

(6) 고흥군

鶴谷里 石造菩薩像·236 / 高興 成佛寺 石造如來立像·237

(7) 곡성군

玄亭里 石造如來立像·238 / 竹山里 石造如來立像·239 / 石谷里 石造如來立像·241 / 堂洞里 傳한적사지 石造如來坐像·242 / 堂洞里 石造如來坐像·246

(8) 구례군

大田里 石造毘盧遮那佛立像·247 / 般若寺 石造如來坐像·251 / 泉隱寺 金銅佛龕·253 / 沙圖里 石造如來坐像·254 / 四聖庵 磨崖如來立像·255

(9) 담양군

潭陽 靈隱寺 石造如來坐像 其1·256 / 靈隱寺 石造如來坐像 其2·257 / 靈泉里 磨崖如來坐像·259 / 五龍里 石造如來立像·260 / 成道里 石造如來立像·261

(10) 무안군

務安 藥師寺 石造藥師如來立像·262

(11) 보성군

柳新里 磨崖如來坐像·263 / 梅峴里 磨崖藥師如來立像·265 / 沙谷里 磨崖如來坐像·267 / 盤石里 石造如來坐像·269

(12) 영광군

雪梅里 佛頭·272 / 建武里 石造如來立像·273 / 鎭內里 石造彌勒佛·274

(13) 영암군

龍興里出土 金銅四天王像·275 / 龍巖寺址 磨崖如來坐像·276 / 月谷里 磨崖如來坐像·280 / 月出山 獅子峰下 칠치계곡 磨崖如來坐像·281 / 道岬寺 石造如來坐像·282 / 龍岩寺址 三層石塔 出土 金銅地藏菩薩坐像·284

(14) 장성군

院德里 彌勒佛立像·286 / 鳳停寺 石造如來坐像·287 / 流湯里 磨崖如來坐像·288 / 虎岩寺 石造如來立像·290

(15) 장흥군

寶林寺 鐵造毘盧舍那佛坐像·291 / 忠烈里 石造如來立像·294 / 傳義湘庵址 石造如來立像·295 / 龍華寺 石造如來坐像·297 / 高山寺 石造如來立像·298 / 玉龍寺址 石造如來坐像·300 / 九龍里 磨崖如來坐像·301

(16) 진도군

龍藏寺 石造三尊佛像·302 / 上萬里寺址 石造如來坐像·303

(17) 함평군

海保里 石造毘盧遮那佛立像·304 / 高山寺址 磨崖如來坐像·306 / 沙器峯 磨崖佛·307

(18) 해남군

大芚 北彌勒庵 磨崖如來坐像·309 / 隱蹟寺 鐵造毘盧舍那佛坐像·310 / 高道里 磨崖如來坐像·312 / 新安里 石造如來坐像·313

(19) 화순군

雲住寺 石佛群·313 / 雲住寺 龕室內 佛像·317 / 雲住寺 臥佛(석불좌상과 입상)과 侍衛佛(입상)·318 / 雲住寺 磨崖如來坐像·320 / 雲住寺 出土 金銅如來立像·321 / 雲住寺 出土 金銅菩薩立像·322 / 石佛庵 磨崖如來坐像·323

3) 전라북도 ··· 324

(1) 전주시

彌勒庵 石造如來立像·324 / 天高寺 石造如來立像·325

(2) 군산시 ··· 326
倉雁 石佛·326 / 中央路 石造如來立像·327
　　(3) 익산시
源水里 出土 金銅如來坐像·329 / 華山里 磨崖三尊佛·330
　　(4) 정읍시
龍興里 石造如來立像·333 / 后池里 塔洞 石造毘盧遮那佛坐像·334 / 武城里 石造如來立像·336
　　(5) 남원시
心鏡庵 石造如來坐像·342 / 大福寺 石造如來坐像·345 / 大福寺 鐵造如來坐像·346 / 善國寺 乾漆佛坐像·349 / 內尺洞 石造如來立像·350
蓮華寺 石佛立像·354 / 池塘里 石造如來立像·356 / 龍潭寺 石造如來立像·359 / 虎基里 磨崖如來坐像·361 / 細田里 石造如來立像·361 / 加德寺 石造如來立像·362 / 露積峰 磨崖如來坐像·363 / 大新里 三尊石佛片·364 / 沙石里 磨崖如來坐像·365 / 鄭嶺峙 磨崖佛像群·366
　　(6) 고창군
茂松里 石造如來坐像·369 / 蓮洞里 石造如來立像·370
　　(7) 부안군
靑林里 石造地藏菩薩坐像·374 / 龍華寺 石造如來立像·375
　　(8) 순창군
細龍里 磨崖三尊佛·377 / 석산리 佛庵寺址 磨崖如來坐像·378 / 淳平寺 金銅如來坐像·379
　　(9) 완주군
鳳林寺址 石造三尊佛立像·381 / 水滿里 磨崖如來坐像·384
　　(10) 장수군
彌勒庵 石造如來坐像·385 / 元興里 石造如來立像·385
　　(11) 임실군
中基寺 鐵造如來坐像·387 / 雲水寺 石造如來立像·388 / 鶴亭里 石造如來立像·389 / 槩樹里 石造如來立像·390

찾아보기·391
참고문헌·397

◇ 한국사회 지방연구 시리즈를 간행하며

사진차례

미륵사 전경　23
화엄사 사자탑과 석등　51
선운사 전경　55
금산사 미륵전과 오층탑　58
실상사 전경　62
실상사 풍각대사탑비 귀부와 이수　63
보림사 철조 비로자나불상　70
대안사 적인선사탑　75
철감선사탑비 귀부와 이수　82
철감선사탑　82
선각대사비　85
益山 蓮洞里 石造如來坐像　189
益山 胎峰寺 石造三尊佛　190
井邑 普化里 石造如來立像　191
金堤 出土 銅造板佛　193
彌勒寺址 出土 塑造佛　197
光州 澄心寺 鐵造毘盧舍那佛坐像　200
光州 極樂庵 磨崖如來坐像　205
光陽 中興寺 石造地藏菩薩半跏像　207
羅州 鐵川里 石造如來立像　208
羅州 鐵川里 七佛石像　210
羅州 萬峰里 石造如來立像　211
羅州 竹林寺 石造如來坐像　212
羅州 龍雲寺 石造如來坐像　213
羅州 尋香寺 乾漆阿彌陀如來坐像　214
順天 金芚寺 石佛碑像　215
順天 仙巖寺 鐵造如來坐像　218
順天 石峴洞 磨崖佛坐像　221
順天 仙巖寺 磨崖佛立像　223
順天 仙巖寺 千佛殿 發見 金銅觀音菩薩坐像　225
順天 倉村里 石造如來立像　227
麗水 傳竹林寺址 石造毘盧舍那佛坐像　230
康津 月南里 兩面石佛　231
康津 金陵鏡浦臺 대문안골 磨崖如來立像　233
康津 無爲寺 石造如來立像　235
谷城 玄亭里 石造如來立像　239
谷城 竹山里 石造如來立像　240
谷城 堂洞里 傳한적사지 石造如來坐像 정면　243
谷城 堂洞里 傳한적사지 石造如來坐像 배면　245
谷城 堂洞里 石造如來坐像　247
求禮 大田里 石造毘盧遮那佛立像　248
求禮 般若寺 石造如來坐像　251
求禮 沙圖里 石造如來立像　254
潭陽 靈隱寺 石造如來坐像　256
潭陽 芬香里 石造如來立像　258
潭陽 靈泉里 磨崖如來坐像　259
潭陽 五龍里 石造如來立像　260
潭陽 成道里 石造如來立像　261
寶城 柳新里 磨崖如來坐像　263
寶城 梅峴里 磨崖藥師如來立像　266
寶城 沙谷里 磨崖如來坐像　268
寶城 盤石里 石造如來坐像　269
靈光 雪梅里 佛頭　272
靈光 建武里 石造如來立像　274
靈岩 龍巖寺址 磨崖如來坐像　277
靈岩 月谷里 磨崖如來坐像　280
靈岩 月出山 獅子峰下 칠치계곡 磨崖如來坐像　282
靈岩 道岬寺 石造如來坐像　283

長城 院德里 彌勒佛立像　287
長城 鳳停寺 石造如來立像　288
長城 流湯里 磨崖如來坐像　289
長興 寶林寺 鐵造毘盧舍那佛坐像　292
長興 傳義湘庵址 石造如來立像　296
長興 龍華寺 石造如來坐像　297
長興 玉龍寺址 石造如來坐像　300
長興 九龍里 磨崖如來坐像　301
咸平 海保里 石造毘盧遮那佛立像　304
咸平 沙器峯 磨崖佛　308
海南 隱蹟里 鐵造毘盧舍那佛坐像　310
和順 雲住寺 石佛群　314
和順 雲住寺 龕室內 佛像　317
和順 雲住寺 臥佛　318
和順 雲住寺 磨崖如來坐像　320
和順 雲住寺 出土 金銅如來立像　321
和順 石佛庵 磨崖如來坐像　323
全州 彌勒庵 石造如來立像　324
益山 古都里 石佛立像　328
益山 源水里 出土 金銅如來坐像　329
井邑 望帝洞 石造如來立像　331
井邑 南福里 彌勒庵 石造如來立像　333
井邑 龍興里 石造如來立像　334
井邑 后池里 塔洞 石造毘盧遮那佛坐像　335
南原 實相寺 鐵造如來坐像　337
南原 禪院寺 鐵造如來坐像　339
南原 萬福寺址 石造如來立像　341
南原 心鏡庵 石造如來坐像　343
南原 彌勒庵 石造如來立像　344
南原 大福寺 石造如來坐像　346
南原 大福寺 鐵造如來坐像　347
南原 內尺洞 石造如來立像　350
南原 新溪里 磨崖如來坐像　351
南原 科笠里 石造如來立像　353

南原 蓮華寺 石佛立像　354
南原 女院峙 磨崖如來像　356
南原 池塘里 石造如來立像　357
南原 樂洞里 石造如來立像　358
南原 龍潭寺 石造如來立像　359
南原 虎基里 磨崖如來坐像　361
南原 細田里 石造如來坐像　362
南原 加德寺 石造如來立像　363
南原 露積峰 磨崖如來坐像　364
高敞 雲禪庵 磨崖如來坐像　368
高敞 茂松里 石造如來坐像　369
高敞 浦上亭 石造如來立像　371
高敞 禪雲寺 東佛庵 磨崖如來坐像　372
高敞 禪雲寺 兜率庵 金銅地藏菩薩坐像　374
扶安 青林里 石造地藏菩薩坐像　375
扶安 龍華寺 石造如來立像　376
淳昌 細龍里 磨崖三尊佛　377
淳昌 淳平寺 金銅如來立像　379
完州 鳳林寺址 石造三尊佛立像　382
完州 傳飮水洞 石造藥師如來坐像　383
長水 彌勒庵 石造如來坐像　385
長水 元興里 石造如來立像　386
任實 中基寺 鐵造如來坐像　387
任實 鶴亭里 石造如來坐像　389
任實 獒樹里 石造如來立像　390

제1장 호남지역 불교사원의 역사적 고찰
― 백제와 통일신라시대 호남의 사원 ―

1. 머리말

　호남지역은 한반도의 서남방에 자리잡고 있다. 드넓은 평야지대를 안고 있는 이 지역은 일찍부터 많은 물산을 길러주었고, 이로 인해 항상 다른 지역의 관심을 받는 대상이기도 하였다. 또한 서남이 모두 바다로 열린 개방성은 이 지역 문화의 속성 또한 그러한 지향을 보이게 하였다.
　불교는 삼국시대인 4세기에 우리나라에 전래된 이래 우리 문화의 주요한 근간을 이루어왔다. 곳곳에 수많은 사원이 건립되어 나름의 유래를 이어내려오며 많은 인물을 배출하고 문화 진전에 커다란 역할을 해왔다.
　본고는 이러한 호남지역의 사원이 갖는 문화적 의의를 살펴보기 위한 것이다. 삼국시대의 백제로부터 근대에 이르기까지 전통시대의 문화가 살아 숨쉬는 사원의 역사적 유래를 더듬어, 호남문화의 일면을 알아보고자 하는 것이 본고의 의도이다. 하지만 호남지역의 방대한 사원을 일거에 모두 고찰하는 것은 어려운 일이므로 우선 일차적으로 백제시대 및 통일신라시대의 호남지역 사원을 고찰하는 것으로 범위를 제한하였다. 따라서 현재의 사원

상태와 상관없이 고찰 대상 사원의 백제 및 통일신라시대 유적과 인물을 중점적으로 살핌으로써 호남지역의 사원이 갖는 의의를 알아보고자 한다.

2. 百濟佛敎와 彌勒寺

백제에 처음으로 불교가 전래된 것은 枕流王 원년(384)이다. 곧 이 해 9월에 東晋으로부터 摩羅難陀가 불교를 가져오니 왕이 맞이하여 궁중에 모셔두고 공경하였다.[1] 삼국 중 가장 먼저 고구려가 북조인 前秦을 통해 불교를 수용한 것이 이보다 12년 전인 小獸林王 원년(372)이었으니 백제는 고구려와 거의 동시에 남조 불교를 수용한 것이다. 그리고 불교를 처음 수용한 이듬해(385년)에 漢山에 사원을 세우고 10인의 승려를 출가하도록 하였다. 이어 阿莘王 원년(392)에는 왕이 조서를 내려 불법을 믿어 복을 구하라고 하였다.

1) 玄光과 惠現의 法華信仰

이후 백제 불교는 중국과의 잦은 왕래를 통해 여러 경전을 받아들여 불교 이해의 폭을 넓혀갔고 특히 涅槃經과 法華經에 대한 연구가 왕성하였다.
백제 熊州 출신인 釋 玄光은 중국에 유학하여 중국 불교 정수의 하나인 天台學의 기초를 다졌던 南岳 慧思(514~557)에게 法華經 安樂行品의 가르침을 받고 정진·수행하여 法華三昧를 증득하였다. 스승 혜사가 본국으로 돌

---

[1] 『三國史記』 권24 枕流王 원년 9월. 『三國遺事』 권3 難陀闢濟. 『海東高僧傳』 권1 摩羅難陀.

아가 깨달은 바 법문으로 사람들을 제도하도록 당부하자, 현광은 바닷길로 귀국하여 고향에 절을 세우고 교화를 크게 펼쳐 많은 제자를 가르쳤다.[2)]

현광이 백제에 귀국한 시기는 威德王(554~597)대 후반이었을 것이니 그가 백제에서 활동한 시기는 위덕왕대로부터 武王(600~640)대 전반기에 해당되는 시기이다. 현광은 중국에서 수행하면서 법화사상의 실천적 수행에 역점을 두었으므로 백제에서의 교화활동도 법화신앙의 홍포와 법화삼매의 실천에 중점을 두었을 것이다. 이러한 현광의 활동은 당시 중국 불교를 이끌던 천태종의 완성자 智顗의 사상 경향과 나란히 하는 것으로서, 백제 불교의 수준 높은 일면을 알 수 있게 한다.

이러한 백제의 법화신앙 전통은 무왕대의 慧顯(570~627경)에게 계승되었다. 혜현은 어려서 출가하여 법화경을 독송하는 것으로 업을 삼고 三論도 전파하였다. 처음에는 백제의 북쪽인 修德寺에 머물다가 남방 達拏山(곧 月出山)으로 가서 오로지 수행에만 몰두하다 돌아가 신비로운 영험담을 남겼고 이는 중국에까지 널리 알려졌다.[3)] 이와 같은 혜현의 행적에서 백제에 법화경 독송 신앙이 널리 퍼져 있었던 것을 알 수 있다.

또한 혜현이 삼론에 뛰어났다는 것에서 백제 불교가 대승 공사상에 대한 본격적인 추구인 三論學에 큰 관심을 보였던 것을 알게 한다. 이는 백제의 승려로 무왕 3년(602)에 일본에 건너가 천문 지리 등을 전수하고 일본 최초의 僧正이 되었다는 觀勒이 삼론사상에 뛰어났다는 것과 위덕왕 42년(595)에 일본에 건너간 慧聰과 道藏 등이 삼론학자였다는 것에서도 확인된다.[4)]

---

2) 『宋高僧傳』권18 陳新羅玄光傳, 『大正新修大藏經』 50~820하.
3) 『續高僧傳』권28 伯濟國達拏山釋慧顯傳, 『大正新修大藏經』 50-687하. 『三國遺事』 권5 惠現求靜.
4) 金煐泰, 「百濟의 佛敎思想」, 『韓國哲學硏究』 상, 1977(『百濟佛敎思想硏究』, 1985, 31쪽).

2) 다양한 敎學 연구

이러한 백제 교학의 다양성은 般若사상과 成實論, 維摩經 등에도 확대된다. 삼론학의 융성은 반야경에 대한 연구가 이미 이루어졌음을 추측하게 한다. 그리고 武王이 천도하여 제석정사를 새로 짓고 그 탑의 초석에 금강반야경을 필사하여 불사리와 함께 봉안하였다는 데서 금강경 신봉 사실을 알게 된다.5)

백제는 聖王 19년(541)에 梁나라에 사신을 파견하여 毛詩博士와 涅槃經 등의 經義 및 工匠과 畵師를 보내줄 것을 요청하였다.6) 이에 따라 양나라에서는 涅槃經疏 등을 백제에 보내왔다.7) 이러한 사실은 백제가 중흥을 도모하던 성왕대에 유교사상에 대한 연구와 더불어 불교사상 중에서도 열반사상에 대해 깊은 관심을 가졌다는 것을 말해준다. 열반학은 당시 중국 남조 불교의 중심을 이루던 수준 높은 교학이었다. 일체중생이 모두 佛性을 가졌음을 설하는 열반학은 敎判상 석존의 교화과정에서 맨 마지막 단계에 설해진 경전으로, 법화경과 함께 究極적인 교의를 밝혔다고 인정되던 것이었다. 그런데 백제가 특히 열반학에 관심을 가졌다는 것은 중국 불교를 체계적으로 수용·이해하고 있었음을 반증한다. 그리고 앞서 서술한 바와 같이 백제 불교 중심에 법화경이 자리잡고 있던 것과 상통하는 내용이다. 이보다 후대의 일이기는 하지만 普德이 연개소문 집권기 고구려의 불교 위축에 따라 백제지역인 完山 孤大山으로 망명해온 것도 이와 상관이 있다.8)

---

5) 金煐泰,「觀世音應驗記」附,『百濟佛敎思想硏究』, 1985, 31~32쪽.
6) 『三國史記』 권26 聖王 19년.
7) 金東華,「百濟時代의 佛敎思想」,『亞細亞硏究』 5-1, 1962(『三國時代의 佛敎思想』, 1987, 민족문화사, 60쪽).
8) 安啓賢,「三國時代의 佛敎思想」,『韓國文化史大系』 6, 1970(『韓國佛敎思想史硏究』,

이 밖에 의자왕대에 일본에 건너가 법문의 영수로 존경받았다는 道藏이 앞서 든 삼론학 이외에도 成實論疏 16권을 찬술하고 法相 俱舍에도 능통했다는 것과 백제 말년(656년)에 일본에 건너가 유마경을 독송하여 병을 고쳤다는 비구니 法明의 일, 그리고 백제의 義榮에게 藥師經과 瑜伽論에 대한 저술이 있었다는 것 등은 백제 불교 교학의 다양한 면모를 확인해주는 것들이다.9)

백제 교학의 특성으로 戒律學이 손꼽힌다. 성왕 4년(526)에 백제 僧 謙益은 계율을 구하고자 바닷길로 인도에까지 가서 常伽那大律寺에서 5년 동안 梵文을 익혀 통달하고 律學을 공부하였다. 그리고는 범승 倍達多 삼장과 함께 범본 阿曇藏 五部의 律文을 가지고 귀국하니, 왕은 겸익을 맞아 興輪寺에 머물게 하면서 국내의 승려 28인을 불러 함께 律部 72권을 번역하게 하였다. 이에 曇旭과 惠仁 두 법사가 律疏 36권을 지어 올리고 왕은 친히 毘曇新律의 서문을 지었다.10) 이에 대한 사실성 여부는 논란이 되고 있지만, 이 기록이 백제에서 율학이 성행했음을 보여주는 자료임에는 이론의 여지가 없다. 백제에 유학 왔던 일본의 善信尼가 위덕왕 35년(588)에 본국 일본에 돌아가 일본 율학의 시조가 되었다는 것에서 백제 율학의 성행을 잘 알 수 있기 때문이다. 이러한 율학 성행은 法王이 원년(599)에 殺生을 금하는 명을 내리고 민가에서 기르는 매를 놓아주고 고기잡이나 사냥 도구를 불사르게 했다는 엄격한 계율 준수 상황으로 이어졌다.11)

 동국대 출판부, 1983, 22~25쪽).
 9) 金煐泰, 앞의 책, 32~34쪽.
10) 李能和, 「彌勒佛光寺事蹟」, 『朝鮮佛敎通史』, 1919, 33~34쪽.
11) 『三國史記』 권27 法王 원년 冬12월. 『三國遺事』 권3 法王禁殺

3) 觀音신앙과 彌勒신앙

한편 백제에서 널리 행해졌던 신앙으로는 관음신앙과 미륵신앙을 들 수 있다. 관음신앙은 법화경 신앙과 함께 일찍부터 전래되었을 터인데 發正의 신앙 영험담이 이를 대변해준다.

백제의 사문 發正은 양나라 天監 연간(502~519)에 중국에 가서 스승을 찾아 도를 배우고 자못 義解를 깨쳤다. 더욱 수행에 정진하여 30년 만에 귀국하면서 越州에 관음도량이 있다는 말을 듣고 그곳 도량을 찾아가 법화경 독송자의 영험이 남아 있는 것을 확인하고 돌아왔다.12) 이러한 발정의 귀국과 활동으로 백제사회에 관음신앙은 상당히 넓게 수용되었을 것이다.

관음신앙과 함께 백제 신앙의 중심을 이룬 것이 미륵신앙이다. 聖王이 552년에 일본에 처음 불교를 전할 때 석가상과 미륵상을 전하였다는 데서 백제 미륵신앙의 일단을 알 수 있지만13) 백제 미륵신앙의 상징은 미륵사 창건과 관련된 연기설화이다.

彌勒寺는 신라의 황룡사와 함께 삼국 불교를 대표하는 백제 최대의 가람이다. 그런데 미륵사는 신라의 선화공주를 부인으로 맞아들여 왕위에 오른 무왕이 부인과 함께 용화산 아래 연못 속에서 미륵삼존이 출현한 것을 인연으로 창건하였다고 한다. 즉 무왕이 선화부인과 함께 師子寺에 가기 위해 용화산 밑에 있는 연못에 이르렀는데 갑자기 미륵삼존이 못 속에서 출현하여 머물러 예경하였다. 이때 부인이 이곳에 큰가람을 짓는 것이 진실한 바람이라고 하자 왕이 이를 허락하였다. 예전에 영험을 보인 적이 있던 知命

---

12) 『法華經傳記』 권6 越州觀音道場道人(鄭炳三, 「統一新羅 觀音信仰」, 『韓國史論』 8, 1982, 26~27쪽).

13) 金煐泰, 「百濟의 佛敎思想」, 『韓國哲學硏究』 상, 1977(『百濟佛敎思想硏究』, 1985, 35쪽).

法師를 찾아 연못을 메울 방도를 묻자 법사가 신력으로 하룻밤 새에 연못을 메워 평지로 만들었다. 그래서 彌勒佛이 세 번에 걸쳐 수십억씩 중생을 제도한다는 미륵경의 三會說法 내용을 따라 殿閣과 塔과 廊廡를 각각 세 곳에 창건하고 彌勒寺라 이름하였다.14)

彌勒寺 전경

이와 같은 『三國遺事』의 창건 설화는 사실과는 일정한 차이가 있을 것이다. 그러나 이 미륵사 창건 설화에 앞서 등장하는 무왕 즉위 전의 薯童과 善化공주의 혼인 설화와는 달리 미륵사 창건 설화는 상당한 사실에 바탕을 두고 이루어졌던 것으로 보인다. 이는 백제인이 가졌던 절실한 미륵신앙과도 연관이 있을 것이다.

발굴 조사에 따르면 미륵사는 무왕대를 전후한 시기에 창건된 것으로 생각된다. 미륵사의 가람배치는 독특한 세 개의 절이 모여 이룬 三院伽藍 식이다. 가람의 중앙에 中門과 회랑이 있고 중문을 들어서면 木塔과 中金堂이 있다. 목탑과 금당 사이에 石燈이 있고 회랑이 이들 구조를 둘러싸고 있다. 중문 좌우편의 남쪽 회랑은 계속 동서로 연장되어 양쪽에 각각 다시 중문이 있다. 그리고 동서 중문 안에는 각각 7층(혹은 9층)의 石塔이 있고 중앙과 마찬가지로 탑 뒤에는 석등이 있으며 그 뒤에 금당이 있다. 중금당과 동서 금당은 각기 석등 탑 중문과 남북으로 일직선상에 있으며, 세 금당과 세 탑의 중심선은 또한 동서로 일치되는 선상에 있다. 동서 가람의 바깥으로 회랑이 있어 동서 면을 감싸 돌아 북쪽에 이르러 중앙 쪽으로 꺾여져오다 각각 중

---

14) 『三國遺事』 권2 武王. 一日王與夫人 欲幸師子寺 至龍華山下大池邊 彌勒三尊出現 池中 留駕致敬 夫人謂王曰 須創大伽藍於此地 固所願也 王許之 詣知命所 問塡池事 以神力一夜頹山 塡池爲平地 乃法像彌勒三會 殿塔廊廡 各三所創之 額曰彌勒寺 眞平王遣百工助之 至今存其寺.

간에서 僧房으로 추정되는 남북으로 긴 건물에 이어진다. 추정 승방 건물의 북쪽 끝 부분에서 중앙 쪽으로 회랑이 있고 중앙의 중금당 남북 중심축 선상에 중심을 둔 장대한 규모의 講堂이 자리잡았다. 따라서 미륵사의 구조는 각기 별개의 구역을 가진 금당과 탑으로 이루어진 세 개의 가람이 하나의 강당을 중심으로 뭉쳐 있는 三院伽藍을 이루었다. 일탑 일금당의 동원, 서원, 중원으로 구획된 가람을 동서 횡축선상에 나란히 배치하고 강당은 중원 북쪽에 하나만 배치한 三院竝列 식 가람 구성인 것이다.15)

금당은 세 곳 모두가 지하에 공간이 있는 특이한 구조이다. 이를 위해 유난히 높은 주춧돌을 쌓고 지하 공간을 마련한 위에 마루청을 깔 듯 전면을 덮었다. 이와 같은 지하 공간은 용으로 변한 미륵불이 이곳 금당으로 드나들도록, 또는 지금 와서 머물고 있다는 것을 상징하기 위한 배려였다고 한다. 그리고 이곳에 연못이 있었음도 발굴을 통해 확인되었다. 아울러 건물에 사용된 돌이 龍華山(彌勒山)의 돌과 같은 석질을 보이는 것은 인근의 산을 허물어 그 돌과 흙을 이용했을 가능성을 말해주는 것이다. 이러한 점에서 미륵사 창건 설화는 상당 부분 사실을 바탕으로 이루어진 것임을 알 수 있다.16)

미륵사와 같은 평면구조를 보이는 사원은 우리나라나 다른 나라에서 그 유례를 찾아볼 수 없다. 이는 백제인들의 미륵 구현에 대한 염원이 하나의 이상적인 미륵 공간으로서 미륵사와 같은 가람 구조를 이루도록 했기에 가능했던 것이다. 미륵의 삼회 설법에 의한 수십억 중생구제를 믿고 그 설법 장소를 위해 독자의 금당과 탑으로 이루어진 삼원을 마련하고 그 금당에는 용으로 변한 미륵의 왕래를 상징하는 지하 구조를 갖춘 것들은 경전 내용에 따라 구체적으로 미륵의 왕림을 기원하는 간절한 소망에서 나온 것이었다. 이와 같은 절실한 미륵신앙은 말기의 백제사회에 광범위하게 전개되던 신앙

---

15) 『彌勒寺遺蹟發掘調査報告書』, 文化財管理局 文化財硏究所, 1989, 72쪽.
16) 윤덕향, 『옛절터』, 대원사, 1989, 37~39쪽.

이었다.

　미륵사를 비롯하여 이 일대에는 백제의 불교 유적이 산재한다. 익산의 왕궁리 일대에 백제 유적이 집중되어 있는데 익산시 삼기면 蓮洞里의 7세기 전반 조성으로 추정되는 광배 크기 4.48m의 석불좌상과 같은 연동리의 1m 되는 胎峰寺 석조삼존불 역시 7세기 전반경의 작품으로 추정된다. 또한 익산시 왕궁면의 帝釋寺址는 12m가 넘는 방형 기단과 心礎石이 남아 있어 상당한 규모의 목탑이 건립되었던 것을 알 수 있다. 그리고 완주군 구이면의 景福寺址는 백제 최말기인 650년에 고구려의 普德화상이 망명해 와서 활동하던 孤大山 飛來方丈이 있던 곳으로[17] 백제 말기에 이름을 떨치던 불교 유적지이다. 이 보덕화상의 여러 제자들이 각기 여러 곳에 사원을 세워 활동하였다 하므로 삼국통일기에 이 일대에는 상당수의 사원이 있었으리라는 것을 추정할 수 있다.

　이러한 전북지역의 불교 유적에 비해 오랫동안 마한문화의 영향이 남아 있던 전남지역의 백제시대 불교 유적은 그리 뚜렷하지 않다. 慧顯이 남쪽으로 내려와 활동했다는[18] 達拏山이 곧 月出山이므로 이 지역 일대에는 백제시대부터 사원이 건립되어 활동이 이루어져왔음을 짐작할 수 있을 뿐이다.

---

17) 『三國遺事』 권4 「寶藏奉老 普德移庵」.
18) 『三國遺事』 권5 「惠現求靜」.

3. 統一新羅 中代 敎學의 진전

武烈王이 즉위하여 中代가 시작되면서 7세기 중반의 신라 왕실은 지방제도 정비와 중앙제도 개편으로 왕권을 강화하여 중앙집권적인 관료체제를 유지해갔다. 이들 체제를 운영하는 이념으로 유교가 영향력을 확대해가고 유학자들이 대거 등장하여 문화 수입과 외교문서 제작 등 이전에 승려들이 맡아왔던 정치 자문의 역할을 대신하였다. 이와 함께 왕명도 불교식 왕명 시대에서 漢式 諡號 시대로 바뀌었다. 이러한 정치적 변화와 유학에 대한 이해가 진전되어가는 사상계의 동향에 상응하여 삼국 불교를 종합하여 다양하고 폭넓은 불교사상을 담아낼 새로운 불교사상 체계 확립과 기층민들에게까지 널리 불교를 이해시켜나가는 것이 중요한 과제로 대두되었다.

삼국기에 마련한 교학 진전의 기반 위에 삼국통일을 전후하여 고구려나 백제에서 발달한 三論學이나 天台學의 中觀派 불교학이 신라에 전해짐으로써 불교 교리에 대한 연구가 심화되고, 이는 곧 중관파와 유가파의 교리적 대립을 인식하고 극복해야 한다는 과제를 낳게 되었다. 이와 더불어 국가발전과 왕권강화 작업이 어느 정도 달성되고 불교사상에 대한 이해 기반이 조성됨에 따라 국가불교의 한계와 모순을 반성하고 국가의 세속적 목적과 불교의 출세간적 가치관 사이의 사상적인 갈등을 해소하는 것이 또한 과제가 되었다.[19] 이는 이 시기에 크게 신장되던 기층민의 사회적 지위에 따라 그들의 신앙적 욕구를 만족시켜야 한다는 점도 고려되었다. 이런 과제를 해결하기 위한 노력으로 불교 교리에 대한 연구와 대중화 운동이 전개되었다.

---

19) 崔柄憲,「新羅 佛敎思想의 展開」,『歷史都市 慶州』, 열화당, 1984, 379~381쪽.

그런데 이러한 문제가 제기되던 시대에 등장한 무열왕계의 중대 왕실은 고구려를 통합한 후 사회구조의 대대적인 재편성을 시도하였고, 그러한 과정에서 중고 왕실과 이해관계를 함께 하던 기존의 불교계에 대한 일련의 제도적인 조치를 마련하였다. 이에 따라 중고기의 가장 핵심적인 사원이던 皇龍寺에 대한 개편이 이루어져 이제 僧政기구로서의 기능을 成典寺院이 담당하게 되었다. 성전사원은 중앙과 지방의 제도개편으로 집권체제 정비작업이 완성되어가던 신문왕 4년(684)에 四天王寺, 奉聖寺, 感恩寺, 靈廟寺, 永興寺에 설치되어 사원의 유지와 경제관리를 담당하여 불교계의 통제기능을 수행하던 官寺제도였다.[20]

통일기의 신라에서 사회의 정치·경제적 진전에 따라 신라 독자적인 교학체계가 형성되고, 고양된 기층민의 의식과 경제력을 바탕으로 이를 적극 수용한 승려들의 주도에 의해 신앙의 대중화가 이루어지며 국가적인 승정체계가 확립된 것은 이 시기 사회발전에 따른 불교 진전의 내용으로서 華嚴宗이나 法相宗 같은 宗派가 성립되었음을 보여준다.

삼국시대의 교학은 대소승 율학, 정토, 화엄, 법화, 삼론, 천태, 밀교 등이 다양하게 전개되었으나 주류는 唯識이었다. 이러한 기반에서 통일신라 교학의 왕성한 형세는 먼저 유식학에서 열린다.

1) 圓測과 唯識學

신라 왕실 출신으로 당나라에 유학하여 활동한 圓測(613~696)은 처음에는 眞諦의 舊唯識을 깊이 이해하는 교학 기반을 다졌으나, 玄奘이 호법 계통의 新唯識을 갖고 귀국하자 곧 이를 수용하여 크게 선양하였다. 원측은 여러

---

20) 蔡尙植,「新羅統一期의 成典寺院의 구조와 기능」,『釜山史學』8, 1984, 108쪽. 李泳鎬,「新羅中代 王室寺院의 官寺的 機能」,『韓國史研究』43, 1983, 108~109쪽.

이론을 전개하면서 진제의 학설을 많이 인용하였다. 그러나 신구 유식의 견해가 차이가 나는 근본적인 문제에 대해서는 구유식설을 예리하게 비판하였다. 원측이 신유식의 識說에 따라 진제의 구유식 식설을 비판하고 三性三無性說도 비판한 것이 그것이다. 이는 원측의 지향점이 현장에 의해 새로이 소개되어 당시 당의 불교계를 풍미하던 신유식에 있었음을 보여주는 것이다.

그러나 원측은 현장에서 규기로 이어지는 당의 법상종 유식사상과는 달리 中觀과 唯識의 대립에 대한 의식에서는 유식 일변도의 이해가 아닌 포용적인 관점을 보여준다. 원측은 미륵과 용수에서 비롯되어 淸辨과 護法으로 대표되는 空有 대립의 형세를 주의 깊게 살피고 이를 空觀을 통해 화회하고자 하여 다음과 같은 견해를 내세웠다.

"청변은 공을 취하고 유를 부정하여 유집을 제거하고 호법은 유를 세워 공을 부정하여 공집을 제거하였다. 그러므로 공은 유 곧 공이라는 이치에 어긋나지 않고, 유는 공 곧 색이라는 교설에 어긋나지 않는다. 亦有亦空은 二諦를 이루고 非空非有는 中道에 계합한다. 불법의 큰 뜻이 어찌 이것이 아니겠는가."

청변과 호법 모두 동등하게 인정하고 있다. 그보다는 "내가 낫다는 논에 집착하는 것이야말로 불법에 심히 어긋난다"고 학파간의 대립적 입장을 경계하는 것이 원측의 관점이었다.[21]

유식과 중관 두 학파의 대립적인 입장을 폭넓게 포용·이해하여 극복하려는 화회의 뜻이 잘 나타나 있다. 규기처럼 유식만을 선양하지 않았기 때문에 원측의 유식사상은 당의 법상교학에서는 제대로 계승되지 못하였다. 그러나 원측이 보였던 포용적인 태도는 당시 불교 사상계의 큰 과제였던 중관 유식의 대립을 지양하고자 하는 중요한 인식이었고, 이의 완성을 우리는 원효의 철학에서 보게 된다. 이러한 독자의 포용적인 사상체계에 원측이 차지하는 사상사적인 의의가 있다.

---

21) 圓測, 「般若心經贊」, 『韓國佛敎全書』 1-3상.

원측의 포용적인 사상 경향을 잇는 제자들은 현장, 규기로 이어지는 당의 법상종과는 다른 별도의 학파를 이루었고, 이를 원측이 활동하던 사원을 따라 西明學派라 부르니 勝莊, 道證, 道倫 등이 이 범주에 든다. 승장은 義淨의 번역장에 證義로 참가하고 보리유지 번역장에 執筆과 證義로 참가한 범어 전문가로, 원측의 입적 후에 사리를 나누어다 종남산 豊德寺에 새 사리탑을 세워 원측에 대한 숭모 풍조를 확대한 인물이다. 도증은 『成唯識論要集』이라는 저서를 남긴 유식 사상가로 효소왕 원년(692)에 신라에 귀국하여 왕에게 천문도를 바쳤다. 도증의 사상은 太賢에게 계승되어 신라 법상종 성립의 사상적 배경을 이루었다. 중국에서 주로 활동한 道倫(遁倫이라고도 표기함)은 당대 유식사상을 집대성한 『瑜伽論記』(705년) 20권의 방대한 저술을 남겨 이 시기 유식교학의 왕성한 면모를 확인해준다.

통일 이전에도 고구려를 비롯하여 삼국에 구유식이 소개되어 이에 대한 이해가 축적되었으니 圓光과 慈藏 등의 『攝大乘論』을 중심으로 한 교학에서 이를 살필 수 있으며, 통일 후에는 법상종 승려들의 많은 저술에서 유식학의 융성을 확인할 수 있다.[22]

元曉는 『判比量論』 등 유식학의 저술도 상당수 남겼는데, 그의 저술에는 『瑜伽論』이나 『攝大乘論』을 비롯한 유식 경론이 많이 인용되고 있어 새로운 사상인 유식학을 크게 활용하여 그의 사상체계를 수립하였음을 알 수 있다. 順璟은 因明學에 깊이 통달하여 현장의 眞唯識量을 전해 듣고 決定相違不定量을 세워 건봉 연간(666~667)에 사신 편에 보냈더니 현장은 이미 입적하고 없어 규기가 이를 보고 식견이 높다고 감탄하였다는 일화를 남길 만큼 신라 유식의 높은 수준을 보였다.

憬興은 문무왕의 고명으로 신문왕대에 國老로 봉해져 三郞寺에서 활동한 백제 출신의 인물로, 유식을 비롯하여 여러 부문에 걸쳐 40여 종의 주석서

---

22) 吳亨根, 「新羅唯識思想의 特性과 그 歷史的 展開」, 『韓國哲學研究』 상, 동명사, 1977, 254~265쪽. 金南允, 「新羅 中代 法相宗의 成立과 信仰」, 『韓國史論』 11, 1984, 105~107쪽.

를 남겨 원효 다음으로 왕성한 저술활동을 하였던 유식승이다. 義寂은 유식과 정토 등 25종의 주석서를 저술하여 유식승의 왕성한 저술활동을 계승하였다.

太賢은 원측의 유식학을 계승한 道證의 제자로서『成唯識論學記』를 비롯하여『古迹記』라는 이름의 많은 주석서를 저술하였고, 유가계의 戒學에도 큰 관심을 가졌으며, 내전에서『금광명경』을 강의하기도 하고 남산의 茸長寺에서 머물며 미륵과 미타상을 함께 모시고 신앙하는 풍조를 펴기도 하였다. 그는 유식은 원측, 도증을 따르고 화엄은 법장, 원효를 계승하였지만, 공정한 입장에서 학설을 비판하고 계승하여 종합하였다.[23] 중대 초기 이래 유식학승들의 활동을 바탕으로 이와 같은 태현의 사상과 신앙이 중심이 되어 경덕왕대에 법상종이 형성되었다.

법상종의 또 하나의 계통으로 眞表(718~?, 734~?)계가 꼽힌다. 完山州 출신의 진표는 입당하여 善導에게 배워온 崇濟에게 금산사로 출가한 뒤 亡身懺 수행으로 지장보살과 미륵보살로부터 계법을 받았다는 인물이다.[24] 진표는 여기서 얻은 점찰법과 지장신앙을 바탕으로 속리산, 명주, 개골산 등지의 고신라 변방지역에 실천신앙 중심의 교화를 펼쳐 별도의 법상종을 이루었다.

이처럼 신라의 법상종은 두 계통이 있어 태현의 법상종은 경덕왕대에 경주를 중심으로 유식학 연구의 학파적인 교단이 미륵과 미타신앙을 체계화하여 전개되었고, 진표의 법상종은 이보다 약간 늦게 지방을 근거지로 계율과 참회를 내세운 실천적인 교단이 일반민을 대상으로 미륵과 지장신앙을 조직화하며 전개되는 양립 현상을 보였다.[25]

법상종은 유식사상 연구를 중심으로 계율 연구를 비롯한 광범위한 교학

---

23) 蔡印幻,「太賢의 戒學」,『新羅佛敎戒律思想硏究』, 1977, 東京 : 國書刊行會, 391쪽.
　　蔡印幻,「新羅太賢法師硏究」,『佛敎學報』20·21·22, 1983·4·5. 李萬,『新羅 太賢의 唯識思想 硏究--成唯識論學記를 中心으로』, 1989, 동쪽나라.
24) 蔡印幻,「新羅眞表律師硏究」,『佛敎學報』23·24·25, 1986·7·8.
25) 金南允, 앞의 글, 130~135쪽

연구를 수행하여 신라 교학 연구를 주도하면서 화엄종과 대비되는 하나의 흐름을 형성하였다.

2) 元曉의 불교철학

신라 교학을 대표하는 것은 원효가 정립한 새로운 불교철학이다. 元曉 (617~686)는 신라 교학의 연구 기반 위에서『기신론』학설을 기반으로 당대의 사상적 과제이던 중관 유식을 회통할 수 있는 이론체계를 정립하고 이를 바탕으로 분파의식을 극복하는 이론을 전개하였다. 이는 당대의 사상적 과제를 해결하는 방대한 사상체계를 이루어낸 것으로서 통일기의 신라 불교를 근원적인 입장에서 종합·정리하는 불교 이해의 기준을 확립한 것이었다.

원효는 당에 유학하지 않고 신라에 전래된 수많은 경전에 대한 광범위한 탐구를 통해 독자적인 교학을 수립하였다. 원효가 남긴 200여권의 저술은 89부에 이르는 다양한 것으로서 반야와 유식을 비롯해 법화, 화엄, 열반, 계율, 정토 등 거의 모든 분야를 망라하고 있다. 원효는 저술작업을 통해 자신의 사상체계를 확립한 것이다. 이 중에서도 원효가 가장 애써 이룬 저작은 『大乘起信論疏』와『金剛三昧經論』이다. 이 두 저술을 통해서 원효는 당대 불교계의 절대적 과제였던 中觀과 唯識의 교리적 대립과 세속적 진리(俗諦)와 출세간적 진리(眞諦)의 차별적 가치관을 극복하는 문제를『起信論』과『金剛三昧經』의 논리로 종합하였다.26)

부정(破, 往)과 긍정(立, 與)을 특징으로 하는 중관과 유식이 서로 대립관계에 있다 해도 중생의 마음을 대상으로 삼아 괴로움으로부터 벗어나게 한다는 데 목적을 두고 있다는 점에서는 일치한다. 원효는『起信論』을 높이 평가하면서 이 경전이 중생의 마음이라는 공통점에서 출발하여 一心, 二門, 三

---

26) 高翊晋,「元曉思想의 史的意義」,『東國思想』14, 1981.

大의 사상으로 역동적으로 전개된다고 보았다.27)

중관과 유식이 각각 衆生心의 眞如와 生滅因緣의 측면을 밝히고 있다면 중생의 마음은 그 두 부분을 소유하고 있는 것이 된다. 그래서 한 마음의 법에 의해 두 종류의 문이 있으니 하나는 心眞如門이요 하나는 心生滅門이다. 이 두 문은 각각 일체법을 모두 포섭하니 이 두 문은 서로 떨어질 수 없기 때문이다.

二門이 서로 어긋나 통하지 않는다면 진여문은 理만을 포용하고 事는 포용할 수 없으며, 생멸문은 事만을 포용하고 理는 포용할 수 없을 것이다. 그러나 二門이 상호 융통하여 한계가 구분되지 않기 때문에 모두 각각 일체의 理事 諸法을 두루 포용할 수 있다. 그래서 二門이 서로 떨어지지 않는다고 하는 것이다.28)

그러나 그 둘은 서로 만나되 각자의 기능을 잃어버리는 것은 아니다. 眞如門은 相을 없애 理를 드러내 體에 중점을 두며 眞如不變의 입장에서 空을 주로 설하고 染淨通相에 의해 總攝하나, 生滅門은 理를 잡아 事를 이루어 相用에 중점을 두며 本覺隨染의 입장에서 不空을 주로 설하고 染淨別相에 의해 總攝하는 차이가 있다. 이 二門은 하나가 아니면서 서로 다르지도 않다. 따라서 二門은 一心을 중심으로 融通無碍한 화합을 이루면서도 그 특유의 교리적 특징을 잃지 않는 것이다.29)

이러한 二門의 조직에서 나아가 三大를 시설한다. 삼대의 體大는 진여문의 離言眞如가 生滅門의 根本無明을 破하여 如來藏과 화합한 것이고, 相大는 그 여래장에 무량 공덕의 相이 나타난 것이며, 用大는 거기에서 불사의

---

27) 高翊晋,「新羅 中代 華嚴思想의 展開와 그 影響」,『韓國古代佛敎思想史』, 1989, 동국대 출판부, 194~200쪽.
28) 元曉,『起信論疏記』권1,『韓國佛敎全書』1, 740~741쪽.
29) 高翊晋,「元曉의 起信論疏·別記를 통해 본 眞俗圓融無碍觀과 그 成立理論」,『佛敎學報』10, 1973. 高翊晋,「元曉思想의 實踐原理」,『崇山朴吉眞博士華甲記念 韓國佛敎思想史』, 1975.

한 업이 발생한 것이다. 즉 진여 생멸의 二門이 화합한 미묘한 大乘의 體가 일체의 차별을 타파하여 원융무애하게 약동하며 무한한 공덕을 발생하고 있는 부처의 경계로서 이것이 대승의 근본 바탕인 것이다.30)

중관의 철저한 空觀은 破에 철저한 나머지 두루 할 길이 없고, 유식의 철저한 有觀은 立에 철저한 나머지 빼앗을 길이 없다. 이들이 서로 떨어진 상태에서는 이 결함을 해결할 길이 없으나, 이들이 한 마음으로 화합한다면 이들의 결함은 서로 상대방을 보완해주는 이론이 될 수 있다. 이런 관점에서 원효는 一心二門의 이론으로 중관 유식의 특징을 종합하면서 기신론 중심으로 체계화해가는 탁월한 논리를 보여주었다.

이 一心思想은 『金剛三昧經論』에서 一味觀行의 실천원리로 전개되었다. 일체 제법은 오직 一心이며 일체 중생이 하나의 本覺이므로 일심 중에 一念이 움직여 一行을 닦아 一乘에 들어가 一道에 머물러 一覺을 활용하여 一味를 깨닫는 것이다.31)

이처럼 원효는 당대의 중점 과제였던 空有의 집착과 편견의 적극적인 극복을 위해, 각각의 異說이 존재할 수 있는 진리의 일면성을 인정하고 이설 간의 적극적인 會通을 위하여 『기신론소』의 一心二門 이론과 『금강삼매경론』의 一味觀行의 실천원리를 정립하였다. 그리고 문무왕 11년(671)에 저술한 『判比量論』은 논리학의 차원에서 중관과 유식의 논리가 같음을 논증하는 것으로서 空有의 화쟁을 이룰 수 있는 또 다른 준거였다. 이러한 이론체계를 바탕으로 여러 경론의 차이점을 화회시키는 『十門和諍論』을 저술하여 구체적으로 분파의식을 극복하는 이론을 전개할 수 있었다.

혜숙과 혜공 등 교화승들의 활동을 계승하여 치밀한 교학이론을 바탕으로 정토신앙을 대중신앙으로 확립한 것은 원효였다. 원효는 범부도 왕생할 수 있다는 교학을 마련하고 나서 스스로 파계한 뒤 속인의 옷을 입고 배우

---

30) 高翊晋, 『韓國古代佛敎思想史』, 211~215쪽.
31) 高翊晋, 위의 책, 219~215쪽. 南東信, 「元曉의 大衆敎化와 思想體系」, 서울대박사학위논문, 1995, 152~153쪽.

들이 춤추고 노는 기이한 박을 도구로 만들어 無碍歌를 세상에 유포시키고 千村萬落에서 노래하고 춤추며 사람들과 어울려 지냈으니, 나뭇군, 장삿군들도 불타의 이름을 알고 南無의 칭호를 부르게 된 것이 모두 그의 공이었다.32)

사회 기층에까지 불교를 전파한 원효의 정토신앙은 치밀한 교리적 바탕 위에서 전개된 것이었다. 원효는 미타 경전에 대한 여러 주석을 통해서 如來藏思想을 기반으로 모든 중생이 佛性을 가지고 있으므로 모두 成佛할 수 있다는 가능성을 확인하고, 그러나 중생들은 자신의 마음의 본질적인 평등성을 믿지 못하기 때문에 그 의심과 집착을 아미타불의 본원력에 의지해서 제거해야 함을 강조하였다. 正因인 發心과 助因인 칭명 念佛을 강조한 원효의 정토관은 一心에 의거한 것이면서도 근기가 낮은 중생을 위해 서방 극락에 왕생하여 성불할 것을 강조한 대중 지향의 것이었음을 말해준다.33)

원효는 소승계를 梵網戒에 포섭·융회한『梵網經菩薩戒本私記』와, 범망계와 유가계를 종합·융화시킨『菩薩戒本持犯要記』를 지어 형식주의적인 소승 계율을 지양하고 정신주의적인 보살계를 강조하였다. 원효가 제시한 大乘菩薩戒 사상은 出家와 在家를 조화하는 梵網戒였다. 원효는 戒의 판단기준을 결과가 아니라 동기에 둠으로써 명리와 탐욕과 교만에 빠진 신라 불교계를 비판하고, 중생 구제를 위해서는 계를 범해도 죄가 아니라 복이 된다는 적극적인 해석을 시도하여 수행자 개개인의 내면적 각성을 촉구하였다.34)

내용이 전해지지 않는『華嚴經疏』의 서문에서 밝힌 원효의 화엄관은 普法사상이다.『華嚴經疏』의 서문에서 원효는 밝힌다.

---

32)『三國遺事』권4「二惠同塵」.『宋高僧傳』권4「唐新羅國黃龍寺元曉傳」.『大正新修大藏經』50-730.『三國遺事』권4「元曉不羈」.
33) 金英美,『新羅佛敎思想史硏究』, 민족사, 1994, 98~101쪽.
34) 崔源植,『新羅 菩薩戒思想史 硏究』, 東國大 博士學位論文, 1992, 42~55쪽.

"무장애법계법문이란 非大非小하고 非促非奢하며 不動不靜하고 不一不多하다. 크지 않으므로 아주 조그만 極微가 되어도 남음이 없고 작지 않으므로 무한히 큰 大虛가 되어도 남음이 있다. 촉급하지 않으므로 능히 三世劫을 머금고 유장하지 않으므로 몸을 들어 一刹那에 들어간다. 움직이지도 않고 정지해 있지도 않으므로 一法이 一切法이요 一切法이 一法이다. 이러한 無障無礙의 법이 법계법문의 묘술이니 모든 보살이 들어갈 바요 삼세제불이 나올 바이다."35)

普法이란 일체법이 相入相是하는 것을 이른다. 일체법이 一微塵과 一切世界의 大小관계, 三世劫과 一刹那의 促奢관계, 그리고 動靜과 一多관계의 모든 범주에서 아무런 걸림이 없이 相入하고 相是하는 광탕한 『華嚴經』의 세계를 일컫는 것이다.36)

원효가 普法의 원리를 자세히 밝힌 구체적 비유는 『기신론소』 宗體文과 같은 의취를 갖는 것이다. 이는 원효가 『기신론』 철학을 『화엄경』의 普法과 동일한 경지의 것으로 파악한 것을 보여준다.

원효가 독자적인 관점에서 당대의 경론을 종합하여 정리한 교판은 四教判이었다. 사교를 먼저 三乘과 一乘으로 나누고, 삼승은 다시 法空의 유무를 기준으로 別教와 通教로 나누며, 일승은 普法을 기준으로 分教와 滿教로 나누었다. 구체적으로 三乘別教는 소승을 배당하며, 三乘通教에는 『반야경』과 『해심밀경』을 배당하여 대승 교학의 양대 조류인 중관과 유식이 나란히 위치하도록 하였다. 一乘分教에는 화엄을 원용하여 대승보살계를 설하는 『범망경』과 『영락경』을 배당하고, 정점인 一乘滿教에는 『화엄경』을 배당하였다. 중관과 유식의 병렬 배당은 공유의 화쟁을 위한 원효의 의도를 구현하는 것이며, 그 위에 大乘戒를 배치한 것은 실천적인 특성을 분명히 하고자 함이었다. 四教判은 공유를 화쟁하는 교리와 실천적인 계율을 거쳐 원융무애한 화엄사상을 증득하는 데로 나아가는 원효 교학의 체계를 잘 드러내고 있다.37)

---

35) 元曉, 「晋譯華嚴經疏序」, 『韓國佛教全書』 1-495상.
36) 表員, 『華嚴經文義要決問答』 권2. 『韓國佛教全書』 2-366상.
37) 南東信, 「元曉의 教判論과 그 佛教史的 位置」, 『韓國史論』 20, 1988, 27~28쪽.

3) 義相의 華嚴思想

의상은 원효와 지속적인 교유를 가졌으나 당나라에 가서 중국 화엄의 정초자 지엄에게 화엄사상을 배우고 돌아와 화엄종을 널리 폈다. 의상은 지엄 문하의 배움을 정리하면서 화엄학의 핵심을 간추려 모아 상징적인 圖印으로 형상화시켜 그에 대한 자신의 해설을 붙인『一乘法界圖』를 지었다.[38] 이 체계적인 저술을 통해 의상은 새로운 불교철학 형성에 노력하던 당시 신라 불교계에 통일 이전보다 한 단계 진전된 사상체계를 제시하는 성과를 이룰 수 있었다.

『一乘法界圖』는 화엄종의 宗旨인 一乘 法界緣起를 밝히고자 한 것이다. 의상은 법계연기의 핵심 개념에 통하면서 또 한편으로 실제적 수행의 면모를 지니는 210자의 法界圖詩를 엮었다. 나아가 그는 法界圖詩를 더욱 상징적으로 형상화시킨 法界圖印을 만들어 모든 세계의 법을 다 포용해들이고자 했다. 즉 의상은 화엄철학의 정수인 法界緣起를 이 하나의『一乘法界圖』로 집약시켜 이해할 수 있다고 생각한 것이다.[39]

法界圖詩는 "원융하여 두 모습이 없는 法性"(法性圓融無二相)으로 시작한다. 이는 "이름도 없고 모양도 없으며"(無名無相絶一切) "이 미묘한 眞性은 인연을 따라 이루어지니"(眞性甚深極微妙 不守自性隨緣成), 이것이 緣起의 本體라고 풀이된다.

다음에 "하나 안에 일체가 있고 일체 안에 하나가 있으며(一中一切多中一) 하나가 곧 일체요 일체가 곧 하나인(一卽一切多卽一)" 이치, 곧 一多가 相入

---

[38] 義相,『一乘法界圖』,『韓國佛敎全書』2-8중. 法界圖詩만은「法界圖」, 그리고 의상의 해석을 포함한『一乘法界圖』는『法界圖』라 구분하여 약칭함.

[39] 李箕永,「華嚴一乘法界圖의 根本精神」,『신라가야문화』4, 1972(『新羅佛敎硏究』, 한국불교연구원, 1982). 鄭炳三,「義相의 華嚴緣起思想」,『伽山學報』2, 1993.

相卽한다고 한 것은 緣起陀羅尼 理法의 작용을 엮은 것이다. 또 "한 티끌 속에 十方世界를 모두 머금고 있고(一微塵中含十方) 일체의 모든 티끌이 또한 그렇다(一切塵中亦如是)"는 이치는 현상 면에서, "한없는 긴 시간이 한 생각 이요(無量遠劫卽一念) 한 생각이 곧 무량한 시간이며(一念卽是無量劫) 九世 十世의 과거 현재 미래가 相卽한다(九世十世互相卽 仍不雜亂隔別成)"는 것은 세상의 시간에 따라, 그리고 "처음 發心할 때 곧바로 깨달음을 얻어(初發心時便正覺) 생사와 열반이 항상 함께 한다(生死涅槃常共和)"는 것은 계위에 따라, 각각 연기의 이치를 밝힌 것이다.

그래서 전체적으로는 "理와 事를 따로 나누어볼 수 없어(理事冥然無分別) 스스로 깨달은 十佛과 화엄의 行願의 주체인 普賢보살의 경지인(十佛普賢大人境)" 것이다. 이러한 연기의 이치는 조금의 걸림도 없는 진실의 세계인 무장애세계를 그 무대로 한다.

一中多 多中一 그리고 一卽多 多卽一의 相入相卽의 연기다라니법은 화엄법계연기설의 핵심으로서, 의상은 數十錢 등의 비유를 들어 상세하게 풀이하였다. 微塵과 十方世界의 걸림 없는 융통을 말하는 '事'는 법계연기의 공간적 전개이다. 一念과 無量劫의 융통 그리고 중첩되는 과거, 현재, 미래의 九世와 총체적인 十世로 엮은 '世'는 법계연기의 시간적 전개이다. 初發心한 보살과 正覺을 이룬 부처 그리고 生死와 涅槃의 융통을 육상설로 풀이한 '位'는 수행의 因果를 보인 것이다. 그리고 이들을 전체적으로 보면, 理와 事가 무분별하여 모든 自性에 고착됨이 없이 연에 따라 이루어지는 연기의 도리가 된다.[40]

지엄이 十門玄으로 설명한 相入相卽의 이치를 의상은 一多의 相入相卽, 微塵과 十方, 一念과 無量劫, 初發心과 正覺 및 生死와 涅槃으로 구성된 陀羅尼 理用·事·世時·位의 4가지 범주로 정리하여 법계도를 구성하였다. 이러한 구성은 원효가 普法의 특징으로 세운 大小·促奢·動靜·一多의 四

---

40) 義相, 『一乘法界圖』, 『韓國佛教全書』 2-3중.

門 체계와 유사한 구성이기도 하다. 이는 지엄 교학보다 요점이 집약되면서 일승의 의의를 충분히 드러내는 성과가 신라 교학에서 전개되었음을 보여주는 것이다.41)

이 중에서도 가장 중요한 것은 일과 다의 상입상즉을 밝힌 구절, 즉 '一中一切多中一 一卽一切多卽一'이다. 의상 자신의 표현도 이 범주를 '다라니, 즉 연기법의 이법의 작용'(約陀羅尼理用 以辨攝法分齊)이라고 하고 있다. 이 中과 卽의 이론을 가지고 다양한 현상세계와 동일한 이치의 세계를 연결하려는 시도는, 하나에서 열까지의 개체들인 동전에 비유하는 數十錢喩로 구체적으로 설명될 만큼 法界緣起의 핵심을 이루는 연기다라니법의 대의이다. 그리고 나머지 범주는 이의 시간·공간적 전개이다.

의상은 여기에다 利他行과 아울러 修行方便과 得益의 修行門을 추가하여 강한 실천적 성격을 드러내 보였다. 이는「법계도」를 圖印으로 형상화시켜 실제적 수행에 쓰이도록 한 것과 마찬가지로 의상이 지녔던 화엄 법계연기설의 이해 태도를 잘 드러내준다.

의상은 一切緣生法의 本義, 곧 연기의 핵심을 中道義로 파악하였다. 緣으로 이루어진 일체의 제법은 緣을 따라 이루어졌으므로 어느 하나도 일정한 自性이 없다. 自性이 없으므로 자재롭지 못하고 生하되 不生하고 不住하니 이것이 中道이다. 因緣所生法의 도리인 空=中道義는 無分別을 의미한다.42) 緣成의 一切 諸法은 어느 것도 일정한 自性이 없어서 不卽不離하고 不一不異한 것인데, 그 도리가 양 극단을 융섭하는 無分別의 이치인 중도인 것이다.43)

의상이 제시한 화엄 연기사상은 원효의 방대한 불교 사상체계 형성에 상당한 영향을 미치는 것이었고, 이후 전개되는 신라 교학의 왕성한 연구 분

---

41) 鄭炳三,「義相의 華嚴緣起思想」,『伽山學報』 2, 1993.
42) 義相,『一乘法界圖』,『韓國佛敎全書』 2-6중.
43) 鄭炳三,「義相의 華嚴緣起思想」,『伽山學報』 2, 52~57쪽. 金杜珍,「義湘의 中道實際思想」,『歷史學報』 139, 1993.

위기의 문호를 여는 뚜렷한 성과였다.
 의상은 청정한 수행인의 자세를 개인 차원에 머무르지 않고 새로운 의식을 열망하고 있던 당시 신라사회 전반에도 광범위하게 전개시킴으로써 능동적인 시대의식을 제시해 보이고자 하였다. 그래서 사상의 연찬보다 그의 화엄사상 체계와 상호 보완적 관계를 이루는 信仰을 그 실천 행동으로 선택하고, 당시 신라사회 전반에서 무르익어가던 觀音과 彌陀信仰 체계를 華嚴經說을 바탕으로 정립하여 그의 활동의 중심적인 지향처로 삼아 광범위하게 전개해갔다.
 의상은 현실 구제적인 관음신앙을 보다 확실한 기반 위에 정착시키고자 華嚴經說에 토대를 둔 眞身常住 관음신앙을 열어 보였다. 신라 대중을 구제하고자 실제로 신라 땅 낙산에 머물고 있는 관음을 확인시켜주는 진신상주 신앙은 관음신앙의 수행자들에게 보다 구체적으로 자신의 구제를 확신할 수 있게 하였을 것이다. 이는 중고시대 이래 지속적으로 이어온 佛國土說을 계승하는 것이었다.
 의상은 관음신앙과 함께 미타신앙을 화엄 교단의 중심 신앙으로 전개하였다. 의상이 개창한 華嚴宗刹 부석사는 『觀無量壽經』의 경설에 기반을 두어 구품을 거쳐 무량수전의 극락세계에 이르도록 하고, 本堂 無量壽殿에는 宗刹의 주불로 아미타불 한 분만을 모신 구조로 이루어져 있다. 세속적 현실의 이면을 직시함으로써 자신을 정화하고 나아가 적극적으로 사회의 정화에 매진하여 얻는 즐거움이 바로 極樂淨土이며, 이것이 자신의 마음의 땅으로 열리는 것을 수행자의 도량에서 실재화시켜 나타낸 것이 부석사 가람이었다. 의상이 華嚴宗團을 중심으로 미타신앙을 천명한 것은 教團 체제와는 거리를 둔 교화승들의 성과 못지 않은 큰 영향력을 신라 사회에 드리울 수 있었다.
 이처럼 의상이 전개한 관음신앙과 미타신앙은 통일기 신라사회가 지향하던 새로운 사회 안정에 부응하는 것이었다. 의상이 주도하는 華嚴宗團 내에는 眞定이나 智通 등과 같이 기층민 출신의 제자가 중심적 역할을 하는 平

等의식이 강하게 유지되고 있었다. 그러나 이는 교단 내에 한정된 의식이었다. 당시 신라사회에 넓게 기반을 확보해가던 관음신앙과 미타신앙은 骨品制 身分社會의 제한적인 사회 분위기 속에서도 현실적인 요구 수용과 사후 안락의 기원이라는 일반성 때문에 교단 밖에서도 계층에 구분 없이 전개될 수 있었다. 이 때문에 의상이 실천과 전파에 주력한 관음과 미타신앙은 화합적 의식으로서의 의미도 지니는 것이었다.[44]

의상은 후대에 海東華嚴初祖라고 불렸다. 그것은 의상 문하에 十聖으로 꼽히는 뛰어난 제자들이 있고 의상은 그들과 전국에 十刹을 건립하고 화엄종 교단을 넓혀나갔다고 생각했기 때문이다. 그러나 십성으로 불리는 인물들이 모두 의상의 직계 제자는 아니며, 십찰도 모두 의상 당대나 직계 제자 대에 이루어진 것은 아니었다.

의상은 『법계도』를 중심으로 여러 제자들에게 화엄사상을 정밀하게 강의하여 화엄 교학의 왕성한 분위기를 이끌었다. 『법계도기총수록』에 등장하는 것처럼 부석사와 태백산, 소백산 등지에서 주로 이루어진 강의를 통하여 신라 화엄 교학의 주류를 이루었던 의상의 십대제자는 悟眞, 智通, 表訓, 眞定, 眞藏, 道融, 良圓, 相源, 能人, 義寂이다.

신라 화엄의 융성을 말해주는 것으로 의상의 십대제자와 병칭되는 것이 傳敎十刹이다. 浮石寺, 華嚴寺, 海印寺, 梵魚寺, 玉泉寺, 毘摩羅寺, 美理寺, 普光寺, 普願寺, 岬寺, 華山寺, 國神寺, 靑潭寺 등이 그것으로 모두 10개가 넘게 알려져 있다. 신라 말의 최치원도 十山을 꼽고는 있지만, 부석사를 제외한 십찰은 신라 하대에 이르기까지 오랫동안에 걸쳐 건립된 것으로 보인다. 8세기 중엽에 緣起의 주도하에 대찰로 성장하는 화엄사나 9세기 초반에 왕실의 지원으로 대찰로 등장하는 해인사 등에서 보듯이 의상을 계승하는 화엄종단에 의해 차례로 건립되어나간 것이 십찰인 것이다.

---

44) 鄭炳三, 「義相 華嚴사상의 사회적 의의」, 『민족불교』 3, 1992, 209쪽.

4) 戒律學의 발전

계율학은 삼국기에 四分律에 대한 저술이 집중적으로 이루어지며 慈藏을 비롯한 律師들이 불교 수용 이후 교단체제를 형성하고 신라 불교 교단을 이끌어가던 중심 교학이었다. 이것이 중대 신라에 들어서면 계율에 대한 관심이 원효를 계기로 사분율 위주에서 梵網戒 중심으로 바뀌고 계율 연구도 율사들이 아니라 유식학승들이 주도하였다.

원효는 『범망경』에 대한 본격적인 검토를 통해 菩薩戒를 신라사회에 수용·정착시켰다. 『梵網經菩薩戒本私記』에서 원효는 특정 경론에 의거하지 않고 범망경을 주석하여 이미 유행하던 소승계와 새로이 수용된 범망계의 관계를 해명하였다. 그리고 『菩薩戒本持犯要記』에서는 범망계를 중심으로 현장에 의해 새롭게 주목받은 瑜伽戒와의 조화를 도모하였는데, 여기서 원효는 중죄의 규정을 완화하고 犯戒의 동기를 중시하여 정신성을 강조하면서 이타행과 중생 제도를 강조하였다. 이는 자신의 무애행과 중생 제도 활동과 연관을 가지는 새로운 포괄적인 계율관이었다.

원측의 제자로 중국에서 활동했던 勝莊은 『梵網經述記』를 지어 유가계를 기준으로 범망계를 포섭하려는 의도를 보여 원효와는 전혀 다른 계율 이해 태도를 보였는데, 사회적인 문제에 관해 드러난 견해가 없는 것과 더불어 다른 승려들과 구별되는 인식을 보여준다.

義寂의 『菩薩戒本疏』와 太賢의 『梵網經古迹記』 역시 승장과 같이 유가계를 바탕으로 범망계를 주석하였으나, 범망계를 포섭하려는 의도를 찾아볼 수 없고 오성각별설을 비판하고 모든 중생이 성불할 수 있다고 본 것이 승장과 다른 점이다.[45] 의적은 재가신자들에 관심을 갖고 이들의 위상을 높게

---

45) 崔源植, 「新羅 菩薩戒思想史 硏究」, 東國大學校 박사학위논문, 1992, 79~82쪽

평가하였는데, 이는 통일 이후 증가한 서민 신자들의 성장을 반영한 것이었다. 동시에 의적은 노비와 주인은 지위가 서로 섞일 수 없다고 신분의 구별을 엄격히 하기도 하여 신라 신분제사회의 한계를 반영하고 있다. 태현은 현실 문제에 대해 소극적인 대신 왕권 수용의 인식이나 孝恩 등을 강조하고 있다.

계율의 구체적인 해석에서 원효를 비롯한 계율 논사들은 중생에게 무궁한 이익을 가져오게 하는 慈悲殺生은 오히려 복을 짓는 일이라는 殺生觀을 보였으며, 자신을 높이고 남을 헐뜯지 말라는 自讚毁他계의 경우에도 행동기준을 마음가짐의 중요성에 두어 평가하였다.46) 이 밖에 玄一이나 端目의 범망계에 대한 주석이 있으며, 보살계 외에 원효나 도륜, 경흥, 혜경 등이 『四分律羯磨記』를 비롯해 사분율 관계 저술을 남겼다.

이처럼 신라에서 크게 중시된 보살계 사상은 왕권을 안정시키고 통치를 정당화하는 데 기여하는 한편으로 지배자의 전횡을 삼가하게 하고 善政을 유도하는 일면도 가질 수 있었고, 평등사상을 통하여 서민들에게 정신적 위안을 줄 수 있었을 것이다. 한편 보살계를 설하는 『범망경』은 중국의 효사상까지 수용하여 성립한 경으로서, 孝順을 강조하고 망자에 대한 追福을 역설하고 있으므로 이의 유행은 유교와 불교간의 갈등을 완화해주는 역할도 하였을 것이다.47)

---

46) 安啓賢, 「新羅佛敎」, 『한국사』 3, 1978(1982, 『韓國佛敎史研究』, 동화출판공사).
47) 崔源植, 앞의 책, 153~160쪽.

4. 華嚴學의 융성과 華嚴寺

義相(625~702)은 『一乘法界圖』를 지어 화엄사상을 체계화하여 신라 불교 철학을 확립하고 본격적인 신라 불교시대를 열었다. 그리고 관음신앙과 미타신앙을 신라사회에 정착시켜 사회 전반의 교화를 이끌면서 청정한 수도행을 실천해 보였던 고승이었다.

의상은 『일승법계도』를 중심으로 화엄 교학을 강론하며 제자들을 하나하나 깨우쳐주어 조직화된 교학체계를 전수하였다. 그리고 신라가 삼국통일을 완수한 문무왕 16년(676)에 국가의 지원을 얻어 태백산에 浮石寺를 창건하고, 부석사를 중심으로 태백산과 소백산의 천연동굴이나 초려에서 제자들과 화엄사상을 연마해나갔다.

의상은 사상을 이론으로서만 이해하지 않고 그 이론의 실천을 중시하며 열심히 수련하였다. 그가 평소 실천하였다는 洗穢法은 몸을 씻고 나서 수건을 쓰지 않고 그대로 마르도록 서서 기다릴 정도의 청정행이었다.48) 그리고 三衣一鉢 외에는 다른 아무런 持物도 갖지 않는 청정 持戒行을 앞장서 실천하였다. 그래서 국왕이 그를 흠모하여 田莊과 奴僕을 주자, 佛法은 평등하여 위 아래 사람이 함께 나누어 쓰고 귀하고 천한 사람이 함께 지켜나가는 것으로 열반경에서도 八不淨財를 이야기했는데 어찌 莊田을 가지며 노복을 부리겠는가, 다만 법계로 집을 삼고 발우로 농사지어 법신의 혜명이 이 몸을 의지해 사는 것이라고 이를 거절하였다. 여기서 의상으로 대표되는 당시 승려의 국가 사회관을 살필 수 있다.

---

48) 『宋高僧傳』 권4, 「唐新羅國義湘傳」, 『大正新修大藏經』 50-729.

많은 축성사업을 전개한 문무왕은 왕 21년에 京城을 새롭게 수축하고자 하였다. 이에 의상은 글을 보내 왕의 政敎가 밝으면 草丘로 경계를 정해놓는다 하더라도 백성들이 감히 넘으려 하지 않아 재앙을 면하여 복이 되지만, 정교가 밝지 못하면 여러 사람을 수고스럽게 하여 長城을 쌓더라도 재앙이 그치지 않으리라고 강력히 축성 중지를 건의하여 중지시켰다. 의상은 기층민의 경제적 안정이 국가의 기본적인 힘이 되며 그들의 정신적 안정이 사회안정의 토대가 된다고 생각하였기에 통일 이후 국가체제를 재편해가면서 강화된 왕권을 과시하려던 작업의 일환으로 시행하려는 과도한 토목사업 등을 반대하는 적극적 의지를 보인 것이다.

교단에서 엄정한 수행 자세를 강조한 것은 통일기 불교계의 내부 정비 및 새로운 기풍 진작과 관련하여 이루어진 교단 정비와 짝하는 것이고, 의상이 강조한 수행 자세도 이런 추세와 밀접한 상관성을 갖는 것으로 여겨진다. 통일기 초기의 신진 사회경제 체제 시행에 따라 교단에서도 계율을 철저히 준수함으로써 국가체제에 보조를 맞추어야 하였을 것이고, 의상이 선도하였던 수행자의 자세는 당시 사회상황에 부합되는 윤리였다. 통일 이후의 사회안정을 민생의 안정이라는 기본구도 속에서 파악한 의상의 사회의식은 개인적인 실천과 대민 시책에서 정확하고 절실한 것이었다.[49]

의상은 청정한 수행인의 자세를 개인 차원에 머물지 않고 새로운 의식을 열망하고 있던 당시 신라사회 전반에도 광범위하게 전개시킴으로써 시대를 선도하는 의식을 제시해 보이고자 하였다. 그래서 사상의 연찬보다 그의 화엄사상 체계와 상호 보완적 관계를 이루는 신앙을 그 실천 행동으로 선택하고, 당시 신라사회 전반에서 무르익어가던 觀音신앙과 彌陀신앙을 화엄경의 교설을 바탕으로 정립하여 중심적인 지향처로 삼아 광범위하게 전개해나갔다.

이렇게 화엄사상을 교리적 체계로 하고 관음과 미타신앙을 실천하는 의

---

49) 鄭炳三, 「義相 華嚴사상의 사회적 의의」, 『民族佛敎』 3, 1992, 198~199쪽.

상 문하의 일군의 승려와 신도들에 의해 화엄종이 신라사회에 자리잡게 되었고, 그래서 의상은 海東華嚴初祖라고 일컬어졌다.

1) 華嚴十刹과 十聖

의상이 정립한 화엄사상을 널리 편 대찰로 전국에 十刹, 곧 화엄십찰이 있었고 의상 문하의 뛰어난 제자들로 十聖이 있었다고 전한다. 그러나 십찰이 모두 의상 당대나 직계 제자 대에 이루어진 것은 아니며 십성으로 불리는 인물들도 모두 의상의 직계 제자들은 아니다.

의상은 『법계도』를 중심으로 여러 제자들에게 화엄사상을 정밀하게 강의하여 화엄 교학의 왕성한 분위기를 이어가게 하였다. 의상 제자들의 법계도에 대한 주석서를 모아 신라 화엄의 성과를 집대성한 것이 『法界圖記叢髓錄』이다. 여기에서 부석사와 태백산, 소백산 등지에서 주로 이루어진 강의를 바탕으로 의상의 제자들이 대를 이어 신라 화엄 교학의 주류를 이루어갔던 자취를 찾아볼 수 있다.

『삼국유사』에서는 의상의 십대제자 곧 십성을 悟眞, 智通, 表訓, 眞定, 眞藏, 道融, 良圓, 相源, 能仁, 義寂이라고 들었다.[50] 이 밖에도 최치원이 지은 『法藏和尙傳』에서는 진정, 상원, 양원, 표훈을 네 사람의 뛰어난 제자, 곧 四英으로 꼽았고,[51] 『宋高僧傳』 의상전에서는 지통, 표훈, 梵體, 道身을 '깊은 뜻을 깨쳐 경지에 오른 뛰어난 자'(登堂覩奧者)라고 꼽았다.[52]

이들은 亞聖이라고 불릴 만큼 각기 뛰어난 역량과 활동으로 화엄사상을 바탕으로 당시 불교계를 이끌어간 의상의 후예들이었다. 다만 이들이 반드시 10명의 제자로 한정된 것은 아니었고, 실제로는 10명이 넘게 거명되어

---

50) 『三國遺事』 권4 義湘傳敎.
51) 崔致遠, 「唐大薦福寺故寺主翻經大德法藏和尙傳」, 『大正新修大藏經』 50-285상.
52) 『宋高僧傳』 권4 「唐新羅國義湘傳」, 『大正新修大藏經』 50-729중.

십성이 뛰어난 高弟를 헤아리는 대표적인 칭호로 일컬어졌음을 알 수 있다. 그런데 화엄사와 관련하여 이들 전법십성과 함께 의상 전교활동의 왕성함을 말해주는 것으로 흔히 화엄십찰이라 부르는 傳敎十刹이 있다.

십찰이라고는 하나『삼국유사』,「義湘傳敎」에서 서술하고 있는 의상의 전기에서는 부석사, 毘摩羅寺, 海印寺, 玉泉寺, 梵魚寺, 華嚴寺의 여섯을 傳敎사찰로 들었고,『법장화상전』에서는 이 밖에 美理寺, 普光寺, 普願寺, 岬寺, 華山寺, 國神寺, 靑潭寺를 더 들었다. 여기서 알 수 있듯이 십성과 마찬가지로 전교십찰 역시 실제로 10개의 종찰은 아니다.

뿐만 아니라 화엄사는 8세기 중엽에 연기조사의 주도하에 대찰로 중창된 것으로 생각되며 해인사 역시 9세기 초반에 애장왕의 지원을 받아 대찰로 등장하는 것으로 보인다. 이를 통해 보면 십찰이 모두 의상 당대에 이루어진 것은 아니며, 아마도 의상의 화엄종사로서의 위치를 크게 기리던 신라 후대에 손꼽히던 화엄종찰들을 십찰로 꼽았으리라고 보는 것이 타당할 것이다.

이처럼 화엄사는 의상대사가 직접 창건한 사원은 아니다. 의상이 창도한 화엄사상이 신라사회에 영향력을 크게 드리울 때 화엄사는 화엄대찰로 등장하여, 특히 신라 후기에 부석사, 해인사와 겨루는 화엄종찰로 입지를 명확히 한 데서 화엄사의 의의가 드러난다.

2) 화엄사의 내력과 緣起조사의 중창

화엄사 사적기는 임란으로 불타 폐허가 된 가람을 복원하는 중창 불사와 동시에 이곳과 인연이 있는 中觀 海眼(1567~?)에게 청탁하여 7년 만에 중창의 준공과 동시에 인조 14년(1636)에 편찬한『湖南道求禮縣智異山大華嚴寺事蹟』이 있다. 중관이 펴낸 사적기는 현재 이보다 한 주갑 뒤인 숙종 22년(1696)에 많은 불서를 편찬한 栢庵 性聰(1631~1700)이 다시 판각하여 이듬해

찍어낸 것이 남아 있다.

『호남도구례현지리산대화엄사사적』은 먼저 화엄사가 위치한 구례의 연혁에서부터 시작하여 지리산의 지리적 위치에 이어 법흥왕대의 불법 시행 사실을 서술한 후 진흥왕대에 화엄사가 창건되었음을 말한다. 그리고 나서 임란으로 화엄사가 폐허가 되어 중관 자신에게 사적기 편찬을 부탁한 연유를 적었다. 이어서 석가의 생애와 중국의 불교 수용 및 전파 그리고 신라의 자장에 대한 전기를 서술하면서 그 말미에 화엄사에도 사리를 안치하였음을 덧붙여놓았다. 다음에는 도선이 비정한 3,800 비보사찰 중 하나라는 사실을 이어놓았다.

그리고 曇始의 전교와 아도의 전도에서부터 원효와 의상에 대한 기술이 이어지는데, 이들 불교사 관계 내용들은 대체로 『삼국유사』의 내용을 그대로 전재한 경우가 대부분으로 거기에 화엄사 관련 사실만 첨가한 것이 다를 정도이다.

이어서 사적기는 신라와 고려시대에 확장된 사원 규모를 大雄常寂光殿과 7층탑, 희견보살석상, 석련지, 광명대, 노주 그리고 장륙전과 석각화엄경, 7층탑, 광명대, 노주 등에 이어 미륵전, 원통전, 시왕전, 해장전, 원교국사영당, 영산전, 세존사리탑 9층 등 50여 동의 전각을 나열하고 천왕문, 해탈문, 조계문에 이르는 문루까지 열거하였다. 그리고 다시 奉天院 구역의 10여 동의 전각과 암자를 비롯하여 약사전, 安智院, 弘敎院, 西遊院, 미타원, 禪林院 등의 구역과 적기암에서 연기암에 이르는 7암 등을 나열하였다.[53]

그런데 이 중에는 연기조사 선각영당이나 십성영당처럼 화엄사에 있을 법한 것도 있지만 미륵전이나 광학장, 희견보살석상, 석련지, 봉천원, 홍교원처럼 화엄사의 전각이 분명히 아닌 것도 다수 섞여 있어 그 사실성을 의심케 한다.

이는 중관이 화엄사 사적기를 편찬할 때 역시 임란으로 폐허가 된 金山

---

53) 『湖南道求禮縣智異山大華嚴寺事蹟』.

寺 사적기를 동시에 함께 편찬하고 있었으므로 금산사나 법주사 등 법상종 관계의 것이나 華嚴佛國寺라고도 불렸던 불국사 관계 유물이나 전각 이름이 이곳에도 섞여들었기 때문으로 생각된다.

이처럼 명확하지 못한 자료 검증 태도는 사적기가 여기서 일단 서술을 마친 뒤 장을 달리하여 최치원이 지은 일련의 글을 이어서 싣고 있는 데서도 확인된다. 곧 「華嚴寺毘盧遮那佛幷二菩薩像讚」은 화엄사가 아닌 佛國寺에 봉안된 비로자나불상에 대해 崔致遠이 지은 찬문이며 그 뒤에 나오는 「阿彌陀佛像讚」, 「繡釋迦如來像幡讚」, 「奉爲憲康大王結華嚴經社願文」, 「王妃金氏奉爲先考及亡兄追福施穀願文」, 「爲故昭義僕射齋詞 및 前詞」는 모두 불국사 관계 기록을 대각국사가 편집한 『圓宗文類』에서 인용하여 화엄사 기록으로 바꾼 것들이다.

이는 불국사를 華嚴佛國寺라고도 불렀기 때문에 화엄불국사 자료를 화엄사 자료로 끌어온 데서 생긴 착오였다. 이들이 분명히 화엄사의 자료는 아니나 '화엄' 관계 기록이므로 부록처럼 뒤편에 첨가하였던 것이라고 보아야 할 것이다. 다만 이것들이 화엄사가 아닌 불국사의 자료라는 것을 명기하지 않아서 보는 사람에 따라 화엄사 자료로 생각하게 하는 오류를 생겨나게 한 것일 뿐이다. 이들 자료에 이어 朴寅亮의 「海東浮石尊者義湘諱日文」과 「麟經證義大德圓測和尙諱日文」을 넣은 것도 마찬가지 의미라고 보아야 할 것이다.

여기에 이어 최치원의 전기가 실리고 다시 임란 이후 화엄사의 중창이 이루어지는 데 참여한 山中秋이 일일이 열거되고 나서 사적기는 마무리된다. 이처럼 많은 문제점을 가지고 있으나 중관의 이 사적기는 화엄사에 관한 종합적인 접근에 필수적인 자료를 제공해준다. 그리고 비교적 이른 시기에 정리된 사적기로서 이후 다른 사찰의 사적기 편찬에 미친 영향도 크다.

중관의 사적기에는 신라 진흥왕 5년(544)에 緣起祖師가 화엄사를 창건한 것으로 되어 있다. 그리고 연기조사가 수행하던 토굴터가 지금도 자취가 남아 있다고 한다.

그렇지만 연기조사는 경덕왕 14년(755)에 만들어져 현재까지 전해오는 신라 화엄경 寫經의 조성을 주도한 8세기의 고승이다. 이 화엄경 사경은 황룡사의 연기조사를 중심으로 서울인 경주의 핵심 제작자들과 전라도 지방의 실무자들이 참여하여 이루어진 것임을 緣起文에서 밝히고 있다.

고려 때 大覺國師 義天이 편찬한 『新編諸宗敎藏總錄』에는 연기의 저술로 다섯 가지를 들고 있는데, 시대에 따라 저술을 나열하는 『교장총록』의 체제에 따르자면 연기는 의상의 제자인 道身과 신라 후기의 明晶의 중간 시대에 해당하고 이는 8세기 중반의 사경 연대와 대체로 일치한다.[54] 그리고 의천은 화엄사에 와서 연기조사의 뛰어난 전교활동을 시로 읊기도 하였으니 의천이 파악한 연기조사는 8세기 중반경의 인물임이 분명하다.

그렇다면 화엄사는 8세기 중반경에 연기조사에 의해 대가람으로 태어난 것으로 보는 것이 가장 타당할 것이다. 다만 이보다 앞선 어느 시기부터 이 터에 가람이 존재해왔는데 그것이 연기조사대에 이르러 대가람으로 확장되기 시작하였을 가능성은 있다.

대웅전 앞 아랫마당에 나란히 서 있는 2기의 탑이 외형상 비슷하면서도 세부적으로 상당한 차이를 보이는 것은 가람 구조에 변화가 있었을 가능성을 말해준다.

8세기에 대찰로 등장한 화엄사는 연기를 중심으로 독특한 교학을 계승시켜갔다. 연기에게는 『開宗決疑』, 『華嚴經要決』, 『眞流還源樂圖』 등 화엄 관계의 저술과 『起信論珠網疏』와 『起信論捨繁取妙』의 기신론 관계 저술이 있었다고 의천의 속장목록은 알려주지만 지금은 하나도 남아 있지 않다.

연기의 사상은 『기신론』을 중시한 데서 알 수 있는 것처럼 의상의 화엄사상만을 따르지 않고 원효 계통의 교학도 계승하여 융합적인 면모를 가졌음을 짐작하게 하는데, 역시 화엄사상을 근본 종지로 천명한 것은 분명하다. 이를 통해 이 시기에 화엄사가 '화엄' 자체를 절 이름으로 표방할 만큼 화

---

54) 義天, 『新編諸宗敎藏總錄』, 『韓國佛敎全書』 4-682상 및 4-692하.

엄종의 손꼽히는 종찰로 자리잡고 왕성한 교세와 뛰어난 교학을 전개하였음을 알 수 있다.

3) 華嚴石經과 獅子塔

현재 대웅전과 직각으로 앉아 중정을 같이 내려다보고 있는 覺皇殿은 본 이름이 丈六殿으로 장륙삼존상을 모셨던 전각이었다. 현재의 건물은 조선 숙종대에 중창되어 삼불사보살을 봉안하였는데 그 좌대 밑에 중창 이전의 석조불상 대좌가 있다. 1961년의 조사 기록에 따르면 중앙의 본존 자리는 3.5m 길이에 2.5m 폭의 크기이고 양 옆의 자리는 2m 길이에 1.5m 폭으로 그 절반쯤 되며 또 그 바깥쪽으로 앞뒤로 3m나 되고 폭은 0.8m 되는 좁은 자리가 있다고 한다.[55] 그래서 이 자리가 본래 주존과 양 협시보살을 모셨던 대좌임을 알 수 있다.

이 장륙전은 삼층의 사방 7칸짜리 큰 전각이었고 이 벽면에는 돌에 새긴 화엄경을 가득 쌓아올려 華嚴石經의 전당을 이루었었다. 지금은 1만 4천여 개의 조각으로만 남아 있는데, 그 크기로 보아 신라시대에 보통 만들어지던 네모난 전돌(方塼) 형태의 돌에 화엄경을 새겨 위 아래를 끼워 고정하는 장치로 장륙전 사방 벽을 장식하던 것이었다. 이는 물론 이곳 화엄사가 화엄경에 바탕한 화엄도량임을 천하에 드러내기 위한 것이었을 것이다. 석경을 써내려간 글씨는 신라 말의 명인 최치원 이후에 유행한 구양순체를 보이고 있어 이 화엄석경 역시 신라 말에 이루어졌음을 짐작하게 한다.

현재 알려진 석경 조각은 화엄경 중에 가장 먼저 번역된 晉本 60화엄의 내용인데, 이것 말고도 마지막에 번역된 貞元本 40화엄도 있었다 하니 周本 80화엄까지 합쳐 세 가지 화엄경 전체를 새겼던 것이 아닌가 생각된다. 그

---

55) 申榮勳·鄭明鎬,「覺皇殿佛像臺石」,『考古美術』제6권 제9호, 1965.

렇다면 40화엄이 798년에 번역되니 이 석경의 제작연대는 9세기가 될 것이고 이는 석경의 서체와도 부합된다. 이 시기에 화엄사의 사세가 국중 대찰로 꼽힐 만큼 대단하였음을 이 엄청난 석경의 존재에서 확인할 수 있다.

각황전 앞에는 웅대한 건물과 어울리는 장대한 규모의 석등이 있다. 그리고 각황전 뒤편 언덕에는 창건주로 전승된 연기조사가 세웠다는 탑이 있다. 사적기나 조선시대의 지방지에는 화엄사가 진흥왕 때 연기조사에 의해 창건

華嚴寺 獅子塔과 石燈

되었고, 뒤이어 자장율사가 효성이 지극했던 연기조사를 추앙하기 위해 세존사리탑을 탑과 석등이 마주 보는 형식으로 만들었다고 한다. 그러나 이 탑은 조성 수법으로 볼 때 자장 시대인 7세기 전반의 것으로는 볼 수 없다.56)

이는 창건주의 지극한 효성이라는 世間의 이야기로 出世間의 장엄물을 풀이해낸 것이라고 보아야 할 것이다. 불국사의 다보탑과 쌍벽을 이루는 이 四獅子石塔은 상층 기단부를 네 마리의 사자와 중앙의 僧形 인물상으로 변형하여 참신한 조형감각을 아주 잘 살려내고 있다. 그리고 사자탑의 발상 전환이나 세부 수법이 다보탑보다 한 걸음 진전된 것으로서 8세기 말에서 9세기 전반에 걸치는 시기에 조성된 것으로 볼 수 있다. 아마도 화엄경 사경의 조성에 이어 이와 같은 역작을 이루는 힘이 화엄석경에 이어지고, 이렇게 하여 화엄사가 국중 중추 사원으로 자리잡은 것이 아닌가 생각된다.

이곳은 흔히 孝臺로 불렸다. 사자탑 앞에 배례석이 있고 이어 석등이 있는데, 탑에는 서 있는 僧像이 있고 등에는 한 무릎을 꿇고 공양기를 든 승상이 있어 서로 마주 보는 상관관계를 보인다. 이것이 어버이에게 효성을

---

56) 정병삼, 『명찰순례』 2 화엄사, 1994, 60~61쪽.

드리는 자식의 모습으로 전화되어 효성의 상징으로 여겨졌던 것이다. 그래서 이곳을 찾은 대각국사도 연기조사의 칭송에 이어 효대의 감회를 시로 읊어 남기기도 하였다.

이렇게 가람의 규모를 다지면서 화엄사에서는 많은 고승들을 배출하였다. 신라에서 고려에 걸쳐 이름을 드날린 道詵國師(827~898)는 15살에 이곳 月遊山 화엄사에서 승려가 되어 화엄을 배웠는데, 같이 공부하던 도반들이 모두 그의 견해에 탄복하였다고 한다.[57] 朗圓대사 開淸(834~930)은 이곳에 주석하던 正行대사에게 귀의하여 머물며 화엄을 배웠다.[58] 역시 신라말의 고승 先覺대사 逈微(864~917)는 19세에 이곳 官壇에서 계를 받았고,[59] 洞眞대사 慶甫(868~947)는 출가 후 공부를 계속하다 18세에 이곳 戒壇에서 구족계를 받았다.[60] 이들은 모두 신라 말의 불교계를 이끈 고승이었다. 그런데 이들이 화엄사에서 출가하거나 공부하고 또 구족계를 받고 있어 이 시기 화엄사의 위상이 상당히 주목받는 위치에 있었음을 알 수 있다. 국가의 戒壇이 이곳에 있었다는 사실이 이 시기 화엄사의 위상을 잘 말해준다.

후삼국 시기에 해인사에는 두 계통의 화엄 학풍이 공존하고 있었다. 하나는 希朗으로 왕건의 복전이 되었고, 다른 하나는 觀惠로 견훤의 복전이 되었다. 당시 사람들이 희랑의 법문을 北岳으로, 관혜의 법문을 南岳으로 불렀는데, 이는 희랑이 의상계 화엄학의 정통을 주도하던 태백산 부석사 학풍을 계승하여 北岳이라 불렸고, 관혜는 지리산 화엄사 학풍을 계승하여 南岳으로 불렸음을 말해준다. 각기 독자적인 활동을 보이던 이들 두 학풍은 고려 초에 均如에 의해 북악을 중심으로 남악이 통합되어 화엄종단의 통합이 이루어졌다.[61] 남악 관혜는 또 독자적인 교리체계를 갖고 있었음이 신라 화엄

---

57) 崔惟淸,「玉龍寺先覺國師碑」,『東文選』권117.
58) 崔彦撝,「朗圓大師碑銘」,『朝鮮金石總覽』상, 141쪽.
59) 崔彦撝,「無爲寺先覺大師碑」,『朝鮮金石總覽』상, 171쪽.
60) 金廷彦,「玉龍寺洞眞大師碑」,『朝鮮金石總覽』상, 190쪽.
61) 赫連挺이 지은「均如傳」에 남북악에 대한 기본 자료가 실려 있다. 이에 대한 해

학을 집대성해놓은『法界圖記叢髓錄』에 인용된 그의 견해에서 확인된다. 이 곳 화엄사를 중심으로 활동하며 남악으로 불리던 관혜공은 북악의 교학에 대응하여 화엄종의 한 흐름을 이끌었던 것이다. 그래서 화엄사는 이 시기에 화엄종의 별도의 흐름을 형성하여 독자적인 교리 해석과 사회적 지향을 보였던 모양이다. 도선이 이 지역에 미쳤던 영향력과 통진대사 경보가 끝까지 후백제에 남아 있다 후백제 멸망 후 마지막으로 고려 태조 왕건에게 귀부한 선사였던 것과 함께, 후삼국 시기에 화엄사가 처해 있던 사회적 여건을 알려주는 사실이다.

화엄 대찰은 이 지역에 또 하나가 있었다. 김제 금산사 입구에 자리잡은 母岳山 歸信寺는 본래 國神寺라는 이름을 가진 화엄종의 대찰이었다. 지금은 형세가 영락하여 짜임새 있는 대적광전과 요사채만 남아 있을 뿐이지만 통일신라 시대에는 화엄사, 해인사 등과 함께 華嚴 十刹의 하나로서 광대한 사역의 위세를 자랑하던 대찰이었다.[62] 모악산은 이 국신사와 금산사가 이웃하며 화엄과 법상의 양대 교종 사원이 사세를 드날리던 중요한 터전이었다.

5. 法相宗과 眞表 — 禪雲寺와 金山寺

신라사회에 널리 수용되던 신앙의 하나가 지장신앙인데 이는 眞表에게서 가장 두드러지게 나타난다. 진표는 금산사의 順濟에게 출가하여 스승의 말에 따라 得戒를 원하여 명산을 편력한 뒤 仙溪山 不思議庵에서 三業을 닦고

석은 연기계와 의상계, 원효계와 의상계, 정치세력에 따른 분화 등으로 다양하게 파악되었다.
62) 崔致遠,「法藏和尙傳」,『大正新修大藏經』50-285중. "海東華嚴大學之所 有十山 焉…全州母山國神寺."

亡身懺의 수행에 의해 효성왕 4년(740)에 지장보살의 淨戒를 받았다. 다시 정진하여 미륵으로부터 占察經과 證果簡子 189개를 받았다(淨戒와 簡子를 받은 것이 경덕왕 19년-760년-이라고도 한다). 진표는 이전부터 시행해오던 占察法에 彌勒地藏信仰을 강조하여 새로운 점찰법을 수립하였는데, 이 점찰계법의 중심을 이루는 것은 유가계의 유식사상이었다.[63]

진표는 이를 바탕으로 金山寺에서 교화를 펴 점찰법과 참회행의 실천을 바탕으로 태현과는 다른 법상종의 한 계열을 이루었다. 금산사에 이어서 俗離山과 阿瑟羅州에서 戒法을 설하고 금강산에 鉢淵寺를 세워 占察法會를 열었는데, 이러한 진표의 활동은 경덕왕을 비롯해 많은 후원을 얻을 수 있었다. 진표의 활동은 제자 永深의 속리산 길상사로 이어지고 다시 헌덕왕자인 心地에게 전해져 桐華寺에서 펼쳐지더니 신라 말에는 釋忠에 의하여 왕건에게 연결된다.

진표가 선도한 지장신앙은 점찰계법에 의한 持戒의 실천행을 강조하는 적극적인 신앙이었는데, 경주에서 떨어진 지방 일대의 일반 서민들에게 깊숙이 전파되어 중대 신앙의 왕성한 한 면모를 보였다.

1) 禪雲寺

禪雲寺는 禪雲山에 있다. 선운산은 백두대간에서 갈라져나온 소백산 줄기가 노령 줄기로 나뉘어 高城山 언저리에서 위쪽으로 구릉을 이어가다 바다를 눈앞에 두고 뭉친 끝마디에 해당한다. 선운산 天王峰이 서쪽으로는 國師峰, 남쪽으로는 청룡산, 동쪽으로는 장연강 건너 逍遙山으로 이루는 산골이 온통 奇巖靈峰으로 얽어져 秘境을 이루매, 옛부터 호남의 내금강을 자부하던 別天地 한복판에 선운사는 자리잡고 있다. 이 산은 선운산 또는 도솔산

---

63) 金南允,「新羅 中代 法相宗의 成立과 信仰」,『韓國史論』11, 1984, 139쪽.

이라 불러왔다.

사적기에서는 이 산의 형세를 만 필의 말들이 뛰어오르는 모습이며 뭇 신하들이 임금과 잔치를 벌이는 모습이고 또 만물의 근원에 돌아간 신선이 모이는 형상이라고 기록하고 있다.64)

禪雲寺 전경

이런 명산 속에 선운사가 자리잡은 것은 안개와 구름 속에서 참선 수도 하여 참선의 관문을 뛰어넘어 세속의 티끌을 타파하자는 뜻에서라고 한다. 아침에는 禪雲이 半空에 두둥실 뜨고 저녁에는 밝은 달이 밤하늘에 교교하게 빛나는 훌륭한 수행처에서 큰뜻을 깨우치라는 것이다.65)

선운사의 창건주는 檢旦(혹은 黔丹)선사로 전해진다. 선운사 큰 절터는 원래 龍湫였다. 검단선사는 이곳의 용을 몰아내고는 큰 배에 꼭두각시를 만들어 태워서 물에 띄우고 돌을 던져 큰 못을 메워나갔다. 이때 이 마을에 눈병이 심하게 돌았는데 숯을 한 가마씩 못에 갖다 부으면 금방 낫고는 하였다. 이런 비상한 도움을 얻어 돌과 숯으로 못을 다 메울 수가 있었다.

또 이때 선운사 지역에는 도적이 많았다. 검단선사는 이들을 불법으로 바르게 이끌어 선량한 사람들로 만들고, 이들에게 바닷가에서 소금을 구워 먹고 살아가도록 하였다. 바닷가에 진흙으로 둥글게 쌓아올려 소금샘을 만들고는 바닷물을 거기에 넣어 걸러서 소금을 굽는 天日鹽 제조법을 가르쳐준 것이다. 이 소금 만들기로 삶의 터전을 마련한 마을 사람들은 해마다 봄 가을로 절에 소금을 갖다 바쳐 이를 報恩鹽이라 불렀고, 또 자신들이 사는 마을 이름도 검단선사의 은혜를 기리기 위해 검단리라고 하였다고 한다.66)

---

64) 「德源君別願堂禪雲山禪雲寺重創山勢事蹟形止案」(朝鮮 成宗 14년. 1483).

65) 玄益, 「兜率山禪雲寺創修勝蹟記」, 『全羅北道寺刹史料集』(『佛敎學報』 3·4합집, 1996).

66) 浩月子, 「懺堂寺事蹟記」, 『鄕土史硏究』 1, 1989.

한편 義雲화상이 진흥왕의 도움을 얻어 산 중턱에 있는 懺堂庵을 창건하였다 하며 산중에는 眞興窟이라는 수도처도 남아 있다. 그러나 진흥왕대에 이곳은 백제의 영역이었으므로 신라 진흥왕과의 연계를 찾아볼 수는 없다. 이것은 창건의 유래를 올리다 보니 나온 전승일 것이다.

선운사의 창건 내력은 해안지방에서 製鹽 등을 통해 재력을 모을 수 있었던 檢旦선사가 그것을 기반으로 선운산에서 가장 뛰어난 이곳에 선운사를 창건하였으리라는 추측이 가능하다. 그래서 여기서 조금 떨어진 곳에 참당암을 세운 義雲국사와 함께 선운산의 개창주로 전해 내려와, 지금도 산신각에 검단선사와 의운국사가 나란히 앉은 탱화로 모셔지게 되었을 것이다.[67]

선운사 유적으로 오래 된 것은 도솔암 옆 깎아지른 절벽에 새겨진 거대한 마애불이다. 銅佛庵(또는 東佛庵) 마애불이라 부르는 이 불상은 가로 3m에 높이 7m쯤 되는 큰 마애불로 얕게 파낸 조각기법이나 정제되지 않은 투박한 손 등이 걸작품이라고는 말하기 어렵다. 그런데 머리 위쪽으로 여러 군데의 홈과 쇠꼬챙이가 보여 원래 지붕만 있는 누각 형태의 건물을 세워 마애불을 보호했던 것임을 알 수 있다. 불상 가슴 부분에는 떼어냈다 붙인 자국이 있는 작은 조각이 두드러져 보이는데 복장을 넣었던 흔적으로 생각된다.

이 마애불은 고려 시기의 조성으로 보이지만 전면부의 발굴로 백제의 암·수 평기와와 통일신라의 암·수 막새기와가 여러 가지 무늬의 평기와와 함께 출토되었다. 따라서 백제시대부터 이곳에 사원이 건립되어 통일신라에 걸쳐 유지되었음을 짐작할 수 있다.[68] 이들 외에 선운사의 불상이나 유적은 고려 이후의 것들이다.

---

67) 정병삼,『명찰순례』2 선운사, 1994, 438쪽.
68)『禪雲寺東佛庵 발굴 및 마애불 실측조사 보고서』, 扶餘文化財硏究所, 1995, 42~52쪽.

2) 金山寺와 眞表의 법상종

금산사는 김제 母岳山에 있다. 330년에 만들어졌다는 碧骨堤가 萬頃평야 너른 들을 적셔주는 김제의 水源을 이루는 모악산이니 백제시대부터 유래가 깃들어 있을 법하다. 그래서 금산사의 창건을 法王 원년(600)으로 사적기는 적고 있지만69) 법왕은 王興寺를 창건하였다는 기록을 남기고 있을 뿐이다. 그래서 확실한 기록은 없지만 금산사는 그 지리적 중요성으로 인해 백제시대에 일정한 규모의 창건을 이루었던 것으로 짐작된다.

그러나 금산사가 명찰로 주목받는 것은 통일신라시대에 들어 眞表가 활동을 하면서다. 진표는 完山州 碧骨郡 豆乃山縣에서 부친 井氏 眞乃末과 모친 吉寶娘에게서 태어났다.70) 그의 가계는 대대로 사냥을 하고 살았다 하나 부친이 내말의 관등을 가진 것으로 보아 신라의 관등을 받은 백제의 귀족 유민으로 추측된다.71) 진표도 어려서 활을 잘 쏘았으나 12세에 사냥을 나가 잡아놓았던 개구리의 고통을 보고 자신의 잘못을 뉘우쳐 금산사의 順濟(혹은 崇濟)법사의 문하에 들어가 머리를 깎고 출가하였다. 진표가 느꼈던 고통은 단지 개구리의 고통뿐만 아니라 유망민의 고통이기도 하였다.

순제법사는 당나라에 유학하여 善導삼장에게 수학한 고승으로 오대산에서 문수보살의 감응으로 五戒를 받기도 하였다. 그런 순제로부터 진표는 사미계법을 받고 『供養次第法』과 『占察善惡業報經』을 전해 받으며 그 계법으로 미륵과 지장의 양 성인에게 간절히 참회하여 친히 계법을 받아 세상에 널리 전하라는 부촉을 받았다. 그래서 진표는 금산사를 떠나 명산을 두루

---

69) 『金山寺事蹟』.
70) 『三國遺事』권4,「眞表傳簡」.『三國遺事』권4,「關東楓岳鉢淵藪石記」.『宋高僧傳』 권14 百濟國金山寺眞表傳.
71) 최완수,『명찰순례』1 금산사, 1994, 204쪽.

편력하고 邊山의 仙溪山 不思議庵에서 3년 동안 정진하였으나 감응이 없자, 바위에 몸을 던지는 亡身懺의 수행에 의해 경덕왕 21년(762. 혹은 740년)에 지장보살의 신령스런 감응을 받고 다시 정진을 거듭하여 지장으로부터는 戒本을 받고 미륵으로부터는 두 개의 簡子를 받았다. 그런데 이러한 수행과 간자는 占察經의 내용에 의한 것이었다.

지장과 미륵 양 보살로부터 교법을 전해받은 진표는 산에서 내려와 많은 사람들의 마중을 받았는데, 大淵津에 이르렀을 때 龍王이 나타나 玉袈裟를 바치고 진표는 용왕이 거느린 팔만 권속의 시위를 받으며 금산사에 이르러 금산사를 중창하였다.[72] 훗날 진표의 활발한 활동으로 인해 진표가 금산사의 창건주로 인식되기도 하였으나[73] 지역 주민의 절대적인 신망을 받던 유민 출신으로 금산사를 중창하였다는 것이 더 사실에 가까울 것이다. 이로부터 금산사에서 교화를 펼친 진표는 점찰법회와 지장 미륵신앙을 토대로 하는 법상종의 유력한 흐름을 형성하였다.

金山寺 彌勒殿과 五層塔

진표는 후에 속리산으로 갔는데 가는 도중에 수레를 끌던 소에게도 귀의를 받았다. 속리산에서 나와 溟州, 곧 강릉지방 해변에 이르러서는 물고기에게 계법을 설해주기도 하였고, 다시 금강산에 들어가 鉢淵寺를 창건하고 7년 동안 머물며 점찰법회를 열어 크게 교화활동을 펴기도 하였다. 진표가

---

72) 李重煥의 『擇里誌』에는 금산사의 원터가 용이 살던 깊은 못이었는데 수만 석의 소금으로 메워 용을 쫓아내고 터를 닦아 大殿를 세웠다는 설화를 채록하였다.
73) 『宋高僧傳』의 「眞表傳」에는 진표가 금산사의 창건주로 되어 있으나, 『三國遺事』의 「眞表傳簡」이나 「關東楓岳鉢淵藪石記」에는 금산사의 順濟법사에게 출가한 것으로 되어 서로 차이를 보인다. 다른 정황으로 미루어볼 때 『三國遺事』의 기록이 더 타당성이 있어 보인다.

교화를 편 곳은 모두 서울인 경주의 변방에 위치해 있다는 특색을 지닌다. 이후 신명을 바쳐 수행하던 不思議房을 찾은 다음 고향에 들러 부친을 뵈었다. 그리고 말년에는 발연사에서 부친을 모시고 수행하다 입적하였다. 제자로는 속리산에서 찾아와 용맹 참회로 계법을 구하고 吉祥寺를 창건한 永深, 融宗, 佛陀와 함께 釋忠 등의 뛰어난 제자들이 있어 여러 곳에서 교화를 펴 법상종의 수행 종풍을 드날렸다.

　그러나 진표가 활동한 중심 도량은 역시 금산사이다. 진표가 금산사를 중창할 때 등장하는 연못과 용 설화는 인근 익산의 彌勒寺 설화를 연상케 하는 유사성을 보인다. 이 두 사찰은 중심 신앙도 미륵신앙이다. 이는 금산사가 백제 말기의 미륵사 신앙을 계승하여 통일신라시대에 구백제 지역을 중심으로 미륵신앙을 부흥시키면서 지장신앙과 연계된 점찰참회 신앙을 주도해나간 데서 나온 것으로 생각된다.

　현 금산사의 가람 구조 중에서 지장과 미륵으로부터 감응을 얻은 진표가 중창한 유적은 중심 彌勒殿, 곧 丈六殿이다. 762년부터 4년 동안 계속된 중창 불사를 통해 진표는 금산사에 미륵 장륙상을 주존으로 모신 金堂을 이룩하고, 금당의 남쪽 벽에는 미륵보살이 도솔천에서 내려와 진표에게 계법을 주던 그림을 그려놓기도 하였다.

　그런데 진표가 금산사에서 펼친 미륵신앙은 참회행의 점찰법회와 표리를 이루는 것이었다. 占察法會는 木輪相으로 宿世 선악의 業과 현세의 吉凶을 점찰하여 부처의 정법을 信受할 수 없는 말세 중생들이 참회법으로 업장을 소멸하고 대승으로 나아가는 길을 밝힌 『占察善惡業報經』에 의거하여 참회행을 이끄는 것이다. 진표는 지옥 중생을 구제하는 지장신앙과 미륵신앙 그리고 참회행의 점찰신앙으로 실천적인 법상종의 한 흐름을 이끌어갔던 것이다.

6. 신라 下代 禪宗의 성행과 禪門九山

 신라 말기에 이르러 중앙에서 귀족의 분열이 심화되고 지방세력들이 크게 들고일어나는 사회변혁기가 되면, 그 동안 신라사회를 이끌어오던 지도이념인 화엄과 유식 중심의 교종 불교는 사회변화에 대응하는 진보적 이념으로 탈바꿈하지 못하고 새롭게 등장하는 선종에게 그 지도력을 잠식당하게 되는데, 선종 세력의 활동무대는 각 지방이었으니 九山禪門을 비롯한 禪刹들이 거의 전라도나 충청도, 강원도 지역에 집중되고 있다는 사실이 이를 증명한다.
 교종은 경전의 이해를 통해 깨달음을 추구하는 이론적 불교이다. 이에 비해 선종은 문자는 구경의 목표로 이끌어주는 방편에 지나지 않으며, 문자를 넘어선 경지인 선은 구체적인 실천 수행을 통해 깨달음을 얻는다는 실천 불교이다. 선의 수행은 각자의 마음속에 내재하는 佛性을 곧바로 깨닫는 것이다. 이와 같은 주장은 경전을 중심으로 한 기존의 교종체제를 부정하는 혁신적인 것이었고, 신라사회의 변화 요구에 상응하는 불교계의 근본적인 개혁 요망에 부응하는 것이었다. 이에 따라 중국의 새로운 선종을 전해와서 신라에서 독자의 산문을 개창한 대표적인 것이 9개의 선종 사원으로서 九山禪門이다.
 선종이 신라에 처음 전래된 것은 이보다 2세기 전부터로, 그간 간간이 전래가 있었으나 신라사회에서 수용 기반을 얻지 못하였다. 그러다 본격적으로 南宗禪을 배우러 중국에 건너가기 시작하니, 784년에 道義가 당에 건너가고 뒤이어 804년에 眞鑑선사 慧昭, 814년에 寂忍선사 惠哲, 821년에 朗慧화상 無染, 그리고 824년에 圓鑑선사 玄昱, 825년에 澈鑑선사 道允, 837년에

普照선사 體澄이 연이어 중국으로 건너갔다.
 이들 선사들은 821년에 최초로 귀국한 道義를 비롯하여 洪陟(826경), 慧昭(830), 玄昱(837), 惠哲(839), 體澄(840)으로 이어지며 줄지어 귀국하고, 會昌 폐불의 극심한 법난을 만나 無染(845), 梵日(846), 道允(847) 등이 대거 귀국한다.
 그 동안 이해 기반을 갖지 못하던 선종이 신라사회의 변화와 道義를 비롯한 도당 승려들의 귀국으로 지대한 관심의 대상으로 떠오르기 시작하였다. 그러나 도의 자신은 교종의 반발로 경주에서 교화 기반을 마련하지 못하고 설악산에 은거하고 말았다. 대신 도의보다 조금 늦게 826년경에 귀국한 洪陟은 홍덕왕의 귀의를 받을 만큼 왕실의 관심의 대상이 되었다. 초기의 선종은 왕실에서도 지대한 관심을 표명할 정도였던 것이다. 하지만 선문 구산의 대부분은 왕실이나 중앙 귀족의 지원이 아니라 이 시기에 새롭게 부상한 지방세력, 곧 豪族의 적극적인 지원으로 산문을 개창할 수 있었다.
 구산선문은 明寂선사 道義를 계승한 普照선사 體澄의 迦智山門(寶林寺), 證覺대사 洪陟의 實相山門, 寂忍선사 惠哲의 桐裏山門(泰安寺), 圓鑑대사 玄昱의 법을 이은 眞鏡대사 審希의 鳳林山門, 澈鑑선사 道允의 법을 이은 澄曉대사 折中의 師子山門(興寧寺), 通曉대사 梵日의 闍崛山門(崛山寺), 朗慧화상 無染의 聖住山門, 智證대사 道憲의 曦陽山門(鳳巖寺), 眞澈대사 利嚴의 須彌山門(廣照寺)을 일컫는다. 이 밖에도 眞鑑선사 慧昭의 雙溪寺, 了悟화상 順之의 瑞雲寺, 寶壤의 雲門寺 등도 구산선문 못지 않은 一門을 이루었다.
 구산선문의 開祖를 비롯한 선승들은 호족 출신이 많았고 중앙귀족 출신이라 하더라도 그들 당대에는 이미 지방에 낙향하여 호족화한 사람들이 많았다. 그리고 이들 선승을 후원하여 산문을 개창하게 한 지원세력도 지방호족이었다. 그래서 선종사원은 산문을 후원하는 호족의 근거지와 가까운 지방에 자리잡았다. 聖住山門은 보령지방에 대규모 장원을 가지고 있던 金昕의 후원을 받아서 개창되었고, 闍崛山門은 강릉지방의 호족으로서 중대 진골세력의 핵심이었던 金周元의 후손인 명주도독 金公의 후원을 받았다. 鳳林山門은 김해지방의 호족인 진례성 軍師 蘇律熙와 명의장군 金仁國 등의 지원을 받아 개창되었고, 曦陽山門은 문경지방의 호족 沈忠과 가은현 장군 熙弼의 후원으로 이룩되었으며, 師子山門은 충주지방의 호족인 劉氏 세력의 후원을 받아 개창되었고, 須彌山門은 개성지방의 호족인 王氏와 그 외척 皇甫氏 세력의 후원으로 설립되었다. 이렇게 그 지방의 유력한 호족의 지원을 받아 경주에서 멀리 떨어진 변방에 개창된 선문구산을 비롯한 선종은 지방 호족의 불교로 성립된 것이었다.74)

7. 實相寺, 寶林寺, 泰安寺, 雙峰寺, 玉龍寺

1) 實相山門의 洪陟선사

實相寺 전경

구산선문 중에서 제일 먼저 일문을 개창한 것이 홍척선사가 개창한 실상산문이다. 지금 實相寺는 南原市 山內面 立石里에 자리잡고 있다.

洪陟(혹은 洪直)은 중국에 건너가 마조 문하의 서당지장의 심인을 받고 흥덕왕(826~836)대에 도의보다 조금 늦게 귀국하였다. 홍척은 남악 지리산에 머물며 '北山義 南岳陟'으로 불릴 만큼 도의에 필적하는 교화를 펼쳤다. 도의가 경주에서 禪法을 펴다 좌절당하고 설악산에만 은거한 것과는 달리, 홍척은 王室의 부름에 응하여 禪法을 설하고 그 유리함을 설명하여 興德王과 홍덕왕의 아우 宣康太子의 귀의를

---

74) 崔柄憲,「新羅 佛敎思想의 전개」,『歷史都市 慶州』, 1984, 396~398쪽.

받고 이들은 제자가 되었다.75) 혁신적인 禪思想이 왕실에 처음으로 소개되는 자리를 홍척이 마련한 것이다. 이러한 왕실의 지원을 바탕으로 지리산에 實相寺를 개창하니, 남종선을 본격적으로 처음 소개한 것은 도의였지만 산문을 최초로 개창한 것은 홍척의 실상산문인 것이다. 홍척은 이곳에서 계속 교화를 펴다 입적하여 證覺大師의 시호와 凝蓼塔이라는 탑호를 받았다.76)

證覺대사 洪陟의 탑은 보광전 남쪽 극락전 구역에 있는데 팔각원당형을 기본으로 하는 높이 3m의 신라 전형 승탑이다. 기단부는 상대, 중대, 하대석으로 구성되었는데 2단의 하대석 하단에는 운문을 조각하였다. 중대석은 각 면에 안상을 음각하고 그 안에 비천상과 보살상을 조각하였다. 상대석은 3중의 앙련을 조각하여 연꽃이 피어오르는 듯한 연화대를 이루었다. 그 위에 팔각의 별석으로 탑신 괴임석을 조성하여 탑신을 받쳤는데 탑신석은 전후에 문비, 좌우에 사천왕을 조각하고 우주 상부에는 주두와 창방을 새겼다. 옥개석은 넓직한 처마에 비천을 새기고 기울기가 완만한 낙수면에 기와골을 막새기와까지 세밀하게 조각하였다. 상륜부는 앙화석과 보륜과 보주만 남아 있다.

홍척의 탑비는 비신은 없어지고 龜趺와 螭首만 1.3m의 높이로 남아 있는데 세부적인 장식은 마멸되어 알아보기 힘드나 이 시기의 다른 선사비와는 달리 용두가 아닌 거북 모양의 귀부와 완연한 3쌍의 용을 새긴 이수가 무열왕비 양식을 계승한 것임을 보여준다. 이수의 중앙에 액을 마련하고 '凝蓼塔碑'라고 篆額을 넣었다.

實相寺 證覺大師塔碑 龜趺와 螭首

---

75) 崔致遠,「鳳巖寺智證大師碑」,『朝鮮金石總覽』상, 89~90쪽;『景德傳燈錄』권11, 新羅洪直禪師法嗣.
76)『祖堂集』권17, 東國實相和尙.

현재의 실상사 주법당인 普光殿은 정면 3칸, 측면 3칸의 소규모 건물이나 이 자리에 세워졌던 창건시의 金堂은 정면 7칸, 측면 4칸으로 금당 기단이 정면 30m, 측면이 18m나 되어 구산선문 중에서 최대 규모의 금당이었다. 이 기단석은 고려 초에 중창하면서 보강한 것으로 보이지만 이때 초창기의 기단을 약간 보강한 정도에 그쳤던 것으로 생각되어 실상사는 신라 말의 선종 사원 중 흔히 최대 규모라 일컬어지는 성주사 금당보다 훨씬 크고 그 삼천 불전에 비견되는 웅장한 금당을 가진 대찰이었던 것이다.77)

실상사에는 이 홍척의 개창 시기로 추정되는 쌍삼층석탑이 남아 있다. 양식이 같은 동서 양탑은 9세기 탑의 전형을 따르고 있는데 특히 상륜부가 거의 완전하게 남아 있다. 지면에 큰 지대석을 놓고 그 위에 하대 중대석을 짠 다음 윗면이 경사진 갑석을 올렸다. 상층 기단은 각 1매씩으로 이루어진 면석에 우주와 탱주를 모각하고, 1매의 판석으로 된 갑석은 밑에 부연을 새겼으며 경사진 상부에는 중앙에 호형과 각형의 2단 받침을 두었다. 상하층 기단의 면석에 세운 탱주는 모두 하나씩이다. 탑신부는 각 층마다 탑신석과 옥개석이 각각 하나의 돌로 구성되었다. 곡선으로 흘러내리다 모서리에 약간의 반전이 있는 옥개석의 추녀 밑은 수평이며 층급 받침이 4단이어서 통일신라의 전형적 양식인 5단에서 줄어든 후기 양식을 보여준다. 초층 탑신이 2층과 3층에 비해 유난히 높은 특징을 보인다. 상륜부에는 찰주를 중심으로 동탑은 노반, 복발, 앙화, 보륜, 보개, 수연, 용차, 보주로 이어지는 部材가 완벽하게 남아 있어 신라탑 상륜부의 전형을 보여주는데, 서탑에는 수연이 망실되어 없다.

실상사에서는 신라 하대의 銅鍾이 발견되어 현재 동국대에 보관되어 있기도 하다. 그리고 역시 창건기에서 얼마 멀지 않은 시기에 조성된 것으로 생각되는 철불이 현재 약사전에 남아 있다. 9세기에 유행한 철불 양식을 보이는데 건장한 체구에 통견의 법의는 비교적 사실적으로 양감을 표현하고

---

77) 『實相寺金堂 發掘調査報告書』, 東國大學校 發掘調査團, 1993, 18쪽.

있으나 세부 표현에 섬세함이 줄어들고 상의 자세나 비례가 조화를 잃어가는 양상을 보여준다.

홍척의 뒤를 이어 실상사의 선풍을 드날린 이가 秀澈화상이다. 수철은 본래 良州 深源寺의 승으로 실상사에 와서 홍척의 법을 이어 주석하였다.

실상사에는 현재 수철화상의 비가 남아 있다. 본래의 비는 대체로 眞聖王 7년(893)경에 조성된 것으로 추정되나 일찍이 비문이 마멸되어 조선 숙종 40년(1714)에 다시 새겨 세웠다. 아마 복각 당시 남아 있던 탁본에 의거하여 새겼을 현재의 비문도 또 벌써 마멸된 글자가 대부분을 차지하는데, 구성과 문장이 사리에 맞지 않는 것이 많다. 현재의 비는 비신은 가로 112.1cm, 세로 166.7cm이고 비문 본문은 50자 30행으로서 글씨 크기 2.1cm에 해서체로 썼으며 비액의 글씨는 7.6cm 크기의 전서체이다.[78]

수철화상은 증조부가 蘇判인 眞骨 집안에 태어났는데 부친 修靜은 벼슬에 뜻을 두지 않았다. 선사는 어려서 부모를 잃고 허망한 꿈과 같음을 문득 깨달아 15세경에 출가하여 緣虛율사에게서 머리를 깎고 天宗대덕에게서 경전을 배웠다. 그후 東原京 福泉寺에 가서 潤法대덕에게서 具足戒를 받았다. 雪岳에도 들렀다가 雲峰에도 발을 옮겨 實相寺에 이르러 홍척의 제자가 되었다. 홍척이 왕의 부름에 응하여 경주에 가자 수철은 여러 곳을 순력하고 다시 知異山에 가서 知實寺를 쌓고 여러 章疏를 남김없이 보아 교학도 게을리하지 않았다. 그래서 문하에는 正法大德과 僧正 등이 모여 수행하였다. 咸通 연간에 景文王의 부름에 따라 궁궐에 들어가 敎와 禪의 같고 다름을 묻는 질문에 대답하여 가르침을 베푸니 왕족들도 줄지어 스승으로 모셨다. 왕은 端儀公主에게 명을 내려 深源山寺에 초빙하도록 하였는데, 瑩原寺에서 景福 2년(893)에 입적하였다. 진성왕은 시호를 秀澈이라 하고 楞伽寶月이라는 탑호를 내렸다. 그후 여덟 차례나 齋를 베풀고 향 등 예물을 모두 왕실에서 내릴 만큼 공경하였다.

---

78) 「深源寺秀澈和尙碑」, 『譯註韓國古代金石文』 3, 1992, 158쪽.

수철의 탑은 홍척의 탑과 같은 감각의 팔각원당형으로 높이 2.42m이다. 기단부의 8각 하대석 측면을 운문으로 새기고 각면에 운룡이나 사자를 양각하여 생동감을 주었으며 중대석은 안상 안에 주악상이나 사리함을 새겼다. 상대를 연화로 장식한 것도 홍척의 것과 같은데 위로 피어오르면서 더 넓어진 차이가 있다. 다만 탑신 괴임석은 하단에 안상을 새기고 상단의 갑석에 받침을 두드러지게 하여 홍척의 것과 다르다. 상륜부는 현재 8각의 노반석 밖에 없다.

실상사에는 조계암 터의 부도밭에 片雲 화상의 승탑이 일부 남아 있다.[79] 편운은 개창조 홍척의 제자로서 실상사 인근에 암자를 세우고 활동하였다. 수철화상과 편운화상 등이 활동하던 시기에 실상사는 왕성한 활동으로 선풍을 주도하였던 것이다.

2) 迦智山門 寶林寺

신라 하대의 혁신사상으로 등장한 선종을 맨 먼저 체득하고 돌아온 선사가 明寂선사 道義이다. 도의선사는 성이 王氏로 北漢郡, 곧 지금의 서울 출신인데 어려서 출가하여 법명을 明寂이라 하였다. 宣德王 원년(784)에 사신 金讓恭을 따라 당나라로 건너가서 五臺山에 참배하고 寶壇寺로 가서 具足戒를 받았다. 그리고 나서 曹溪山 寶林寺로 가서 六祖影堂에 배례하고 江西 洪州 開元寺에서 육조의 法曾孫인 西堂 智藏에게 印可를 받았다. 여기서 道義라는 이름을 새로 얻고 다시 師叔인 百丈 懷海선사에게서도 인가를 얻으니 백장선사는 그 스승인 馬祖 道一선사의 禪脈이 모두 동국 승려에게로 가게 되었다고 탄식하였다고 한다.

이후 헌덕왕 원년(821)에 귀국하니 남종선을 본격적으로 수용해 들인 최

---

79) 黃壽永,「實相寺片雲浮圖」,『韓國金石遺文』, 1976, 174쪽.

초의 선사였다. 도의는 경주에서 새로운 禪旨를 전파하려 하였으나 아직 經敎, 즉 교종에 익숙한 신라사회에서 이를 이해하려 하지 않았으므로 양양 설악산 陳田寺에 들어가 40년 동안 禪定을 닦으며 제자를 기르다가 廉居화상에게 법을 전해주고 열반에 들었다.[80]

도의선사의 법통을 이은 廉居화상은 설악산 億聖寺에 주석하며 禪旨를 펴지만 아직 禪門을 개설할 만한 기반을 갖추지는 못하였다.

그런데 염거화상의 문하에서 普照선사 體澄(804~880)이 출현, 장차 長興 迦智山으로 터를 옮겨 寶林寺를 짓고 一門을 개설하게 되니 이것이 곧 九山 禪門 중 첫째로 꼽는 迦智山門이다. 산문의 개설 시기는 홍척이 개창한 실상산문보다 늦었지만 도의의 선법을 계승하였다는 점에서 가지산문은 후대에 동국 禪門의 효시로 일컬어졌다.

가지산문의 실제 개창자인 普照선사 體澄은 애장왕 5년(804)에 熊津, 즉 지금의 공주에서 출생하니 신라 王姓인 金氏로 지방의 명문이었다. 어려서 花山 勸法師에게 출가한 후 흥덕왕 2년(827)에 24세의 나이로 加良峽山 普願寺, 즉 가야산 보원사에 가서 具足戒를 받고 곧바로 億聖寺로 廉居화상을 찾아가 선지를 전수받았다. 만 10년 동안 공부를 끝낸 다음 희강왕 2년(837)에 34세의 나이로 동지인 貞育, 虛會 등과 더불어 당나라로 건너갔다. 그 祖師인 道義선사처럼 중국 선종의 인가를 받아오기 위해서였다.

그러나 당나라 여러 곳을 다니며 선지식들을 역방한 후 체징선사는 고국에서 도의선사의 선지를 받은 것과 하등 다름이 없다는 것을 깨닫고 만 3년 만에 귀국하였다. 37세 되던 문성왕 2년(840)의 일이었다. 平虜使를 따라 귀국하였다 하니 淸海鎭大使 張保皐 세력의 인도로 전라도 남쪽 해안을 따라 영암 구림이나 나주 회진을 거쳐 돌아왔을 가능성이 크다.[81]

그후 20여년간은 스승 염거화상이 주석하는 설악산을 중심으로 수행하면

---

80) 『祖堂集』 권17, 雪岳陳田寺元寂禪師.
81) 최완수, 『명찰순례』 2 보림사, 291쪽.

서 출가 본사와 수계 본사가 있는 고향 태안반도 일대를 전전하며 선지를 현양하였으니 靑陽 長谷寺도 선사의 개창이라 전한다. 그러다가 56세 때인 헌안왕 3년(859)에 武州 黃壑蘭若로 거처를 옮겼다. 헌안왕은 이해 6월에 長沙縣(지금의 전북 고창군) 副守 金彦卿을 보내 선사를 王京으로 초빙하려 하였으나 선사가 이를 정중히 거절하자, 왕은 다시 10월에 靈岩郡 僧正 連訓 법사와 奉宸, 馮瑄 등을 보내어 綸旨를 내리고 迦智山寺로 移錫할 것을 청하였다. 가지산사는 元表大德이 창건하여 주석하던 곳으로 일찍이 法力으로 政事에 공을 세웠으므로 경덕왕 18년(759)에 王命으로 長生標柱를 세워 그 구역을 확정해준 곳이었다.

보조선사가 가지산사로 이주한 다음해인 헌안왕 4년(860) 봄에 왕경으로 선사를 초빙하는 왕명을 받들고 왔던 선사의 제자인 장사현 부수 김언경이 녹봉을 떼내고 사재를 털어내 鐵 2천 5백근을 사서 노사나불을 조성하였다. 이에 왕은 望水里 南等宅에 교지를 내려 金 160分을 共出하게 하고 租 2천 斛을 내려 이를 돕게 하니, 다음해인 경문왕 원년(861)에는 十方의 시주로 禪宇를 넓히는 불사까지 원만히 회향하였다. 이렇게 하여 선문종찰 가지산사가 이룩된 것이다.

보조선사는 이렇게 禪門宗刹의 규모를 완비한 다음 20년을 이곳에 주석하며 初祖 도의선사와 二祖 廉居화상으로 전해져오는 自家 禪門宗旨를 확립하고 迦智山門의 기치를 뚜렷이 세웠다. 그리고 헌강왕 6년(880) 6월 13일에 세수 77세 승랍 52세로 이곳에서 열반에 드니 제자가 英惠, 淸奐 등 8백여명이었다. 이후 3년 뒤인 헌강왕 9년(883)에 제자 義草 등이 行狀을 지어 올리며 建碑樹塔을 조정에 청하니 왕은 시호를 普照禪師라 하고 塔號를 彰聖塔이라 하며 寺號를 寶林寺라 내려주어 이곳이 東國 禪宗의 總本山임을 인정해주었다. 六祖대사 慧能이 주석하던 韶州 曹溪山 寶林寺가 중국 선종의 총본산이었기 때문이다.[82]

---

82) 金穎, 「寶林寺普照禪師碑」, 『朝鮮金石總覽』 상, 61~64쪽.

3) 普照禪師 彰聖塔과 毘盧遮那佛像

보림사 대웅전의 동남쪽 산자락에 普照禪師 彰聖塔과 그 塔碑가 자리잡고 있다. 탑비(보물 158호)는 높이 3.46m의 거대한 규모로 龜趺와 螭首가 완벽하게 갖추어졌는데, 이보다 15년 전에 세워진 雙峯寺 澈鑒禪師 塔碑의 양식 계열에 속하는 것이다. 澈鑒 道允선사는 南泉 普願선사에게 인가를 받았기 때문에 보조선사의 祖師인 道義선사와는 法從兄弟의 世誼가 있었으며 고향도 도의선사와 같은 北漢州 (지금의 서울)였으므로 보조선사와는 특별한 인연이 있었을 듯하다.

寶林寺 大寂光殿과 雙三層石塔

귀부의 거북 목이 우뚝 솟구치고 목줄기 한가운데로 비늘 무늬가 박혀 있으며 입을 벌려 둥근 여의주를 물고 있다. 남쪽 碑座 부분이 파손되고 그 아랫부분은 龜甲도 파괴되었다.

彰聖塔은 하대석을 운당초문 고부조로 꾸며 天上界를 상징한 것이나 상대석의 仰蓮 조각기법과 탑신석 받침의 眼象과 중대석 안상 표현의 의장 등이 철감선사의 澄昭塔과 유사한 기법이다. 창성탑이 장식 면에서 보다 단조롭고 전체 비례에서 고준한 느낌이 든다. 이는 양양 설악산 陳田寺址에 있는 道義선사의 부도와 현재 경복궁에 보존중인 廉居화상 탑으로 이어지는 가지산문 부도의 단순소박한 전통이 가미되었기 때문인 듯하다.

보조선사 창성탑비의 글씨는 특이하게 전반부 6行은 昆湄縣令 金薳이 구양순체로 쓰고, 제6행 중간 이후부터는 長沙 副守였던 金彦卿이 저수량체로 썼다.

원래의 보림사 대적광전은 현재보다 훨씬 큰 규모였다. 동서 19m, 남북

보림사 철조 비로자나불상

17m 이상 되는 기단과 초석들이 발굴을 통해 이런 사실이 알려졌다.83)

대적광전 안에 봉안되어 선문종찰을 상징하는 鐵造毘盧遮那佛座像은 보조선사 당시에 조성·봉안된 불상이다. 보조선사 창성탑 비문에서는 長沙 副守 金彦卿이 헌안왕 4년(860) 仲春에 녹봉을 떼내고 사재를 털어 철 2천 5백근을 사서 노사나불 1구를 주성하여 선사가 거주하는 梵宇를 장엄하였다고 한 그 불상이다.

이 철조 비로자나불좌상의 왼쪽 위 팔뚝 뒤에는 陽刻 造像 銘文이 새겨져 있다.84) 이는 2년 전인 헌안왕 3년(858) 7월 17일에 武州 長沙 副官 金遂宗이 情王, 즉 헌안왕 誼靖에게 주청하여 王命으로 이를 주조하였음을 밝히고 있다.

불상은 앉은키 2.52m의 거대한 규모인데 어깨선이 부드러운 데 반해 허리가 길고 무릎 폭이 넓어 전체적으로 정삼각형에 가까운 이등변삼각형 구도의 안정된 비례를 보인다. 얼굴은 조금 긴 편에 윤곽이 분명하고 이목구비가 뚜렷하여 시원스런 인상이라 활달한 무장의 기풍이 엿보인다. 정수리에는 心印의 상징인 髻珠 표현이 뚜렷하여 禪門宗刹의 主佛임을 표방하였으며 佛衣는 승가리와 울타라승 두 벌을 겹쳐 입은 二重着衣法으로 양쪽 어깨를 모두 덮어 입은 通肩衣이다. 그러나 앞섶을 양쪽 다 풀어헤친 듯 굴곡을 보여 호방불기하는 기세를 과시한 것이나 下裙을 가슴까지 끌어올려 조여맨 듯한 표현은 모두 무장다운 옷매무새를 은연중 드러낸 표현이다. 현재의 대적광전은 70년대 초에 복원한 것이다.

---

83) 『迦智山寶林寺--精密地表調査』, 順天大博物館, 1995, 130쪽.
84) 當成弗時 釋迦如來入滅 後 一千八百八年耳 此時 情王卽位 第三年也 大中十二年戊寅 七月十七日 武州長沙副官 金遂宗 聞奏 情王之八月 卄二日 勅下令 □躬作 不 覺勞困也.

대적광전 앞에는 雙三層石塔이 서 있다. 남향한 대적광전 앞에 동서로 놓여 있는 높이 5.9m의 두 탑 모두 신라 탑으로서는 드물게 탑의 상륜부가 거의 완벽하게 남아 있다. 넓은 지대석 위에 탱주가 2개인 하층기단을 쌓고 다시 탱주가 1개인 상층기단을 올렸다. 탑신부는 탑신과 옥개석이 각각 하나의 돌로 이루어졌는데, 넓고 얕은 옥개석에는 5단의 층급받침을 두어 전형 양식을 따르고 있으나 낙수면의 굴곡이 심하여 시대가 내려간 것을 알 수 있다. 삼층 옥개석 위로 露盤, 覆鉢, 仰花, 寶輪, 寶蓋가 그대로 다 갖춰져 있다. 다만 水烟과 鐵竿刹柱 및 그에 꽂히는 龍車 寶珠가 빠져 있을 뿐이다.

이 탑은 2층, 3층 탑신의 우주 형식이 갑자기 섬약해지고 옥개 곡선이 미약한 점 등을 들어 후대에 改修되었음이 지적된다.[85]

1933년 겨울에 사리 장치를 절취하려다 탑이 도괴되어 다음해 해체·복원하는 과정에서 동서 양탑의 사리 장치가 발견되었는데, 모두 초층 탑신석의 舍利孔 내에 보관되어 있었다. 여기서 출토된 유물은 납석에 새겨진 동서 양 塔誌와 사리 및 사리를 담은 납석제 舍利壺와 大小靑銅盒 등이다.[86]

이 탑의 建造와 보수에 대한 사실은 두 탑지에 자세히 기록되어 있다.[87] 경문왕 10년(870) 庚寅年 5월에 凝王, 즉 경문왕이 憲王, 즉 憲安王의 왕생극락을 위해 이 탑을 세웠는데, 12년전에 비로자나불상 조성을 건의하였던 金遂宗이 이제는 西原部(지금 淸州) 小尹으로 칙명을 받들어 탑을 건조하였다. 그후 진성여왕 5년(891) 신해년 11월에 內宮 소장 사리 7매를 왕명에 의해 봉안해놓았다.[88] 탑 앞에는 각각 배례석이 하나씩 놓여 있다. 쌍탑 사이에는

---

85) 『迦智山寶林寺-精密地表調査』, 54쪽.
86) 鄭永鎬, 1974, 「寶林寺 石塔內 發見 舍利具에 대하여」, 『考古美術』 123·124합집.
87) 『寶林寺石塔誌』. 東塔 : 造塔時」咸通十一年」庚寅五月日」, 時」凝王卽位」十年矣」, 所由者」憲王往生」慶造之塔」, 西原部小尹奈末」金遂宗聞奏 奉」勅伯士及干珎鈕」. 西塔 : 咸通十一秊庚寅」立塔 大順二」秊辛亥 十一月日」沾記 內宮 舍」利 七枚 在白.

통일신라 전형 양식을 보여주는 동 시기의 팔각석등이 남아 있다.[89]

4) 桐裏山門 泰安寺

泰安寺는 桐裏山에 있다. 동리산은 白頭大幹의 小白山 줄기가 蘆嶺을 거쳐 뻗어내려와 秋月山 無等山을 거쳐 동북으로 나오다 다시 북으로 달려 이룬 산이다. 동리산은 鳳頭山이라고도 하니 봉두산이란 봉황의 머리와 같은 모양의 산이라는 것이고, 동리란 그 봉황이 먹고 산다는 오동 열매가 주렁주렁 열린 오동나무 우거진 곳이라는 뜻이니, 봉황이 사는 곳엔 마땅히 오동이 있어야 하기에 붙인 이름들이다.

신라시대에 부르던 절 이름은 大安寺라 하였으니 이는 절의 위치가 사람의 왕래가 잦은 길에서 멀리 떨어져 있어 세속의 티끌이 미침이 드물고 골짜기가 그윽하게 깊어 선승들이 고요하게 지낼 만하기에 그렇게 이름 지었다 한다. 조선 이후에는 대체로 泰安寺로 불렀다.[90]

이곳에 처음 절이 개창된 것은 신라 경덕왕 원년(742)에 세 신승들에 의해서였다고 한다. 이 터는 천 봉우리가 병풍처럼 둘러싸고 한 줄기 계곡물이 맑게 흐르며 용이 상서를 드러내고 독사가 독을 감추는데 송림이 짙고 백운이 깊어 여름에 시원하고 겨울에 따뜻하여 심성을 닦고 기르는 데 마땅한 곳이라, 이들은 풀을 뽑으며 물길을 따라 본터에 이르러 바위를 밀어내

---

88) 탑지의 追刻에는 조선 성종 9년(1478) 4월 17일 3백여 명 대중이 夏安居 結制를 위해 결제법회를 베풀면서 탑이 기운 것을 보고 중수할 것을 결의하여 道人 元湜이 大化主가 되어 正安 등과 더불어 크게 중수하였고, 중종 30년(1535)과 숙종 10년(1684)에도 중수하였음을 기록하였다.
89) 『迦智山寶林寺--精密地表調査』, 61~62쪽.
90) 大와 泰가 뜻과 소리가 서로 통하는 글자일 뿐 아니라 평안하다는 의미가 덧붙여져 그렇게 부른다 한다.

고 풀을 깎아 정돈하여 대안사를 개창하였다 한다.91)

그러나 대안사가 대찰이 되는 것은 신라 말기에서 고려 초기에 걸쳐 적인선사와 광자대사가 주석하면서부터다.

5) 寂忍선사와 廣慈대사

본격적인 남종선 조사의 碑로는 처음으로 세워 남긴 적인선사의 법명은 慧徹이며 자는 體空으로 원성왕 원년(785)에 태어나서 경문왕 원년(861)에 돌아갔다. 성은 朴씨로 서울, 즉 경주 출신인데 그의 조상은 세상의 명리에 매달리지 않고 유학이나 도교 서적을 읽으며 은거하는 것을 낙으로 삼아 태백산 남쪽 朔州 善谷縣(禮安 지방)에서 松石을 벗삼아 살아왔다.

어려서부터 뭇 아이들과는 다르게 조용한 곳에서 혼자 지내는 것을 좋아하더니 열너댓 살이 되자 출가하여 처음에는 浮石山에서 화엄을 공부하였다. 이는 당시 가장 널리 익히던 사상이 화엄사상이었기 때문인데 그 집에서 멀지 않은 부석사는 바로 화엄의 종찰이었다. 선사는 경전에 정통하여 그가 공부하며 부딪히던 어려운 문제를 풀어 정리한 책을 펴내 공부하는 여러 사람들의 몽매를 깨우쳐주었다. 그래서 같이 공부하던 이들이 어제는 서로 격려하던 벗이었는데 오늘은 우리를 이끌어주는 스승이 되었다고들 칭송하였다. 스물두 살이 되어 구족계를 받고 마음과 행동을 깨끗이 하여 계율을 중히 지켜 승려들의 귀감이 되었다.

그러던 어느 날 자성을 보아 깨닫는 것이 참된 깨달음이오 법을 말하여 얻은 空은 참된 공이 아니고 묵묵한 마음과 적절한 지혜가 참된 것이라는 선법에 관심을 기울여 중국에 가서 이를 배우고자 헌덕왕 6년(814)에 중국으로 건너갔다.

---

91) 崔賀, 「大安寺寂忍禪師碑」, 『朝鮮金石總覽』 상, 118쪽.

선사들의 도당 수학 초기에 해당하는 적인선사가 당에 가서 배운 스승은 西堂 智藏(738~817)선사였으니 지장선사는 남종선의 개창자 六祖 慧能에서 南嶽 懷讓, 馬祖 道一로 이어지는 嫡傳의 선지식으로 앞서 입당하였던 가지산문의 조사인 道義선사와 실상산문을 개창한 洪陟선사도 바로 지장선사의 법맥을 이어왔다.

지장선사로부터 뛰어난 기량을 인정받아 心印을 얻은 적인선사는 스승 지장이 그가 중국에 들어간 지 3년 만에 돌아가자 이곳저곳을 순력하였는데, 西州 浮沙寺에 이르러 3년 동안 열심히 대장경을 공부하여 경전의 오묘한 이치에 통달하였다. 고국에 돌아와 법을 선양하고자 하는 마음이 커져 신무왕 원년(839)에 귀국하니 道義(821)와 洪陟(826경)에 이어 慧昭(830), 玄昱(837)보다 조금 늦은 때였다.

귀국하고 나서는 우선 무주 雙峰寺에서 지냈다. 이는 쌍봉사를 중심으로 활동하면서 사자산문의 조사가 된 澈鑑선사 道允이 귀국하기 8년 전의 일이었으니, 쌍봉사는 중국과 뱃길이 닿는 무주, 즉 전라도 지역의 중요한 사찰이었기에 선사도 일단 이곳에 주석하며 전법도량을 모색하였던 것이라 생각된다. 당시 신라는 興德王(826~835) 사후 왕족들이 사촌간에 치열한 살륙전을 벌이며 僖康王(836~837), 閔哀王(838~839), 神武王(839), 文聖王(839~856)이 번갈아 왕위에 오르던 극심한 혼란기였다. 따라서 선사들은 중앙에서 멀리 떨어진 지방 곳곳에서 그 지역 유력자의 후원을 받아 새로운 사상을 전파하며 민심을 이끌고 있었다.

적인선사는 쌍봉사에 주석하던 시절에 법명을 높이 드날리었으니, 한번은 큰 가뭄이 들어 그 지방 관리가 선사에게 대책을 호소하자 선사가 향을 사르어 밤새 온 고을에 흡족한 비가 내리도록 한 것과, 또 한번은 들불이 일어나 온 산이 다 타는데 법력으로 비를 빌어 절만은 화를 면하게 한 것이 그것이다.

쌍봉사에 이어 선사는 理嶽에도 머물렀다 하니 이는 地理山을 말하는 것이 아닌가 생각된다. 선사는 이내 이곳 동리산 대안사로 옮겨오니 이곳은 조용히 수도하기에 좋은 三韓 勝地였기 때문이다. 선사가 대안사로 옮겨온 해를 사적기에서는 흔히 문성왕 9년(847)이라고들 하나 풍수지리설의 비조인 先覺국사 道詵(827~898)이 대안사에 와서 적인선사에게 배우기 시작한 것이 그보다 한 해 전인 문성왕 8년(846)이므로 이때는 벌써 적인선사가 주석하며 이름을 날리고 있었다고 보아야 할 것이다.92)

대안사에서 선사가 펼친 교화가 사방에 퍼지자, 이 소식을 들은 문성왕은 글을 내려 노고를 위로하고 절 사방에 禁殺 당간을 세우는 것을 허락하고, 사신을 파견하여 理國의 大要를 물었더니 선사는 시급하고 중요한 시책 몇 가지를 올려 왕은 이를 가납하였다.

그러다가 77세 때인 경문왕 원년(861)에 입적하니 경문왕이 이를 듣고 선사가 돌아간 지 7년 뒤인 왕 8년(868)에 시호를 寂忍이라 하고 탑호를 照輪淸淨이라 내리며 한림랑 崔賀로 하여금 비문을 짓게 하고 中舍人 姚克一에게 이를 쓰게 하여 4년 뒤인 경문왕 12년(872)에 幸宗 등이 비를 세웠다.93)

大安寺 寂忍禪師塔

헌덕왕 5년(813)에 神行선사비가 단속사에 처음 세워진 뒤 현재 남아 있는 본격적인 남종선 조사의 비로는 처음 세워진 것이다. 이후 10년이 넘어 普照선사(884), 弘覺선사(886), 眞鑑선사(887), 朗慧화상(890) 들의 비가 차례로 세워지게 된다.

선사는 일찍이 화엄으로 출가하여 남종선의 心印을 얻은 조사였는데 선을 익힌 후에는 대장경을 열람하며 경전 공부에도 열의를 보였고 계율에도 정통하였다 하니 禪, 敎, 律을 아우른 보기 드문 巨匠이었다. 아직 禪門이

---

92) 崔惟淸,「玉龍寺先覺國師碑」,『東文選』권117.
93) 崔賀,「大安寺寂忍禪師碑」,『朝鮮金石總覽』상, 119쪽.

왕성해지기 전이니 예전처럼 교종으로 출가하였다가 새로운 사상에 대한 열망에서 선종을 익히는 것은 보통이었다. 그러나 적인선사는 조사 심인을 얻은 후에도 다시 3년 동안이나 대장경을 공부하고 더욱 계율도 중시하였다는 사실이 선사의 특성을 드러내준다.

적인선사에게서 배운 제자들은 백명이나 되었다 하는데 如선사와 같은 이는 대안사를 중심으로 그 선풍을 계승해가서 광자대사에게 이어주었다. 그러나 道詵(827~898)을 중심으로 한 또다른 일파는 863년부터 인근 광양의 玉龍寺를 중심으로 이와는 조금 다른 선풍을 열어가고 있었으니, 전국토의 효율적인 이용을 주장하는 풍수지리설을 선종 종지와 아울러 제창한 것이다. 이 玉龍山門의 선풍은 도선에서 洞眞대사 慶甫로 이어지면서 王建 세력과 연결되어 후삼국 통일 후 고려의 중요한 사상 기반을 이루게 된다.[94]

적인선사의 제자인 如선사를 이어 대안사를 빛낸 이가 廣慈대사이다. 대사는 법명이 允多, 자가 法信으로 경문왕 4년(864)에 서울 경주에서 출생하였다. 선조는 고관을 지낸 가문이며 모친은 朴氏이다. 어려서부터 세속과 다른 뜻이 있어 8세에 출가할 뜻을 부모께 알렸으나 부모는 처음에는 허락치 않다가 마침내 그 뜻을 꺾을 수 없어 출가를 허락하였다. 사방을 주유하며 마땅한 스승을 찾다가 동리산에 이르러 제 자리를 찾았다. 며칠 안에 上方 화상을 시봉하게 되니 화상은 道는 몸 밖에 따로 있는 것이 아니고 부처는 곧 마음에 있으니 자신의 말을 보지 말고 스스로 깨달으라고 일러주었다.

17세 때에 가야산 普願寺에서 구족계를 받고 와서 열심히 정진하여 명성이 사방에 떨쳐 드디어 적인선사의 제자인 如선사로부터 正傳을 전해받았다. 그리고 나서 이곳저곳을 다니며 여러 대중을 인도하다가 다시 대안사에 돌아왔다.

그런데 돌아온 지 이틀 만에 산적이 절에 들어와 대사가 머무는 上方에 들이닥치거늘 대사는 禪座에서 요동도 않고 앉아 있으니, 도적들도 감히 침

---

94) 정병삼, 『명찰순례』 3 대원사, 1994, 379~384쪽.

범하지 못하고 선사의 호령에 도리어 예배하고 흩어져 도망갔다. 신라말 眞聖女王 때의 이 시기는 중앙정부의 지방에 대한 통제력이 완전히 무너져 각지에서 민란이 속출하고 이에 따라 귀족들의 장원은 물론 거대한 경제력을 지닌 사원들은 이들의 약탈 대상이 되었으니, 해인사에서는 진성여왕 3년에서 9년(889~895) 사이에 전란이 벌어져 50명 이상의 승군이 희생되기도 하였다. 적잖은 경제력을 보유하고 있던 대안사도 이 시기에 피해를 입었던 사실을 이 기록은 말해주고 있다.

이후 뛰어난 법력으로 구름처럼 모여드는 납자들을 이끌어가니 효공왕(898~912)이 이를 듣고 서신을 보내 나라를 보우해줄 것을 요청하였으나 이미 때는 신라의 국운이 기울어가던 상황인지라 선사는 신라가 아닌 王建의 요청에 응하였다. 그래서 왕궁에 들어가 왕건과 문답을 나누었는데 불법의 이치뿐만 아니라 백성들의 보전에 힘을 쏟을 것까지 자문하였다.

왕건은 당시 활약하던 거의 대부분의 선사들과 긴밀한 관계를 유지해서 민심을 고려 편으로 끌어들였고 慶猷와 忠湛을 王師에 봉하고 玄暉를 國師에 봉하여 우대하기도 하였다. 후삼국 통일 후에는 그 동안 호응하지 않고 있던 洞眞대사 慶甫까지 개경에서 활동하게 되어 옥룡산문과 동리산문이 모두 왕궁과 긴밀하게 연결되었다.

광자대사는 궁에서 물러나 흥왕사에 있었는데 黃州院君 戴宗 王旭(成宗의 부친)이 제자가 되어 따르고 내의령 皇甫崇과 태상령 良日과 같은 최고위 유력자들의 귀의도 받는다. 그러나 산사의 일을 걱정하여 돌아갈 것을 청하여 동리산에 돌아오는데 이때 왕은 本道의 首相에 명하여 토지와 노비를 지급하여 外護하도록 하였다. 혜종 2년(945)에 82세로 돌아가는데 제자들에게는 불타가 말씀하신 계율이 바로 너희들의 대사라는 말을 일러주었다. 이 즈음은 坦文과 같은 화엄종 승려의 활약이 다시 두드러지기 시작하고 선종에서는 元宗대사 璨幽가 국사로 봉해지던 때였다.

적인선사의 부도인 照輪淸淨塔은 높이 3.1m로 잘 다듬어진 방형 기단 위에 세워져 있어 마치 戒壇과 같은 구성을 보인다. 부도 하대석에는 팔면에 갖가지 형태의 사자를 부조로 새기고 상대석 하부에는 단엽 앙련을 삼중으로 새겼으며 대석 전체에 세 층에 걸쳐 안상을 새겼다. 탑신석은 사방에 사천왕상을 새기고 門扉를 새겼으며 옥개석은 목조건축 지붕을 기왓골과 막새기와 그리고 연목과 부연까지 충실히 재현하였는데, 추녀는 완만한 곡선을 이루며 내려오다 모서리에 이르러 상당한 반전을 이루었다. 상륜부도 앙화, 복발, 보륜, 보주가 잘 남아 있는데 하대석 기단부터 상륜까지 팔각을 지키면서 적절한 비례와 조형미를 갖춘 장엄을 보여준다.

적인선사는 861년에 입적하였지만 872년에 비가 세워지니 이 부도도 같은 때에 세워졌을 것이다. 신라의 석조부도는 868년에 입적한 澈鑑선사 부도에서 가장 아름다운 전형을 이루는데, 적인선사의 부도는 그가 당나라에서 처음 귀국하여 이곳 태안사에 오기 전에 머물렀던 쌍봉사에 세워진 철감선사의 부도와 전후하여 만들어졌다. 철감선사의 부도가 화려한 조식의 극치를 철저한 비례와 조화 속에 구현한 데 반해 적인선사의 부도는 조각이 그다지 화려하지 않고 장엄한 맛이 더한 차이를 보인다.

부도 한쪽에 적인선사의 비가 서 있는데 이 비는 1927년에 秋潭 午性선사 등이 중심이 되어 石顚 漢永선사에게 필사본 원비문을 축약하게 하고 '桐裏山紀實'이라는 碑陰을 새로 짓게 하여 성당 김돈희의 글씨로 새로 써서 귀부와 이수는 원래 것을 사용하여 세운 것이다. 사적기에는 이수를 광자대사의 것을 사용했다 하였는데, 광자대사비의 귀부보다는 지금 서 있는 것처럼 적인선사비의 귀부와 더 잘 어울린다. 현재 비 옆에 글자를 전혀 알아볼 수 없는 세로 170cm에 가로 106cm의 碑身이 있는데 후대에 일부러 비면을 갈아버린 듯 전후 양면에 한 글자도 남아 있지 않다. 그리고 글씨가 남아 있는 같은 석질의 비편이 또 하나 있는데 이는 광자대사비의 아랫부분이다.

일주문 곁의 浮屠林에 있는 廣慈대사 부도는 높이가 2.8m인데 적인선사 부도를 거의 그대로 따르고 있다. 다만 보다 細長한 느낌이 들고 대석의 사자상이 당초문으로 바뀌고 복판 복련이 들어갔으며 탑신석은 사천왕과 문비

외에 향로를 더 새기고 상륜부가 노반, 앙화, 복발, 보륜, 보개, 보주의 순서로 완벽하게 남아 있는 등의 차이가 있다. 945년에 입적하여 950년에 세운 비와 같이 세워졌을 이 부도는 고려 초기 부도의 한 전형이다.

광자대사 부도 옆에는 비가 깨진 비편을 가로로 물고 귀부와 이수만 남아 있다. 목이 잘려나간 것을 기울어지게 붙인 귀부는 오른쪽 앞발도 깨진 채 붙여 세웠다. 이수는 사방에 반룡이 새겨진 정면 가운데에 가릉빈가가 날개를 벌리고 선 모습을 새겼으며 십자형 여의주 셋을 윗면 중앙에 일렬로 세웠다. 이수의 뒷면은 제대로 남아 있는데 앞면은 아랫부분이 碑額을 확인하기 어려울 만큼만 약간 깨져나갔다. 적인선사비에 비해 훨씬 역동적인 우수한 조각 솜씨이다.95)

광자대사 때의 대안사 형세는 사적기에 상세하니 전각의 칸수와 기둥의 크기 그리고 봉안 불상까지 기록해놓았다. 이에 따르면 약사여래를 모신 金堂과 철조약사를 모신 食堂 3칸, 비로자나탱화를 모신 僧堂 4칸, 選法堂 3칸, 羅漢堂 3칸, 大藏堂 3칸, 經房 9칸, 維那房 9칸, 三寶庫廳 4칸, 大庫 5칸, 淨廚 5칸, 水家 3칸, 방앗간 4칸, 그리고 이 밖에도 마굿간, 沙門, 上院主廳, 藏主房, 入室房, 別監房, 목욕방, 측간, 碑殿, 樓橋, 祖師堂, 五層塔 등 많은 당우들이 있었다.96)

6) 雙峰寺와 澈鑑선사

능주 쌍봉사가 언제 창건되었는지는 분명치 않다. 그러나 翰林郎 崔賀가 지은 「武州桐裏山大安寺寂忍禪師碑頌幷序」(872)에 의하면 헌덕왕 6년(814)에 당나라에 건너가 남종선의 시조인 六祖 慧能선사(638~713)의 法曾孫 西堂 智

---

95) 정병삼, 『명찰순례』 3 태안사, 1994, 398~401쪽.
96) 『桐裏山泰安寺事蹟』.

藏선사(735~814)에게 印可를 받고 돌아와 桐裡山門의 開山祖가 된 寂忍선사 慧徹이 신무왕 원년(839) 2월에 귀국하여 최초로 夏安居를 지낸 곳이 이 武州 관내 쌍봉사라 하였으니 늦어도 839년 이전에는 창건되었을 것이다.

그후 澈鑑선사 道允(798~868)이 이곳에 주석하며 一門을 개설하여 雙峰山門의 이름을 만방에 떨치게 되니 崔致遠이 지증대사비에서 雙峰 雲이라 한 것도 바로 이 철감선사 道允의 允을 同音으로 표기한 것이다.97)

철감선사는 만년에 이곳에 주석하다가 이곳에서 열반한 듯 그 부도와 탑비가 세워져 있으나 碑身이 망실되어 선사의 행장과 절의 사적을 자세히 알 수 없다.

철감선사는 속성이 朴氏이고 漢州 鵂巖人, 곧 현재 서울지방 출신이었다. 누대 호족으로 祖考가 仕宦하였다 함은 그의 신분이 육두품 이하의 鄕族이었음을 나타내준다. 어머니 高氏는 16개월 만에 선사를 출산하였다. 18세 되는 헌덕왕 7년(815)에 화엄 십찰 중의 하나인 김제 歸信寺로 출가하여 10년 동안 화엄학을 익히고 나서 28세 때인 헌덕왕 17년(825)에 사신의 배를 얻어 타고 당나라로 건너갔다. 이곳에서 馬祖 道一(709~788)의 제자로 육조대사의 법증손에 해당하는 南泉 普願(748~834)선사를 찾아뵙고 인가를 받았는데 남전선사는 우리 法印이 동국으로 돌아간다고 탄식했다 한다.

철감선사는 스승 남전선사가 열반한(834) 이후에도 13년 동안이나 당나라에 더 머물러 있다가, 唐 武宗이 會昌 5년(845) 8월에 도사 趙歸眞의 망언을 듣고 佛寺 4만여 개소를 헐고 승니 26만여 명을 환속시키는 소위 會昌法難을 겪고, 그 다음해 3월에 무종이 갑자기 돌아가고 4월에는 조귀진이 伏誅되며 復佛令이 내려지는 생생한 인과 현장을 목도한 다음 會昌 7년, 즉 문성왕 9년(847) 4월에 50세의 나이로 귀국선에 오른다.

이때는 청해진 대사 張保皐가 크게 세력을 신장하였던 시기인데, 840년에 귀국하는 迦智山門 3代 조사 普照선사 體澄(804~880)이 장차 그 開山地를 청

---

97) 崔致遠,「鳳巖寺智證大師碑」,『朝鮮金石總覽』상, 90쪽.

해진 부근 長興 寶林寺로 한다든가 신무왕 원년(839) 2월에 귀국하는 桐裏山門 開山祖 적인선사 惠哲이 귀국하여 첫 夏安居地로 무주 관내 쌍봉사를 택했다는 것이 모두 비슷한 지역 배경을 보여준다.

그러나 철감선사는 이 쌍봉사에 오래 머물지 않고 곧바로 금강산으로 들어가 長潭寺에 주석하여 제자를 양성하였으니 뒷날 師子山門을 開山하는 澄曉대사 折中이 入室하는 일도 이곳에서 이루어졌다.

그러다 철감선사는 서남 백성을 撫問하는 문성왕 17년(855)경에 쌍봉사에 주석하였던 듯한데 이후 10여 년 동안 이곳에 주석하며 착실히 문도를 길러내고 주변 지역을 교화하다가 경문왕 8년(868) 4월 18일에 홀연 열반에 드니 문도들은 조정에 시호를 올리고 묘탑과 묘비를 세워주도록 주청하여 澈鑑禪師의 시호와 澄昭塔의 탑호를 얻어냄으로써 一門 開山祖임을 공식 표방한 다.98)

쌍봉산문이 이후 얼마나 번성했는가는 철감선사의 수제자로 사자산문의 개산조가 되는 징효대사가 각 지방 반란의 소용돌이 속에서 사자산 흥녕산문을 지키지 못하고 상주와 문경, 공주 등으로 피란하다가 결국 진성여왕 5년(891) 同學之徒를 찾고 先師의 묘탑에 面禮하겠다고 하며 쌍봉사로 향한 것만 보아도 짐작이 가능하다.99) 각 지방의 호족세력이 반란을 일으켜 지방의 치안이 무너짐으로써 사찰의 안녕이 보장되지 않는 시기에도 쌍봉사만은 안전할 수 있었다는 것을 반증해주는 것이다.

7) 澈鑑禪師塔과 碑

철감선사탑은 신라 僧塔(부도)의 가장 아름다운 전형을 보여준다. 기본적

---

98) 『祖堂集』 권17, 雙峰和尙.
99) 崔彦撝, 「興寧寺澄曉大師碑」, 『朝鮮金石總覽』 상, 158쪽.

으로 八角堂形의 부도인데 옥개석의 건축적 결구의 정확한 표현이나 탑신석 사천왕 浮彫의 정교성, 탑신 받침에서 虎足隅柱의 발랄한 생기, 기단 雲唐草文의 또랑또랑한 刻法 등 어느 한 가지도 완벽하지 않은 것이 없어 탑묘 예술의 극치를 보이는 걸작품이다. 현재의 상태는 도굴 때 쓰러뜨린 것을 1957년 재건해놓은 것인데 그 과정에서 옥개석 일부가 파손되는 등 손상을 입었다.

철감선사탑비 귀부와 이수

탑비는 비신이 없어진 채 귀부와 이수만 남아 있는데 이 역시 탑비 예술의 극치를 보이는 것이다. 귀부의 거북이 날렵하고 생동감 넘치게 느껴지는 것은 이목구비와 지체의 표현에서 순간 동작을 정확히 포착하되 조금 과장되게 확대 표현하였기 때문이다. 눈은 사각지게 하며 코는 하늘을 보도록 하고 입은 귀밑까지 째지도록 하며 귀는 머리 위까지 닿도록 과장 표현하면서 발톱은 굵고 억세게 나타내고 오른쪽 발만 뒤집어 들게 하며 남은 발톱은 땅이 파이도록 육중하게 발톱으로 내리찍게 하고 있다.

澈鑑禪師塔

그러면서 귀갑은 얄팍하게 귀갑문은 크지 않게 표현하고 배 두께도 비례에 맞도록 날씬하게 하며 목은 부드러운 곡선으로 탄력 있게 처리하였다. 그러니 날렵하게 보일 수밖에 없는데 碑身이 꽂히는 碑座 역시 귀두 아래로 내려오도록 낮고 좁게 올리면서 부드러운 당초문을 사방으로 돌리고 伏蓮帶를 얹은 다음 층급으로 줄여나가 크기에 비해 작게 느껴지도록 하였다.

螭首는 飛龍爭珠 형상을 앞뒤로 현란하게 부조하고 전면 중앙에 '雙峰山 故澈鑑禪師碑銘'이란 篆額을 2행으로 세로로 써놓았는데 서체는 李陽氷의

篆書體와 방불하다. 그리고 이수 상면 양쪽 끝과 중앙에 珠光形의 귀꽃 세 개를 세우니 더욱 비상하는 모습으로 날렵하게 보일 수밖에 없다. 지금은 해 박았던 오른쪽 귀꽃 하나가 없어졌다.100)

8) 無爲寺와 先覺大師

신라 말에 또 하나의 유력한 선문이 남방의 월출산을 근거로 이루어지니 선각대사 형미의 활동에 의해서다. 先覺大師(864~917)의 법명은 逈微, 속성은 崔氏, 武州 출신이다. 15세에 당시 75세의 고령이던 迦智山 寶林寺 體澄선사(804~880)에게 출가하였다.

普照선사 體澄은 가지산문의 제3대 조사로 실제로 보림사에 가지산문을 개설한 인물이다. 선각대사는 19세인 헌강왕 8년(882)에 화엄사 官壇에서 구족계를 받고 수행에 정진하였다. 28세 때인 진성여왕 5년(891)에 入朝使를 따라 당나라로 건너가 雲居 道膺(?~902)의 문하에서 선지를 탐구하고 운거의 인가를 받아 42세 되던 해인 효공왕 9년(905)에 武州로 귀국하였다. 뒷날 고려 태조가 될 王建(877~943)이 나주 등 10여 성을 공격하여 차지하고 난(903) 직후의 일이었다.

가지산문은 초조 道義선사가 西堂 智藏의 衣鉢을 전수받아 왔기 때문에 六祖 慧能의 양대 제자 중 南岳 懷讓 계통의 법맥을 이은 문파이다. 그런데 선각대사가 육조의 다른 제자인 靑原 行思의 5대 법손 雲居 道膺(?~902)의 법을 이어왔으니 대사는 결국 육조대사의 양대 법맥을 융합해 돌아온 셈이었다.

서해의 제해권을 장악하고 있던 강화만 일대의 해상세력 주도자 왕건이 무주 일대의 해상세력과 연합하여 이곳을 장악한 다음 민심을 수습하기 위

---

100) 최완수, 『명찰순례』 3 쌍봉사, 1994, 54~55쪽.

해 초빙해들였을 가능성이 있다. 당시 중국에서 雲居 문하의 四無畏大師로 천하에 이름을 드날리던 신라 출신의 大鏡대사 麗嚴(862~930), 先覺대사 逈微(864~917), 眞澈대사 利嚴(870~936), 法鏡대사 慶猷(871~921) 중 이곳 출신으로는 선각대사 형미가 있었다. 선각대사를 이어 908년에 경유가 會津으로, 909년에 여엄이 昇平으로, 911년에 이엄이 會津으로 줄지어 귀국하였다.

선각대사는 無爲岬寺의 주지로 8년을 지내면서 이 일대의 민심을 수습한 다음 왕건이 나주 포구에서 견훤과 최후 결전을 벌여 910년에 견훤의 수군을 완파, 제해권을 장악하고 난 뒤인 912년에 왕건의 초빙에 응하고 왕건을 수행하여 태봉의 수도 철원으로 갔다.

그러나 미륵불을 자처하며 처자까지 의심하여 참혹하게 죽이는 정신이상 상태에 빠진 궁예가 왕건을 의심하여 죽이려 하자, 선각대사는 이를 비호하다 도리어 궁예 말년인 政開 4년(917)에 54세로 궁예에게 피살되었다. 이것이 결정적인 계기가 되어 다음해 왕건은 궁예를 몰아내고 자립하였다.

왕건은 보위에 오르자(918년) 선각대사의 은덕에 보답하고 그의 값진 죽음을 헛되이 하지 않기 위해 다음해(919년) 3월에 그 제자들을 불러 개성 五冠山에 석탑을 세워 다시 장사지내게 하고 先覺대사라는 시호를 내리고 탑 이름을 遍光靈塔이라 부르도록 하며 그 수호사찰을 太安寺라고 이름짓는다. 그리고 太相 崔彦撝(868~944)에게 명하여 비문을 짓도록 하였다. 그러나 비문이 지어진 뒤 무슨 까닭인지 비석은 개성 오관산 태안사에 세워지지 않고 27년 뒤인 정종 원년(946)에 가서야 고향의 본사인 월출산 무위갑사에 세워진다.[101]

현재 무위사에는 본당인 극락전 앞에 배례석이 있고 그 배례석 서쪽에 통일신라식 삼층석탑이 있다. 그리고 삼층석탑 서북쪽에 '高麗國故無爲岬寺先覺大師遍光靈塔碑銘幷序'가 새겨진 선각대사 탑비가 있다. 龜趺와 螭首가 모두 갖춰져 있는데 높이 2.35m이다. 근본적으로 장흥 보림사에 있는 스승

---

101) 崔彦撝, 「無爲岬寺先覺大師碑」, 『朝鮮金石總覽』 상, 170~174쪽.

의 탑비인 普照선사의 塔碑 양식을 계승한 것인데, 귀부의 괴수형 龜頭에 一角형 뿔이 솟아나고 두 귀와 두 눈썹이 양쪽으로 퍼지면서 뻗쳐올라 보조선사 탑비가 거북머리 형태라면 이것은 용머리 형태이다.

육각 龜甲 무늬는 더욱 좁아졌고 귀갑이 낮아져 앞발은 발톱만 보이지만 그 대신 腹甲의 표현이 목 밑에 가해지고 있다. 碑身을 꽂은 碑座의 飛雲文 장식도 보조선사 탑비 양식을 계승하였지만 측면에서는 眼象 처리를 하여 원의

先覺大師碑

를 상실하고 있다. 이수 역시 용들이 구름 속에서 다투는 모습의 표현을 지붕 모양으로 날렵하게 처리한 것은 두 비가 같지만 조각의 입체성에서는 이 선각대사비가 보조선사비에 뒤진다.102)

9) 玉龍山門의 道詵과 慶甫

태안사의 동리산문에서 분기되어 하나의 독특한 산문을 이룬 것이 光陽의 白雞山 玉龍寺이다. 신라 말에 풍수지리설을 널리 도입하여 특히 고려시대에 지대한 영향을 미쳤던 先覺國師 道詵과 洞眞대사 慶甫가 옥룡산문을 이끌며 신라 말에서 후삼국기를 거쳐 고려초에 이르는 시기에 활발한 형세를 이루었다.

광양군 옥룡면에 있던 玉龍寺는 이곳 출신인 도선국사의 활동으로 이름 난 절이지만 이미 도선 이전에 사원이 건립되어 있던 것을 도선이 중수하여 명찰을 이룬 것이다. 현재는 탑의 부재만 남아 있는 유적이지만 선각국사

---

102) 최완수, 『명찰순례』 3 무위사, 1994, 471~472쪽.

도선과 통진대사 경보로 이어지면서 신라 말의 풍수지리설을 이끌었던 유서 깊은 사원 유적이다.

선각국사 도선에 대해서는 그 실재 여부를 포함해서 여러 가지 논의점이 많다. 본고에서는 일단 고려시대의 인식을 기반으로 옥룡산을 중심으로 활동하던 도선의 모습을 정리하고자 한다.

도선은 속성이 김씨로 흥덕왕 2년(827)에 영암에서 중앙 귀족이었다가 이 지역에 영락한 집안에서 태어났다. 15세 때인 문성왕 3년(841)에 월유산 華嚴寺에서 출가하여 경전 공부에 힘쓰다가 20세인 문성왕 8년(846)에 동리산문에서 선법을 펴던 惠哲선사에게 나아가 제자가 되었고 3년 뒤에 穿道寺에서 구족계를 받았다. 이로부터 15년 동안 雲峰山과 太白山 등 이곳저곳을 돌아다니며 선지식을 찾아 수행하다 37세 때인 경문왕 3년(863)에 曦陽縣의 백계산 옥룡사에 주석하고 옛 절을 중수하여 수백명의 제자에게 禪風을 떨치다가 효공왕 2년(898)에 72세로 입적하였다. 시호는 了空선사 탑호는 證聖慧燈塔이었다.103)

도선은 신라보다 고려에서 더 존숭되었다. 일찍이 왕건의 부친인 龍建과 연결되어 송악지방의 풍수지리적인 판단에 따라 왕건의 등극, 곧 고려왕조의 창업을 예언하였다 하여 역대 고려 왕들의 존숭을 받아 顯宗은 大禪師를 추증하고 肅宗은 왕사로 추봉하였으며 仁宗은 先覺國師의 시호를 내리고104) 毅宗은 崔惟淸에게 비문을 짓게 하여 옥룡사에 비를 세우도록 하였는데, 비는 찬자의 정치적 문제와 연관되어 제작된 채로 방치되다가 명종 2년(1172)에야 세워졌다.

왕건과의 연계는 사실 여부를 확인하기 어려우나, 이러한 고려왕조의 인식과 신비화된 도선의 생애 및 도선이 남겼다는 秘記의 존재 등은 도선이 신라 말의 사회적 혼란기에 새로운 인문지리적 지식인 풍수지리설로 사회변

---

103) 崔惟淸, 「玉龍寺先覺國師碑」, 『東文選』 권117.
104) 崔應淸, 「玉龍寺王師道詵加封先覺國師敎書及官誥」, 『東文選』 권27.

화를 지향했고, 이를 왕건이 고려의 창업에 적극 활용한 데서 나온 것이었다. 풍수지리설이 옥룡사에 둥지를 마련했던 데에 이곳이 신라 말 사회에서 갖는 의의가 있다.

옥룡사의 풍수설을 계승한 이가 洞眞대사 慶甫(868~947)이다. 慶甫는 자가 光宗이고 속성은 김씨로 부친의 관위가 아찬인 영암 鳩林 출신이었다. 나이가 들어 공부할 때가 되자 夫仁山寺에 가서 출가하고 처음에는 교학을 배웠으나 선종을 익히고자 白雞山에 가서 道乘화상에게 배웠다. 18세에 월유산 華嚴寺에서 구족계를 받고 다시 백계산에 돌아와 수행하였다. 널리 스승을 구하러 떠나 성주산의 無染과 사굴산의 梵日 등을 차례로 배알하고 25세 때인 진성여왕 5년(892)에 중국에 건너갔다. 撫州 疎山에서 조동종의 조사 洞山 良价의 제자인 匡仁화상에게 나아가 심인을 전수받고, 이어 江西의 老善화상도 배알하였다.

오랫동안의 중국 수학을 마치고 921년에 전주 臨陂로 귀국하니 이곳은 당시 견훤이 장악하고 있는 후백제 지역이었다. 견훤은 대사에게 제자의 예를 베풀고 남복선원에 주석하도록 요청하였으나 대사는 스승이 거처하던 백계산을 중흥하고 그곳에 머물렀다. 936년에 왕건이 견훤을 격파하여 후삼국을 통일하고 통진대사를 왕경에 오도록 청하자 대사는 이에 응하였다. 정종 2년(947)에 80세로 입적하니 왕은 사신을 보내 조문하고 洞眞大師의 시호와 寶雲의 탑호를 내렸다. 2년 뒤에 탑을 세우고, 왕명으로 金廷彦이 비문을 지어 돌아간 지 10여 년 뒤인 958년에 옥룡사에 비를 세웠다.[105]

통진대사는 처음에 견훤의 후백제에 가담하였다. 그래서 거의 대부분의 승려들이 왕건의 세력권하에 든 것과는 달리 후백제가 패망할 때까지 왕건에 가담하지 않았다. 옥룡산을 근거로 한 洞眞대사 慶甫의 풍수지리설의 위력이 지대한 것이었기에 왕건은 수차례나 통진대사를 초빙하고자 하였지만 대사는 후백제의 패망 이후에야 통일된 고려왕조에 참여하였다. 玉龍山을

---

105) 金廷彦,「玉龍寺洞眞大師碑」,『朝鮮金石總覽』상, 190~192쪽

중심으로 한 이러한 독특한 분위기는 신라 말 불교계의 지향이 다양한 것이 었음을 알려주는 동시에 이 지역 지성의 의미를 새롭게 해준다.

역시 옥룡면에 있던 中興寺는 중흥산성 내에 있던 절로서 이곳에서 출토된 쌍사자석등이 당시 사원의 규모가 매우 짜임새 있는 것이었음을 알려 준다. 이 유물로 보아 중흥사는 신라 말에 활발한 면모를 보이던 절이었음을 알 수 있다. 현재는 삼층석탑과 석조지장보살상 등의 오래 된 유물이 남아 있고 근자에 소규모의 절이 중건되었다.

10) 證心寺와 광주 일대의 사원

광주시 운림동 무등산 藥師庵의 석불좌상은 광배는 없으나 대좌를 갖춘 2.26m의 석불이다. 상, 중, 하 3단의 화려한 앙련과 복련을 새긴 팔각형 기단 위에 중량감 있는 두 다리로 결가부좌하고 왼손은 무릎 위에 놓고 오른손을 무릎 위에 댄 降魔觸地印을 지었다. 어깨와 팔이 당당하게 표현된 석굴암 본존불의 양식을 계승한 형식이다. 그러나 허리가 짧고 갑자기 줄어들어 상반신과 지체가 조화를 이루지 못하고 안면과 이목구비의 조화도 원만하지 못하여 9세기 후반의 조성으로 생각된다.[106]

약사암에서 600m쯤 내려와 무등산 기슭에 있는 證心寺는 澈鑑선사의 창건으로 전해오는데 이는 9세기 중반에 쌍봉사에 주석하던 철감선사가 창건하였음을 말하는 것이다. 현재 남아 있는 삼층석탑이 백제 계통의 통일신라 석탑인데 대체로 조성 연대가 이 시기로 추정된다. 증심사의 철조비로자나불좌상은 본래 지금의 도청 자리에 있던 大皇寺址에서 1934년에 옮겨온 것이다. 크기 0.9m로 신라 말에 유행하던 철불의 양식을 따르고 있으나 보다 옷주름이 자연스러워지고 智拳印의 자세가 왼손이 위로 올라가고 결가부좌

---

106) 최완수, 『명찰순례』 3 증심사, 1994, 228쪽.

한 발의 자세도 왼발이 위에 올려진 항마좌 형태를 하고 있어 다른 철불들과 바뀌어 있다. 이 지역을 두고 견훤과 왕건이 쟁패하던 시절인 10세기 초반에 王建에 의해서 조성되었던 것으로 보인다.[107]

광주 시내의 동오층석탑은 9세기에 조성된 것으로 추정되는데 따라서 이 지역 일대에 신라 말의 사원이 건립되어 있었을 터이나 지금은 그 유구를 전혀 알 수 없다.

담양군 남면 무등산 기슭에는 開仙寺址가 있다. 현재 경문왕 7년(868)에 건립된 석등이 남아 있는데 높이 3.5m의 이 중후한 석등은 팔각을 기본으로 한 신라 석등의 전형적인 형태이다. 짧은 고복형 간주에 넓직한 복련과 앙련을 새긴 하대석과 상대석이 있고 상대석 위에 1단 받침과 화사 괴임대를 마련하였다. 8각 화사석은 8면 모두 장방형의 화창을 뚫고 화창 양편의 남은 면을 돌아가며 모두 136자의 명문을 새겼다. 옥개석은 8각의 전각마다 화사한 귀꽃을 조각하고 전각과 전각 사이에 얕은 전각을 새겨 16각형처럼 보이게 한 것이 특이하며 낙수면은 평평하다. 지붕을 8엽 연화로 덮어 내리고 위로는 2단의 받침 위에 복련좌와 상부 부재를 올렸다. 명문에 따르면[108] 이 석등은 경문왕과 왕비와 큰딸을 위해 승 靈判이 868년에 건립하고 891년에 이 운영 경비를 위해 곡식과 토지를 마련하였다는 기록이 있어 당대의 사원 운영과 관련하여 중요한 자료가 된다. 석등의 규모로 보아 상당한 규모의 사원이 신라 말에 세워졌을 터이나 지금은 모두 농지로 변하고 석등만 남아 있다.

이러한 우수한 불교 유물들은 무등산을 중심으로 한 광주지역에 9세기에 상당한 역량을 지닌 사원이 운영되었고, 이에 따라 불상 조성이라든가 석탑 조성이 다양하게 이루어져왔음을 말해준다. 신라 말에 나주 會津 일대가 당나라에서 배가 닿는 주요한 거점으로 많은 선사들이 이곳을 통해 귀국하여

---

107) 최완수, 『명찰순례』 3 증심사, 1994, 217~218쪽.
108) 「開仙寺石燈記」, 『朝鮮金石總覽』 상, 87쪽.

전국에서 禪旨를 펴나갔으므로, 신라 말에서 고려 초에 걸쳐 이 지역은 신문화 수용의 중추적 위치에 놓여 있었던 것이다.

8. 맺음말 — 백제·통일신라 불교와 호남 사원

백제 불교의 후기를 장식하는 기념비적인 유적이 益山의 彌勒寺이다. 백제 말기의 중흥을 도모하던 무왕대에 백제 불교사상 최대이며 삼국 불교를 대표하는 거대한 규모로 이루어진 미륵사는 미륵신앙으로 국가의 면모를 일신하고 도약을 꾀하던 국력의 상징이었다. 규모도 백제 최대이지만 경전의 내용에 맞게 미륵의 三會설법을 따라 삼원식 가람이라는 독창성을 살린 의미 있는 창건이었다. 이러한 미륵사를 익산에 운영한 것은 이곳이 백제의 새로운 기운을 집약해낼 수 있는 지역이었기 때문이다. 이 땅에 중생을 구제할 미륵의 왕림을 기원하는 간절한 소망을 현실로 표현한 미륵사가 갖는 역사적 의의가 여기에 있다.

통일신라시대에 접어들면 삼국의 불교학을 종합하여 교학에 대한 깊은 연구가 이루어지고 이는 圓測과 太賢으로 대표되는 唯識사상과 元曉의 起信論 철학, 義相의 華嚴사상 및 戒律學 등 수준 높은 사상 전개로 나타났다. 이에 상응하여 각 사상을 이끄는 사원들이 호남지역에 창건되어 통일신라 불교계를 주도하였으니 이는 다른 어느 지역보다 중심 사원이 집중적으로 경영된 것이었다.

화엄사상은 8세기에 緣起조사의 활동으로 대찰로 등장하는 華嚴寺가 남악 지리산에 자리잡아 傳法의 도량이 되었다. 의상의 화엄사상을 계승하는 전국의 화엄십찰 중에서도 종찰인 浮石寺와 신라 말에 중심 도량으로 등장하는 海印寺와 함께 손꼽히는 중심 도량이었던 화엄사는 지리산의 중요성과 더불어 화엄사상의 전파에 지대한 역할을 하였다. 모악산 자락에 자리잡았던 歸信寺(國神寺) 역시 화엄십찰의 하나로서 그 유래는 명확하게 고찰하기 어려우나 통일신라의 화엄 도량으로 중요한 위치에 있었을 것이다.

화엄종과 함께 통일신라 교종을 이끈 것이 法相宗이다. 법상종은 경주 중심의 학파적 흐름도 있었으나 외곽지역에서 점찰법에 의한 참회행의 실천과 지장 미륵신앙을 바탕으로 또 하나의 흐름을 이룬 眞表의 법상종도 있었다. 이 진표의 활동이 주로 펼쳐진 곳이 바로 金山寺였다. 처음 수도 시절에 禪雲寺와 같은 권역에 속하는 서해안 지역의 仙溪山 不思議庵에서 점찰법을 터득한 진표는 금산사를 대찰로 운영하고 이곳을 미륵 지장신앙의 중심 도량으로 삼았으니 금산사는 진표계 법상종의 종찰이었다. 백제계 유민으로 구백제 지역의 미륵신앙을 부흥하면서 지옥중생 구제의 지장신앙과 연계된 점찰 참회신앙을 주도하였던 진표의 의식은 익산의 미륵사에 터를 둔 백제 미륵신앙을 계승하는 것이었다.

화엄과 법상으로 대표되는 통일신라 中代 교학불교는 중앙의 정치가 난맥상을 보이고 지방세력이 대두하는 下代에 이르면 예전의 중심 사상으로서의 역할을 담당하지 못하고 대신 새로운 선종이 혁신적인 내용으로 신라사회를 이끌어간다. 중국의 선종을 전해와서 신라에서 독자적인 山門을 개창한 것이 신라 말의 선종을 일컫는 九山禪門인데 구산문 중에 寶林寺, 實相寺, 泰安寺의 3개 산문이 호남지역에 자리잡았고 구산으로 꼽히지는 않았으나 그 연계선상에 있는 주요 禪門인 雙峰寺나 玉龍寺 등이 역시 호남지역을 터전으로 하였다.

迦智山門 寶林寺는 南宗禪을 본격적으로 전수하고 처음 귀국한 道義의 선법을 계승한 普照선사 體澄이 개창한 것으로서 동국 禪宗의 宗刹의 위치를 차지한다. 洪陟선사가 개창한 實相寺는 왕실의 지원을 받아 지리산 자락에 구산문 중 가장 먼저 이룬 산문이다. 실제로 맨 먼저 산문을 개창한 곳도 호남지역이고 남종선의 조사 도량으로 손꼽히는 종찰도 역시 호남지역에 자리잡았다. 중국의 선종을 전수해오는 길목에 자리잡은 지리적 여건이 이

의 기반이 되었겠지만, 이를 수용할 수 있는 사상적 풍토 또한 중요하였기에 이 지역에서 선종을 꽃피울 수 있었을 것이다. 이러한 선종의 주도 양상에 따라 선사들의 塔(부도)과 塔碑로 대표되는 신라 말의 조형예술도 쌍봉사와 태안사 등 이 지역 선종 사원에 가장 걸작품을 남겼으며, 선종의 새로운 불상 양식인 철불의 전형도 보림사와 실상사에 유물을 남겼다.

중대 안정기의 교종 중심 체제에서 화엄사는 교학의 중심에 우뚝 섰지만 같은 시기에 진표의 법상종은 색다른 신앙체계로 호남지역의 민심을 새로운 세계로 이끌었고, 하대 혼란기에 새롭게 부상한 지방세력의 지원은 이 지역에서 새로운 선종 종찰의 개창을 가능하게 하였다. 그리고 신라 말기에는 신라를 대체할 수 있는 새로운 힘의 출현을 기대하는 풍수지리설이 지리산 인근의 玉龍山門에서 퍼져나왔다.

이처럼 신라 불교의 전개 선상에서 항상 주도적인 위치에 있던 것이 이 지역의 사원이었다. 시대를 주도하는 사상의 중심축에 있으면서 새로운 변화의 싹을 틔워내는 이 지역의 원천적인 힘을 시대마다 되새기게 되는 것이 호남지역의 불교 사원이 보여주는 역사적인 의의이다. 이러한 신라시대 사원의 의의가 고려와 조선시대에는 어떻게 계승되고 변화를 보였는지는 앞으로 살펴보아야 할 것이다.

제2장 호남지방의 절터

1. 머리말

　호남지방에는 적지 않은 사원과 절터가 자리하고 있으며 이들에 대한 조사는 비교적 잘 이루어진 편이다. 그러나 절터들의 경우 그 창건 시기나 배경, 폐찰의 시기, 동기는 명확하지 않으며 이들이 가지는 우리나라 불교문화에서의 의미도 분명하지 않다.
　사찰은 단순히 불교 승려들이나 신자들에게만 의미가 있는 공간은 아니며 그 역사적·문화적 가치는 우리나라의 역사와 문화를 재구성하는 중요한 자료라는 점에서 아무리 강조하여도 부족함이 없을 것이다. 그러나 개개 절터가 가지는 의미를 파악하기 위해서는 절터의 평면배치를 비롯하여 절터에 남아 있는 유물에 대하여 종합적으로 접근하여야 할 것이다. 그럼에도 호남지방에서 이루어진 이러한 접근과 조사는 몇몇 경우를 제외하고는 단순히 절터의 현황을 파악하는 수준에 있었다고 할 수 있다.
　여기에서는 현황파악의 수준에 불과한 것이라 하더라도 이들 절터에 대한 지금까지의 조사결과를 제시하려 한다. 이를 위해서 지금까지 발굴조사가 이루어진 절터를 먼저 살펴보고, 현황을 조사한 절터들을 간략하게 지역별로 나누어 제시하려 한다. 그리고 이들을 정리하면서 얻어진 억측에 가까운 의견을 몇 가지 제시하려 한다.

2. 발굴조사가 이루어진 절터

彌勒寺址

미륵사지는 전북 익산시 금마면 기양리에 자리하고 있다. 『삼국유사』백제본기 무왕조에 미륵사의 창건 연기설화가 기록되어 있다. 이 기록에 의하여 미륵사가 백제 무왕 때 창건되었음을 알 수 있다. 사지에는 석탑을 비롯하여 당간지주 등이 남아 있으며 1980년대부터 전면적인 발굴조사가 실시되어 가람배치와 더불어 백제 및 그 이후 시기의 문화에 대한 자료를 얻을 수가 있었다.

미륵사 창건에 대한 삼국유사의 기록은 다음과 같다.

> 王與夫人. 欲幸師子寺. 至龍華山下大池邊. 彌勒三尊出現池中. 留駕致敬. 夫人謂王曰. 須創大伽藍於此地. 固所願也. 王許之. 詣知命所. 問塡池事. 以神力一夜頹山塡池爲平地. 乃法像彌勒三 會殿塔廊廡各三所創之. 額曰彌勒寺(國史云王興寺). 眞平王遣百工助之. 至今存其寺.

전면적인 발굴조사가 이루어지기 이전 논의의 주된 쟁점은 가람배치에 대한 것이었다. 그리고 그에 대한 논의는 주로 '乃法像彌勒三 會殿塔廊廡各三所創之'를 중심으로 이루어졌다. 또 못을 하룻밤 사이에 산을 허물어 메꾸었다는 기록은 미륵삼존이 못에서 출현한 것만큼이나 신빙성이 없는 것으로 인식되었다. 이와는 달리 『삼국유사』 무왕조의 기록에 근거하여 미륵사의 창건을 무왕이 아니라 무왕 이전 동성왕이나 무령왕과 관련하여 파악하는 견해도 있었다.
 발굴조사에서 드러난 미륵사의 가람배치는 『삼국유사』의 기록과 부합되는 것으로 생각된다. 즉 미륵사지의 가람배치는 3탑 3금당을 갖추고 있는 것으로, 탑과 금당을 갖춘 사찰 3개를 나란히 배치한 형태를 취하고 있다. 탑과 금당을 기본단위로 3곳에 배치된 개개 구역은 독자적인 사찰 배치형태를 보이면서 동시에 회랑에 의하여 서로 이어지며 강당을 공유하고 있다. 따라서 단순히 탑과 금당을 갖춘 사찰 3개를 나란히 세운 것이 아니라 전체적인 구도 속에 탑과 금당을 배치하고 있는 것이다. 이 탑과 금당을 기본단위로 하는 구역을 원(院)으로 이름하면 미륵사의 가람은 동원, 중원, 서원으로 나누어진다. 개개 원에는 탑과 금당 그리고 중문이 자리하며 회랑에 의하여 구획된다. 또 서원의 경우는 확인되지 않았으나 동원과 중원의 예에 의하면 금당과 탑 사이에는 석등이 있다.
 중원은 동·서원에 비하여 상대적으로 넓은 구역을 점하고 있다. 그리고 동·서원에 자리하고 있는 탑, 금당에 비하여 중원의 탑과 금당이 평면 넓이의 비만큼 크다. 즉 전체적인 구도에서 중원 구역이 주변의 동·서원에 비하여 일정한 비율만큼 크며 이 비례는 금당, 탑의 크기에도 적용된다. 또 중원에는 석탑이 있는 동·서원과 달리 목탑이 자리하고 있다. 또 기본적인 구조에서 3원이 공통적인 양상을 보이나 평면의 크기만이 아니라 높이도 중원 금당이 중·서원에 비하여 높은 위치에 자리한다. 각 원의 금당은 지하에 공간을 구성하고 있으며 이 공간을 구성하기 위하여 높은 초석이 사용되었다.
 강당은 중원 금당의 북쪽에 자리하며 전체적인 가람의 일반적인 양상, 즉 가람의 남북 중심축 선상에 위치하고 있다. 이 강당으로 이어지는 곳, 즉 중원과의 사이는 회랑에 의하여 구획된다. 또 동·서원과는 동·서원의 북회랑에서 남북으로 길게 이어지는 승방과 강당을 잇는 회랑에 의하여 연결된다. 강당 뒤편으로는 석축이 동서로 자리하고 있어 가람 중심과 외곽을 구획하고 있으며 석축의 북쪽으로 석축을 따라 승방으로 추정되는 건물이 자리한다.

　가람의 남쪽은 각 원의 남회랑과 중문의 외곽에 다시 회랑을 축조하였다. 이 회랑은 동원과 서원의 남회랑의 외곽에서부터 남쪽으로 이어지다가 가람의 동서축과 평행하는 회랑으로 구성되었다. 이 회랑에는 개개 원의 중문이 남쪽으로 연장되는 위치, 다르게 표현하면 개개 원의 가람 남북 중심축 선상에 남문이 있었을 것으로 추정된다. 이 회랑은 통일신라에 들어서 축조된 것으로 추정되며 중문과 남문을 잇는 이 회랑과의 사이에 당간지주가 자리하고 있다.

　남문을 잇는 회랑의 남쪽으로는 못이 자리하고 있으며 이는 미륵사의 창건설화에서 못을 메우고 절을 지었다는 것과도 관련되는 것이다. 또 발굴조사에서 실시한 토층조사에 의하면 산 흙을 이용하여 못을 메우고 가람을 축조하였음이 확인되었다.

　미륵사지는 이러한 가람배치의 특이한 양상과 더불어 가람 내에 있는 석탑이 한국 석탑의 시원형이라는 점에서도 주목된다. 미륵사지 석탑은 목탑에서 비롯된 석탑의 가장 빠른 형태, 동양 최대의 석탑이다. 동원과 서원에 자리하고 있던 석탑 중 동원 석탑은 붕괴되어 자리만 남아 있으며 서원의 석탑은 1904년 시멘트로 보수하여 원형이 일부 남아 있으며 이에 의하여 7층 또는 9층으로 추정되었다. 발굴조사에서는 동원 석탑 주변에서 상륜부재인 노반이 출토되어 미륵사지 석탑이 본디 9층이었음을 확인할 수 있었다.

　발굴조사에서는 이외에도 미륵사가 사찰로서 유지되고 있을 당시 사찰의 운영과 관련되는 제반 시설을 확인하였다. 즉 공방과 요지 등은 미륵사가 사원으로 기능하고 있을 당시의 양상을 보여주는 것이다. 또 각종 유물 등이 가지는 의미 외에도 중국 자기의 존재는 사원의 경제상황을 반영하는 것으로 의미가 있다.

　미륵사가 폐사된 시기에 대해서는 분명한 기록이 남아 있지 않다. 다만 조선 영조와 정조년간 문인의 문집에 있는 기록을 근거로 영정조 이전에 폐사되었을 것으로 추정하고 있다. 또 발굴조사에서 확인된 바로는 만력연간의 명문이 있는 기와편이 가장 늦은 시기의 유물이라는 점에서 임진왜란을 전후한 시기, 즉 대체로 17세기를 전후하여 폐사되었을 것으로 추정할 수 있다.

대단히 제한된 문헌기록이 있을 뿐이나 미륵사와 관련하여 문헌과 발굴조사 결과를 종합하면 사찰의 폐찰에 관련된 추정이 가능하다. 『삼국사기』에는 '震彌勒寺'란 기록이 있어 미륵사에 벼락이 있었음을 알 수가 있다. 이 벼락에 의하여 피해를 입은 것이 어느 것인가에 대한 구체적인 기록은 없으나 발굴조사에 의하면 중원 금당과 목탑 주변에서는 통일신라시대의 유물이 집중적으로 출토되며 그 이후의 유물은 그리 많지 않다. 따라서 이때의 벼락에 의하여 가람 내에서 가장 크고 높은 위치를 점하고 있는 목탑과 금당이 피해를 입었을 가능성이 크다.

또 발굴조사에 의하면 서원에 비하여 동원이 보다 이른 시기에 사찰로서의 기능을 상실한 것으로 보이며, 이는 출토 유물에 의하면 고려시대 중기를 전후한 시기일 것으로 추정된다. 따라서 조선시대에 운영된 미륵사는 창건 당시에 비하여 매우 좁은 공간을 점하였을 것으로 추정된다. 또 조선시대에 들어서 사찰의 중심은 창건 당시의 서원을 중심으로 한 것이 아니라 강당 뒤편 석축의 북쪽지역이었을 것으로 추정된다. 즉 사찰의 규모가 축소되며 중심도 북쪽으로 옮겼을 것으로 추정되는 것이다.

미륵사의 폐찰과 관련하여 인근 지역에 전해지는 구전에 의하면 중들의 횡포가 심하여 쥐의 형국인 미륵사의 맞은편에 고양이 무덤을 만들었고, 그로 인하여 미륵사가 폐찰되었다고 한다. 이 구전은 풍수지리설에 바탕하여 미륵사의 폐사를 설명하는 것으로 신빙성이 없으나 미륵사가 서서히 폐망하였음을 말하는 것이다.

미륵사의 창건 배경에 대해서는 미륵신앙에 기초하여 금마지역이 가지는 정치적인 특성과 결합하여 파악하는 견해가 있다. 즉 미륵사가 자리한 금마지역이 마한의 중심이었다는 점에서 마한세력을 적극적으로 포용하기 위한 방안으로 금마지역에 보편적으로 존재하였을 것으로 상정되는 미륵에 대한 신앙, 보다 정확히 표현하면 용(龍)신앙을 내세워 그 구심점으로 미륵사를 창건하였다는 것이다. 이 접근에 따르면 금마지역에는 농경집단에 보편적인 용신앙이 있었으며, 그 용신앙이 미륵신앙으로 전환되었고, 미륵신앙의 구심점 또는 적극적인 구현으로서 미륵사가 창건되었다는 것이다. 이러한 의견에 전적으로 따르더라도 토착신앙, 또는 농경집단의 원시적인 신앙형태로서의 용신앙에서 보다 체계적이고 합리적인 이론틀인 미륵신앙으로의 전환이 미륵사 창건과 직결되는 것으로는 생각되지 않는다. 즉 그러한 전환은 미륵사 창건 이전에 있었을 것으로 생각된다. 그리고 이 문제는 호남지역의 불교 전래 시기와 관련되는 것으로, 호남지역에 불교가 전래되고 수용된 것이 미륵사의 창건에서 비롯된 것인가, 아니면 그보다 이전 단계인가 하는 것이다.

萬福寺址

만복사지는 사적 제349호로 전라북도 남원시 왕정동 481번지에 있는 고려시대의 사지이다.『東國輿地勝覽』에 의하면 이 사찰에는 고려 초기 문종조(11세기)에 건립한 대웅전, 약사전, 천불전, 영산전, 보응전, 종각, 나한전, 명부전, 불전 등이 있었다고 하는데, 유물로는 보물 제30호 5층석탑, 보물 제31호 석좌대, 보물 제32호 당간지주, 보물 제43호 석불입상이 있다.

사지에 대하여 1979년부터 7년에 걸쳐 발굴조사가 실시되어 가람배치가 밝혀졌다. 발굴조사에 의하면 창건시의 가람은『동국여지승람』의 기록에 부합되는 동탑 서전양식의 가람이었음이 확인되었다. 즉『동국여지승람』에 의하면 만복사지는 동쪽에 5층 탑이 있고 서쪽에 2층 전이 있었다고 하는데, 발굴조사에 의하면 목탑과 금당이 동서로 나란히 배치되어 있다. 이러한 가람배치는 조선에 들어서 크게 변화를 보이는데 대체로 조선 세조대를 전후한 시기에 1탑 3금당식 가람으로 변하였다. 조선시대의 가람은 창건시의 목탑을 중심으로 북쪽과 동·서쪽에 각기 금당이 자리하는데, 창건시 목탑과 나란히 자리한 금당지에는 서금당이 자리한다. 서금당은 창건시에는 남북으로 긴 건물이었으나 조선시대에는 동서로 긴 건물로 평면 형태가 변하였다. 가람은 이처럼 목탑을 중심으로 3금당을 배치하고 그 남쪽에는 중문이 자리하며 북금당의 북쪽에는 강당이 자리한다. 회랑은 창건시의 남회랑과 조선시대의 남회랑이 부분적으로 확인되며 동서 회랑은 분명하지 않다. 또 북회랑도 확인되지 않았으며 강당 좌우로는 건물지가 자리하고 있다.

오층석탑은 가람 중심에서 동쪽으로 치우친 외부에 자리하며 만복사지 가람과는 관련이 없는 것으로 확인되었다. 또 석불은 가람의 동쪽 외부에 치우쳐 있으며 1988년에 실시된 석불 주변지역에 대한 조사에 의하면 여러 차례에 걸쳐 중건되었다. 어쨌든 석불은 만복사 가람의 중심구역에서 벗어난 위치에 자리하고 있으나 창건시기부터 만복사지에 있었던 것으로 밝혀졌다.

만복사지의 폐찰 시기는 정유재란시 남원성의 함락과 동시에 진행된 것으로 여겨진다. 기록에 의하면 만복사지의 서금당 내에 자리하고 있던 석좌에는 동불이 자리하고 있었는데 남원성을 함락한 다음 왜적들이 동불을 파괴하였다고 한다. 정유재란 이후 만복사지 내에는 인법당 형식의 암자가 가람 중심곽에서 동북쪽으로 치우친 곳을 중심으로 운영되기도 하였으나 중창을 이룰 수는 없었다.

· 참고문헌 : 전북대학교 박물관, 『만복사지』, 1987.

용암리 사지

용암리에는 2개소에 절터가 있다. 그 중 하나는 고려시대의 절터로 추정된다. 신평면 용암마을에서 운암면 학암리로 가는 도로를 따라 약 2km 남짓 가면 신평면과 운암면의 경계를 이루는 북창교가 놓여 있으며, 다리 못 미쳐 우측에는 축사가 자리하고 있다. 이 사지는 축사 뒤편에 있는 산 중턱에서 서편에 있는 협곡에 인접한 곳에 위치한다. 현재 이 사지는 2단의 평탄한 밭으로 조성되어 있을 뿐 아무런 흔적도 남아 있지 않다. 사지의 하단 석축은 자연암석을 약 0.5~0.7m 내외로 거칠게 다듬질하여 2.5m 높이로 쌓았다. 이 석축 위에 자리하고 있는 건물지의 규모는 남북 50m, 동서 20m 정도로서 법당지로 추정되나 초석 등의 흔적은 보이지 않는다. 이에 비해서 추정 법당지 뒤편에 자리한 상단은 추정 법당지보다는 약간 높은 정도의 단을 이루고 있는데, 이곳에는 규모가 작은 2개의 건물지가 자리하고 있다. 건물지의 규모가 크지 않은 점으로 보아 요사채이거나 칠성각, 산신각이 있었던 것으로 추정된다. 용암리사지는 남동향을 하고 있으며, 사지 내에는 주로 조선시대로 추정되는 기와편이 산재한다.

다른 사지는 행정구역상 전라북도 임실군 신평면 용암리 76번지에 위치하며 통일신라시대에 축조된 석등이 있으며, 현재 中基寺라는 암자 형태의 절이 있다. 이 사지의 창건 연대는 확실하지 않으나 전하는 바에 의하면 신라 중엽에 도선국사가 창건하였다고 한다. 이 절은 임진왜란 때 모두 소실되었다고 하며, 폐허로 된 사지에 1924년 당시 주지였던 박봉주씨가 중건하고 중기사라 이름하였다. 현재 중기사에는 법당과 칠성각, 3단의 탑신부만 남아 있는 탑, 석등 등이 배치되어 있다.

中基寺라는 현판이 걸린 법당은 정면 5칸, 측면 2칸의 요사를 겸하는 함석지붕 건물이다. 법당 내부에는 석불과 철불이 모셔져 있으며 후불탱화를 비롯한 탱화와 종이 놓여 있다. 석불과 철불은 좌대 위에 놓여 있는데 이 좌대는 1924년 중기사를 재건할 당시 현 중기사의 서쪽 50m 지점에 위치한 저수지에서 출토되었다고 한다. 이 좌대는 문양 등의 양식으로 보아 석등과 건립 연대가 비슷한 통일신라 때 만들어진 것으로 보인다. 또한 법당의 동편에 위치하고 있는 칠성각에는 칠성탱화를 비롯한 2점의 탱화가 걸려 있다. 중기사 앞뜰에 있는 탑은 현재 3단의 탑신부만 남아 있는데, 각 층의 옥개석과 옥개받침이 한 개의 석재에 조각된 것으로서 기단부와 상륜부는 이미 유실된 상태이다. 이 탑은 현 잔존상태로 보면 최소 3층 이상이었을 것으로 추정된다. 한편 법당 전방 50m 지점에는 석등이 자리하고 있다. 석등은 보물 제267호로 지정되었으며 통일신라시대에 만들어진 것으로 추정된다. 석불좌상은 중기사의 서쪽 약 30m지점에 있는 저수지에서 출토되어 법당에 옮겨놓았는데 고려시대의 불상으로 추정된다.

　연화대좌는 전라북도 유형문화재 제82호로 지정되었다. 통일신라시대로 추정되며 2기가 있는데 높이가 각 0.8m, 1m의 화강석 대좌이다. 철불좌상은 고려시대의 불상으로 추정되는데 현재 법당 내 석불좌상 옆에 자리하고 있다.

　1992년에 전북대학교 박물관에서 가람 중심구역에 대한 부분적인 발굴을 실시하였다. 발굴조사는 보물로 지정된 석등 주변지역을 중심으로 이루어졌으며 이로 인하여 가람에 대한 조사는 극히 제한적으로 실시되었다. 발굴조사에서는 고려시대로 추정되는 건물지가 확인되었으며 유물 중에 '珍丘寺'로 읽을 수 있는 명문와가 수습되었다. 진구사는 삼국유사 '普德移庵'條에 고구려 승려 보덕화상이 남쪽으로 내려와 세운 사찰 중 하나로 이름이 전한다. 기록에 의하면 진구사는 寂滅, 義融이 세운 것이다.

　· 참고문헌 : 전북대학교 박물관, 『용암리사지』, 1994.

安心寺址

　전라북도 완주군 운주면 완창리 26번지에 자리하며 신라시대에 건립된 절이라고 하는데 분명치가 않다. 옛절은 없어지고 지금은 6.25사변 후에 건립한 정면 4칸, 측면 2칸 팔작지붕의 법당만 있는 안심사가 자리잡고 있다가, 1990년 전북대학교 박물관에서 발굴조사를 실시하여 법당지를 확인하고 그 결과를 바탕으로 가람에 대한 정화사업과 복원이 이루어졌다.

　『東國輿地勝覽』에 사찰의 명칭이 남아 있으며 사적비에 의하면 자장율사가 창건하고 875년에 도선국사가 중창하였다고 한다. 임진왜란 직후인 1600년에 守天和尙이 4창하였으며 부도전에는 부처의 치아 1점과 불사리 10과가 봉안되어 있다고 한다. 그러나 이러한 사적비의 내용을 모두 믿을 수는 없으며 『동국여지승람』에 사찰의 명칭이 기록된 것으로 미루어 조선 전기에는 창건되었을 가능성이 크다. 또 일제시대 만해 한용운이 이 사찰에 보존된 한문 대장경을 조사하러 내려온 기행문이 남아 있으며 조선 세조가 내린 御

書가 있었다는 점 등으로 미루어 세조 이전 시기일 가능성이 있다. 현재 경내에는 전북지방 유형문화재 제109호로 지정된 부도 및 부도전과 제110호로 지정된 사적비가 있다.

· 참고문헌 : 전북대학교 박물관, 『안심사』, 1990.

護國寺址

적상면 괴목리 119번지 적상산성 내에 자리한다. 호국사는 1643년(인조 21년) 이조판서 겸 대제학 이직의 건의로 세워진 사찰이라고 전한다. 정면 7칸, 측면 4칸의 본당 건물과 산신각이 있었다고 하나 1949년 여수·순천 반란사건으로 공비 잔당을 토벌할 때 공비를 잡기 위해 방화하여 소실되고 호국사비만 남아 있다.

한국전력에서 양수발전소를 세워 호국사가 수몰되게 되어 호국사지에 대한 발굴조사가 1987년 원광대학교 마한백제문화연구소에 의하여 실시되었다.

운곡리 빈대절터

1981년 아산댐 수몰지구 유적조사에서 원광대학교 마한백제문화연구소 조사단에 의하여 확인된 절터로, 연혁에 대해서는 전혀 기록이나 구전이 남아 있지 않다. 운곡마을에서 동쪽으로 약 3km 내외 지점, 산의 북쪽 사면에 위치한다. 초석과 막새를 포함한 기와편 등이 산재한다. 사지에 대한 발굴조사는 1983년에 실시되었다. 그 결과 우물과 건물의 유구로 추정되는 석축·석열 등이 조사되었다. 또 백자, 청자 등의 자기가 출토되어 인근에 있는 운곡리 요지들과 같은 시기에 창건되었을 가능성이 있는 것으로 보인다.

傳 彌勒寺址

1981년 아산댐 수몰지구 지표조사에서 확인된 절터로 원광대학교 마한백제문화연구소에서 조사하였다. 운곡마을에서 동쪽으로 2km 내외 지점에 위치하며 석축과 초석이 산재한다. 또 사지로 추정되는 지역에는 조선 중기로 추정되는 백자 요지가 있다.

오방골 사지

1981년에 원광대학교 마한백제문화연구소 조사단에 의하여 실시된 아산댐 수몰지구 유적조사에서 확인된 유적이다. 운곡리 마을 입구에서 남쪽에 있는 골짜기에 자리한다. 초석과 막새를 포함한 기와편 등이 산재하고 있다. 그후 1983년에 원광대학교 마한백제문화연구소에 의하여 발굴조사가 실시되어 기단은 파악되었으나 건물의 규모, 주간 등은 파악되지 않았다. 다만 구들 시설이 있는 건물이 있었을 것으로 확인되었으며 백자 등이 수습되었다.

3. 각 지역의 절터

1) 광주광역시

(1) 동 구

栢川寺址

지산동 광주 법원에서 사례지오 여고 쪽으로 가는 도로변 왼쪽에 자리하고 있는 광주동 오층석탑 주변지역으로 전한다. 석탑은 양식상 통일신라시대인 9세기경에 조성된 것으로 추정되며 보물 제110호로 지정되었다. 이 절터에 대한 시기가 이른 기록은 남아 있지 않으며 1899년에 발간된 『호남읍지』와 1925년에 발간된 『광주읍지』 사찰조에 壯元庵을 백천사라고도 한다고 기록되어 있다. 한편 1987년에 실시된 무등산 지역의 지표조사에서 장원암으로 추정되는 절터가 확인되어 이 절터가 장원암이 있던 곳이 아님이 확인 되었다. 이에 이 절터를 백천사지로 추정하고 있다. 현재 절터는 시가지가 형성된 탓으로 절터의 규모나 성격을 밝힐 수가 없으며 1960년 금동종이 출토된 바가 있으나 유물이 도난되어 남아 있지 않다.

大皇寺址

광산동 전남도청 주변지역에 자리한다. 대황사에 대한 문헌기록은 전해지지 않으며 이 사지에서 출토된 것으로 전하는 철조비로자나불좌상, 미륵불입상, 在銘石燈과 5층석탑 등이 있다. 이들 유물 중 비로자나불상은 증심사로, 미륵불상은 십신사지로 이전되고 전남도청 정원에 석등과 석탑이 남아 있다. 석등과 석탑은 양식상 고려 초기에 조성된 것으로 추정되고 있다. 이들 석등과 석탑이 자리한 지역이 본래의 위치인지는 분명하지 않으며, 1966년 발간된 『광주시사』에 현재의 위치로 추정하고 11세기에 창건, 구한말에 폐찰된 것으로 기록되었으나 근거가 분명하지 않고 현재 탑과 석등이 있는 곳이 절터인지도 확인되지 않는다.

壯元庵址

지산동 무등산의 장원봉 기슭에 자리하고 있으며 『輿地圖書』에 사찰의 명칭이 기록되어 있다. 석축이 남아 있으며 석축을 중심으로 건물이 들어선 흔적이 남아 있다. 그리고 이들 건물지 주변에서 고려시대로 추정되는 막새기와편을 비롯해 기와, 자기, 토기편 등이 산재한다.

芝山洞寺址

지산동 유원지 보트장 뒤쪽 산기슭에 자리한다. 인근에 최근 지은 東元寺가 있으며 동원사 대웅전 앞에 이 절터에서 수습된 것으로 전하는 석탑 옥개석이 자리한다. 절터의 상당 부분이 유원지 공사로 인하여 파괴되었으며 와편이 흩어져 있다.

證覺寺址

운림동 증심사에서 중머릿재 가는 길을 따라 자리하고 있는 샘터 주변에 자리한다. 절터 앞에는 '무등산산장'이 있다. 高敬命이 지은 「遊瑞石錄」에 사찰의 명칭이 있으며 『광주목지』에는 금폐라고 기록되어 있다. 따라서 16세기에서 18세기 중엽까지 존속하였음을 알 수가 있다. 경작에 의하여 파괴가 심한 건물지와 와편이 확인된다.

鳳凰臺寺址

운림동에 속하며 무등산 등산로에 자리한다. 등산로의 휴식터로 이용되고 있어 파괴가 심하나 와편, 분청사기편 등이 산재하며 석축이 남아 있는 곳도 있다.

傳 白雲庵址

봉황대사지에서 중머릿재로 가는 덕산너덜의 서북쪽에 자리한다. 석축이 남아 있으며 기단 석재로 추정되는 석재, 확돌, 기와편, 백자편이 있으며 2개소의 우물이 있다.

(2) 서 구

聖居寺址

귀동 광주공원 일대로 광주 서5층석탑이 있는 주변지역이 절터였을 것으로 추정된다. 『新增東國輿地勝覽』에 사찰의 명칭이 기록되어 있으며 『梵宇攷』 등에는 금폐라 기록되어 있다. 전하는 바로는 이 일대의 지형이 거북이 형상이며 거북이가 떠나게 되면 광주가 발전하지 못하므로, 거북이의 목덜미에 해당되는 곳에 절을 짓고 석탑을 세웠다고 한다. 석탑 양식에 의하면 고려 초기로 추정되며 폐찰의 시기는 분명하지 않다.

(3) 북 구

十信寺址

임동 옛 광주농업고등학교가 있던 곳에 자리한다. 전하는 바로는 고려 문종(1047~1083)대에 창건되었다고 하나 분명하지 않다.『신증동국여지승람』에 사찰의 명칭이 기록되어 있으며 폐찰의 시기는 전하지 않는다. 시가지가 들어선 탓으로 절터의 대부분이 파괴되었으며, 주택 사이에 梵字碑와 대황사지에서 옮겨온 것으로 전하는 미륵입상이 있다. 범자비는 광주시 유형문화재 제3호로 지정되었으며 양식과 비문에 있는 '丁巳' 간지명에 의하여 15세기를 전후한 시기에 건립된 것으로 추정된다.

禪寺址

충효동 성모마을 서쪽 산기슭에 자리한다. 경사가 완만한 산사면 비교적 넓은 지역에 걸쳐 와편과 상감청자편, 분청사기편 등이 산재한다. 기와편 중 '癸巳...禪寺...' 명문와가 있어 이 절터의 명칭이 선사임을 알 수 있고 출토되는 분청사기에 의하여 계사년을 1473년으로 추정하기도 하나 분명하지 않다.

長雲洞寺址

장운동 장등마을에서 북서쪽으로 600여m 지점에 있는 자남골의 야산 동남쪽 기슭에 자리한다. 절터에는 고려 초기에 조성된 것으로 추정되는 석불이 1기 파괴된 상태로 자리하며 이 절터에 있던 5층석탑은 국립광주박물관으로 옮겨졌다.

靑玉洞 佛堂골 寺址

청옥동 분토마을 서남쪽에 있는 大峯 기슭에 자리한다. 경사가 비교적 급한 산의 사면에 자리하고 있어 절터의 범위가 크지 않으며 암자터로 여겨진다.

金谷洞 한사골 寺址

금곡동의 한사골 산기슭에 자리한다. 암벽에 의지하여 건물지가 자리하고 있으며 길이 15m, 폭 8m 내외로 추정된다. 조선 후기로 추정되는 기와편이 산재한다.

斗岩洞 佛堂골 寺址

두암동 군왕봉의 서북쪽 기슭에 자리하는데 '빈대절터'라고도 불린다. 석축이 자리하며 석축을 중심으로 건물지도 남아 있다. 절터에는 우물이 남아 있으며 우물을 중심으로 한 지역에 와편, 백자편 등이 흩어져 있다.

(3) 광산구

湧珍寺址

왕동에 있는 용진산 남쪽 기슭에 자리한다. 용진사는 『新增東國輿地勝覽』에 사찰의 명칭이 기록되어 있으며 『梵宇攷』에도 기록이 남아 있다. 사찰의 창건 연대는 분명하지 않으나 『신증동국여지승람』의 기록에 정도전이 跋文을 남겼다는 기록이 있어 고려 말에서 조선 초기에는 이미 사찰이 있었음을 알 수가 있다. 전하는 바로는 고려시대에 창건되었다고 하며 한때는 上元寺로도 불렀다고 한다. 폐찰된 후 절터에 1917년 吳駿善이 湧珍精舍를 세웠다. 절과 관련되는 유물로 '六千', '猪院', '卍' 등의 명문와를 비롯한 기와편, 청자, 백자편 등이 수습된다.

余芚寺址

운수동 절골 마을 서북쪽 어등산 기슭에 자리한다. 비교적 경사가 급한 곳에 자리하며 석축을 마련하고 그 위에 사찰 건물을 들어서게 한 것으로 추정되는데 규모가 크지 않아서 암자터로 여겨진다.『輿地圖書』에 사찰의 명칭이 남아 있으며『東國輿地誌』에는 如苞寺로 기록되어 있다. 사찰의 명칭이 1760년에 간행된『동국여지지』에 처음으로 등장하며 1871~72년에 발간된『호남읍지』에는 사찰의 명칭이 전하나 그 이후에 간행된『호남읍지』에는 기록되어 있지 않은 점으로 미루어 18세기 초에서 19세기 말에 걸쳐 존속하였던 것으로 추정하기도 한다.

推善寺址

송학동 국룡마을 서쪽에 있는 비봉산 산당골에 자리한다. 절터 입구에는 당산나무가 있으며『범우고』에 사찰의 명칭이 기록되어 있다. 전하는 바로는 이 절터가 가을 매미의 형국이라서 절이 오래 지속되지 못하였다고 한다. 석축과 담의 흔적이 남아 있으며 샘터가 있는 옆에는 확돌이 남아 있다. 기와편을 비롯하여 청자, 백자 등의 자기편과 토기편이 흩어져 있는데 자기편 중에는 분청사기편이 많다.

松鶴洞 절재 寺址

송학동 추선사지에서 절재 너머 산기슭에 자리하며 推善寺址를 '작은 절', 이 절터를 '큰 절'이라고 전한다. 2단의 석축이 남아 있으며 하층 석축 외곽에는 담의 흔적이 남아 있다. 디딜방아의 부재편이 남아 있으며 상층 석축 아래를 중심으로 기와편이 집중적으로 남아 있다.

鳳凰寺址

임곡동 임실마을에서 북동쪽으로 200여m 내외 지점 야산 기슭에 자리한다. 석축이 일부 남아 있으며 석축을 중심으로 와편, 분청사기편 등이 산재한다.

捿鳳寺址

서봉동 서봉절골 어등산 산기슭에 자리한다. 절터에는 민묘가 들어서 있으며 민묘는 절터의 기단석열을 이용하여 축조되었다. 건물지의 흔적이 남아 있으며 샘터가 있고 민묘를 중심으로 한 지역에 기와편이 집중되어 있다.

新龍洞寺址

신룡동 신촌마을에서 500여m 북쪽 지점 낙암산 기슭에 자리한다. 5층석탑과 석불입상이 남아 있으며 비교적 넓은 지역에 걸쳐 와편 등이 산재한다. 석탑은 광주시 유형문화재 제12호로 지정되었으며 고려시대 전기에 조성된 것으로 추정하고 있다. 석불은 고려 전기로 추정되며 광배는 없고 하반신이 땅에 묻혀 있는 상태이다.

沙湖洞 새절골 寺址

사호동 원사호 마을에서 남서쪽으로 1.5km 내외 지점, 용진산의 각시바위 아래에 자리한다. 자연석을 이용한 석축이 남아 있으며 기와편, 분청사기, 백자편 등이 수습된다.

池亭洞 북당골 寺址

지정동 오동치 마을 북서쪽에 있는 옥녀봉 북당골에 자리한다. 2단의 석축이 남아 있으며 기와편과 청자편이 수습된다.

池山洞 절골 寺址

지산동 지산 저수지 북쪽에 있는 용진산 석봉 기슭에 자리한다. 7~8단으로 구획되는 석축이 남아 있으며 용진사지와 가까운 위치이다. 기와편과 백자편, 토기편이 수습된다.

池山洞寺址

지산동 탑동마을 북쪽에 있는 지산 저수지 인근 야산 기슭에 자리한다. '장자의 집터'로 불리며, 천석꾼이 시주를 하지 않고 승려에게 호통을 치는 것이 야속하여 중이 탑을 허물면 만석꾼이 될 것이라 하여 탑을 허문 천석꾼이 망하였다는 전설이 전해진다. 기와편, 청자편, 분청사기편 등이 남아 있다.

明道洞 명곡마을 寺址

명도동 명곡마을의 민가 사이에 자리하고 있으며 초석으로 추정되는 석재가 남아 있으며 와편, 자기편이 수습된다.

명곡마을에는 이외에 명곡재의 산기슭에 또다른 절터가 자리한다. 이 절터에는 석축이 일부 남아 있으며 석축을 중심으로 기와편이 산재한다.

明道洞 불당골 寺址

명도동 명곡마을 북쪽에 있는 불당골에 자리한다. 경사가 완만하며 비교적 넓은 분지를 형성하고 있는 곳에 있으며, 붕괴가 심하나 석축이 남아 있으며 기와편이 남아 있다.

芝坪洞 절골 寺址

지평동에 속하는 복룡산 절골에 자리하며 야생 차밭을 이루고 있다. 높이 2~2.5m의 석축과 1~1.5m 높이의 석축이 2단으로 남아 있다.

內山洞 탑골 寺址

내산동 대봉마을 서쪽에 탑이 있었던 곳이라 하여 탑골로 불리는 곳이 있고, 이 탑골로 불리는 곳에는 2기의 고인돌이 자리한다. 절터는 이 고인돌이 있는 주변지역으로 와편과 토기편이 수습된다.

內山洞 大鳳마을 寺址

내산동 대봉마을 동북쪽에 있는 민가(兪成雨 소유)를 중심으로 한 곳에 위치한다. 이 민가는 마을의 다른 집들에 비하여 1단 높은 대지 위에 자리하며 1950년대에 민가를 신축할 때 초석과 많은 기와편이 나왔다고 전한다.

漆石洞 절골 寺址

칠석동 하칠석마을에서 동남쪽으로 1km 내외 지점, 절골 또는 부치짓골이라고 불리는 곳에 자리한다. 죽령산의 서남향 산기슭으로 분청사기편, 백자편, 기와편 등이 흩어져 있으며 샘터가 남아 있다.

陶村洞 절골 寺址

도촌동 동북쪽에 있는 절골에 자리하며 건덕산 기슭에 해당된다. 밭으로 경작되고 있으며 석축이 있었던 것으로 여겨지는 곳은 밭둑으로 이용되고 있다. 주변에 기와편이 집중적으로 남아 있다.

安淸洞 원골 寺址

안청동 개안마을의 서남쪽에 있는 원골에 자리한다. 원골 입구에 있는 야산으로 평양박씨의 묘역이 들어서 있다. 묘역의 앞부분에 초석열이 남아 있으며 잔존한 초석에 의하면 정면 3칸, 측면 2칸의 건물이 있었던 것으로 추정된다. 와편이 산재하며 절터의 범위는 동서 길이 50여m, 남북 폭 45m 내외로 추정된다.

牛山洞 불당골 寺址

우산동 향약마을의 서쪽에 있는 불당골에 자리한다. 계단식 밤나무 단지가 조성되어 있으며 석축이 남아 있고 샘이 있다.

2) 전라남도

(1) 나주시

興龍寺址
나주시 송월동 나주시청 앞에 자리한다.『新增東國輿地勝覽』에 의하면 고려 태조 왕건이 나주지방에 왔을 때 지방 호족인 吳多憐의 집안 莊和王后와 인연을 맺게 되었고 인연을 맺은 우물 주변에 세운 절이라고 한다.

(2) 순천시

大光寺址
주암면 대광리 용문마을에 있는 고려시대 절터이다. 용문마을이 들어서 있는 지역 일대가 절터로 추정되고 있고, 자연석으로 쌓아올린 광대한 석축이 있는데 높이 1.8~2.2m, 길이 47m의 규모이다. 이 석축 윗부분이 사찰 중심지로 생각되나 현재는 과수원과 밭으로 경작되고 있으며 주변에 자기편과 기와편이 산재하고 있고 주변 민가에 석탑재와 기타 석재들이 있다.

旺大 大光寺址
송광면 삼청리 왕대마을에 있는데 조선시대의 절터로 추정된다. 사지에는 석탑의 부재가 남아 있다. 석탑 부재는 옥개석과 기단, 탑신이 따로따로 흩어져 있다. 주변지역에서 '大光寺' 명문이 있는 와편이 수습된다. 와편의 명문에 의하여 대광사임이 분명한데 주암면에 있는 대광사지와의 관련은 분명하지 않다.

(3) 광양시

古吉寺址

고려시대에 창건된 것으로 추정되는 절터로 황금동 고길마을 뒤 700여m 내외 지점 산 중턱에 있다. 축대만 남아 있으며 약간의 기와편과 자기편이 산재해 있다. 축대는 자연석을 쌓았는데 동서 방향으로 20m 정도 군데군데 석축이 30~50㎝ 내외의 높이로 남아 있다. 일제시대 말기에 금동사리탑이 출토된 적이 있다고 전한다.

成佛寺址

봉강면 조령리 하조마을에서 북쪽 1.5km 떨어진 지점인 계곡에 위치하고 있다. 창건 연대는 확실치 않으나 고려시대라고 전한다. 1962년 건물을 세웠으나 폐사되어 1975년 박봉춘이 중건하여 大慈寶殿(정면 5칸, 측면 2칸 반), 극락전, 梵鐘閣, 요사채 등이 갖춰진 사찰이 자리한다. 사지와 관련된 것으로 보이는 석조 3점이 남아 있는데 원형과 장방형이며 원형 석조는 비교적 대형이다.

中興寺址

옥룡면 운평리 중흥산성 내에 위치한 사찰로서 신라 48대 경문왕(861~875) 때 창건되었다고 전한다. 임진왜란 때 중흥산성에서 의병들이 왜군과 격전을 벌여 소실되었다고 한다. 사지 내에 보물 제112호로 지정된 삼층석탑, 石彫地藏菩薩像, 七星閣七星幀畵 등이 있다. 이 사지에서 출토되어 국보 제103호로 지정된 쌍사자 석등은 1918년 경복궁으로 옮겨졌다가 1970년에 국립광주박물관으로 옮겨졌다. 1936년 서재복이 중건하였으나 폐사되었고 1963년에 하태은에 의해 중건되어 대웅전, 충혼각, 칠성각, 요사채 등이 있다.

玉龍寺址

옥룡면 추산리 외산마을 뒤편 백계쪽 계곡에 자리한다. 사지가 있는 곳은 표고 1,217.8m 높이인 백운산 동쪽 계곡으로 주변에는 전라남도 지정 기념물인 동백숲이 있다. 사지에는 옥룡사라는 작은 절이 있다. 현재의 옥룡사는 1969년 혜성 스님이 구례한씨의 병을 치료해주고 짓게 된 절로, 처음 이름은 동백사 또는 백계사라 하였다가 법왕사를 거쳐 본래 이곳에 있었던 옥룡사로 칭하게 되었다. 옥룡사 옆에는 한씨 문중의 영모재가 있다.

옥룡사의 연혁에 대한 기록은 단편적으로 남아 있다. 전하는 바로는 864년(경문왕 4년) 도선국사가 창건하였다고 하나 도선국사의 비문에 의하면 도선국사 이전에 옥룡사가 있었다 한다. 즉 회양현 백계산에 옥룡사라는 옛절이 있어 (도선)대사가 중수하고 거하였다는 내용이 있다. 따라서 도선은 창건이 아니라 중수하였음을 알 수 있다.

도선이 옥룡사를 창건하였다는 것과 관련하여 설화가 전해진다. 옥룡사를 세운 곳에는 본디 큰 연못이 있었는데 그 안에 9마리의 용이 살며 사람들을 괴롭혔다고 한다. 도선이 용들에게 물러갈 것을 명하자 여덟 마리의 용은 물러갔으나 백룡만은 도술을 부리며 도선에게 대항하였다. 도선은 지팡이로 용의 왼쪽 눈을 멀게 하고 물을 끓여 용을 쫓은 다음 절터를 닦았다. 습지를 메우는 일이 쉽지 않았다. 마침 주변 마을에 눈병이 유행하였는데, 절터에 숯 한 섬씩을 가져다 부으면 눈병이 나았다. 이처럼 하여 절터를 닦고 절을 짓고 부처님의 치아를 모셨다. 도선은 승속을 막론하고 이름에 '白'자가 들어가는 사람은 절에 들이지 말라 하였는데, 300년 뒤에 김백룡이라는 거사가 이름을 속이고 들어와 살다가 절을 불태우게 되었다고 한다. 그리고 그 이후 방치되었다고 한다.

옥룡사의 폐사에 대해서는 1918년에 펴낸 『光陽邑誌』에 '玉龍寺在縣北二十里有 道詵碑戊寅全燒顚覆'이라는 기록이 있다. 이 기록에서 구체적으로 어느 戊寅인지를 밝히지 않았으나 1818년 또는 1878년 이후에 전소된 것으로 추정하고 있다.

도선국사비는 20세기에 들어서 파괴되었으며 비문은 『東文選』과 서울대학교에 소장된 옥천사 판각비문에 의하여 내용이 전해진다. 사지에는 탑재석과 돌구유 1점 등이 있으며 와편과 자기편이 산재한다.

松川寺址

송천사지는 광양시 옥룡면 동곡리 선동마을 백운산 계곡 동천가에 있다. 절터를 가로질러 동천이 흐르고 있으며 절터 위쪽에는 藥水巖臺, 아래에는 學士臺가 있다. 백운산을 뒤로 하고 정남향에서 약간 서쪽으로 기운 절터는 층단식 지형을 이룬다. 절터 대부분이 논으로 경작되고 있으며 주민들에 의하여 금당지, 천불전지, 나한전지로 전하는 곳이 있다. 그리고 초석, 축대, 부도, 석조물과 와편 등이 산재한다. 이들 중에는 조선 중기에 세워진 悔隱長老碑가 있고, 고려 전반기에 유행하던 육각형 부도가 남아 있어 송천사의 창건이 고려 전기 이전임을 알 수 있다.

송천사의 연혁은 분명하지 않으며 도선국사가 창건하였다고 전한다. 주민들의 구전에 의하면 도선국사가 백운산 정상에서 이곳이 黃龍負舟 형국임을 알고 기운이 일본으로 흘러나가는 것을 막고자 송천사에 천불천탑을 세웠다고 한다. 『新增東國輿地勝覽』 光陽縣 梵宇條에 '松川寺雲岩寺俱在白鷄山'이라는 기록이 있어 조선 초에는 송천사가 있었음을 알 수가 있다. 또 1759년에 펴낸 『輿地圖書』에도 기록이 되어 있어 18세기 중엽까지 존속하였던 것으로 보이는데, 『梵宇攷』에는 '금폐'라 하였고 다시 19세기 읍지에는 사찰로 기록되어 있어 18세기 중엽 이후 일시 폐찰되었다가 다시 중창되었음을 알 수 있다. 그후 1950년 6.25동란 이후 폐사되었다.

금당으로 추정되는 지역은 25m, 19m 내외의 규모로 추정되며 논으로 경작되고 있다. 전면과 후면에는 석축이 있다. 건물지의 가운데에는 지대석으로 추정되는 유구가 있으며 방형초석이 3.5m 내외 간격으로 놓여 있다. 금당지의 후면 한 단 높은 지역에는 22m, 20m 내외 규모의 건물지가 자리하며 천불전지로 추정된다. 사지 앞을 흐르는 동천 너머에는 悔隱長老碑가 있으며 비 뒤쪽으로도 건물지가 자리하고 있다.

· 참고문헌 : 문명대 외,『송천사지 조사보고서』, 동국대학교 박물관, 1989.

普雲寺址

신기리 내우산(246m)에 자리하고 있으며 석등 부재가 남아 있다. 사지 창건과 폐찰 연대는 분명하지 않다.

開龍寺址

봉강면 화룡리에 있는 계족산에 자리한다.『梵宇攷』에 명칭이 남아 있는 것으로 미루어 조선시대의 사찰로 추정된다.

雲岩寺址

옥룡면 추산리 추동마을 북쪽 골짜기에 자리한다. 옥룡사지의 쌍비가 있었던 비석거리 밑에 해당되며 논으로 경작되고 있다. 창건에 대한 기록은 없으나 옥룡사 도선국사비의 음기에 당시의 주지였던 志文의 이름이 있어 1150년 이전에 창건되었던 것으로 보인다.『新增東國輿地勝覽』에 백계산에 운암사가 있다는 기록이 있으며『범우고』에는 금폐라 기록되어 있다. 따라서『범우고』가 편찬된 18세기경에는 폐찰되었음을 알 수 있다.

한편 추산리 운암골에는 사지가 있어 도선국사의 어머니가 살았다고 전하며 방형의 비좌 1점이 남아 있는데, 이 절터가 운암사와 관련되는 것인지는 분명하지 않다.

玉泉寺址

옥곡면 대죽리 옥천골에 자리한다. 절터가 있는 곳을 불당골 또는 부처골이라 부르며, 전하는 바로는 도선국사가 창건하였다고 한다. 1945년까지 탑이 있었다고 하나 현재는 남아 있지 않다.

柏庵寺址

옥곡면 묵백리 백암마을에 있으며 사지에는 초석이 남아 있다. 이 사지의 주변에 墨坊寺址, 修道庵址, 金扇庵址 등이 있다.

浮屠庵址

묵백리 부두마을에 자리하며 1895년에 간행된 『湖南邑誌』에 기록되어 있다. 사지에는 부도 1기가 남아 있다.

黃龍寺址

진상면 황죽리 신황마을에 자리하고 있다. 도선국사가 창건하였다고 전하며 『輿地圖書』, 『梵宇攷』 등에 백운산에 있다는 기록이 있으며 1924년에 간행된 읍지에는 금폐라 기록되어 있다. 전하는 바로는 도선국사가 광양지방에 108개의 사찰을 건립하였는데, 그 중 이 황룡사는 태조 왕건의 지원을 받아 창건한 것이라 한다. 또 이 터가 黃龍부주형이고 八百年宰相之地라 하며 사찰 주변에는 99암자가 있었다고 한다. 300여년 전 이 터에 어떤 문중에서 묘를 쓰고자 여자 노비들로 하여금 스님들을 유혹하도록 하고 이를 빌미로 절을 파괴하였다고 한다.

王師庵址

다압면 금천리 서동마을 절골에 자리한다. 도선국사가 창건하였다고 전하며 창건시 도선국사가 토기로 암수 한 쌍의 말을 만들어 법당 건너편 바위 밑에 동쪽을 향하도록 세웠는데 최근 이를 부수었다고 한다.

松林寺址

옥룡면 동곡리 동동마을에 자리하며 도선국사가 창건하였다고 전하나 분명하지 않다. 사지에는 돌절구가 남아 있을 뿐이다.

龍谷寺址

옥곡면 대죽리 오동마을 맞은편 탑골에 자리한다. 밭으로 경작되고 있으며 축대 일부가 밭 가장자리에 남아 있다. 사지에는 기와와 자기편이 산재하며 밭 가운데에 석탑의 옥개석이 있다. 자기 중에는 고려시대의 순청자편도 있으나 조선 후기의 자기편이 대부분이다. 사찰에 관한 기록은 없으며 전하는 바로는 도선국사가 지기 진압을 위하여 창건하였다고 한다. 탑은 8.15해방 이후까지 있었는데 파괴되고 옥개석만이 남아 있다.

어치리 사지

진상면 어치리 지계마을 뒤 지계골에 자리한다. 지계마을의 서수홍씨 집과 마을 뒤편 골짜기 계단식 논 일부와 대밭 등에 초석과 축대, 기와편이 산재한다. 부도 기단석과 맷돌, 돌구유 등이 있는데 부도는 석종형 부도였다. 1989년에 마을사람들이 외부로 팔아버렸다고 한다.

봉강 외탑이골사지

봉강면 조령리 필동마을에 자리하는데 사지에는 건물의 초석이 남아 있으며 부도가 있다.

(4) 여수시

寒山寺址

여수시 봉산동 구봉산 중턱에 자리한다. 고려 명종 24년(997) 普照國師가 창건하고 1403년 始學大師가 중수하였으며 1931년에 개축하였다고 전한다. 사찰의 복원이 진행되고 있다.

石泉寺址

여수시 덕충동 마래산 忠愍祠 서편에 자리하고 있다. 문헌기록은 없으나 전하는 바로는 玉同大師, 慈雲禪師가 충무공의 영을 모셔 암자를 건립한 것에서 연유한다고 한다. 최근에 사찰이 중창되었다.

(5) 영광군

笠岩里寺址

법성면 입암리 마천마을에서 약 300여m쯤 대덕산 산허리를 향하여 올라간 곳에 자리한다. 사지에 대한 기록은 없으며 다만 1988년에 나온『法城鄕誌』에 소개되어 있다. 사지는 약 300평 정도의 넓은 곳인데 현재는 밭으로 경작되고 있다.

月坪寺址

영광읍 월평리와 주평리에 걸쳐 자리하며 7층석탑과 석당간 1기가 남아 있다. 이들 유물이 있는 곳을 법당골 또는 법당배미라고 부르며 월평사지, 天作寺址라고 부르는데 사찰에 관한 기록은 남아 있지 않다.

利興寺址

묘량면 신천리 신흥마을 뒤편 불덕산 남서쪽 산기슭에 위치한다. 30여년 전까지는 민가가 주변에 있어 태절골 또는 이흥마을이라고 하였는데, 현재는 민가가 1채 남아 있고 주변은 밭으로 경작되고 있다.『新增東國輿地勝覽』에는 불덕산에 이흥사가 있다고 기록되어 있으며『梵宇攷』와『가람고』에 기록이 있다.『범우고』등의 기록에 의하면 18세기까지 사찰이 유지되었음을 알 수 있으나 창건 연대와 폐사 시기는 분명하지 않다. 사지에는 보물 제504호로 지정된 3층석탑과 석등 1기, 부도 2기, 부도받침석, 돌확 등이 남아 있다. 이들 유물에 의하면 통일신라 말에서 고려 초에 창건된 사찰로 추정된다.

(6) 장성군

下淸寺址

장성읍 유탕리 3구 산157번지 정길홍씨 소유 밭을 중심으로 하는 곳에 있으며 통일신라시대의 절터로 추정된다. 사지에는 주춧돌과 석축 기단이 남아 있다. 남아 있는 석축 기단은 높이 2m, 길이 10m이다.

鷲棲寺址

서삼면 취암리 백련동마을에 자리한다. 사지에는 최근에 세운 上仙庵이 들어서 있으며 그 주변은 방치된 상태이다. 상선암 입구에 당간지주 1기와 인근 민가에 당간지주 1쌍, 8각 부도의 옥개석편 1기, 주춧돌, 연자방아 등이 남아 있다. 이들 유물에 의하여 고려시대에 사찰이 있었던 것으로 추정된다.

新興寺址

북이면 원덕리에 있으며 백제시대 사찰인 신흥사의 옛터라 전하나 확실하지 않다. 현재 사지에는 고려시대로 추정되는 미륵불이 있으며 와당, 백자편이 산재한다.

(7) 담양군

傳 중정寺址

수북면 궁산리 산기슭에 자리한 이 절터를 중정사지라고 하지만 고증되지는 않았다. 절터는 협소하고 조선시대 기와와 분청사기, 백자가 발견된다. 이 절터 암벽 단애면 두 곳에 고려말 이후에 제작된 것으로 보이는 마애불이 조각되어 있다.

담양 읍내리 사지

담양읍 지침리에 자리한다. 사지에 대한 문헌기록은 남아 있지 않으며 석당간과 보물 제506호로 지정된 오층석탑이 남아 있다. 1758년에 편집한 것으로 알려진 『추성지』에서는 석당간을 석탑과 함께 地氣 진압용으로 해석하고 있어 그 이전에 사찰이 폐허로 되었음을 알 수 있다.

瑞峯寺址

남면 정곡리 절골에 자리한다. 사지 뒤편으로는 서봉산이라 칭하는 거대한 암벽이 있으며 이에 의지하여 분지를 이루는 사지에는 계단식으로 건물을 세운 흔적이 남아 있다. 초석과 석탑재, 석등 부재, 괘불지주 등이 남아 있다. 사지에 있던 3층석탑, 부도는 전남대학교로 이전되었고 석조보살입상은 광주 증심사로 옮겨졌다.

서봉사 창건에 대한 기록은 없으며 『新增東國輿地勝覽』 창평현조에 '瑞峯寺在無等山'이란 기록이 있다. 사지에 남아 있던 유물들에 의하면 고려시대에 만들어진 것들이 적지 않아서 고려시대를 전후하여 창건된 것으로 추정된다. 사지에는 건물지로 보이는 곳이 곳곳에 남아 있으며 초석, 석축 등이 잘 남아 있는 곳도 있다.

開仙寺址

남면 학선리 개선동마을 입구에 자리하고 있다. 보물 제111호로 지정된 석등이 있으며 석등 주변에는 와편 등이 산재한다. 석등에 있는 명문에 의하면 咸通 9년(경문왕 7년. 868) 석등이 세워졌고 이를 전후하여 사찰이 창건되었을 것으로 추정되나 문헌기록에 개선사라는 명칭은 보이지 않는다.

金峴里寺址

고서면 금현리 노채마을 동쪽 구릉에 자리한다. 현재 靈隱寺가 자리하고 있다. 영은사는 1981년에 세운 것으로 대웅전 내에는 3구의 석불이 모셔져 있다. 이들 석불은 본디 노천에 방치되어 있었다. 3구의 석불 중 대형 불상은 전라남도 유형문화재 제143호이고 중형 불상은 전라남도 문화재자료 제135호이다.

傳 彦谷寺址

무정면 봉안리 뒷산인 비봉산 입구에 자리한다. 신라 법흥왕 15년(528)에 창건하였다고 전할 뿐 문헌기록이 남아 있지 않다. 『담양군지』에 의하면 사지에 있던 석탑을 무정초등학교 교정으로 옮길 때 1층 탑신 바닥에서 금동불상이 나왔다고 하나 남아 있지 않다. 석탑은 전라남도 문화재자료 제20호로 지정되었다.

煙洞寺址

금성면 금성리에 자리한다. 『東國輿地勝覽』에는 추월산에 연동사가 있다는 기록이 있으며 『梵宇攷』에는 금폐라고 기록되어 있으며 사찰 주변에 굴이 있고 흙으로 만든 나한상과 석미륵, 석탑이 있어 촌민들이 기도를 드린다고 기록되어 있다. 현재 사지에는 지장보살 입상과 삼층석탑재가 남아 있다.

分香里寺址

고서면 분향리 용대마을에 자리하고 있으며 문헌기록은 남아 있지 않다. 전라남도 유형문화재 제144호로 지정된 석불입상 주변에 암자 규모로 추정되는 축대가 남아 있다.

(8) 화순군

雙溪寺址

화순읍 앵남리에 자리하며 사찰의 연혁은 분명하지 않다.

圭峰寺址

이백면 영평리에 있는데 고려시대 규봉선사가 창건하였으며 6.25동란시에 소실되었다. 1957년에 대웅전과 요사가 건축되었다.

開天寺址

춘양면 가동리에 자리하고 있으며 전하는 바로는 신라 헌덕왕 15년(823)에 道義禪師가 창건하였다고 하나 유물이나 기록으로 입증할 수가 없다. 6.25동란 때에 폐찰된 것을 그후 대웅전, 요사 등을 중건하였다.

運舟寺址, 雲住寺址

도암면 대초리에 자리하고 있으며 신라 진흥왕 2년(541) 道詵國師가 창건한 것으로 전하나 분명하지 않다. 6.25동란시에 불타 없어진 것을 최근에 복원하고 있다. 사지에는 많은 불탑과 불상이 있고 와불로 유명하다. 또 7성바위가 남아 있으며 곳곳에 건물지가 남아 있다. 전남대학교 박물관에 의하여 건물지 일부가 발굴조사된 바가 있다. 사지에 남아 있는 불상과 불탑은 일반적인 양식을 벗어난 형태를 보이며 천불천탑이 있었다고도 전한다. 유물들의 양식에 의하면 고려시대 후기를 전후한 시기에 조성된 것으로 추정된다.

萬淵寺址

화순읍 동구리에 자리하고 있으며 현재 만연사가 자리하고 있다. 16세기에 만연대사가 창건하고 17세기에 중창하였다고 하나 분명하지 않다.

維摩寺址

남면 유마리 母後山 남쪽 계곡에 자리하고 있다. 신라 진흥왕 때 유마대사가 창건하였다고 전하나 분명하지 않다. 1950년 이후에 사찰이 들어섰으며 시기가 앞서는 초석, 석조 등이 남아 있다.

寒山寺址

동복면 신율리 母山 기슭에 자리하며 고려시대에 창건되었다고 한다. 사지에 고려시대로 추정되는 3층석탑과 부도탑이 남아 있다. 부도탑에 대해서 탑 옆 바위에서 매일 1인분의 쌀이 나와서 도사가 먹고살았는데, 나그네가 구멍을 크게 하자 쌀이 나오지 않고 빈대가 들끓어 절을 불사르게 되었다고 전한다.

(9) 함평군

大堀寺址

학교면 곡창리 대곡에 자리하며 고려시대로 추정되는 절터이다. 절터에는 여기저기 기와편이 있으며 고려청자, 분청사기, 백자편이 수습되고 있다. 창건 연대는 수습되는 기와편, 도자기편에 의하여 12~13세기경으로 추정된다.

龍泉寺址

해보면 광암리에 자리하고 있는 절터이다. 전하는 바로는 당나라 현종(玄宗) 때에 창건되었다고 전한다. 1632년에 대웅보전을 짓고 1705년에 중창하였는데 남아 있는 유적, 유물과 명기 연대(銘記年代)로 보아 이 무렵에 창건된 것으로 여겨진다. 목조여래좌상이 남아 있다. 6.25 때 절이 모두 소실되었다고 하는데 이때 소실된 것이 아니라면 17세기에 절을 중창하면서 봉안했던 불상으로 추정되며, 양식상 17~18세기경 불상으로 추정된다.

君遊寺址

신광면 송사리 군유산 중턱에 자리한다. 『新增東國輿地勝覽』에는 단선사라고 기록되어 있으며 그 이후의 기록에는 군유사로 되어 있다. 초석과 자기, 와편 등이 산재하며 자기 등에 의하면 고려시대를 전후하여 창건된 것으로 보인다. 건물터로 보이는 곳도 비교적 원형이 잘 남아 있으며 1895년에 편찬된 『咸平縣邑誌』에 今廢라고 되어 있어 19세기 말 이전에 폐찰되었음을 알 수 있다.

(10) 영암군

雙溪寺址
금정면 남송리 인곡마을에 있으며 석장승과 입석이 남아 있다.

龍岩寺址
영암읍 회문리 월출산 구정봉 아래에 있는 국보 제144호 월출산 마애여래좌상이 있는 주변에 위치한다. 초석이 일부 남아 있으며 사지의 평면은 300여평으로 추정된다. 사지 입구에 석종형 부도 2기가 있다. 1985년에 龍岩寺 명이 있는 평기와가 수습되어 사지의 명칭을 알 수가 있으며 『東國輿地誌』에는 구정봉 아래에 용암사가 있고 구층의 부도가 있다고 기록되어 있다.

玉龍庵址
서호면 청룡리 노동마을 뒤편 은적산 정상 부분에 자리하며 道善庵이라고도 한다.

月岩寺址
영암군 군서면 월암리 월암마을 주변 일대에 자리한다.

利甘庵址
학산면 신덕리 은적산 서쪽에 자리한다.

淸風寺址

영암읍 학송리에 있는데 민가가 거의 없는 곳으로 淸風院이라 불리던 곳에 있다. 석탑이 있었는데 전남대학교로 옮겨졌다.

미암리 사지

미암면 미암리 향양마을에 자리한다. 전하는 바로는 向陽寺라는 절이 있어 마을의 이름에서 유래하였다고 하나 분명하지 않다. 석탑과 석불 파편이 남아 있으며 고려시대의 작품으로 추정된다.

춘양리 사지

영암읍 춘양리에 자리한다. 고려 중기 이전 시기로 추정되는 석탑과 석불의 하반신 일부와 대좌가 남아 있다.

(11) 강진군

月下里寺址

성전면 월하리에 자리하며 주변에는 여러 곳에 사지가 있다. 건물지 규모는 100~150평 정도이며, 축대 바로 전면에는 탑재로 보이는 석재가 있다. 기와편, 분청사기 등이 있으며 사지 바로 뒤편에는 마애불상 1구가 있다.

白雲洞寺址

성전면 월하리 안운마을에 자리한다. 현재 민가가 들어서 있으나 주변에 석축 등이 있으며, 석축 중에는 길이 25m, 높이 2.5m 내외인 것이 있다. 석축 등에 의하면 사지는 3,000여평에 이르렀던 것으로 추정된다.

약사골 사지

성전면 월하리 월출산 향로봉 아래에 위치한다. 석축이 남아 있으며 석축은 길이 21m, 높이 3.2m 내외이다. 자기편, 기와편이 있고, 자기 중에는 고려청자, 조선백자가 있다.

月南寺址

성전면 월남리 마을에 자리하고 있으며 월출산 정상과 양자암을 배경으로 한다. 창건에 관한 기록은 없으며 순천 송광사의 16국사 중 제2세인 眞覺國師가 창건하였다고 전한다. 보물 제298호인 석탑과 제313호인 眞覺國師碑가 남아 있으며 석탑을 중심으로 외곽 담장이 남아 있는데, 길이 158m, 폭 182m에 이르지만 파괴가 심하다.

신월마을 사지

월남리 신월마을에 있으며 불티재의 오른쪽 월출산 사자봉 아래에 위치한다. 사지에는 양면 석불이 있으며 탑재도 있으나 인근에 있는 민묘를 축조하면서 탑재석을 이용한 탓으로 손상이 심하다.

龍穴庵址

도암면 석문리 월하마을에 있으며 白蓮寺에 부속된 암자터이다. 2개소의 동굴과 동굴 앞면에 건물지의 흔적이 남아 있다.

(12) 장흥군

新興寺址

장흥읍 연산리 신흥마을 뒷산에 있다. 현재 인법당 형식의 법당이 있는데 법당은 정면 3칸의 규모에 스레트 지붕을 하고 있으며 내부에는 보살상이 안치되어 있다. 법당 옆에 있는 탑재는 2매의 옥개석과 상륜부만 남아 있는데 옥개석은 3단의 층급받침이 보이며 현재의 높이는 1m이다.

龍華寺址

장동면 북교리 배산마을에 있는 저수지에서 야산 너머에 자리한다. 1747년에 간행된『장흥읍지』에 의하면 배산 서쪽에 佛子寺가 있다고 하며 이를 용화사지로 比定하고 있다. 통일신라 말을 전후한 시기에 세워진 것으로 추정되는 석조여래좌상이 있으며 이에 의하여 창건 시기를 추정할 뿐 창건에 관한 기록은 남아 있지 않다.

高山寺址

장평면 용강리에 자리한다. 기록에는 남아 있지 않으나 1747년에 간행된『장흥읍지』에 고산사라는 명칭이 보이며, 전하는 바로는 고려 초에 고씨가 세워 고산사라 이름했다고 한다. 최근에 사찰을 복원하였는데 본디의 사지 중심은 현재 대웅전이 들어선 곳의 뒤편으로 추정된다. 현 대웅전 내에 전라남도 유형문화재 제161호로 지정된 석불과 불상의 대좌로 추정되는 석재가 있고 청동불두가 출토되었다고 한다.

玉龍寺址

장흥읍 옥당리 당동마을에 있는 사지로 마을 뒤편 산기슭에 위치한다. 대밭과 숲으로 되어 있으며 평지면적 400여평으로 추정된다. 사지에는 석불이 1구 남아 있는데『支提誌』에 의하면 1713년 절이 폐허가 되어 불상이 넘어진 것을 1752년에 다시 일으켜 세웠다고 한다. 이에 의하면 사찰은 18세기 초에 이미 폐찰된 것으로 보이며 창건 시기에 대한 기록은 없고 다만 설인귀가 창건하였다고도 하며 혹은 당나라 신룡 원년(705년)에 창건하였다고 전한다.

塔山寺址

장흥읍 대덕면 연지리 천관산 남쪽에 위치하고 있는데 천관산의 정상에 가까운 곳이다. 사지는 전체 높이 10m 내외의 4단 축대에 자리하며 축대 앞면은 25~30m 내외의 폭이다.『支提誌』에 의하면 당나라 정원 16년(800년)에 通靈和尙이 창건하였다고 전하는데『東國輿地勝覽』에는 통령화상을 靈通和尙이라고 하였다. 또 조선 영조 21년(1745)에 화재로 인하여 소실되었다 하며 이후 중창이 있었던 것으로 보이나 분명하지 않다. 보물 제88호로 지정된 동종이 1985년 근동사리탑, 소조불두, 자기편 등과 함께 출토되어 해남 대흥사로 옮겨져 있다.

芙蓉寺址
용산면 운주리 부용산 중턱에 자리하고 있다. 절터 입구에는 '芙蓉寺' 명이 있는 돌기둥이 세워져 있으며 6.25 이전까지는 사찰로 기능하였다고 한다. 현재 인법당 형태의 암자가 있으며 암자 앞에는 시기가 앞서는 석축이 남아 있다.

生陽寺址
장흥읍 향양리 생양마을에 자리한다. 탑형부도가 사지에 남아 있으며 탑동마을의 3층석탑도 이 절터에서 옮긴 것이라고 한다. 1947년에 간행된『장흥읍지』에 生陽古寺로 기록되어 있어 18세기 중엽을 전후하여 폐찰되었음을 알 수 있다.

(13) 무안군

里人寺址
무안군 성동읍 대사동에 있는 약사사(1972년에 중창) 뒤편에 자리한다. 초석이 남아 있으며 약사사를 중건할 때 20여점의 불상과 청자편이 수습되었는데 불상은 나한상의 파편으로 추정된다.『문화유적총람』에는 5층석탑과 당간지주가 남아 있다고 기록되어 있으나 남아 있지 않다. 전하는 바로는

918년에 남악사(南岳寺 또는 南鶴寺)로 창건하였다고 한다.

法泉寺址

무안군 몽탄면 달산리 144번지에 있는 절터로『東國輿地勝覽』과『東國輿地誌』에는 원나라의 승려 원명이 창건하였다고 기록되어 있다. 이에 의하면 원나라 臨川寺의 승려 圓明이 승달산에 택지하여 암자를 짓고 수도생활을 하였는데 제자 500여명이 찾아와 수도하였다고 한다. 이와는 달리『輿地圖書』에는 당나라 開元 13년(725) 서역 金地國의 승려 淨明이 창건하였고 남송 紹興 년간(1131~1162년)에 임천사의 승려 원명이 중창하였다고 한다. 사역은 2,000여평으로 추정되며 장승 2기와 초석, 석탑 옥개석편, 좌불 파편, 토제 불두편 등이 있다.

總持寺址

무안군 몽탄면 대치리 산138번지에 있다.『東國輿地勝覽』에는 승달산에 있다고만 기록되어 있으며『輿地圖書』에는 법천사와 같은 시대에 창건되었다고 기록되었다.『동국여지승람』의 기록에 의하면『동국여지승람』의 편찬 이전, 즉 조선 성종대(1469~1494년) 이전에 창건되었음을 알 수가 있다. 폐찰에 대해서는 1810년대에 당시 현감을 지낸 인물이 부친의 분묘를 사찰 뒤편에 쓴 것을 승려들이 항의하자 절에 불을 질러 폐찰되었다고 전한다. 석장승 2기와 건물터로 보이는 계단상의 평지가 있다.

(14) 해남군

黑石寺址

계곡면 신기리에 자리하는 절터로『東國輿地勝覽』에는 黑石寺가 駕鶴山(현재의 흑석산) 아래에 있다고 되어 있으나, 草衣가 撰한『대둔사지』에는 이미 훼손되었다고 기술하고 있다. 이로 미루어 조선 전기중에 이미 폐사된 것으로 보이며 창건 연대는 알 수 없다. 신기마을에서 흑석산과 두륜봉 사이 계곡 쪽에 채석장이 있고 그곳에서 200~300m 지점에 절터가 있다.

(15) 완도군

法華寺址

완도읍 장좌리에 자리한다. 통일신라 때 청해진을 설치한 장보고가 창건한 것으로 전하나 분명하지 않다. 유물에 의하면 고려시대에서 조선 초기에 걸치는 것으로 추정된다.

海東里寺址

약산면 해동리에 자리한다.

(16) 진도군

臥牛寺址

지산면 와우리 지력산에 자리한다. 『新增東國輿地勝覽』에는 지력산에 舍那寺가 있다고 하였는데 와우사와 같은 것인지는 분명하지 않다. 지력산 정상 가까운 곳에 있으며 사지에는 석축이 남아 있다. 2단으로 나누어져 건물지가 있는데 아래쪽은 200여평, 위쪽은 150여평이다.

上萬寺址

임회면 상만리에 있으며 최근에 지은 萬興寺가 자리한다. 고려시대에 창건되었다고 전하며 오층석탑과 석불이 있고 석축이 부분적으로 남아 있다.

海院寺址

군내면 둔전리 금성초등학교 교정에 위치한다. 1973년 학교 주변 정리시에 초석, 석재, 기와편 등이 출토되었다고 전하며 현재 5층석탑이 남아 있으며 부도석재도 있다.

龍藏寺址
군내면 용장리에 3~4단의 석축으로 마련된 건물터가 있다. 이 건물지가 절터인지 아니면 삼별초군의 행관터인지는 분명하지 않으나 조성 연대는 고려 후기로 추정된다.

竹林寺址
임회면 죽림리에 자리한다. 석축에 의하여 3단으로 나뉘어 건물터가 있으며 주변에 암자터로 보이는 곳이 있다. 이 사지에 있던 목불이 용장사로 옮겨져 모셔지고 있으며 사지 주변에는 청자편과 기와편이 산재한다.

海堰寺址
군내면 둔전리에 있다.

七田里寺址
의신면 칠전리 남산 뒤에 자리한다.

(17) 구례군

華嚴寺龍門庵址
마산면 황전리에 있는 화엄사에서 3.9km 떨어진 연기암에 이르기 전 200m 내외 지점 왼쪽 산사면에 있다. 왼쪽으로 등산객을 위한 편의시설과 야영장이 있는데, 이 야영장에서 다시 200m 내외 지점이다. 3~4군데의 건물지와 축대가 남아 있다. 기와편은 대부분 조선시대의 것이며 조선 후기 백자편이 발견된다.

竹亭里寺址
용방면 죽정리에서 지리산 노고단 쪽에 자리한 계곡 중턱에 자리한다. 중심곽으로 보이는 곳에는 길이 30m, 높이 2m 내외의 석축이 있으며 이를 중심으로 와편과 자기편이 산재하며 조선시대의 부도 1기가 있다.

大田里寺址
광의면 대전리 당동마을에서 1km 내외 동쪽에 자리한다. 사지에는 석조 비로자나불 입상과 공양상 1구씩이 있으며 비로자나불 주변에는 초석도 남아 있다. 불상과 공양상에 의하면 고려시대 초로 추정된다.

論谷里寺址
구례읍 논곡리 탑선마을에 자리한다. 마을 명칭에서도 알 수 있는 바와 같이 3층석탑이 자리하는데, 탑은 구례읍에 속하며 절터로 추정되는 곳은 탑과 개울을 사이에 두고 있는 민가와 그 주변으로 행정구역상 곡성군에 속한다. 60~70m 내외의 석축이 남아 있으며 민가 주민에 의하면 18세기 말을 전후한 시기에 폐찰된 것으로 추정된다.

(18) 곡성군

華藏寺址
죽곡면 당동리 화장산에 자리하며, 높이 0.7m 내외의 석불 좌상이 자리하고 있는데 마멸이 심하다.

觀音寺址
오산면 선세리에 자리하는데 6.25동란시에 소실되었다. 전하는 바로는 316년에 창건되었다고 한다.

天台庵址
목사동면 신기리에 자리하며 1209년 보조국사가 창건하였다고 전한다.

(19) 보성군

鳳岬寺址
문덕면 봉갑리 단양동 마을 해발 608.8m높이의 天鳳山 남쪽 계곡에 있다. 전하는 바로는 마을 전체가 절터였다고 하며, 『新增東國輿地勝覽』과 『梵宇攷』, 『輿地圖書』 등에 봉갑사가 中鳳山에 있다고 기록되어 있을 뿐 창건 시기는 분명하지 않다. 부도의 탑신석, 맷돌, 석조 등의 유물과 초석 등이 마을에 남아 있다.

梧桐寺址
복내면 봉천리 767번지 일대의 밭으로 경작되는 곳에 있다. 봉갑사의 말사였다고 전해지나 문헌기록은 남아 있지 않다. 사지에는 5층석탑과 석주, 석등 부재가 남아 있으며 고려시대의 막새편 등 기와편이 산재한다.

正興寺址
보성읍 봉산리 오서마을 계곡에 자리한다. 무너진 석탑이 남아 있으며 계단식 밭과 논으로 경작되는 곳이 절터였다고 한다. 절의 뒤편 산은 伽倻山, 正興山, 烽火山 등으로 불리며, 이에 가야사라고도 한다. 『新增東國輿地勝覽』에는 가야산에 있다고 하였으며 『梵宇攷』에는 폐찰된 것으로 기록되어 있어 18세기경에 폐찰된 것으로 보인다.

月林寺址
노동면 옥마리 벽옥산 중턱에 위치한다. 5층석탑과 법당이 있으며 초석,

와편이 군데군데 흩어져 있다. 이들 유물에 의하면 조선시대에 존속하였던 사찰로 추정된다.

日林寺址

회천면 회령리 하촌마을 일림산 중턱에 자리한다. 축대, 초석, 석조와 부도 지대석, 석등 지대석 등이 남아 있다.

金華寺址

겸백면 사곡리 초암마을 뒤 금화산 정상 부분에 자리한다. 백제 때 창건되었다가 절에 빈대가 많아서 폐찰되었다고 전한다. 뒤편에 마애여래좌상이 조각되어 있다.

夕陽寺址

문덕면 용암리 교촌마을 동남쪽 망일봉 중턱에 자리한다.

澄光寺址

벌교읍 징광리 징광마을에 자리하며 尊帝山 동쪽 계곡 일대에 해당된다. 초석과 장대석이 있는 건물지가 확인되며 비석의 귀부와 이수, 석등 부재, 자기편 등이 산재한다. 창건에 관한 문헌기록은 남아 있지 않으며 다만 신라 법흥왕대에 창건되었다는 기록과 徹鑑國師 道允(798~868년)이 창건하였다는 늦은 시기의 기록이 있다. 통일신라시대의 작품으로 추정되는 불상이 출토되었다고도 하는데 확인되지 않으며, 비석편 등에 의하면 고려시대 전반기를 전후한 시기까지 소급할 수 있다. 조선시대에 들어 15세기 중엽 대가람으로 중창되었으며, 정유재란으로 불탄 이후에도 중창이 이루어졌으나 19세기 말에 폐찰되었다.

(20) 고흥군

中興寺址

포두면 상포리에 자리하며 『輿地圖書』에 사찰의 이름이 보인다. 운람산 중턱의 두원면 운대리에 있는 수도암이 원래 중흥사의 암자였는데 중흥사는 폐허가 되고 수도암으로 옮겨갔다고 한다.

佛臺寺址

고흥읍 등암리 등암마을 뒤 조계산 기슭에 자리한다. 현재 남아 있지는 않으나 조계산 修禪寺의 제5세 慈眞國師 圓悟(1215~1286)의 비가 있어 일찍부터 알려진 곳이다. 이 사지는 불대사 또는 불개사로 나타난다. 『新增東國輿地勝覽』에는 '佛盖寺在八顚山有高麗李嵤培禪釋圓悟碑'라 하였다. 이와는 달리 『조선금석총람』이나 『조선불교통사』에는 불대사에 원오의 비가 있는 것으로 기록되어 있다. 『東國輿地誌』나 『輿地圖書』에는 불대사가 조계산에 있다고 기록되어 있으며, 『梵宇攷』에는 불개사는 팔전산에 있고 불대사는 조계산에 있는 것으로 기록되어 있다. 이러한 기록에 의하면 불개사와 불대사는 별개의 사찰인 것처럼 보이며 원오의 비는 『신증동국여지승람』과 『범우고』에는 불개사에, 『동국여지』에는 조계산의 불대사에 있는 것으로 기록되어 있다. 이러한 차이에 대하여 『동국여지』의 기록을 보다 신빙성 있는 것으로 파악하는 견해가 있다. 이에 따르면 팔전산에서 불개사지의 유적을 확인할 수가 없는 것과 달리 조계산에서는 불대사지로 전하는 유적이 확인된다는 점을 들고 있다. 그리고 원오가 조계산 수선사에 주석하다가 불대사에서 입적한 것으로 미루어 조계산에 있는 불대사에 원오의 비가 있을 가능성이 큰 것으로 파악하고 있다.[1]

---

1) 성춘경·이계표, 『고흥군의 문화유적--불교유적』, 목포대학교 박물관·전라남도 고

밭으로 경작되고 있으며 기와편과 백자편이 산재한다. 사지로 파악되는 곳은 석축에 의하여 3단을 이루고 있다. 하단은 길이 150여m, 중단은 25m에 20m, 상단은 40m에 15m 내외의 넓이이다.

新虎里寺址

도하면 신호리 1509번지 일대, 신호리 원산마을 남서쪽에 있는 신호저수지 제방 아래에 자리한다. 전하는 바로는 백제 때 '한자사'라는 사찰이 있었다고 하나 확인되지 않는다. 높이 6m 내외의 석주가 남아 있는데 당간, 석탑 등으로 인식되기도 하며 주민들은 탑으로 인식하고 있다. 와편과 분청사기편 등이 수습된다.

서당골사지

동강면 한천리 신촌마을의 절골 또는 절굴, 서당굴로 불리는 곳에 자리한다. 석축에 의하여 상하 2단으로 구획되는데 하단은 200여평, 상단은 150여평 내외의 크기이다.

3) 전라북도

(1) 전주시

中老松洞寺址
완산구 중노송동 산1번지에 있으며 지금은 기린사가 자리하고 있다.

黑石寺址
완산구 서서학동 흑석골에 자리한다.『동국여지승람』과『여지도서』에는

홍군, 1991, 193~194쪽.

흑석사가 고덕산에 있다고 기록되어 있다. 흑석골에는 규모가 크지 않은 절터가 곳곳에 자리하고 있으며 이 중에 흑석사지가 있을 것으로 추정되나 분명한 위치는 알 수 없다. 다만 흑석골 일대 산기슭에는 기와편이 산재하고 건물의 遺構로 추정되는 곳이 자리한다.

北固寺址

덕진구 진북동 977번지에 있으며 원래는 北固寺라 불려오던 사찰로 진북사가 자리한다. 조선 말에 건립한 듯한 山神閣이 가장 오랜 건물이며 법당은 근래에 건립한 것이다. 여기에는 석불이 봉안되어 있으나 조선 후대의 것으로 보인다. 정면 2칸, 측면 1칸의 납도리집, 팔작지붕 건물이다. 인근 지역에 아파트가 건립되면서 일부 훼손되었다.

(2) 군산시

취산리 사지

임피면 취산리 교동마을 용천산 동편 용천산성에 위치한다.

오성산 사지

성산면 성덕리 오성산 서쪽 사면에 자리하고 있다. 오성산에는 삼국시대의 산성이 있으며 사지 주변에는 백제시대의 고분과 도요지가 자리한다. 사찰의 연혁에 대한 기록은 없으며 삼국시대에 창건되었다고 전하나 유물은 조선시대 이전을 거스르는 것을 찾을 수가 없다.

(3) 익산시

熊浦里寺址

웅포면 웅포리 서방골에서 골짜기를 따라 봉화산으로 100여m 지점에 절터로 전하는 곳이 있는데 절의 흔적이 남아 있지 않다. 절터로 불리는 곳에서 50여m 위쪽에 와편과 조선 자기편 등이 산재하는데 遺構는 확인되지 않는다.

笠店里寺址

웅포면 입점리 산정마을의 선비바위가 있는 뒤편에 위치한다. 약 50여평의 대지를 형성하며 전면에는 대지를 막는 석축이 있고 조선시대의 와편과 토기편이 산재한다.

惺佛寺址

웅포면 고창리 진소마을에서 동쪽으로 3km 내외 지점 숭림산 중턱에 자리한다. 숭림산에는 고려시대에 창건된 것으로 전하는 숭림사가 있어 숭림사와 관련되는 사찰일 가능성이 있으나 분명하지 않다. 50여평의 대지가 있어 절터로 전하는데 유구는 지표에서 확인되지 않는다.

日新寺址

용안면 연동리 연동마을 북방 약 750m 지점에 있으며 넓이는 약 100평 내외이다.

龍頭里寺址(일명 木蓮寺址)

용안면 용두리 용두산 남쪽 중턱에 있다. 70여평의 대지가 형성되어 있으며 고려시대 토기편이 산재한다. 유구는 확인되지 않으며 절터로 불린다.

道新庵址

여산면 제남리 산109-1번지 仙人峰 동쪽 기슭에 있으며 넓이는 150평 내외이다.

道新寺址

여산면 원수리 상양동마을의 북방 약 720m 지점에 있는데 『동국여지승람』에는 도신사는 군인산에 있다고 기록되어 있다.

원수리 사지

여산면 원수리 상양마을에 있는 삼거리에서 우측으로는 도신암으로 가고 좌측 길을 따라 가면 원수리 사지가 있다. 사지는 삼거리에서 500여m 지점에 있으며 석축이 비교적 잘 남아 있다. 주변에는 또다른 절터라고 전하는 대지가 있는데 석축만 남아 있다. 이들 절터로 전하는 대지에는 와편이 산재한다.

上院寺址

금마면 신룡리 동북쪽 약 1.9km 지점의 계곡에 가로 50㎝, 세로 30㎝ 정도의 자연석으로 쌓은 축대가 여러 곳 있으며 초석이 민가의 마당이나 밭에 규칙적으로 놓여 있다. 또한 절에서 사용했다고 전해지는 타원형 맷돌 밑부분이 남아 있는데 지금은 민가가 들어서 있다.

五金寺址

금마면 용순리 오금산에 자리한다. 사지로서의 흔적은 없으나 약 30년 전 약 10㎝ 크기의 금강불상 1점이 출토되었고 지금도 지하 약 1m 정도에서 기와조각이 많이 출토된다. 사지가 있는 오금산은 백제 무왕이 어린 시절 이곳에서 금덩이 다섯 개를 주었다는 전설에 따라 붙여진 이름이며, 『동국여지승람』에는 "무왕이 후에 절을 짓고 오금사라 했다"는 기록이 있다. 이러한 기록을 근거로 백제시대에 창건하였을 것으로 추정하기도 하나 유구나 유물을 확인할 수가 없다.

帝釋寺址

왕궁면 왕궁리 347-1번지에 있으며 금마에서 동남편으로 6km 떨어진 지점에 위치해 있다. 사지는 현재 민가와 논밭으로 변하고 탑지로 추정되는 곳만 남아 있다. 현재 탑지로 추정되는 사방 약 12.5m의 방형토단이 약 1.5m의 높이로 남아 있고, 그 상부와 북동부에 2매로 절단된 心礎石材가 각각 남아 있다. 심초석재는 사방 1.8m, 두께 0.7m, 석재상면 사방 1.25m 정도로 평평하게 치석하여 가공하고 중앙에 사방 0.6m, 깊이 0.18m의 사리공으로 추정되는 구멍이 있다.

· 참고문헌 : 원광대학교 마한백제문화연구소, 『마한·백제문화』 제9집, 1986.

장항동 사지(일명 꽃절)

삼기면 장항동에 있으며 삼기면 소재의 삼거리에서 강경으로 가는 지방도로를 따라 가다가 태봉사가 있는 곳의 맞은편으로 장항동에 이르는 작은 길이 있다. 이 길을 따라 5km 내외 지점에 미륵산 기도원이 있으며 그 맞은편에 위치한다. 100여평의 대지 위에 20여m의 석축이 남아 있다. 고려시대로 추정되는 기와편이 산재한다.

(4) 정읍시

栢山里寺址

신태인읍 백산리의 북쪽 산 남동쪽 평평한 대지에 있다. 사지 내에 다수의 와편과 탑재가 산재하고 있다. 1946년 7월 15일 같은 장소에 작은 암자를 세워 현재에 이르고 있다.

福興里寺址

북면 복흥리 와룡마을에 전체 높이 약 6m의 석탑과 당간지주로 추정되는 것이 있었다 한다. 그러나 탑은 1930년대에 일본인들이 반출하였다고 하며 사지에는 드물게 와편과 조선 자기편이 흩어져 있을 뿐이다.

長文里寺址

고부면 장문리 양지동에 있는 石遇堤 저수지의 산기슭에 있다. 사지 내에 와편이 흩어져 있으며 부근에는 탑의 대석이 남아 있다.

南福里寺址

고부면 남복리의 북방 약 770m 지점 골짜기 깊숙한 곳에 자리하고 있다. 이곳에서 석불의 높이 1.4m의 반신상이 발견되었으며 최근에 지은 인법당 형태의 암자가 자리한다.

圓通庵址

고부면 입석리에 자리한다. 본디 석불좌상이 있어 몸체가 6자, 높이가 4자였으며 1673년(조선 현종 14년)에 석불을 보호하기 위하여 石閣을 세웠다고 한다. 또 석비를 세웠는데 그후 시기를 알 수 없는 때에 불상과 석비가 없어지고 현재는 석각만 남아 있어 속칭 '돌집'이라고 한다.

萬日寺址

고부면 만수리 두승산 선인봉 동북쪽 중턱 산기슭에 자리하고 있다. 속칭 '절안'이라고 불리며 건물지의 석축과 우물터가 남아 있고 와편이 산재한다.

海鼎寺址

고부면 용흥리 해정동마을에 있는 660m 내외 높이의 산중턱에 있다. 고부향교의 서쪽 능선을 넘어 용흥리로 가는 고개 바로 아래 부분에 해당되는 곳으로 석불입상과 3층석탑이 남아 있다. 근래에 지은 양철지붕의 작은 건물이 있어 불상을 모시고 있다.

后地里寺址

영원면 후지리 탑동마을 산기슭에 자리하고 있다. 사찰의 창건 연대에 대한 기록은 없으며 불상과 석탑 부재가 남아 있다.

靈泉寺址

웅동면 상산리(영천리) 영천동에서 동쪽으로 약 1km 지점의 계곡에 있다. 사지 내에 허물어진 돌로 쌓은 담장이 남아 있다.

무성리 사지

칠보면 무성리 349번지 일대. 현재는 논으로 경작되고 있으나 속칭 '탑거리'라 하며 석탑과 석불이 있다. 전하는 바로는 신라시대에 만들어졌다고도 하나 고려시대에 혜덕왕사가 금산사를 짓고 난 다음 남은 부재를 이용하여 창건하였다고 한다. 또 태산현 일대에서 가장 큰 사찰로 신도가 수만명이었다고도 한다. 사지 내에 있는 석불은 미륵불이며 불공을 드리면 미륵을 닮은 아이를 낳는다고 한다. 석불을 중심으로 인법당을 조성하고 미륵암이라 칭하고 있다.

雲住寺址(또는 龍藏寺址)

산내면 매죽리 운주산 중턱에 자리하고 있으며 본디는 용장사이다. 『신증동국여지승람』에는 용장사로 기록되어 있으나 정조 때의 『泰仁邑誌』에는 운주사로 명칭이 바뀌었다. 사찰 주변에는 굴이 있어 스님들의 수도처로 알려져 있다. 시기를 알 수 없으나 폐찰된 상태이며 건물의 흔적은 분명하지 않으나 주변에 와편 등이 산재한다.

象頭寺址

산외면 상두리에 자리하는데 창건 연대는 알 수 없으나 사지에는 조선시대에 만들어진 것으로 추정되는 당간지주가 남아 있다. 또 당간지주 주변에는 법당으로 추정되는 건물터가 있으며 이에 의하면 사찰은 동서로 자리했던 것으로 추정된다.

靈源寺址

장명동 구룡동 구량마을 뒤편에 자리한다. 창건 연대는 분명하지 않으나『신증동국여지승람』에는 칠보산에 영원사가 있다는 기록이 있다. 이로 미루어 조선 초기에 있었던 사찰임을 알 수가 있다. 절터에는 석조가 있으며 절터 아래쪽에는 대좌석도 있다.

泉谷寺址

농소동 망제 산15번지에 자리한다. 사지에 대한 기록은 없으며 석불과 보물 제309호로 지정된 석탑, 전북도 유형문화재 제118호로 지정된 석불 그리고 석등이 남아 있다.

二祖庵址

과교동 신정마을에 속하며 과교동 서당촌 마을에서 남쪽 계곡을 따라 牛峙(속칭 소죽음재) 아래 내장산의 연지봉 북쪽 골짜기를 속칭 '이조암골'이라고 한다. 이 이조암골에 있는 암자터로 창건 연대와 연혁은 분명하지 않다. 1870년 기록에 이조암이라는 명칭이 있다. 사찰은 없어지고 건물 터가 남아 있으며 주변에는 와편이 산재한다.

碧蓮寺址

내장동 서래봉 중턱 해발 330m 내외 되는 곳에 자리하고 있다. 내장사와 같이 백제시대에 창건되었다고 전하며『신증동국여지승람』에 의하면 백련사가 있었던 곳이다. 1925년 백학명 선사가 중창하였는데 1951년에 소실되었다.

月照庵址

내장사 일주문 밖 도로 북쪽에 있는 암자로 1096년 고려 숙종 원년에 幸安선사가 창건한, 비구니들의 수도를 위한 암자였다고 전한다. 조선시대에는 순조 때 비구니 文性이 중창하였고 1925년 중수하였는데 1951년 불탔다.

淨齋庵址

내장사 일주문에서 벽련암으로 가는 길을 따라 가다가 동쪽으로 갈려 들어간 곳에 위치한다. 945년(고려 헌종 2년) 智谷대사가 창건하였다고 전한다. 비구니의 수도 암자였으며 1951년에 불타 없어졌다. 현재는 우물터와 그 주변을 중심으로 와편이 산재한다.

佛出庵址

내장산 불출봉 정상에서 남쪽으로 30여m 내려온 곳에 있는데 바위그늘에 마련되었다. 975년(고려 광종 26년) 河月선사가 창건한 것으로 전한다. 1951년 불타 없어졌는데 암굴의 벽면에는 10개의 작은 감실이 있다. 감실은 바닥에서 2m 내외 높이의 암벽을 파서 만든 것으로 폭 36cm 높이 48cm 내외의 크기로 터널 형태이다. 이 감실에는 16나한상을 모시려 하였는데 물이 나는 바람에 별도로 나한전을 세웠다고 전한다.

靈隱寺址

내장사 대웅전의 북쪽에 위치하며 1562년 九峯선사가 창건하였다고 전한다. 비구니의 수도 암자로 1888년(고종 25년) 화재로 소실된 것을 1896년에 중건하였는데 1951년 다시 불타 없어졌다. 1957년에 金波스님이 香積院을 세웠다.

圓寂庵址

내장산 불출봉 중턱에 자리하고 있는데 1087년(고려 선종 4년) 寂庵대사가 창건하였다고 한다. 전하는 바로는 인도에서 전해진 상아(또는 옥)로 만든 열반상이 있어 유명했다고 한다. 1951년 불탄 것을 1961년 法明스님이 작은 암자로 복원하였다.

金仙庵址

내장사에서 신선봉으로 길을 따라가다가 용굴암에 이르기 전 150여m 내외 서쪽 산기슭에 자리한다. 기와편 등이 산재해 있다.

龍窟庵址

내장사에서 신선봉으로 골짜기를 따라가다가 북쪽 산에 자리한다. 산은 매우 급한 경사를 보이는데 최근에 철제 계단을 놓았다. 창건 연대는 분명하지 않으며 임진왜란 때 경기전에 있던 태조의 어용을 이곳에 보관하였다고 한다.

(5) 김제시

龍虎寺址

성덕면 대목리에 자리하고 있으며 백제시대의 절터로 알려져 있으나 문헌에서는 절의 이름이 확인되지 않는다. 다만 구전으로 절터로 전해져오고 기와편 등이 산재해 있었는데 비닐하우스를 설치하던 중 판불상이 출토되어 절이 있었음을 확인하게 되었다.

蘭瓦寺址

성덕면 석동리 성덕초등학교에서 동남쪽으로 100여m 지점 산기슭에 자리하고 있는 절터로 전하는 바로는 삼국시대 절이 있었다고 한다. 유구는 분명하지 않으며 절터로 전해지는 곳에 샘이 있고 주변에 기와와 토기편이 산재한다.

(6) 남원시

龍潭寺址

주천면 용담리 228번지에 자리한다. 신라 51대 진성여왕 때 道詵國師가 창건하였으나 선조 25년(1592) 임진왜란시 목조건물은 모두 소실되었다고 전한다. 현재 소규모 법당이 있는데 1910년에 신축하였다 한다. 사지 내에는 고려시대 작품으로 추정되는 석불입상(보물 제42호)과 석등, 칠층석탑(지방유형문화재 제11호)이 있다.

波根寺址

주천면 덕치리 지리산 정령치에 오르는 산기슭에 자리한다. 석등의 중대석이 주변에 흩어져 있으며 건물 흔적이 남아 있다. 또 기와편이 다량으로 산재하는데 사찰의 연혁은 알 수 없고 석등 양식에 의하여 통일신라시대로 추정된다. 정유재란시에 의병장 趙慶南이 의병을 훈련한 곳이라는 설이 있다.

水晶寺址

송동면 세전리에서 남원 시내로 가는 도로를 따라 오른쪽에 있는 낮은 야산에 석불이 자리하고 있으며 이 불상이 있는 맞은편 야산 기슭에 기와편 등이 산재해 있다. 고려시대에 세워진 사찰이었는데 정유재란 때에 불타버렸다고 한다. 현재는 밭으로 경작되고 있으며 건물의 흔적은 찾을 수가 없다.

서재마을 빈대절터

금지면 입암리 서재마을에서 문덕봉으로 가는 산길을 따라 400여m 지점에 있는 절터로 250평 내외의 크기이다. 절터로 추정되는 구역의 동쪽에는

3m 내외 높이의 석축이 있으며 이 석축은 약 10m 내외가 남아 있다. 기와 편과 토기편에 의하여 조선시대 이전 시기의 절터로 추정된다.

新興寺址

보절면 신파리에 자리하고 있는데 사지의 연혁은 알 수가 없으며 단지 백제시대의 사지였다고 전해진다. 건물터도 분명하지 않으며 와편과 두 동 강이 난 석불입상이 남아 있다. 석불은 앞부분의 마멸이 심하여 무덤에 세 워지는 문인석이나 무인석과 구별이 어려우나 주민들은 '미륵님'으로 인식 하고 있다.

勝蓮寺址

산동면 식련리 만행산에 있던 절로 본디 이름은 금강사였으며 弘慧國師 등 고승을 배출하였다고 한다. 홍혜국사의 제자 拙庵이 주지가 되어 1325년 부터 1361년 사이에 사찰 규모를 확장하였다. 사찰 규모를 넓힌 다음 사찰 이름을 승련사라 하였다고 한다. 현재 사찰은 남아 있지 않으며 기와편과 건물터로 추정되는 곳이 있다.

歸政寺址

산동면 大上里 1042에 자리하는데 신라 법흥왕 때 현오국사가 3일 만에 득도하였다고 하여 건립하였다고 전한다. 경덕왕 22년(763)에 김대성이 중수 하였다고 하며, 임진왜란 때 불탔던 것을 순조 3년(1803)에 재건했으며 6.25 때 전소되었으나 1956년 다시 건립하였다.

科笠里寺址

이백면 과립리 520-1. 석불입상이 있는 절터로 통일신라시대에 창건된 절 이 있었는데 임진왜란시에 불탔다고 한다. 석불이 있는 주변 민가 담장이나 마당에는 주초석과 기단 석재가 산재한다.

陽街里寺址

이백면 양가리 여원치 정상 부분에 위치한다. 높이 2m의 여원치 磨崖如來立像이 조각되어 있어 이로 인해 암자를 해방 후에 창건하였으나 6.25동란시 소실되어 현재 기단 일부와 주초석 2기가 남아 있다. 마애여래상은 좌측 손과 몸의 부분들이 많이 마멸되었으나 커다란 귀와 목의 三道는 뚜렷하다.

(7) 완주군

觀音寺址

봉동읍 제내리 산42번지에 자리한다. 동서 36m, 남북 48m의 돌로 두른 담장이 남아 있다. 인근 마을 민가에 팔각형 주춧돌이 옮겨져 보관중에 있고 밭으로 경작되고 있다.

明德里寺址

소양면 명덕리 조몰리 마을에서 池里저수지를 지나면 북쪽으로 해발 147.8m 높이의 산에서 흘러내린 남쪽 기슭을 여우골이라고 부른다. 이 여우골 아래에 기와편과 조선시대의 자기편이 산재하고 있으며 이곳에 절이 있었다고 전한다.

海月里寺址

소양면 해월리 1번지에 500여년 전에 창건되었던 절이 있었다고 전한다. 지금은 1956년에 세운 원등사가 자리하고 있다.

圓巖寺址

소양면 해월리 청량산에 있는 遠燈寺 아래 70여m 지점에 자리한다. 폐사와 창건 시기가 분명하지 않으나 조선시대 영조대를 전후한 시기에 폐찰된 것으로 추정된다. 석축이 남아 있으며 직경 50㎝ 내외의 석조가 남아 있다.

普光寺址

구이면 평촌리 상보마을에 자리한다. 李穀의 『稼亭集』에 의하면 백제시대에 창건되었다고 한다. 고려 때 高龍鳳이 1343년에 중창하였다고 한다. 상보마을 입구 길가 주위에 많은 와편이 있으며 연화좌대와 석등대좌가 전해진다.

景福寺址

구이면 광곡리 화원에 자리한다. 650년 고구려 승려 보덕화상이 고구려 보장왕이 도교를 숭상하고 불교를 소홀히 하자 남으로 내려와 세운 사찰 중의 하나로 추정하고 있다. 『삼국유사』 普德移庵 조에는 "乃以神力飛方丈. 南移于完山州(今全州也) 孤大山而居焉. 卽永徽元年庚戌六月也... 今景福寺有飛來方丈是也云云" 하는 기록이 있다. 즉 경복사는 보덕이 남으로 내려온 곳에 세운 절이라 하며 그 시기는 650년(다른 기록에 의하면 667년)이라고 한다. 또 『삼국유사』가 편찬될 당시에는 절로 남아 있었음을 알 수 있다. 1976년 전북대학교 박물관에서 '高德山景福寺 萬曆四十?' 銘이 있는 기와편을 수습하였다. 고덕산 중턱에 위치하고 있는데 주변 산기슭과 골짜기에는 20여 곳의 건물터가 자리한다. 이들 사지에는 고려시대와 조선시대의 와편과 자기편이 산재하며 석축과 초석들이 있다.

長波寺址

구이면 장파리에 자리한다. 창건과 폐사 시기에 대한 기록이 없으며 다만 큰 사찰로 승려가 100여명 있었다고 전한다. 밭으로 경작되고 있으며 와편 등은 드물게 남아 있다. 밭 가운데에 초석으로 여겨지는 돌이 있으며 축대가 남아 있는데 경작으로 인하여 파괴가 진행되어 현재는 거의 남아 있지 않다.

鳳林寺址

고산면 삼기리 삼기초등학교의 뒷산 동쪽으로 100여m 지점에 있는 사지로 봉림사가 있었다고 전한다. 창건과 폐찰 연대는 분명하지 않으며 석등, 석탑, 불상 등이 남아 있었는데, 석탑은 일제시에 반출되었고 석등은 현재 군산시 개정면 발산리에 자리하고 있다. 불상은 전북대학교 박물관으로 옮겨져 있다.

雲門寺址

고산면 소향리 대아저수지로 가는 길을 따라 새재를 넘기 전 신장리의 북쪽 봉수대산의 골짜기를 따라 6~7km 지점에 있다. 신라시대에 창건되고 고려시대에 크게 번창하였다고 전하며 6.25동란시에 완전히 불탔다고 한다. 초석과 석축이 남아 있다.

金塘寺址

운주면 금당리 산85번지에 자리한다. 초석과 돌담장, 기와편이 곳곳에 있다. 금당사 승려들이 너무 난잡하여 어느 성인이 폐사시키려는 의도로 용계재를 호미로 길을 닦으면 절이 크게 번창한다고 속여 모두 절을 비우게 한 다음 불태웠다는 전설이 있다.

(8) 무주군

淸凉寺址

설천면 청량리 진평마을에서 3km 내외 지점에 있는 절골에 자리한다. 축대가 남아 있으며 축대 사이에 건물지로 보이는 곳이 있다. 절터에는 창건 연대를 알 수가 없는 普光寺가 자리하고 있었는데 보광사도 1970년 말에 폐찰되었다.

九川洞寺址

설천면 삼공리 산107번지 印月潭 중턱에 자리하고 있다. 신라 인월화상이 인월사를 창건한 곳이라고 한다. 이 자리는 풍수지리설에 의하면 제비집 형이라고 하며 사지 아래에는 인월암이라고 하는 작은 암자가 있다.

白雲庵址

안성읍 덕산리 덕곡마을에서 계곡을 따라 2km 내외 지점에 위치하고 있다. 건물지로 보이는 곳에는 초석이 남아 있으며 돌이 쌓여 있는 곳도 있다. 건물지 아래로는 계단상의 석축이 있으며 석축 아래로는 가로 35m, 세로 10m 내외의 비교적 넓은 대지가 있고 대지에는 기와편이 산재한다. 기와편에 의하면 조선시대의 암자로 추정된다.

天德庵址

안성읍 덕산리 덕곡마을에서 2.2km 내외 지점에 위치하며 남덕유산에 오르는 등산로에 자리한다. 해발 높이 800여m이며 초석들이 남아 있다. 초석들이 있는 아래로는 석축이 남아 있으며 이 석축의 중앙에는 계단지로 보이는 곳이 있다.

黑龍寺址

안성읍 금평리 두문 산2번지 흑룡산 기슭에 자리한다. 200여평의 사지가 남아 있는데 금탑이 있었다고 전해지는 탑지(사방 7자 내외)와 연못지가 있으며 초석과 와편이 산재한다. 이 흑룡사지는 정사각형 모양이나 최근 그 자리에 건물이 세워져 본래의 모습을 알 수 없다.

(8) 진안군

丹陽里寺址
진안읍 단양리(역촌동)에 있으며 밭으로 경작되고 있는데 사기와 기와 조각이 출토되었다.

內後寺洞寺址
진안읍 연장리 부곡마을 입구에서 400여m 내외 지점 농로 옆에 자리한다. 밭으로 개간되었는데 밭을 경작하는 과정에서 많은 기와편이 출토되었다. 연혁은 알 수 없으며 전라북도 유형문화재 제10호로 지정된 운산리 삼층석탑은 이곳에서 1938년에 옮겨간 것이다.

玉渠里寺址
용담면 옥거리에 있으며 무너진 석축이 남아 있고 기와와 자기 파편이 밭 가운데에 흩어져 있다.

壽川里寺址
용담면 수천리에 있으며 조선 중엽에 절이 있었다고 하나 지금은 그 흔적이 없고 샘만이 남아 있다.

檜寺洞寺址
상전면 주평리 회사마을 입구에서 마을 뒤편으로 300여m 지점에 자리한다. 3층석탑만 남아 있으며 주변에는 초석과 기와편 등이 산재한다.

中吉里 寺址
성수면 중길리(달길리)에 있으며 밭으로 경작되고 있는데 주초석과 사기

및 기와조각이 출토되고 돌담이 남아 있다.

道通里寺址
성수면 도통리의 폐광이 있는 산 중턱에 있다. 돌담과 와편이 산재하고 있으며 주위 면적은 약 200평이다.

도통리 지곡마을사지
성수면 도통리 지곡마을 뒤편 산기슭에 위치한다. 현재는 밭으로 경작되고 사기와 기와조각이 출토된다.

龍浦里寺址
성수면 용포리 반용동에 자리한다. 고려 말에 어느 승려가 이곳에 盤龍寺를 지었는데 조선시대에 불교 탄압으로 없어졌다고 한다. 지금은 隱禪庵이 있는데 정면 3칸, 측면 2칸의 팔작지붕 건물인 법당과 요사 2채, 종각 1채가 있다.

穴巖寺址
마령면 동촌리 금당마을 고금당에 자리한다. 『동국여지승람』 마이산의 불우조에 기록되어 있으며 현재 금당사가 들어서 있는 곳에 '고금당'이라 부르는 곳이 있다. 천연동굴로 내부 공간이 넓고 남쪽으로 입구가 있다. 이 동굴을 중심으로 사찰이 자리한 것으로 추정된다.

多羅尼寺址
마령면 강정리 월운마을 다라니골에 자리한다. 전하는 바로는 이성계의 큰아들 芳雨가 조선 건국을 앞두고 부친이 고려를 없애는 것을 못마땅하게 여겨 잠적하여 은신한 곳이라 전한다. 연혁은 알 수가 없으나 사지로 전하는 곳에는 굴이 있으며 이 굴을 '태자굴'이라고 한다.

溪西里寺址

마령면 계서리에 자리한다. 사지라고 전해지는 곳은 밭과 뽕나무밭으로 경작되는데 초석과 고려자기, 분청사기가 출토되고 있다. 사지에서 1932년에 길이 1.3m의 자연석에 조각한 불두상이 발견되어 지금도 이 마을에 유존하고 있으며, 1955년경에는 손바닥 크기의 금강불상이 1점 출토되었다고 한다. 전체 면적은 약 750평 내외이다.

元斗南寺址(또는 黔丹寺址)

부귀면 원두남마을의 오른쪽 산 중턱에 있는 암벽 아래에 자리한다. 현재 암벽 아래에는 칠성암과 그에 따른 요사채가 있는데 현재의 칠성암 마당이 있는 곳이 검단사지의 법당이 있던 곳이라 전한다. 초석으로 추정되는 할석들이 있으며 와편이 산재한다. 이 사지 뒤편에 있는 암벽 위에도 작은 건물터가 있어 사지로 전한다.

晶水庵址

부귀면 궁항리 정수암마을에 있다. 사찰 명칭과 연혁은 분명하지 않으나 晶水庵이라고도 하고 內院庵이라고도 한다. 1950년 6.25동란시 불타 없어졌으며 논으로 경작되던 곳인데 지금은 경작이 중지된 상태이다. 산길을 중심으로 축대가 있고 와편이 산재한다.

鳳鶴里寺址

정천면 봉학리 산기슭에 자리한다. 임야로 돌담이 남아 있고 사기편과 기와조각이 출토된다.

雲峰里寺址

주천면 운봉리(상양명동) 185번지에 있다. 석축이 남아 있고 기와조각 등이 출토되어 옛날 절터라고 하는데, 약 50년 전 채동근이라는 승려가 이곳에 천황암을 짓고 천황사에 부속되었으나 지금은 독립 암자가 되었다. 법당은 4칸 함석집이고 칠성각 또한 1칸 함석집이다.

安定洞寺址

주천면 운봉리 안정동 다래골 또는 부치막골이라는 골짜기 입구 북쪽 기슭에 자리하는 절터이다. 본디 천황사가 있던 곳인데 무주 사람이 절 뒤에 묘를 쓰게 되어 절이 망하게 되었다고 한다.

中山里寺址

주천면 대불리 중산마을 절터골. 운장산 제2봉인 복두봉 밑에 있는 절터이나 사찰의 명칭이나 연혁은 분명하지 않다. 주변에 돌담이 있던 흔적이 일부 남아 있으며 기와편이 산재한다.

(9) 장수군

龍溪里寺址

장수읍 용계리 聖壽山 밑에 있으며 우물터가 한 곳 있다.

大成里寺址

장수읍 대성리 금평마을에 자리한다. 원수봉 밑에 벽해절터라는 寺址와 無名寺址가 있는데 잡목과 수풀이 우거져 있고 사지의 유무를 확인할 수 없을 정도이다.

元興寺址

산서면 마하리 원흥마을과 평촌마을 중간지점에 위치하며 현 원흥사 경내에 해당된다. 원래 元興寺는 이 사지에 있던 석불입상을 보호하기 위해

움막을 지은 것이 연유가 되어 오늘에 이르고 있다. 현재 원홍사에는 석불 입상이 모셔진 정면 5칸 측면 3칸 팔작지붕으로 된 법당과 정면 2칸 측면 1칸으로 된 하나의 건물에 산신각과 칠성각으로 쓰이는 건물이 있다. 이외에도 최근에 세운 종각과 요사채 및 최근에 만든 것으로 보이는 다양한 종류의 석조물 등이 있다. 이 원홍사는 고려 중엽에 창건되었으나 조선 전기에 폐사된 것을 고종 21년(1904)에 석불입상을 보호하기 위해 다시 사찰을 세워 원홍사라 하여 지금에 이르고 있다.

月岡里寺址

장계면 월강리. 장계면과 계북면의 경계를 이루는 깃대봉 정상에서 서쪽으로 흘러내린 8부 능선상에 자리하고 있다. 도장골마을 사람들은 이 지역을 '절터골'이라 부르고 있다.

南陽里寺址

천천면 남양리. 진안과 장수군의 경계를 이루는 해발 1059m 성수산 정상에서 동쪽으로 뻗어내린 8부능선상에 위치하고 있다. 이 지역은 정상에서 동쪽으로 두 개의 능선이 흘러내리면서 중간 부분에 비교적 완만한 계곡을 이루고 있다. 절터를 '수화사지' 또는 '수와절'이라 부르고 있으며, 현재 붕괴된 석축과 가공하지 않은 초석 및 구들 시설 등의 건물지 흔적만 남아 있다. 백자편과 옹기편, 두꺼운 기와편 등이 있어 조선시대 말에 세워진 사찰로 보인다.

三顧里寺址

천천면 삼고리에 위치하며 남양리 사지에서 북쪽으로 약 500m 정도 떨어진 8부능선상에 있다.『문화유적총람』에는 이 일대에서 와편과 돌절구 1개가 출토되었다고 한다.

(10) 임실군

二道里寺址

임실읍 이도리 수정마을에 위치한 절터로 설립 연대와 경위는 미상이다. 현재 이 절터에는 민가와 雲水寺가 자리하고 있다. 운수사는 전 주지 법진 스님이 1기의 석불만 남아 있던 절터에 법당을 건립함으로써 사찰로서 기능을 재개한 것으로 보인다. 이도리 사지에 자리한 운수사는 법당, 석등, 탑, 요사채 등이 건립되어 있다. 운수사 입구 정면에 위치한 요사는 남동향의 정면 4칸, 측면 1칸의 시멘트 건물로서 입구 쪽 1칸에 미륵불상이 모셔져 있을 뿐 나머지 3칸은 창고로 사용되고 있다. 이 요사채 북편 뒤에 위치한 법당은 정면 3칸, 측면 3칸의 맞배지붕 건물이다. 이 법당은 현재 단청을 하고 있으며, 동벽에 성중탱화가 걸려 있다. 한편 법당의 동편과 남편에는 각각 스님이 거처하는 요사채와 석등, 탑 등이 자리하고 있는데 이것들은 모두 근래에 건립된 것으로 보인다.

杜谷里寺址

임실읍 두곡리에 있는 두곡제 북편 끝에서 서쪽 계곡을 따라 약 300m 정도 올라가면 소류지가 나오는데, 이 소류지 뒤편에 자리하고 있는 용요산 정상을 향해 다시 200m 남짓 오르면 소로 좌측편에 위치한다. 사지는 동쪽을 향하여 있고, 사지의 좌우에는 용요산 정상에서 발원한 계곡물이 흐르고 있다.

현재 이 절터에는 3단의 석축이 잔존하는데, 거의 파괴된 상태이고 잡목이 수북히 우거져 있다. 가장 하단의 석축은 140㎝ 높이로서 6단 정도가 남아 있으며, 석축의 남북 중앙부에는 95㎝ 폭의 절로 들어가는 입구가 허물어진 채 잔존하고 있다. 석축을 기반으로 한 건물지의 규모는 남북 13m 동서 7m 내외 정도이다. 하단의 바로 윗부분에 자리하고 있는 건물지는 남북

20m, 동서 8m 규모로서 역시 석축이 일부 잔존하고 있다. 한편 가장 상단 건물지는 6단 1m 높이의 석축을 기반으로 하여 그 위에 자리하고 있는데, 그 규모는 남북 8m, 동서 5m 정도이다. 이 사지에는 소량의 와편이 산재되어 있으며, 남쪽으로 인접한 곳에는 자연암반을 이용한 우물터가 자리하고 있다.

斗福里寺址

청웅면 두복리에는 3개소의 절터가 있다. 그 중 한 곳은 두복리 절안마을 내의 맨 서편에 있는 권봉조씨댁 건물터와 서편의 대나무밭, 그리고 이에 인접해 있는 밭에 위치한다. 두복리 사지의 전면에는 작은 내가 흐르며 뒤편에는 백련산이 펼쳐져 있다. 현재 이 절터의 동편에는 민가가 들어서 있고 서편에는 밭이 조성되어 있는데, 밭의 규모는 동서 55m, 남북 60m 정도이다. 이 밭에는 높이 75cm, 지름 120cm 되는 2기의 대형 초석이 확인되는데, 사람들에 의하면 밭으로 경작하기 이전에는 10여기 이상의 초석이 있었다고 한다. 또한 동리 사람들에 의하면 이곳은 법당지였다고 하는데, 건물지의 면적이 넓고 대형 초석이 자리하고 있는 점 등이 이를 뒷받침한다고 본다. 한편 이 건물지 주변에는 부채꼴과 무문의 경질계 와편이 다량 산재되어 있고 백자편도 상당수 분포하고 있어 이 사찰의 폐사 시기는 조선시대로 추측된다.

다른 절터는 위에서 살펴본 두복리 사지의 법당터 바로 아래에 위치한다. 이 건물지는 동서 25m, 남북 30m 정도 크기로서 현재는 밭으로 경작되고 있다. 이 건물지에는 초석 및 초반석으로 추정되는 석재들이 파손된 채 방치되어 있다. 또한 동리 주민들에 의하면 약 10여년 전에 이곳에서 자그마한 돌부처가 출토되었다고 한다.

또다른 하나는 첫번째로 살펴본 절터에서 북서편으로 약 400m 지점에 위치한다. 이 사지는 현재 2단의 밭으로 경작되고 있는데, 하단은 동서 40m, 남북 30m이고 상단은 동서 25m, 남북 30m 정도이다. 이 사지의 남편과 서편은 거의 파괴된 상태의 석축이 부분적으로 잔존하며, 사지 내에도 석축이나 건물의 부재들이 돌무지를 이루고 있다. 동리 사람들에 의하면 이 사지는 극락전 터라고도 하며 스님을 화장한 곳이라고도 한다. 한편 이 사지 주변에는 와편 및 사기편이 산재되어 있다.

立石里寺址

운암면 입석리 산42·43번지에 자리한다. 전하는 바로는 입석리에는 옛부터 갈궁절과 탑성절이 있었다고 한다. 갈궁절은 탑성절에서 서편으로 약 500m 거리에 있는 최관술씨댁 뒷산 정상부에 위치하였다고 하는데 현재는 흔적조차 찾을 수 없다. 탑성절은 입석리 어리동마을에서 서편으로 난 옥정순환도로를 따라 약 1.5km 지점에 잿말과 구암마을로 갈라지는 삼거리가 나오는데, 여기에서 순환도로를 따라 다시 1.5km 정도 가다 보면 도로 좌측편에 위치하고 있다. 파괴된 석재들이 방치되어 있다. 잔존하는 석축으로 볼 때 3단 이상으로 건물지가 있었던 것으로 보이며, 이 중 가장 상단은 법당지로 추정된다. 추정 법당지는 남서향을 하고 있고 잔존 기단석으로 볼 때 규모는 동서 20m, 남북 15m 정도로 파악되며 45cm×50cm, 135cm×70cm 크기의 초석들이 10여기 남아 있다. 그리고 이 건물지의 가장 서편 중앙에는 폭 1m 내외의 계단지가 파괴된 상태로 잔존하며, 건물지의 남편에는 자그마한 할석들로 쌓아올린 석단이 무너져 있다. 또한 석단에 인접해서 120cm×42cm 크기의 연화문이 새겨진 가공석재가 방치되어 있는데, 탑부재로 추정된다. 한편 사지 내에는 모골흔과 어골문이 시문된 다량의 와편이 산재되어 있다.

龍岩里寺址

신평면 용암리 용암마을에서 운암면 학암리로 가는 도로를 따라 약 2km 남짓 가면 신평면과 운암면의 경계를 이루는 북창교가 놓여 있으며, 다리 못 미쳐 우측에는 축사가 자리하고 있다. 축사 뒤편에 있는 산 중턱에서 서편을 향해 돌면 협곡이 나오는데 협곡에 바로 인접한 곳에 위치한다. 현재 이 사지는 2단의 평탄한 밭으로 조성되어 있을 뿐 아무런 흔적도 남아 있지 않다.

枉訪里寺址

성수면 왕방리 불당곡에 자리하며, 왕방리 원증이마을에서 대판이마을 쪽으로 난 도로를 따라 약 1.5km 지점에 위치한다. 사지는 현재 염소를 키우는 목장으로 조성되어 있으며 좌측편에는 계곡이 자리하고 있어 물이 흐른다. 이곳은 3단으로 되어 있는데, 전체 규모는 약 1,000평 정도이며 각 단이 비교적 평탄한 대지로 조성되어 있어 원 사찰도 현재의 지형에서 크게 벗어나지 않은 것으로 보인다.

三吉里寺址

신덕면 삼길리 방길마을에서 북서편으로 뚫린 농로를 따라 약 1.5km 지점에 위치하며 구절이라고 부르는 곳이다. 이 절의 창건 연대 및 규모는 알려진 바 없고 다만 동리 사람들에 의하면 6.25 때 화재로 소실되었다고 한다. 절터 입구에는 대나무밭이 무성하게 자라고 있고 절터 좌우측에는 계곡이 흐르고 있으며 뒤로는 거대한 암벽이 자리하고 있다. 현재 이 절터에는 법당으로 추정되는 건물지와 남편과 서편에 석축 일부가 남아 있으며 잡목이 무성하게 자라고 있다. 잔존하는 석축으로 보면 절터의 규모는 남북 100m, 동서 50m 정도로 파악되며, 주변에 산재하고 있는 와편과 자기편에서 조선시대 이전의 것은 발견되지 않는다.

德溪里寺址

삼계면 덕계리 사곡에 자리하고 있으며 주초석과 와편이 잔존하고 있다.

白蓮寺址
강진면 백련리 상강진 375번지에 있는 절터로 백제시대에 백련암이 있었다고 한다. 현재는 1910년에 신축한 백련사가 있다.

星座庵址
강진면 방현리 이윤마을에 자리하며 청웅면과 강진면 경계지에 해당된다. 창건 연대는 알 수 없으나 진목이라는 대사가 수도했다는 암자가 있었다고 전하며 6.25동란 때 소실되었다고 한다.

水落寺址
덕치면 가곡리마을 북동편 원통산 기슭에 자리한다. 즉 가곡리마을 북편의 뒷산 8부능선에 오르면 원통산 정상에서 남쪽으로 두 줄기 능선이 뻗어 있고, 이 능선의 중간 정도에 자그마한 폭포가 있으며 폭포 위에 논과 밭으로 경작되는 비교적 평평한 대지를 볼 수 있는데, 수락사지는 바로 이곳에 위치한다. 이 사지는 이미 오래 전에 폐사되어 논으로 경작되었는데, 현재는 완전히 방치되고 있는 상태이다. 전하는 바로는 이곳에는 3개의 절이 있어 절골이라고 했다 하나 이를 확인할 수는 없으며, 다만 잔존하는 건물터의 규모와 석축으로 볼 때 3동 이상의 건물이 있었던 것으로 보인다. 또한 이곳은 현재 4~5단의 계단식 논으로 경작되고 있는데, 논의 축대는 절터에 남아 있던 석축을 이용하여 쌓은 것으로 보인다. 초석과 석축이 남아 있고 와편 및 백자편이 산재되어 있다. 한편 사지에서 약 300m 떨어진 곳에 부도탑신 1기가 방치되어 있다.

(11) 순창군

玉川寺址
순창읍 순화리 514번지 순창여자고등학교가 있는 곳으로, 고려시대에 옥천사가 자리하고 있었다고 한다. 건물터는 지표상 파악되지 않으나 와편과 토기편이 석탑 주변에 남아 있다.

南溪里寺址

순창읍 남계리 238-2번지 송재일씨 집 앞에 파괴된 석탑 1기가 남아 있으며 주변에는 민가가 들어서 있다. 민가를 건축할 때 많은 기와편이 출토되었다고 전하며 주변에는 기와편과 토기편 등이 산재한다. 또 명문 와편도 수습된 바가 있다.

開心寺址

인계면 도룡리 팔학동마을에서 학선암으로 가는 길을 따라 산의 정상 못 미친 곳에 감나무가 있으며 감나무 주변은 밭으로 경작되고 있다. 이 밭으로 경작되는 곳이 개심사지로 전해지며 건물지의 축대와 담장이 일부 남아 있다. 또 밭을 경작하며 기와편이 출토된다고 한다.

蘭溪寺址

동계면 수정리 연계마을에서 풍악산 정상을 향하여 1.5km 내외 지점에 저수지가 있고 이 저수지에서 500여m 위쪽에 밭으로 경작되는 곳이 있는데 이 밭이 난계사지라 전한다. 난계사지는 신라 진흥왕 때 창건된 것이라고 전하나 분명하지 않다. 기록에 의하면 조선 숙종 46년(1720)에 난계사가 있었다는 기록이 있다. 건물지로 보이는 곳의 주변에는 석축이 남아 있으며 부도가 2기 남아 있다.

葛宮寺址

동계면 내영리 동쪽의 계곡에 있는 석단으로 추측되는 천연석 2~3개와 와편, 좌불상대가 현존하는데 갈궁사지라 전한다. 1940년대에는 본 사지 내에서 30cm 정도의 금강불상이 발견되었다.

佛岩寺址

적성면 석산리 입석 북쪽에 있는 산기슭에 자리한다. 사지 내에 높이 2.2m의 붕괴가 심한 석축이 남아 있으며 와편과 사기편이 산재한다. 연혁은 알 수 없으나 불암사는 순창 제2의 사찰이었다 전한다.

鷲岩寺址

적성면 석산리 동구마을에 근접한 산기슭의 평평한 대지에 자리한다. 유래는 알 수 없고 부근에 붕괴된 석축, 기와조각, 사기 파편이 있다.

安亭里寺址

구림면 안정리 대심멀마을의 상수도 물탱크가 있는 곳에 있다. 현재 밭으로 개간되어 있는데 계단지와 석축이 일부 남아 있다. 또 건물의 초석으로 추정되는 석괴들이 밭에 산재한다. 전하는 바로는 옛날에는 수십 채의 건물이 있었다고 한다. 사지 주변에는 부도와 석불상이 있다.

如雲寺址

구림면 운남리 남정마을 속칭 절골 또는 연산골에 요사를 포함하여 약 9동의 사찰이 있었다고 전한다. 초석과 많은 와편이 산재하고 있을 뿐이며 1930년대에 동남방 50m 지점에 있던 부도석 4개를 일인들이 가져갔다고 전한다.

雙溪寺址

복흥면 주평리 남방 약 1.1km 지점의 심적산 기슭에 자리한다. 고려시대에 창건한 것으로 전하나 분명하지 않으며 와편과 돌담이 남아 있다.

木洞里寺址

금과면 목동리 목동 소류지 동북편 40m 지점 속칭 탑선골에 있다. 사찰의 초석은 소류지를 메울 때 위편에 묻어버려 사지에는 사방 1.5m의 탑 좌대만이 남아 있을 뿐, 그 주변은 개간되어 밭으로 경작되고 있다. 기와편과 백자, 토기편 등이 산재한다. 높이 약 2.2m의 거의 완전한 탑이 있었는데 1935년을 전후한 시기에 일본인이 해체하여 가져갔다 한다.

大街里 寺址

풍산면 대가리 한내동 남쪽 약 1km 지점의 옥출산 남동쪽 기슭에 자리하고 있다. 절의 遺構는 명확하지 않고 다만 기와편이 집중적으로 자리하며 주변이 평평한 대지를 이루고 있다.

(12) 고창군

聖山寺址

고수면 부용리 정산마을의 서쪽 산 구릉의 논과 밭으로 경작되는 곳으로, 이 마을에 거주하는 徐淳基 소유의 밭을 중심으로 한다. 밭두렁에는 머리를 포함하여 윗부분이 없어진 불상 편이 있는데 높이 78㎝, 폭 65㎝ 내외이다. 또 주변에는 탑의 부재로 추정되는 석재가 있다. 전하는 바로는 백제 때 창건되어 조선 초에 폐사되었다고 한다. 고수남초등학교에는 이 절터에서 수습된 막새 등의 유물이 있는데 유물의 양식에 의하면 통일신라시대로 판단된다.

安德寺址

아산면 운곡리에 자리한다. 동서 45m, 남북 54m인데 초석이 남아 있다. 근래에 와서 암자가 있었으나 철거했다.

安德寺址

아산면 운곡리 화실봉 밑의 속칭 기차바위로 칭하는 곳 아래에 자리하고 있으며 건물이 들어서 있던 대지를 중심으로 기와편이 산재하고 있다. 대지의 범위는 30m×20m 내외이다.

蟠岩里寺址

아산면 반암리 탑정마을에 있다. 전해오는 말에 의하면 이 마을에 사찰이 있었는데 언제 폐찰되었는지는 알 수 없으나, 탑은 1930년대에 일본인에 의하여 도괴되었고 인근 주민들이 옮겨 여러 용도로 썼다. 사지라고 전해오는 곳은 논으로 경작되고 있다.

선운사 주변 암자터

선운사 주변에는 중애사지, 起出庵址, 泉利庵址, 銅佛庵址, 부상암지, 용문암지, 백련암지, 내원암지, 수도암지, 北兜率寺址, 천상암지 등의 암자터가 자리한다.

古縣里寺址

성송면 무송리에 자리하며 옛 무송현이 있던 곳에 있는 절터로 파괴가 심하며 이 절터에 있던 석탑은 1967년에 성송면 초내리 오씨사당으로 이전·복원하였다. 탑의 양식에 의하면 고려 말 조선 초기에 속하는 것으로 추정된다.

葛山마을 寺址

성송면 무송리 갈산마을의 삼태봉 기슭 진주강씨와 진주정씨의 재실 중간 지점에 위치한다. 절터로 여겨지는 주변 민가에는 석불좌상이 모셔져 있다.

葛山寺址

홍덕면 교운리 홍덕향교 입구에 자리한다. 당간지주가 남아 있으며 주변 지역이 절터로 전한다. 당간지주는 높이 396㎝, 폭 76㎝, 두께 20㎝이며 한 쪽 지주는 1960년대에 네 조각으로 파괴되어 방치되어 있다. 지주의 바깥 부분에 둥근 꽃무늬가 양각되어 있다. 양식에 의하면 고려시대로 추정된다.

新興寺址

신림면 가평리 고봉산에 자리한다. 사지의 규모는 동서 36m, 남북 54m이며 초석이 남아 있다. 고봉산에는 이 외에도 4~5곳의 사지가 있다.

高峰寺址

신림면 가평리 반등산에 있으며 동서 45m, 남북 36m의 돌담이 남아 있다.

月寺址

부안면 용산리에 자리한다. 사찰에 대한 내력은 알 수 없으나 1770년경 林監使라는 사람이 사찰 경내에 묘를 쓰기 위해 폐찰시켰다고 한다. 동서 54m, 남북 45m, 높이 2.1m의 축대와 초석 및 민가지, 우물터가 남아 있다. 근처에는 300여명을 수용할 수 있는 길이 20m, 높이 10m 정도의 굴과 폭포가 있다.

龍溪寺址

부안면 용산리에 있으며 동서 90m, 남북 63m의 사지에 초석과 돌담이 남아 있다.

上登里寺址

부안면 상등리에 자리한다. 사지는 기록에 남아 있지 않으며 사지 자체도 인근에 있는 저수지를 1950년에 터트린 탓으로 물에 씻겨 흔적을 알기가 어렵다. 다만 사지에 있던 석탑이 부안초등학교 교정에 옮겨져 보존되고 있다. 석탑은 양식으로 미루어 고려 말 조선 초기에 조성된 것으로 추정된다.

(13) 부안군

西外里寺址

부안읍 서외리 287-2번지에 자리한다. 서외리 당간지주가 있는 주변지역으로 당간지주 외에 탑의 옥개석으로 추정되는 석재가 남아 있다.

白雲寺址

보안면 남포리 520번지에 자리한다. 돌 담장과 기와편이 있으며 조선 선조 때 이매창이 이곳을 왕래하며 시를 읊었다고 전한다.

成桂寺址

보안면 우동리에 자리한다. 절 이름은 이성계가 왕위에 오르기 전에 이곳에 와서 문무의 도량을 넓혔다 하여 붙여진 것이다. 이곳을 성계골이라 부르는데 절은 임진왜란 때 불타버렸다고 한다. 돌담과 기와편이 있다.

興浪寺址

변산면 대항리 산79-1번지에 자리한다. 흥랑사가 있었다고 전해지는데 드물게 기와편이 보이며 남북 36m, 동서 27m 길이의 석축이 남아 있다.

實相寺址

변산면 중계리 164번지에 자리한다. 변산에는 實相, 來蘇, 仙溪, 靑林 등 4대 사찰이 있었다고 하는데 그 중의 하나이다. 실상사는 6.25동란 때 불타버렸지만 사적기에 의하면 통일신라시대에 草衣禪師가 창건했고 조선 초에 효

녕대사의 후원으로 중건하였다. 이곳에는 『孝寧大君願文』, 『古寫經』, 『古印經』 등 수백권의 책이 있었다고 한다.

義湘寺址
변산면 중계리 의상봉에 자리한다. 의상대사가 창건하였다고 전하는데 기와편이 산재하고 있다.

不思議房丈
변산면 중계리 의상봉 동쪽에 있는 절터로 진표율사가 도를 닦아서 대성한 곳이라 한다. 암벽을 의지하여 있는 암자터로 속칭 '다람쥐 절터'라고 한다.

내소사 부속 암자터
내소사 주변지역, 특히 내소사에서 청연암으로 가는 길을 따라 上獅子庵址, 下獅子庵址 등의 암자터가 자리한다.

開岩寺玉泉庵址
상서면 감교리 개암사 울금바위 뒤 남쪽에 있는 150여평의 암자터이다. 작은 할석을 이용한 초석이 일부 남아 있으며 조선 후기의 평와편이 산재한다.

靑林里寺址
상서면 청림리 서운마을에 자리한다. 사역에는 건물터가 남아 있으며 돌담장이 비교적 잘 남아 있다. 사역 내에는 불상이 1구 남아 있고 기와편이 다수 산재한다.

青林寺址(일명 新青林寺址)

상서면 청림리 청림마을에 자리한다. 밭으로 경작되고 있으며 산의 사면을 깎고 남쪽에 석축을 쌓아 만든 사찰이다. 남쪽의 석축은 비교적 잘 남아 있으며 동쪽의 석축도 남아 있다. 석축에 의하면 1,000여평의 규모이며 사찰에서 사용하였을 것으로 여겨지는 우물이 있는데 이 우물 앞에서 고려 동종이 출토되어 내소사로 옮겨졌다. 와편이 산재하며 와편 중에는 '青林寺' 명문이 있는 것도 있다.

晴湖里寺址

하서면 청호리에 자리하며 절의 이름과 유래는 알 수 없다. 돌담이 있으며 한때 궁도장으로 이용되었다고 한다.

文殊寺址

하서면 백연리 문수동마을 일원이 절터인데, 임진왜란 때 소실되었다고 한다.

4. 고찰 — 결론을 겸하여

1) 분포

지금까지 살펴본 호남지방의 절터는 각종 문헌기록에 전하는 사찰을 모두 포괄한 것이 아니다. 즉 문헌기록에 사찰이 있었던 것으로 기록되어 있음에도 불구하고 그 명칭에 해당되는 절터를 확인하지 못한 경우가 적지 않다. 뿐만 아니라 문헌기록에 의하면 일정한 지역에 자리하고 있었음이 분명한 절터에 대하여 그 위치조차 파악하지 못한 경우도 없지 않다. 이와는 달리 절터로 파악됨에도 이를 모두 제시하지 않은 경우도 있다. 즉 비교적 규모가 큰 사찰에 부속되는 것이 분명한 암자터, 또는 소속 관계가 분명하지 않고 절터일 가능성이 크나 유적, 유물을 통하여 이를 단정하기에 어려움이 있는 것들은 제외하였다. 그리고 기준에 혼란이 있기는 하지만 절터로 남아 있다가 최근에 사찰이 신축된 경우도 기본적으로는 제외하였다. 지역에 따라 일정한 차이가 있기는 하나 지금까지 살펴본 절터를 현행 행정구역을 중심으로 정리하면 다음과 같다. 물론 현행 행정구역을 단위로 절터의 분포를 파악하는 것은 여러 가지 문제를 내포하고 있으나 전반적인 양상을 파악할 수는 있을 것으로 생각된다.

광주광역시 - 34(동구 7, 서구 1, 북구 6, 광산구 20)

전 남

나주시 - 1,	순천시 - 2,	광양시 - 16
여수시 - 2,	영광군 - 3,	장성군 - 3
담양군 - 8,	화순군 - 7,	함평군 - 3
영암군 - 8,	강진군 - 6,	장흥군 - 7
무안군 - 3,	해남군 - 1,	완도군 - 2
진도군 - 7,	구례군 - 4,	곡성군 - 5
보성군 - 8,	고흥군 - 4	

전 북

전주시 - 3,	군산시 - 2,	익산시 - 12
정읍시 - 23,	김제시 - 2,	남원시 - 9
완주군 - 10,	무주군 - 5,	진안군 - 18
장수군 - 6,	임실군 - 11,	순창군 - 12
고창군 - 13,	부안군 - 13	

정리된 바에 의하면 광주광역시 광산구, 전남 광양시, 전북 정읍시, 진안군, 순창군, 고창군, 부안군, 익산시, 임실군, 완주군 지역에 10여 곳의 절터가 분포한다. 그리고 행정구역당 평균 수치에서도 전남에 비하여 전북지방에 보다 많은 절터가 자리하는 것으로 볼 수가 있다. 그러나 이러한 차이는 기본적으로 어느 정도까지를 절터로 보고하였는가 하는 점에서 검토하는 것이 타당할 것이다. 또 다르게 해석한다면 전남지방의 경우 절터에 다시 절이 중창되는 경우가 전북지방에 비하여 많았을 가능성도 없지 않다. 그러나 이러한 가능성은 현실적으로는 크지 않은 것으로 보이며, 두 지역의 절터 분포의 차이는 전남지방의 경우 암자터로 인식되는 것에 대해서는 절터로 조사보고한 사례가 많지 않은 탓으로 파악할 수도 있다.

암자터는 표에서 비교적 많은 수치가 제시된 고창군의 경우 선운사 주변, 정읍시의 경우 내장사 지역에 분포하는 암자터를 절터에서 제외하면 전라북도의 순수한 절터는 그리 많지 않다. 또 순창군이나 진안군의 경우 절터라고는 하나 규모가 크지 않은 것으로 보이며 암자로 기능하였을 가능성이 큰 것이 대부분을 차지한다. 이러한 점이 지적될 수 있음에도 불구하고 몇 가지 큰 흐름을 파악할 수가 있다.

첫째, 전남 광양시의 경우 많은 절터가 분포하는 것으로 보고되었으며 이들 대부분이 도선과 관계되는 것으로 전해지고 있다. 전남지방만이 아니라 도선과 관련되는 절터는 각지에 자리하고 있으나, 광양을 중심으로 특히 집중된 것은 도선의 출생지가 영암이라는 점과 무관하지 않을 것으로 생각된다.

둘째, 해안지방보다는 산지에 가까운 곳에 절터가 상대적으로 많다는 점이다. 이는 절의 규모나 불교 세력의 파급과도 일정 부분 관계가 있을 것이며, 보다 종합적으로 고찰한다면 나름의 의미를 찾을 수 있을 것으로 생각된다.

셋째, 이와 관련이 있을 것으로 생각되는 것으로 도서지방의 경우 절터가 많지 않다는 점이다. 전북지역에서는 절터가 보고된 예가 표에는 제시되지 않았으며 다만 군산시 비안도에 빈대절터로 알려진 절터가 있다. 또 사찰로는 부안군 위도에 한 곳이 자리하고 있을 뿐이다. 이런 양상은 전남지방의 경우도 서해안지역에는 절터 또는 절이 상대적으로 적으며 섬들로 구성된 신안군의 경우 절터로 보고된 곳이 없다. 이런 양상은 여천군, 여수시, 완도군에서도 파악된다.

넷째, 도서지방에 절터가 상대적으로 적은 것과 달리 진도군의 경우는 적지 않은 절터가 자리하며 사찰이 운영되는 곳도 있어 이러한 양상과 맥을 달리한다. 그러나 진도군의 경우는 고려시대 삼별초의 난과 일정 부분 관련이 있는 것으로 생각할 수 있다.

2) 창건 시기와 동기

호남지방의 절터 중에는 삼국시대에 창건된 것으로 전하는 곳이 있으며 그 중 일부는 삼국시대로 창건 시기를 소급할 수도 있다. 그러나 삼국시대에 창건한 것으로 전하는 사지 중에는 유물이나 기록에 의하여 이를 밝힐 수 없는 경우가 대부분이다. 특히 삼국시대에 창건되었다고 전하며 신라 진흥왕대에 창건되었다고 전하는 경우는 이를 쉽게 납득할 수가 없다. 유적, 유물에 의하여 창건 시기를 삼국시대로 확정할 수 있는 절터의 경우를 제외하고 삼국시대에 창건된 것으로 전하는 절터의 경우 두 가지로 그 이유를 추론할 수 있다.

첫째는 실제로 삼국시대에 창건되었음에도 불구하고 유물이나 정확한 문헌기록이 남아 있지 않은 경우이다. 둘째로는 절터로서 또는 사찰의 연원이 오래임을 강조하기 위한 경우이다.

전자의 경우는 각종 조사를 통하여 밝혀질 것이며 후자의 경우는 다시 두 가지로 나누어 생각할 수 있다.

첫째는 단순히 절의 연원이 오래이며 비교적 이름이 널리 알려진 고승을 창건주로 하는 경우이다. 이는 역사의 오래임과 창건주의 명성을 비는 것으로 이해할 수가 있다. 이와는 달리 신라 진흥왕을 표방하는 경우처럼 당시의 상황으로 미루어 쉽게 납득되지 않는 창건설을 전하는 경우이다. 이는 단순히 역사의 오래임이나 창건주의 명성을 비는 것만이 아니라 신라 왕실과의 연결을 도모한다는 점에서 접근할 수가 있다. 즉 신라 왕실의 이름을 빌어 사찰의 번영을 도모하거나 외부로부터의 간섭을 배제하려는 의도가 개입되었을 가능성을 상정하는 것이다. 이런 양상은 왕실이 아니라 신라의 고승을 창건주로 하는 경우에도 적용할 수 있을 것으로 생각된다.

부안 개암사를 중심으로 원효와 관련되거나 김유신, 소정방과 관련되는 유적과 절터가 존재하는 것도 이러한 맥락에서 접근할 수 있을 것으로 생각된다. 소정방이 와서 세운 절이라 하여 내소사 또는 소래사라 이름하였다는 것은 부분적으로 역사적 사실을 전하는 것일 수도 있으나, 다른 면에서는 백제 왕조를 멸망시킨 소정방의 위세를 빌어 사찰의 안녕을 도모하려는 것으로도 볼 수가 있다. 이 점은 영남지방의 경우와는 다른 양상으로 백제 멸망 후 이 지역 사찰들이 가진 불안이나 사찰에 가해진 외부로부터의 간섭을 반영하는 것으로 생각할 수도 있으나 분명한 근거를 찾을 수가 없다.

삼국시대를 전후하여 창건되거나 창건되었다고 전하는 절터나 사원의 이러한 양상과 달리 통일신라 말 고려 초에 창건된 것으로 전하는 사원이나 절터는 도선과 관련되는 경우가 대부분이다. 물론 적지 않은 절이 도선에 의하여 또는 도선에 의하여 택지된 곳에 입지하였을 가능성은 없지 않으나, 모두를 도선과 관련짓는 것은 지나친 것으로 생각된다. 한편 이들 절 또는 사원은 도선이 地氣를 누르기 위하여 세웠다거나 산천의 神補를 위하여 세운 것으로 전한다. 이는 도선이 우리나라에 풍수지리설을 확립한 인물이라는 점에서만이 아니라 사원과 절터의 입지가 명당임을 보이기 위한 것으로 생각할 수 있다.

고려시대나 조선시대에 창건된 사찰의 경우 분명한 창건 동기를 파악할 수 있는 것은 많지 않다. 물론 사찰의 건립이 불교를 널리 펴기 위함은 두

말할 나위도 없는 일이며 그러한 목적으로 사찰을 창건하였을 것임은 틀림이 없다. 그러나 이와는 달리 절터의 규모로 미루어 조선시대에 불교의 위축과 더불어 규모가 큰 사원이 폐찰되고 그에 대신하여 규모가 작은 암자 형태로 존속하다가 그나마도 명맥을 끊은 경우가 적지 않은 것으로 보인다.

이와는 달리 문헌기록에 의한 절터 중 주목되는 곳으로 고구려의 승려인 普德에 의하여 창건되었다고 전하는 절터들이 있다.『三國遺事』의 기록에 의하면 보덕은 전북 완주군에 소재하는 경복사지에 날아 내려왔다고 한다. 또 그의 제자들에 의하여 금동사, 진구사, 대승사, 대원사 등이 세워졌다고 한다. 이러한『삼국유사』의 기록은 경복사의 위치가 확인되고 임실 용암리 사지에 대한 발굴조사에서 진구사로 읽을 수 있는 명문 와편이 수습되어 상당한 신빙성을 가지는 것으로 볼 수가 있다. 이러한 점이 보다 명확히 밝혀진다면 고구려의 불교문화를 호남지방에서 확인할 수 있을 것으로 생각된다.

3) 폐찰 시기와 동기

사찰이 그 기능을 다하지 못하고 폐찰되는 경우는 여러 가지가 있을 수 있다. 아주 단순하게 말하자면 목조건물로 이루어진 사찰이 화재로 소실되고 이를 다시 중창할 수 있는 경제적인 능력이 없으면 폐찰되는 것은 당연한 일이다. 이러한 단순한 이유 외에도 일반적으로 인식되는 바와 같이 조선왕조에서 불교를 억압하고 유교를 장려함에 따라 승려의 위치가 낮아지고 경제적인 제약을 많이 받게 됨에 따라서 적지 않은 사찰이 폐찰된 것으로 전하거나 기록되어 있다.

이러한 일반론 외에 저간의 사정을 말해주는 것으로 두 가지의 폐찰 이유가 전해진다.

첫째로는 빈대절터라는 명칭이 붙은 경우로 빈대가 많아서 절을 불태우거나 절이 망했다는 것이다. 빈대절터로 전하는 곳은 대체로 규모가 크지 않은 암자 형태의 절터로 상대적으로 산속 깊은 곳에 위치하고 있다. 실제로 빈대 때문에 폐찰된 경우도 없지 않을지 모르나 이는 사실과는 거리가 있을 것으로 여겨진다. 또 빈대가 들끓게 되는 이유가 제시되는 경우가 적지 않은데 대체로 승려들의 품행이 좋지 않은 것으로 전한다. 즉 품행이 좋지 않은 승려들로 인하여 빈대라는 하찮은 동물에 의하여 절이 폐허로 변하였다는 것이다. 이러한 전설은 사찰의 폐찰이 품행이 나쁜 승려 때문임을 전하는 것으로 생각할 수 있으며, 빈대는 사찰 외부에서 인위적인 방해가 가해지지 않고 사찰이 스스로 망한 것을 강조하기 위한 것으로 볼 수 있다. 따라서 이처럼 스스로 망한 경우도 상정할 수 있으나 다른 면으로 인위적으로 사찰을 훼철하고 이를 빈대 탓으로 돌림으로써 인위적인 훼철에 따를지도 모르는 부처의 분노를 모면하기 위한 전설로도 생각할 수 있다.

이와는 달리 빈대가 들끓은 이유를 제시하지 않고 단순히 빈대절터로 전하는 경우는 이들 산속 깊이 자리하고 있는 절터 주변에 대나무가 자리고 식수원이 있으며 비교적 숲이 울창하여 빈대와 같은 냄새가 나는 경우가 적지 않은 것에서 비롯되는 것일 수도 있다. 즉 절이 망하고 절터로 남은 경우 그 폐찰의 이유를 주변 환경에서 파악될 수 있는 빈대 냄새, 때로는 빈대 피로 전하는 식물 줄기의 반점들을 통하여 찾으려는 것이다.

두번째로 전해지는 폐찰 이유로는 명당을 둘러싼 분쟁에 의하여 폐찰이 되거나, 승려의 횡포에 대하여 풍수지리를 이용하여 폐찰을 유도한 경우가 있다. 즉 절이 자리하고 있는 곳이 명당이기 때문에 세력가가 이를 힘으로 빼앗거나 술책을 부려서 승려들을 쫓아냄으로써 사찰이 망하는 경우가 있다. 그리고 경우는 다르지만 사찰의 승려들이 악행을 저지르므로 고승이나 지역 유지가 풍수지리의 지식을 이용하여 사찰의 기를 빼앗음으로써 사찰이 붕괴된 경우이다. 익산 미륵사지의 폐찰에 대해서도 미륵사지가 쥐의 형국이고 미륵사의 승려들이 행패를 부리므로 앞산에 고양이를 묻어둠으로써 서서히 폐찰되었다고 한다. 이 경우는 풍수지리설에서 지기가 서서히 약해지는 것이므로 서서히 사찰이 망해가는 것을 전하는 것으로 볼 수 있다. 즉 풍수지리설에 의하여 절의 폐망을 전하는 경우 세력가의 위세에 의한 강제적인 폐찰과, 이와는 달리 경제적 궁핍에서 연유한 것으로 추정되는 비교적 장기간에 걸쳐서 폐망하는 경우를 생각할 수 있다. 이들 중 특히 경제적인 궁핍에 기인하는 경우가 적지 않았을 것으로 추정되며 이를 지기의 약화로 설명한 것으로 생각할 수 있다.

제3장 호남지방의 불상
— 백제시대 ~ 고려시대 —

1. 머 리 말

불상이란 불교의 가르침과 신앙의 내용이 조각이라는 조형체를 통하여 상징적으로 표현된 종교적인 예배 대상이다. 따라서 부처의 전생의 선업(善業)에 관한 이야기나 일생의 중요한 사건을 대중이 이해하기 쉽게 표현하는 교화 해설이 주요 목적이다. 또한 자비나 공(空), 해탈 혹은 열반과 같은 추상적인 교리상의 개념이 인체의 형태를 빈 불신을 통하여 형상화된 것이 불상이다. 이러한 불상은 불교가 우리나라에 전래된 이후 많은 양식의 변화를 보이면서 지금까지 꾸준히 조성되어오고 있다. 불상의 재료로는 금, 은, 동, 철, 돌, 나무, 종이, 흙 등이 사용되고 있다. 불상은 엄격한 의미로는 부처(如來)의 존상만을 의미하지만, 넓은 의미에서는 부처의 상은 물론 보살상, 천왕상, 명왕상, 나한상 등을 모두 포함한다.

호남지방은 백제시대부터 최근까지 불교문화가 계속 조영되어 유적들이 많이 분포하고 있다. 백제시대에는 익산의 미륵사가 범국가적인 차원에서 이루어져 현재 우리나라 석탑의 시원을 이루고 있는 석탑이 우뚝 서 있고, 그 밖에 익산, 정읍, 김제 등지에도 백제 불교유적들이 남아 있다. 통일신라시대에는 구례 화엄사, 곡성 태안사, 순천 선암사, 해남 대흥사, 장흥 보림사, 남원 실상사, 고창 선운사 등 큰 사찰들이 조성되었을 뿐 아니라 각 지역에서 많은 사찰이 조성되어 당시 민중들의 의지처가 되었다. 고려시대에는 더 많은 곳에 사찰이 들어서 불교가 보다 더 민중들과 가깝게 호흡하면서 일상생활화되었다.

이와 같이 각 지역에 사찰이 건립되면서 그 건물에 불교 조각상이 봉안되어 신앙의 대상이 되었으며, 명산에도 마애불이 조각되어 역시 신앙의 대상이 되었다. 불상은 무엇보다도 진리 그 자체를 상징하였기 때문에 신앙심을 만족시키기 위하여 지극 정성을 다하여 조성하였으므로 뛰어난 걸작품이 나올 수밖에 없었다. 조성에 참여하였던 단월(檀越 시주자)은 국왕을 비롯해서 왕족과 귀족 등 지배세력뿐 아니라 천민에 이르기까지 모든 계층이 참여하였다. 그렇기 때문에 불상은 불교미술 가운데 으뜸을 차지하고 있다. 모든 불상은 불도들의 예배용이나 교화용이었으므로 장대한 대작도 조성되었고 몇 cm밖에 되지 않는 소형 불상도 만들어졌다.

호남지방의 불상은 아직까지 전체적인 조사도 되지 않았을 뿐 아니라 학술적인 평가도 제대로 받지 못하고 있는 실정이다. 이러한 여건에서 호남의 불상을 모두 정리해본다는 것은 큰 무리라고 생각되며, 더욱이 조선시대 불상은 전체적인 윤곽도 파악되지 않고 있다. 그래서 조선시대 불상은 제외하고 백제시대부터 고려시대까지 시기를 한정하여 이 시기에 해당하는 불상(보살상도 포함)만 소개해보고자 한다. 본고의 서술은 참고문헌에 있는 각 시·군의 지표조사 보고서를 저본으로 하여 작성하였으므로 이 문헌에 나와 있는 것은 각주를 생략하고 논문 형식과 개별 논고로 작성된 것만 각주를 달았으며, 전북지방의 불상은 주로 최선주가 작성하고 나머지는 모두 최인선이 서술하였다.

2. 호남지방의 초기 불교문화 수용

호남지방에 불교문화가 본격적으로 수용된 시기는 백제 무왕(600~641)대의 익산 미륵사 창건과 궤를 같이하고 있다고 할 수 있다. 그 이유는 미륵사가 창건된 이후부터 호남지방에 본격적으로 불교유적들이 조성되었기 때문이다.

주지하듯이 백제의 불교 공인은 제15대 침류왕 1년(384) 9월에 胡僧 摩羅難陀가 중국의 東晉에서 바다를 건너온 것1)으로부터 시작되었다. 이후 백제는 의자왕 20년(660) 국망에 이르기까지 280년이 조금 모자라는 기간 동안 불교를 국교로 신앙하였다. 그래서 백제의 영역 내에는 불교유적과 유물들이 상당히 분포되어 있는데 변방지역에서는 드물게 보이고 주로 당시의 수도였던 공주와 부여 지방에 집중되어 있다.

백제 시기의 것으로 현존하는 최고의 불상은 400년 전후의 것으로 편년되는 서울 뚝섬 출토 금동불좌상2)이 있다. 그리고 충청도 지역에는 태안 마애삼존불, 서산 마애삼존불, 예산 화전리 석조사면불 등이 있고 그 밖에 소조, 납석제, 금동제 불상들이 다수 알려져 있으며, 석탑으로는 부여 정림사지 5층석탑이 있다. 전북지방에는 익산 미륵사지 석탑을 비롯하여 미륵사지 출토의 소조보살두상(높이 9.5㎝, 너비 10㎝), 익산 연동리 석불좌상(7세기 전반. 좌상 높이 1.69m, 광배 높이 4.48m), 익산 태봉사 석조삼존불(7세기경. 본존상 높이 1m), 정읍 보화리 석조여래입상(2구, 7세기 전반. 좌상 높이 2.56m, 우상 높이 2.27m), 김제 대목리 출토의 동조판불사좌(10㎝ 미만의 소형. 삼존불좌상, 반가

---

1) 『三國史記』 권24 枕流王 卽位 九月條. 『三國遺事』 권3 興法 難陀闢濟. 『海東高僧傳』 권1 摩羅難陀傳.
2) 金元龍 「뚝섬 出土 金銅佛坐像」, 『歷史教育』 5집, 1961, 19~22쪽.

사유상, 사존불좌상, 십사존열좌상) 등이 있다.

이처럼 전북지방에는 확실한 백제 시기의 불교유적들이 분포하고 있으나 전남지방에는 이렇다 할 백제 불교유적이 없다. 그러므로 여기에서는 먼저 전남지방에 백제 불교유적이 잘 나타나지 않는 연유를 살펴보고, 아울러 전남지방에도 백제 시기의 불교유적이 존재하고 있을 가능성이 있는지 살펴보고자 한다.

전북지방과 같은 백제 영역에 속하면서도 전남지방에는 지금까지 백제 시기의 불교유적이나 유물이 전혀 알려지지 않고 있다. 그렇지만 구전과 후대의 기록에는 이 지방에도 백제 시기에 해당하는 불교유적이나 유물이 알려져 있다.

가장 먼저 들어야 하는 것이 영광 법성포 불교 도래지설과 미륵불이다. 백제에 불교를 처음 전래한 마라난타가 동진에서 배를 타고 건너와 처음으로 도착한 곳이 바로 전남 영광군의 법성포 지역이라는 것이 소위 '영광 법성포 불교 도래지설'이다. 이와 관련하여 현재 영광 법성포 진내리에 마라난타가 가져왔다고 하는 석조물이 미륵불로 구전되고 있는 것[3]이 있는데, 그 형상이 특이하여 불상으로 파악할 수는 없다. 뿐만 아니라 조각 양식으로 볼 때 고식의 흔적이 전혀 보이지 않아 백제 시기의 것으로 볼 수도 없다.[4] 따라서 법성포 불교 도래지설과 마라난타가 가져왔다는 미륵불은 앞으로 충분히 검토해야 할 것이지만 현재로서는 수용할 수 없는 단계이다.

다음으로 『속고승전』에 나오는 백제승 慧顯의 달나산 행적이다.[5] 당나라

---

3) 『法聖鄕誌』, 法聖鄕誌編纂委員會, 1988, 163-171쪽. 李泰浩·黃鎬均·崔仁善, 「靈光郡의 美術史 遺蹟·遺物」, 『靈光郡 文化遺蹟 學術調査』, 전남대학교 박물관·영광군, 1993, 239쪽.

4) 6세기 이전에 제작된 것으로 판단되는 석조불상은 지금까지 그 파편조차도 발견되지 않고 있다.

5) 이 내용은 崔完秀의 글(「無爲寺」, 『명찰순례』 3, 대원사, 1994, 456쪽)을 그대로 인용한 것이다.

남산율종의 시조인 도선(道宣. 569)율사가 지은 『속고승전』 권28 「독송」편에 보면 伯濟國達拏山釋慧顯傳이 있다. 『속고승전』은 도선율사가 梁武帝 天監 원년 (502)부터 唐太宗 貞觀 19년(645)까지 144년 동안에 걸쳐 살았던 명승들 500인을 선정하여 正傳 340, 附 160으로 나누어 그 전기를 수록한 僧史인데, 백제 승으로는 유일하게 혜현스님 한 사람이 그 정전에 올라 있다.
그 내용을 보면 대강 이렇다.

"혜현(570~627)이 어려서 출가하여 법화경을 독송하는 것6)으로 업을 삼고 삼론도 전파하였는데, 처음에는 백제국 북부 修德寺에 머물다가 남방 達拏山으로 가서 그곳에서도 수덕사에서처럼 수행하다 돌아갔다. 달나산은 산이 지극히 험준하여 오르기 힘들었지만 혜현은 그 가운데서 靜坐하여 수행하였고 돌아간 뒤에 동학들이 시신을 석굴 속에 놓았더니 호랑이가 모두 먹고 오직 해골과 혀만 남겨두었으니, 이 혀는 3년 동안 더욱 붉고 부드럽게 남아 있다가 그 뒤에는 자색으로 변하여 돌같이 굳어져 道俗이 괴이하게 생각하고 공경하여 석탑에 넣어 모셨다. 돌아가던 해가 정관 원년(627)인데 나이가 58세였다."7)

이 이야기는 상당히 신비스럽고 괴이해서 아마 백제 전지역에 퍼지고 당나라에까지 전해져 『속고승전』에까지 올라선 모양이다. 그래서 뒷날 고려 충렬왕 7년(1281)경에 普覺國師 一然(1206~1289)이 『삼국유사』를 지으면서 권5 「惠現求靜」條에 그 내용을 거의 그대로 옮겨 싣고 있다.
여기서 문제가 되는 것이 달나산이다. 충남 예산의 수덕사를 백제국 북부에 있는 사찰로 표기하고, 남방에 달나산이 있다고 하였는데 이 달나산이 달이 나오는 산을 의미하는 순 우리말을 표기한 것이기 때문에 한자 표기로 같은 의미인 月出山으로 비정되고 있는 것이다. 달(月)이 나오는 산(山)이란

---

6) 金煐泰,「三國時代의 法華受容과 그 信仰」,『韓國天台思想硏究』, 佛敎文化硏究院, 1983(『삼국시대 불교신앙연구』, 불광출판부, 1990에 재수록)에 혜현의 법화신앙이 자세히 설명되어 있다.
7) 『續高僧傳(唐高僧傳)』第二十八卷 讀誦篇 伯濟國達拏山寺釋慧顯傳(367쪽).

의미인 달나산은 순전히 한자의 음가만을 빌려 '達拏山'으로 표기하였을 것이다. 우리나라의 기록인『삼국사기』에는 월출산을 백제 때에 '月奈岳(월나악)'이라 했다고 기록8)하고 있다. 당의 기록은 음가만을 빌려 쓴 데 비하여 백제의 기록은 뜻과 음을 합성하여 기록한 차이점이 나타나는데 의미는 같다. 그후 통일신라 때는 '月奈岳'으로 표기하고 있으며, 고려 때는 완전히 뜻 위주로 바꿔 '月生山'이라 하였고, 조선왕조로 오면서 같은 의미라도 보다 한문적인 표현인 '月出山'으로 바뀌었던 것이다.9) 이렇게 보면 달나산을 월출산으로 비정하였던 최완수의 견해는 옳은 것으로 보인다. 그런데 최완수는 혜현이 살았던 곳을 무위사 터가 남향으로 터졌고 포구를 등에 지고 있는 점이 수덕사 위치와 흡사하여 월출산 가운데 무위사로 비정하고 있다. 『속고승전』의 원문에는 혜현이 살았던 곳이 험준하고 오르기 어려웠던 곳이라고 하고 있다. 월출산 가운데 이처럼 험준하고 오르기 어려운 곳은 월출산 북쪽과 서쪽, 즉 영암읍과 군서면 방향이다. 따라서 혜현이 살았던 곳은 깊은 계곡도 없고 가파르지 않은 무위사 쪽이 아니라 험준한 돌산으로 이루어져 있는 월출산의 북서쪽으로 보아야 자연스러울 것이다. 이 점은 달나산이란 명칭, 즉 월출산의 서쪽에 있어야 달이 월출산에서 나오고 있는 것처럼 보인 점과 구림을 중심으로 한 월출산의 서북쪽이 이 지역 고대문화의 중심지였기 때문에 더욱 그렇다.

그리고 조선 후기의 기록에 의하면 불갑사, 백양사, 불회사, 개천사, 관음사, 화엄사, 선암사, 무위사, 대흥사 등이 백제시대에 창건된 사찰이라고 하며,10) 보림사도 구체적으로 중국 수나라 仁壽(601~604. 百濟 武王代) 때 창건되었다11)고 하고 있다. 이 사찰들이 과연 백제 시기에 창건되었는가 하는

---

8)『三國史記』卷32, 雜誌1, 祭祀條에 月奈岳에서 國祭로 小祀를 지낸다고 하였다.
9) 월출산 이름과 유래는 金井昊,「月出山의 歷史」(『월출산』, 全羅南道, 1988)에 자세히 설명되어 있다.
10) 李啓杓,「百濟文化와 全南-佛敎」,『全羅南道誌』제3권, 전라남도, 1993, 50쪽.
11) 崔仁善,『迦智山 寶林寺』, 順天大學校博物館・長興郡, 1995, 15쪽.

문제는 현재의 자료로 볼 때 회의적이다. 아직까지 이들 사찰뿐만 아니라 전남지역에서 백제 불교유적이나 유물들이 출토되지 않고 고기록이 전혀 없기 때문이다.

그런데 최근에 발굴된 유적 가운데 불교와 관련이 있을 가능성이 있는 유물과 백제시대의 생활유적들이 조사되고 있어 이 지방에서도 백제시대의 불교유적이 발견될 가능성이 한층 높아지고 있다.

나주 복암리 3호분 석실 내에서 길이 26.9㎝의 금동제 신발(飾履)이 출토되었다. 신발의 표면과 바닥에는 귀갑문이 타출점선으로 시문되어 있고, 그 안에 자방을 중심으로 다섯 개의 꽃잎이 점선으로 시문되어 있다. 바로 이 다섯 개의 꽃잎은 불교의 상징인 연화문으로 추정해볼 수 있다.[12] 이 석실분에는 합구식 옹관 3개와 단옹관 1개 등 모두 4개의 옹관이 네 모서리 부분에 안치되어 있다. 이것은 기존의 백제 석실분과는 전혀 다른 모습이며, 고분 조영 시기는 500년을 전후한 시대로 파악하였다. 대형 옹관묘는 5세기 말에서 6세기 초경에 석실분으로 대체되었기 때문이다. 그리고 3호분의 피장자는 영산강 유역에서 활동하던 마한 세력의 수장으로 추정되었다.[13]

주지하듯이 마한이 백제에 병합된 시기는 『일본서기』 9 神功紀 49年條 사료를 근거로 해서 近肖古王 24년(369)을 시점으로 삼고 있는 것이 문헌사학자들의 일반적인 입장이다. 그러나 고고학자들의 입장은 영산강을 중심으로 한 옹관묘 집단세력이 5세기 말 혹은 6세기 초까지 독자적인 힘을 발휘하고 있었기 때문에 이 시기까지는 이 지역이 백제에 수용되는 것은 불가능하다고 주장하고 있다. 백제 석실분이 본격적으로 수용되고 있는 6세기 초반에 이르러서야 비로소 영산강 유역이 백제에 수용되었다는 것이다. 고대사회의

---

12) 앞으로 면밀한 조사가 이루어져 이 꽃잎이 연화문으로 밝혀진다면 마한시대에 불교가 이미 수용되고 있었다는 반증이 될 수 있다. 그러므로 3호분의 편년, 석실과 옹관의 관계 등은 신중히 검토되어야 할 것이다.

13) 「羅州 伏岩里 第3號墳 發掘調査 諮問會議 資料」, 국립문화재연구소·전남대학교 박물관, 1996년 8월 13일.

여러 가지 문화요소 중에서도 가장 보수적이고 전통성이 강한 요소가 묘제이기 때문에 옹관묘에서 석실분으로의 변화가 이를 잘 증명해주고 있다는 것이다.14)

고고학 자료에서 본 것처럼 6세기부터 전남지역이 백제에 병합되었다면 당시 국교와도 같았던 불교도 함께 수용하였을 것이다. 그런데 이 지역에서는 6세기에 해당하는 불교 관계 기록뿐 아니라 고분이나 생활유적에서 불교 관계 유물이 지금까지 전혀 출토되지 않아 의문이지만 앞으로 발견될 가능성은 높다.

외래사상의 수용은 그것을 받아들이는 편에서의 준비가 필요하다고 한다. 즉 사회・문화적인 발전이 그럴 만한 단계에 도달해야만 비로소 신사상의 수용이 가능하다는 것이다15). 그러므로 영산강 유역에 막강한 세력을 형성하였던 집단들은 그들 특유의 사상이나 토속신앙이 얼마나 강하였는지 간접적으로나마 추측할 수 있다. 그렇지만 전통성이 강한 묘제를 버리면서 현세이익16)적인 신사상은 왜 받아들이지 않았는가 하는 의문은 여전히 남는다. 현재로서는 이와 관련된 자료의 증가를 기대할 수밖에 없다.

지금까지의 자료로 볼 때 '달나산'이 확실히 '월출산'으로 비정된다면 백제 시기에 이미 월출산 지역, 즉 전라남도 지역에 불교가 들어와 있었음은 자명해진다. 그러나 이 지역에 뚜렷한 백제 시기의 불교유적이 남아 있지 않은 점으로 보아 전남지역 전체로 불교가 확산되지는 못하였던 것으로 여겨진다.

---

14) 林永珍,「영산유역 석실분의 수용과정」,『全南文化財』3집, 1990. ──,「榮山江 流域 百濟時代 墓制의 變遷 背景」,『古文化』40・41합집, 1992. ──,「百濟墓制와 全南」,『全羅南道誌』3권, 全羅南道, 1993.
15) 李基白,「百濟 佛敎 受容 年代의 檢討」,『震檀學報』71・72합집, 1991, 2쪽.
16) 불교 수용 초기에 있어서 불교신앙의 중심 문제는 한마디로 말하면 現世利益이었다고 한다. 李基白,「三國時代 佛敎 受容과 그 社會的 意義」,『新羅思想史硏究』, 一潮閣, 1987, 13쪽.

이처럼 전남지역에 불교문화가 늦게 뿌리를 내리고 확산되지 못하였던 이유는 이 지역이 설령 4세기 후반경에 백제에 병합되었다고 하더라도 그들의 고유 묘제인 옹관묘를 6세기 초반까지 꾸준히 고집하여 백제의 중앙정부와는 이질적인 면이 많았고, 그로 인해 쉽게 다른 사상을 흡수할 수 있는 기반을 전혀 갖추지 못했기 때문인 것으로 풀이된다. 통일신라시대의 불교 유적 분포로 보아도 대형 옹관묘의 밀집 지역인 영암, 나주, 함평 등지의 영산강 유역에는 통일신라 중대까지 불교문화가 거의 나타나지 않는다. 이러한 점은 통일신라 중대까지 자신들의 고유한 신앙이나 사상의 맥이 면면히 이어져왔다는 것을 말해주고 있다.

전북지역의 옹관묘가 영산강 유역의 옹관묘와는 달리 대형화하지 못한 원인을 백제 지배세력의 영향으로 보는 견해17)가 있다. 다시 말하면 영산강 유역과는 달리 대형 옹관묘의 발전이 이루어지기 이전(4세기)에 백제가 이 지역을 병합했을 것이란 상정이다. 그렇기 때문인지 몰라도 전북지방에는 앞에서 보았던 것처럼 백제 불교유적과 유물들이 많이 남아 있는 편이다. 이는 거꾸로 영산강 유역이 4세기대에 백제에 병합되지 않았다는 반증도 될 수 있다.

그리고 1996년 12월부터 1997년 1월에 조사된 순천 해룡의 검단산성이 600년을 전후한 백제시대에 축성한 石城이며 전형적인 테뫼식 산성인 것으로 판명되었다.18) 체성은 내외 협축으로 축조하고 대형 저장공 유구가 노출되었으며 많은 양의 평기와와 토기편들이 출토되었다. 백제 시기의 산성 주변에는 寺址와 고분군 등이 동반되고 있으므로 검단산성 주변에 이들 유적이 존재하고 있을 가능성이 보인다. 이러한 추측은 순천시에 있는 미곡산성과 성황당산, 광양시에 있는 마노산성과 불암산성, 여수시에 있는 고락산성과 척산산성 등지에서 모골의 흔적이 있어 백제 시기까지 올라가는 고식 와

---

17) 尹德香, 「甕棺墓 數例」, 『尹武炳博士回甲紀念論叢』, 1984, 190쪽.
18) 崔仁善·李東熙, 「順天 劍丹山城 試掘調査」, 『順天 劍丹山城과 倭城』, 순천대학교 박물관, 1997.

편이 출토되고, 광양읍 옥현마을 뒤 낮은 구릉에서 역시 백제 시기 것으로 보이는 요지(많은 양의 토기편과 와편들이 흩어져 있고, 가마의 벽편이 보인다)가 있기 때문이다. 이처럼 백제 시기의 유적과 유물들이 점차로 알려지고 있으므로 백제 말기의 불교유적이나 유물의 발견 가능성은 한층 높다고 하겠다.19)

3. 백제시대의 불상

익산 蓮洞里 石造如來坐像

연동리 석불좌상은 현재 익산시 삼기면 연동리 석불사 법당(미륵전) 내에 봉안되어 있으며 보물 제45호로 지정되어 있다. 상호가 유실되어 근래에 새로 만들어놓았는데, 원래의 불상과 전혀 어울리지 않은 모습으로 복원하여 이질감을 주고 있다. 이 석불은 불신, 광배, 대좌를 모두 갖춘 백제 최대의 완전 입체 불상이다. 상호가 유실되면서 불신의 어깨, 가슴 부위 등에 손상이 많이 되었으나, 백제시대의 석불이 많지 않은 현실에서 이렇게라도 남아있는 것은 다행스러운 일이다.

신체는 과감하게 처리되어 둥근 어깨는 강직한 느낌을 주며, 넓은 가슴과 큼직한 하체는 당당하고 장대한 형태미를 느끼게 한다. 法衣는 通肩으로 비교적 얇은 편인데 어깨는 넓고 반듯하게 내려왔으며, 두 무릎은 넓게 펴서 안정감이 있다. 팔과 무릎의 옷주름은 활달하고 사실적인 느낌을 준다.

커다란 4각형의 대좌를 덮은 옷자락은 裳懸座를 이루고 있으나 그다지 힘차 보이지 않는다. 手印은 왼손을 가슴에 대고 오른손을 배 앞에 자연스

---

19) 崔仁善, 「月出山의 佛敎文化」, 『靈巖 月出山 祭祀遺蹟』, 木浦大學校博物館・靈巖郡, 1996, 189~194쪽.

럽게 놓은 이례적인 수인을 취하고 있다. 光背는 1매의 화강암으로 현존하는 백제의 최대 광배이며 대좌에 삽입되어 있고 두광과 신광의 윤곽을 나타내고 있다. 두광부에는 연화문이 부각되고 그 주연을 光芒帶, 5조의 동심원, 신광의 너비
는 이 동심원의 지름과 동일하며 좌우 각 5구의 보주연하문이 있고 光緣部에는 화염문과 화불 7구, 그리고 두광의 상부에 보주연화문이 있으며, 뒷면에는 아무런 조각이 없다. 광배의 상부가 손상되어 없지만 원래는 舟形이 아니었나 추측된다.

이 석불 주변에는 옛 절터가 있지만 그다지 넓지 않으며, 특별한 유물이 수습된 바도 없다. 석불의 조각 양식으로 보아 백제시대 석조불상의 걸작이라고 하기에 손색이 없으며, 조성 연대는 백제 말기인 7세기 전반으로 추정해도 무리는 아닐 것 같다.[20]

· 규모 : 현 좌상 높이 201cm, 상호 제외 좌상 높이 156cm, 어깨 너비 113cm, 대좌 너비 225cm, 대좌 높이 40cm, 광배 높이 326cm, 광배 너비 266cm, 광배 두께 30cm.

익산 胎峰寺 石造三尊佛

태봉사 석조삼존불은 익산시 삼기면 연동리 태봉사에 모셔져 있다. 석불

---

[20] 大西修也, 「百濟の石佛坐像—益山蓮洞里石造如來坐像をめぐって」, 『佛教藝術』 107號, 1976. 久野健, 「百濟佛像의 服制와 그 原流」, 『百濟研究』 忠南大學校 百濟研究所編, 知識産業社, 1982. 黃壽永, 「三國時代의 石佛」, 『國寶』 4, 藝耕産業社, 1985. 林洪洛, 「益山 蓮洞里寺址에 대한 一考察」, 『鄕土史研究』 1집, 1989. 趙容重, 「百濟 佛像光背에 關한 硏究--火焰紋樣을 中心으로」, 弘益大碩士學位論文, 1990.

오른쪽의 나한상에 보관이 있고, 큼직한 광배에 화불 1구가 배치되어 있는데 이것은 근년에 들어와서 새로 만들어 넣은 것이다. 1950년대의 모습을 보면 보관과 화불이 없었고, 다만 호분이 짙게 발라져 있었다.

현재 태봉사 법당의 주존불로 봉안하고 있는데, 이곳 태봉사 부지에서 중국 육조시대의 동종(완형이 아니고 파손됨) 한 조각이 출토되어 1957년 10월에 국립부여박물관에 수장된 바 있으므로 이 주변의 유적 유물이 주목되고 있다.

이 불상은 1매의 판석으로 삼존을 조각한 작품이나 현재는 표면에 호분을 바르고 색칠을 하여 원래의 형태를 알 수 없을 뿐 아니라 인상을 크게 그르치고 있다.

본존은 동체에 비하여 머리가 매우 크고 머리 위의 육계는 아주 작게 표현되어 있다. 법의는 통견으로 두터운데 희미하게 표시된 옷주름은 4각형의 대좌 밑으로 내려졌으며, 여기에도 희미한 옷주름이 있다.

수인은 왼손을 들어올려서 가슴에 대고 있으며, 오른손은 복부에 대고 있으나 둔한 느낌을 주고 있다. 어깨, 무릎 그리고 대좌의 넓이가 거의 비슷하여 조형이 위축되었다.

본존 양쪽에 있는 협시상은 오른쪽이 나한상이고, 왼쪽이 보살상이다. 나한상은 머리를 삭발한 듯 보이며, 양쪽 귀는 큰 편이다. 목에는 삼도가 없고, 법의는 평복으로 상·하의로 나누어져 있다. 상의는 허리띠를 매었는데 이 끈이 밑으로 늘어졌으며, 하의에는 종선의 주름이 몇 줄 표시되었으나 비교적 평판적이다. 양손은 따로따로 가슴에 대고 있다.

보살상은 머리에 보관을 썼으며 양쪽 귀는 크다. 법의는 두꺼우며 어깨 부분에 융기선 주름이 있을 뿐 옷주름은 생략하여 거의 잘 보이지 않고 있다. 두 손은 가슴 부분에서 합장하고 있다.

삼존상의 머리 뒤에는 각기 원형의 두광이 있으나 본존상의 두광에만 연화문이 장식되어 있는 듯하다. 조각 수법은 치졸하나 고고한 양식을 보이고 있어 현존 위치와 주변의 상황, 그리고 같은 경내에서 六朝鏡이 출토된 사실 등으로 미루어보아 7세기경의 백제 작품으로 추정되고 있다[21].

· 규모 : 본존상 높이 100㎝.

정읍 普化里 石造如來立像(2구)

보화리 석조여래입상 2구는 현재 전라북도 정읍시 소성면 보화리 삼거마을 입구 밭에 보존되어 있는데, 1982년 원광대학교 마한백제문화연구소에 의하여 처음으로 알려져 학계의 주목을 끌게 되었다.

이 불상은 처음 조사할 당시에 하반신이 땅속에 묻혀 있었고 상반신만이 땅위에 노출되어 있었기 때문에 상반신은 비교적 많은 풍화를 입었다. 현재는 주위가 밭으로 변하였으나 약간의 기와조각과 토기편들이 흩어져 있는데 이 중에는 백제시대의 것들이 발견되고 있다. 또한 불상이 있는 밑으로 암반이 있는데 이곳에 後人들이 우물을 파놓았다. 이처럼 기와나 토기조각들이 발견되는 점과 샘까지 갖추고 있는 것으로 보아 이곳에 일찍이 옛 절터가 있었던 것을 알 수 있다.

2구의 불상은 왼쪽 상이 크고, 오른쪽 상이 약간 작은데 먼저 왼쪽 상부터 살펴보기로 하겠다. 왼쪽 불상은 소발의 머리 위에 우뚝한 육계를 갖

---

21) 黃壽永, 「三國時代의 石佛」, 『國寶』 4, 藝耕産業社, 1985.

추었고 머리 밑에는 1조의 윤곽이 있어 다른 불상에서는 볼 수 없는 희귀한 예이다. 두 눈은 깊이 파이고 코는 부서져 콧날이 없어졌으며, 목에는 삼도가 뚜렷이 표현되어 있다. 법의는 우견편단으로 掩腋衣를 걸쳤는데 오른쪽 어깨가 조금 넓은 감을 준다.

법의는 가슴 앞에서 시작하여 왼쪽 어깨 위에 걸치고 오른쪽 허리 부분을 감싸면서 옷자락 일부를 왼쪽 팔 위에 걸쳐놓고 있다. 그리고 배 앞에서 양 끈이 합쳐지면서 무릎 밑에서는 '之'자형을 이루고 있다. 엄액의는 양쪽 발등을 덮고 족좌보다도 밑으로 내려졌으며, 고식의 '之'자형을 보이고 있다. 수인은 오른손을 아래로 늘어뜨려 무엇인가 잡고 있는 듯이 약간 손가락을 오므렸으며, 왼쪽 손은 與願印을 취하고 있다.

불상이 서 있는 족좌는 원형으로 밑부분에는 원주형의 삽입촉을 갖추고 있다. 족좌의 앞부분은 일부가 부서져 없으나 옆면에는 단판의 앙련인 듯한 연화문이 보이고 있다. 광배는 주형으로 왼쪽 목 부분에만 남아 있고, 다른 부분은 흔적만 남아 있는 정도로서 장식된 문양은 찾아 볼 수 없다.

오른쪽 상은 왼쪽 불상에 비하여 키가 작고 율동미가 있는 부드러운 인상을 주는데 전체적으로 완전하지 못한 破佛像이다. 소발의 머리 위에 높고 평평한 육계가 놓였는데 두 눈은 깊게 파여 있다. 입술 양편을 깊게 표현하여 미소짓는 듯한 모습을 보이고 있다. 목에는 삼도가 뚜렷하고 양쪽 귀는 길쭉하다. 목은 절단되었던 것을 시멘트로 접착시킨 흔적이 있다.

법의는 우견편단으로 한 자락을 복부 앞에서 고정시키고 다른 한 자락은 왼쪽 팔에 걸쳐서 발등까지 흘러내리고 있다. 수인은 여원인을 취하고 있으며, 오른쪽 팔목 밑부분이 잘려나가고 없다.

불상이 서 있는 족좌는 원추형을 거꾸로 놓은 上廣尖底型을 이루고 있다. 현재 광배는 남아 있지 않으나 원래는 있었던 것으로 추정되는데 불두 뒤편에 광배를 설치하였던 둥근 구멍을 시멘트로 메워놓은 것으로 보아 광배는 두광으로 생각된다. 그러므로 이 불상은 상호나 광배의 모양 등으로 미루어 보아 협시상일 가능성도 있다.

이 2구의 불상이 자리하고 있는 일대는 백제시대 五方 중 中方이 있던 古沙夫里 지역으로 백제 석불의 조성이 가능한 역사적 배경을 지니고 있다. 그러므로 이 석불 자체의 각부 양식이나 조각수법, 그리고 역사적 배경 등을 보거나 특히 다른 백제불과 비교해볼 때 이 2구의 불상 조성 시기는 7세기 전반으로 추정해도 무리는 아닐 것 같다.[22)]

· 규모 : 좌상 높이 2.56m, 우상 높이 2.27m.

김제 出土 銅造板佛

김제시 출토의 銅造板佛四座은 삼존불좌상과 반가사유상, 사존불좌상, 십사존열좌상의 4매인데, 1980년 3월 7일 전라북도 김제시 성덕면 대목리 탄상마을 364번지에 거주하는 손순남씨에 의하여 자기 집에서 인접한 경작지에 비닐하우스를 설치하던 중 지표 밑 60㎝ 지점에서 출토되었다. 이 불상들이 출토될 때 함께 나온 기와편과 토기편들이 있는데 삼국 시기에 해당하는 것도 있었다.

① 銅板三尊佛坐像

중앙에 위치한 여래좌상은 소발의 머리 위에 큼직한 육계가 있으며, 상호는 풍만하다. 법의는 통견으로 두 손과 다리를 덮었고 양 어깨와 복부하에 의문을 조각하였으며, 내의가 가슴에 사선으로 표시되었다.

좌우의 협시보살좌상은 머리에 정면 장식이 있는 보관을 썼으며, 목걸이

---

22) 黃壽永·鄭明鎬, 「井邑 '부처당이' 石佛立像 二軀에 대한 考察」, 『佛敎美術』 7, 1983.

와 팔찌를 하고 있다. 상반신은 裸身이며, 양 어깨에서 천의가 길게 늘여져 裙帶와 함께 좌우 한쪽씩만 표현된 다리 위에 걸쳐져 있다. 또한 풍만한 상호와 비만한 복부와 가슴 사이에 굴곡된 모습이 보인다. 본존만이 정면을 향하였고 좌우 보살상은 본존을 향하여 상호를 약간 돌리면서 각기 한 손을 들어 연꽃을 잡고 있다.

삼존이 모두 둥근 두광을 갖고 있는데 본존의 두광은 더욱 커서 연화문이 내권을 이루고 화염문이 밖을 장식한 보주형인 데 비하여 보살상의 두광은 간략화되어 원판을 이루고 있다. 그리고 삼존의 상부에는 2단형의 箱形天蓋가 배치되었는데 이 천개에는 삼각형문과 瓔珞이 장식되었으며, 하부에는 앙·복련의 단판에 자엽이 보이는 연화좌를 조각하고 있어 조성 연대를 나타내고 있다.

비록 소품이나 삼존이 모두 좌상인 것은 처음 보는 예이다. 기존 예에서는 본존이 입상 또는 좌상인 것에 대하여 좌우의 협시는 항상 입상이었는데 이 불상에서 처음으로 삼존이 모두 좌상의 양식을 취하고 있는 것이다.

이 동판불은 주물로 조성되었으며, 불상 뒷면 네 곳에 사각형의 돌기가 보이는데 이것은 원래 背板이 따로 있어서 고정시켰던 흔적으로 생각된다. 주조품이므로 조각선이 예리하지 못하며 도금의 흔적도 찾아볼 수 없다(크기 7.8cm×7.3cm×0.6cm).

② 銅板半跏思惟菩薩坐像

정사각형 동판에 가득하게 조각된 삼존불상 중에서 주존으로 정면을 향하고 있으며, 좌우의 입상은 나한상이다. 이 반가사유상은 보주형 두광과 소판복련좌를 상하부에 구비하고 있다. 머리의 정상에는 간략한 탑형 보관을 썼으며, 상호는 풍만한 편으로 목에는 삼도가 없고 넓은 帶狀의 목걸이 장식을 하였다.

상반신은 나신으로 천의는 양 어깨에서 내려져 있으며, 掌衣는 무릎 부분에서 나선의문을 조식하였고 그 밑으로는 중첩의문을 보이고 있다. 오른손은 들어 오른쪽 얼굴에 댔고, 왼손은 왼쪽 무릎에 얹어놓은 오른발 위에 놓앉다. 또한 동체의 좌우 측면에는 흘러내린 요대를 표시하고 있다.

그런데 이 반가사유보살상에서 주목되는 것은 원형으로 보이는 榻座 뒤에 이 상의 어깨 부분까지 이르는 장방형의 병풍이 조각되어 있는 것인데 이러한 병풍은 후에 광배로 바뀌었을 것으로 생각되며, 이런 점은 늘어져 있는 곳에서도 알 수가 있다. 이렇게 병풍이 조식된 양식은 아직까지 그 예를 보지 못하던 것이다.

오른쪽의 나한상은 본존을 향하여 몸을 굽혀서 두 손으로 佛具를 잡았으며, 왼쪽의 나한상은 직립 정면하여 오른손을 머리 위에 얹고 있다. 좌우 상은 모두 둥그런 상호에 소발이며 머리 뒷부분에 원형의 두광을 마련하였다.

또한 삼존불의 상부에는 나무 잎으로 장식된 장막이 조각되었으며, 좌우 끝에는 길게 영락이 드리워져 있다. 이렇게 반가상을 주존으로 삼은 조형은 충청남도 비암사 碑像에서 유례를 볼 수 있는데, 이 비암사 비상에서는 반가상만을 樹葉龕 안에 모시고 양측 면에 보살입상을 배치하고 있다. 그리고 또다른 유례로는 충청남도 연화사 비상에서 볼 수 있는데 이 비상에서는 한 면 가득하게 삼존을 배치하고 좌우 협시상은 모두 꿇어앉아 향로를 들고 본존인 반가상을 향하고 있다.

이 동판불에는 사방 주변을 돌아 약 0.3cm의 여백이 있는데 아마도 이 동판상을 봉안하기 위해서 작은 상자에 끼웠던 것으로 추정되며, 주물에 의한 판불임을 알 수 있다(크기 6.8cm×6.8cm×0.7cm).

③ 銅板四佛坐像

장방형의 형태를 한 동판 상하에 각 2구씩의 불좌상을 배치하고 있다. 조각 면이 많이 마손되었지만 가는 선으로 불상의 세부를 조각하였다.

각 조각상이 모두 통견인데 좌우로 길게 늘어진 길다란 소매에 따라 의습을 새기고 있으며, 두 손을 모아 가슴 아래에 두었다. 그리고 밑에는 중판의 복련좌를 조식하였으며, 머리 뒷부분에 둥근 두광을 배치하였다. 이 동판불에서는 불신 좌우와 두상 주위로 連珠帶를 돌렸으며, 다시 그 위에 반원형을 새겼는데 이것이 龕形을 나타낸 것인지는 아직 확실하지가 않다. 千佛

像으로 추정되기도 하나 주조된 판불로서 주위에 주연이 표시되어 있다. 현재 상태에서는 조각이 분명하지 않아 각 조각의 분별이 시원치 않으나 연주문이나 연판 등은 고식임을 잘 알 수 있다(크기 3.5㎝×6.1㎝×1.0㎝).

④ 銅板十四尊列坐像

상하 2열로 각 열에 7구씩의 좌상을 배치하였는데 조각 양식은 모두가 동일하다. 상호는 크고 둥글며 손과 발은 옷 속에 가려져 있다. 상하에 둥그런 두광과 앙연좌를 조각하였으며, 머리 위에는 원점을 찍은 帳幕形이 있고, 각 상 사이는 종선으로 구획하고 있다.

주연에 공백을 남기고 있는데 이것은 이 판불의 장치를 위한 것으로 짐작된다. 이 동판불은 千佛같이 볼 수 있으나 한편으로는 불, 보살상의 조성에 관여한 승속인들의 표현으로 볼 수도 있다. 이러한 유례는 충청남도 비암사 癸酉銘阿彌陀三尊碑像의 후면에서 조사된 바 있는데 이 비상에서는 각 상 옆에 관계되었던 인명이 조각되어 있다. 이 동판불은 주물로 조성되어 있다. 소박한 좌상들의 형태와 원문 등은 앙련문과 함께 고식을 보이고 있다(크기 8.8㎝×5.0㎝×1.0㎝).

이상으로 4개의 유품에서 볼 때 삼존불과 반가상이 동시에 조성되고 유행하였던 사실을 알 수 있다. 이 판불들의 조성 시기는 조각기법으로 보아 7세기 전반, 즉 백제 후기로 추정된다.[23]

彌勒寺址 出土 塑造佛

소조불은 정림사지를 비롯한 부여의 몇 곳에서 출토된 것이 있으나 익산 지역에서는 아주 드문 예로 이 塑造菩薩頭像 하나가 주목되고 있다.

익산시 금마면 기양리 97번지 미륵사지를 발굴하던 중 중원 서회랑지에서 출토되었다고 한다. 두상만 남아 있고 주변의 조각이 모두 파손되었는바, 상호의 윤곽이 뚜렷하여 다행스럽다. 머리 위에는 간략한 보관을 썼으며, 중

---

[23] 黃壽永,「全北 金提 出土 百濟 銅板佛像」,『佛敎美術』5, 東國大學校博物館, 1980.

앙에는 立形의 조각 흔적이
뚜렷하나 그 형태가 무엇이
었는지는 분간하기 어렵다.
머리 주변에는 이중으로 양
각한 원호 부분이 있어 두
광의 흔적으로 생각된다.
이마 위에는 관대가 있는데
좌우측에 이르러는 장식으
로 매듭하였다.

 상호는 원만하며 양 눈썹이 뚜렷하고 코와 입이 파손되어 유감이다. 그러나 양쪽 볼이 부드럽고 입가의 미소가 전형적인 백제불의 미소라 하겠다. 특히 눈두덩이의 양식 수법은 곧 백제불을 연상케 한다. 소조의 백제불이 드문 편인데 이 두상은 백제 조각 연구에 귀중한 자료가 될 것이다.
 · 규모 : 두상 높이 9.5cm, 너비 10cm.

장흥 玉龍寺址 出土 金銅藥師如來立像

 1964년 4월 관산읍 옥당리 산235번지(당동마을) 옥룡사지에서 개간작업중 출토된 이 금동입상은 광배만 유실되었을 뿐 불신과 대좌가 잘 남아 있다. 세장한 불신의 오목 부분에 도금의 흔적이 많이 남아 있고, 소형상이지만 각 부분의 조각이 뚜렷하여 전체적으로 양호한 느낌을 풍긴다.
 상호는 긴 편이며 몸에 비하여 약간 큰 편에 속하고 머리는 소발이다. 육계는 넓고 높으며 눈이 강조되어 있다. 목에는 삼도가 뚜렷하게 나타나 있고, 법의는 통견이다. 두툼한 법의는 상체에서 U자형을 이루고 있으며, 허리 밑의 하체에서 양쪽 다리로 서로 대칭되게 음각되어 있다. 수인은 오른손을 들어서 시무외인을 결하고 있으며, 왼손은 허리 부분까지 올려서 손안에 약호를 들고 있다. 두 발은 직립하여 앞으로 내밀었으며, 양발 밑에 달린 1개의 촉이 연화좌 구멍에 꽂아져서 불신이 서도록 하였다.

배면에는 어깨로부터 발목 부분까지 전신이 주형으로 후벼 패여 片佛類에 가깝고 머리 뒤에도 둥글게 홈이 패여 있어 원래는 광배를 부착하였을 것으로 보인다. 등 뒤의 이 주형 홈통 안에는 바로 목 밑과 종아리 뒷부분에 조그마한 돌기가 하나씩 있어 역시 광배를 달았던 흔적이 보인다.

대좌는 부드러운 단판 복련좌이다. 일반적인 8각대좌가 아니라 7각을 이루고 있어서 특이하며, 따라서 연판도 7개이다. 복련좌 밑 중대 각 면에는 점공선의 흔적이 남아 있어 안상문처럼 보인다.

이 불상은 상호가 수려하고 불신이 세장하여 7세기 중엽경의 백제계 불상으로 추정24)되고 있으나 통일신라적인 요소도 있으므로 검토가 필요하다.

장흥 옥룡사는 조선시대의 문헌에 천관산에 있다고 위치만 전하고 있어 정확한 연혁은 알 수 없다. 이 사지에는 현재 상호가 유실된 통일신라시대 석불좌상 1구만 유존하고 있다. 그러므로 이 시기부터 사찰이 존재하고 있었다고 믿어지지만 그 이전 시기의 유물은 보이지 않아 어느 시기에 창건되었는지 발굴조사를 하지 않는 한 확인할 수 없는 형편이다. 따라서 여기에서 출토된 이 불상이 과연 이 사찰에서 조성되었는지 아니면 다른 곳에서 후대에 유입되었는지 알 수 없다. 이 불상은 소형의 소지불이기 때문에 얼마든지 이동이 가능하다. 그렇기 때문에 소형의 백제 불상이 이곳 옥룡사에서 출토되었다고 하여 백제시대에 장흥지방에 불교가 유입되었다고 속단할 수는 없다.

· 규모 : 전체 높이 11.8cm, 불신 높이 9.2cm, 대좌 지름 4cm, 대좌 1변 길이 1.9cm.

---

24) 崔淳雨,「長興出土 金銅藥師如來立像」,『考古美術』6卷 5號, 1965.

4. 통일신라와 고려시대 각 지역의 불상

1) 광주광역시

광주 藥師寺 石造如來坐像

동구 운림동 산11번지 약사사에 있는 이 불상은 대웅전 안에 주불로 봉안된 것으로 광배는 결실되고 불신과 대좌만 남아 있는데, 보물 제600호로 지정되어 있다.

육계는 낮고 머리칼은 반나발인데 이마와 귀의 상단을 경계로 뒷머리 부분에만 나발이 표현되어 있다. 상호는 원만하며 눈은 반개하였고, 두툼한 입술은 미소를 머금고 있다. 법의는 우견편단으로 왼팔에 걸친 옷주름은 유려하게 밑으로 흘러 결가부좌한 무릎 위를 덮고 있다. 결가부좌한 다리는 길상좌를 취하였는데 오른발은 왼쪽 무릎 위에 노출되었지만, 왼발은 오른쪽 무릎 위에 놓인 오른손 뒤로 발가락만 약간 노출되어 있다. 수인은 왼손을 단전 부위에 대고 오른손은 무릎 위에 가볍게 올려 항마좌를 취하였다. 허리는 반듯하나 고개를 약간 숙여 굽어보게 하였고, 귀는 짧은 편이나 목은 비교적 굵고 삼도의 표현이 뚜렷하다. 넓고 당당한 어깨와 힘찬 팔은 중량감 있는 두 다리와 함께 남성적인 면을 보이는 데 비해, 짧은 동체와 급격히 가늘어진 허리는 다소 섬약한 느낌을 준다.

대좌는 상·중·하대로 이루어져 있고 팔각의 통식을 따랐으나 상대석은 원형이다. 상대석은 단판8엽의 앙련좌로서 연화문 안에 화려한 꽃무늬를 조출하였다. 중대석은 8각으로 우주만 각출하였을 뿐 별다른 조식이 없고, 하대석은 복련좌로 방형의 지대석 위에 올려져 있다.

전체적으로 볼 때 이 불상은 석굴암 본존불의 형식을 따라 신체의 굴곡과 양감을 표현하려는 의도가 역력하며, 옷주름의 처리도 고려시대 불상들처럼 경직되지 않고 비교적 자연스러워 신라 전성기의 불상 양식을 잘 나타내고 있다. 그러나 짧은 동체, 급격히 가늘어져 빈약해진 허리 등은 전체적인 균형을 감소시키고 있으며, 넓은 어깨에 비해 짧은 목과 약간 앞으로 숙여진 머리는 위축된 느낌을 준다.

이 불상은 경북 의성의 고운사 석조석가불좌상(보물 제246호)이나 경남 합천의 청량사 석조석가불좌상(보물 제265호) 등과 함께 9세기에 조성된 것으로 추정되는데, 옷주름의 처리에 있어서 도식화된 면이나 경직된 표현이 나타나지 않는 점으로 미루어 9세기 전반기의 작품으로 보인다. 그러므로 약사사 석불은 통일신라 불상이 희귀한 전남지방에 있어서 그 학술적 가치가 매우 큰 귀중한 유물이라 하겠다[25].

· 규모 : 총고 226㎝, 불신고 114㎝, 대좌고 112㎝, 두고 37㎝, 무릎폭 112㎝, 상대석 지름 122㎝, 중대석 지름 60㎝, 하대석 지름 135㎝, 지대석 길이 153㎝.

광주 證心寺 鐵造毘盧舍那佛坐像

이 철불은 현재 광주광역시 동구 운림동 56번지 증심사 대웅전 뒤편의 비로전에 봉안되어 있으며 보물 131호로 지정되어 있다. 원래는 현 전남도청 부근에 있었던 것으로 추정되는 대황사라는 절에 있었는데, 이 절이 폐사되면서 1934년경에 증심사로 옮겨졌다고도 하고 광주시 지산동 동오층석탑(보물 110호)이 있는 백천사지에서 옮겨왔다고도 하는데, 전자쪽의 가능성이 더 크다.

철불은 광배와 대좌가 유실되고 없으며

---

25) 金元龍, 「光州 藥師庵 石造如來坐像」, 『湖南文化硏究』 5, 1973. 朴春圭·千得琰, 『光州의 佛蹟』, 光州直轄市, 1990, 165쪽.

불두(높이 26cm)와 불신(높이 90cm)의 비례가 1 : 3.46으로 삼화사 철불(1 : 3.56)과 비슷하여 좋은 구도를 이루고 있다. 이목구비는 사실적으로 도피안사 철불과 비교가 된다. 머리는 나발이고 육계가 높이 솟아 있으며 계주는 없다. 실상사, 도피안사, 삼화사 철불 등과 같은 9세기 불상들의 육계가 낮고 머리와의 구분이 거의 없는 것과 비교하면 이 철불의 육계는 대단히 높은 편이다. 이마는 좁은 편이며 중앙에 백호공이 없는 것이 특징이다. 백호는 대승불교에서 광명을 비춘다고 하여 부처뿐만 아니라 여러 보살들도 모두 갖추도록 규정하였다. 따라서 초기 불상에서부터 작은 원형을 도드라지게 새기거나 수정 같은 보석을 끼워 넣기도 했으며 드물게 채색하여 직접 그리기도 하였다. 눈은 반개하였으며 거의 일자형을 이루고 있다. 코는 둥글며 짧고 그에 비하여 인중은 아주 길다. 입은 적당하며 두툼한 편이고 양 입가를 눌러 미소를 짓고 있다. 턱에는 반원형의 일조선 음각이 있으며 목에는 삼도가 있다. 귀는 두툼하며 짧은데 9세기 중엽부터 유행한 형식으로 인간적 모습을 그대로 나타내려 한 데서 기인한 것으로 볼 수 있다.

  어깨선은 약간 곡선을 이루어 당당하며 법의는 통견이다. 법의의 끝단 띠 주름이 어깨에서 직선에 가까운 사선으로 내려와 동해 삼화사 철불이나 해남 은적사 철불과 같은 사다리꼴 형식을 이루고 있다. 법의는 대체로 두꺼운 편이며 어깨에서 팔목까지는 대의의 옷주름이 거의 생략되었고 팔굽에서 팔목까지는 평행의 단상 주름이 정연하여 도피안사 철불이나 취서사 석조비로자나불좌상처럼 9세기 중엽 이후에 많이 나타나는 평행 계단식 옷주름과 비슷한 모습을 보여주고 있다. 무릎에서 발목 사이의 하체 의문은 굵은 음각선으로 홈이 파여 있는 듯하다. 오른손 엄지 뒤로 약간의 평행선이 보이는데 이것은 승각기의 상단으로 추정되며 보림사 철불과 은적사 철불의 승각기가 가슴 부위까지 올라간 것과 대조적으로 내려와 있다. 그리고 항마좌의 자세를 취한 때문인지 모르지만 양 발목 사이의 부채꼴 의문이 없다. 부채꼴 의문은 석굴암 본존상이 조성된 8세기 중엽 이후 대부분의 상에서 볼 수 있는 특징적인 의문이다.

허리가 잘룩한 것에 비하여 가슴의 양감은 없는 편이다. 수인은 지권인을 결하고 있는데 왼손이 위로 올라가 있어서 뒤바뀌어 있으며 해남 은적사 철조비로자나불좌상, 불국사 금동비로자나불좌상, 상주 남장사 철조비로자나불좌상 등과 같은 형식이다. 왼손의 엄지와 검지는 결실되었고 중지는 첫째와 둘째 마디가 없다.

자세는 항마좌이며 어깨와 가슴이 넓고 반듯할 뿐만 아니라 무릎 또한 넓어 안정되어 있다. 잘 알려져 있다시피 한국 철불은 거의 좌상이며 왼발을 오른쪽 다리 위에 올린 다음 오른발을 밖에서 왼쪽 다리 위에 얹은 길상좌의 자세를 취하고 있다. 그런데 증심사 철불은 이와 반대로 오른발을 왼쪽 다리 위에 얹고 왼발을 밖에서 오른쪽 다리 위에 얹고 있는 항마좌를 취하고 있다. 이러한 형식 또한 이 철불이 갖는 특징 가운데 하나이다.

이 철불은 전체적으로 단정하고 자세가 당당하나 8세기 중엽 불상에서 보이는 풍만감이나 탄력성은 거의 없다. 그리고 낮은 무릎에 비해 허리가 길고 상체가 당당한 모습은 홍천 물걸리, 청량사 수도암, 경북대 박물관, 중앙박물관 소장, 축서사, 동화사 비로암 등의 석조비로자나불좌상들과 대조적이다. 이 像들은 대체로 9세기 후반에 조성되었으며 어깨가 좁고 움츠린 자세를 보여주고 있다. 철불 가운데 증심사 상보다 허리가 더 길어지면 경기도 포천 출토 철불이나 개성 적조사지 철불처럼 고려 전기의 장대해진 양식으로 진전한다.

이상에서 살펴본 대로 증심사 철불은 원위치가 불분명하고 통일신라 하대의 양식과 고려 전기의 양식으로 볼 수 있는 요소도 포함하고 있으므로 편년 설정이 쉽지 않다. 이 철불은 일찍부터 보물로 지정되어 널리 알려졌으며 도피안사 상과 흡사한 양식을 지니고 있어 조성 시기를 대체로 9세기대로 보았다.[26] 그런데 미소를 띤 상호와 통견의, 넓은 두발에 표시된 의문

---

26) 9세기대 통일신라시대로 보는 견해는 다음과 같다. 黃壽永・秦弘燮・鄭永鎬,『韓國佛像三百選』, 韓國精神文化硏究院, 1982, 205쪽. 金理那,「證心寺 鐵造毘盧舍那佛坐像」,『國寶』2(黃壽永 編著), 1984, 218쪽. 姜友邦,「韓國 毘盧遮那佛像의 成立과 展開--圓融의 圖像的 實現」,『圓融과 調和--韓國古代彫刻史의 原理』, 열화당, 1990, 473쪽.

에서 신라 이래의 오랜 양식을 전하고 있으나 형식화의 모습이 엿보여 고려 불상으로 파악하는 새로운 견해27)가 대두되었다. 그리고 평행계단식 옷주름 이 다소 두텁게 변하였고 현실화된 사실성에 충실하다든가 체구의 평면성, 두꺼워진 띠주름 등은 나말여초 조각의 특징으로 꼽을 수 있는데 이러한 양 식이 이 상에서 나타나고 있으며, 뿐만 아니라 892년부터 936년까지 존속한 후백제 지역에서 조성된 점을 들어 후백제시대에 조성한 것으로 추정하는 견해28)까지 발표되었다.

이 철불은 상호가 이상적인 佛眼이 아니라 인간적이며 백호가 없고 지권 인의 수인이 뒤바뀌어 있으며 항마좌의 자세를 취하고 발목 사이의 부채꼴 의문이 없으며 평행계단식 옷주름이 다소 두텁게 변하는 점 등이 양식적 특 징이다. 이러한 양식은 나말여초의 불상에서 혼합되어 나타나므로 정확한 편년 설정이 어렵고, 뿐만 아니라 철불의 원위치로 추정된 대황사지는 이미 개발이 되어 초창기의 공반 유물관계를 살필 수 없다. 그렇지만 양식상으로 볼 때 증심사 철불은 도피안사 철불의 전통을 이어받고 있으며, 고려 초기 작으로 추정된 포천 출토 철불이나 적조사지 출토 철불보다는 앞서는 요소 들이 많아 통일신라 후기에 조성된 것으로 파악하는 것이 무리가 없을 것으 로 판단된다.29)

· 규모 : 전체 높이 90㎝, 무릎 너비 70㎝, 무릎 높이 10㎝, 어깨 너비 41㎝, 상 호 높이 26㎝, 상호 너비 18㎝.

광주 證心寺 石造菩薩立像

동구 운림동 56번지 증심사에 있는 이 보살상은 오백전 남쪽에 범자 7층 석탑과 나란히 세워져 있는데, 현재 광주시 유형문화재 제14호로 지정되어 있다.

원형의 연화대좌는 지대석과 상·중·하대석을 모두 갖춘 것으로, 상대연

---

27) 黃壽永,「高麗時代의 鐵佛」,『考古美術』166·167, 1985, 29쪽.
28) 崔聖銀,「後百濟地域 佛敎彫刻 硏究」,『美術史學硏究』204호, 1994, 50~51쪽.
29) 崔仁善,「韓國 鐵佛 硏究」, 한국교원대학교 박사학위 논문, 1998, 79~84쪽.

화좌는 11엽의 단판연화문과 2엽의 큰 연화당초문이 조각되어 있다. 중대석은 8개의 안상을 돌리고 안상 안에 화운문을 꽉 차게 표현하였으며, 하대복련석은 두툼한 16엽의 복판연화문을 돌렸다.

머리에는 높은 원통형 보관을 썼고, 타원형의 갸름한 얼굴은 우아한 기품이 보이며 선각된 삼도 아래로 목걸이를 조식하였다. 법의는 우견편단이며 몸 전체에 조각된 옷주름선은 깊지 않지만 매우 유려하다. 수인을 보면 왼손은 펴서 왼쪽 가슴 위에 올렸고, 오른손은 편 채로 내려뜨려 오른쪽 다리 바깥쪽에 붙이고 있다.

이 보살상의 조성 시기를 밝힐 수 있는 중요한 요소는 머리 위의 높은 원통형 보관으로서, 이러한 예는 10세기경에 제작된 것으로 추정되는 강릉 한송사 석조보살좌상이나 오대산 월정사 석조보살좌상에서 찾아볼 수 있다. 그러나 증심사 석조보살상은 전반적으로 간략화되고 퇴화된 조각기법과 경직된 수인의 처리, 신체의 불균형 등에서 조성 시기가 다소 떨어짐을 알 수 있으나 고려 전기를 넘지는 않았을 것으로 보인다.

한편 박선홍의『무등산』에 의하면 전 주지 종책스님의 말을 빌어 폐사지에서 증심사로 옮겨왔다고 전하며, 『광주시사』에는 "나한전 우측 문인상은 본래 서봉사지에 있던 것을 고 현준호씨가 사재를 기울여 이곳으로 옮겨온 것이다"라는 기록이 보인다. 여기서 문인상은 오백전 안에 봉안된 조상이 아니라 전각 밖에 세워진 석조보살입상이 원통형 보관을 쓰고 있어 이를 문인상으로 본 것이 아닌가 생각되며, 이것이 확실하다면 석조보살입상은 폐사된 담양 서봉사지에서 옮겨왔을 가능성이 크다.

· 규모 : 총고 205㎝, 지대석 지름 130㎝, 상대석 지름 100㎝, 대좌고 55㎝, 불신고 150㎝.

광주 極樂庵 磨崖如來坐像

서구 쌍촌동 99-7번지 극락암에 있는 이 마애불은 '운천동 마애불좌상'이란 명칭으로 현재 광주시 유형문화재 제4호로 지정되어 있다. 산기슭에 돌출된 높이 4m, 길이 5.6m 정도의 암반을 다듬어 불상을 조성하였는데, 극락암은 마애불의 보호각으로 건립된 전각이다.

마애불은 연화대좌 위에 결가부좌한 좌상으로 머리와 신체는 볼륨감 있게 묘사되었으나 대좌는 거의 선각에 가깝도록 표현되었고, 3중의 광배 역시 특별한 문양 없이 선각으로만 처리되었다. 머리 정상에는 육계가 솟아 있으며 두발은 나발인데 조각이 깊지 않고 마멸이 심해 소발처럼 보이기도 한다. 상호는 장타원형으로 갸름한 편인데 잘 정제되어 원만하다. 양 미간에는 백호공이 희미하게 보이고 눈은 명상에 잠긴 듯하다. 콧날은 비교적 길고 오똑하며 입은 굳게 다물었다. 두 귀는 길어서 거의 어깨까지 내려왔는데 귓바퀴와 귓볼의 세부까지 조각하였다.

갸름한 얼굴에 비해 다소 굵고 긴 목에는 삼도가 뚜렷하며, 어깨는 넓고 당당하나 불두와의 비례를 잃어 균형미를 감소시키고 있다. 법의는 우견편단으로 오른쪽 어깨와 가슴을 드러내고 있으며, 가슴 부분은 평평한데 옷자락에 덮인 복부가 유난히 볼록하다. 왼팔에 걸친 의문은 부드럽게 흘러내려 결가부좌한 무릎을 덮고 있는데, 복부를 감싼 의습의 표현이나 왼팔에 걸친 모습에서 도식화된 표현기법이 보인다. 수인은 다섯 손가락을 모두 편 양 손을 단전 위에 모으고 선정에 들어 사유하는 선정인을 취한 것으로 보이는데, 양손이 보주를 감싸쥐고 있는 매우 특이한 형상이다.

결가부좌한 다리는 오른쪽 다리가 왼쪽 다리 위에 올려진 길상좌로, 주목되는 점은 양쪽 발이 양 무릎 위에 발바닥을 바깥쪽으로 하여 대칭되게 배치된 것이다. 이러한 평면적인 기법은 불두에서 대좌 쪽으로 내려올수록 여실히 드러나는데, 두부나 신부에 비해 간략하게 처리된 무릎의 표현이나 선각에 가깝게 처리된 연화대좌의 표현이 바로 그것이다. 대좌는 중판 13엽의 복련좌로 무릎 아래쪽에 7엽을 배치하고 무릎 좌우에 3엽씩을 표현하였는데, 매우 도식적이고 간략화된 모습을 보인다.

극락암 마애불의 조성 시기는 거대화한 체구와 신체 각부의 불균형, 다소 경직된 얼굴의 표정, 도식화된 옷주름의 처리, 그리고 신체의 상부에서 하부로 내려오면서 보이는 퇴화되고 간략화된 조각기법 등에서 볼 때 나말여초기의 작품으로 추정된다.

· 규모 : 총고 356cm, 불신고 239cm, 무릎고 50cm, 무릎폭 230cm, 견폭 120cm, 대좌고 36cm.

광주 新龍洞 石造如來坐像

이 석불은 광산구 신룡동 산197번지의 폐사지에 있으며 5층석탑과 함께 있다. 광배는 결실되고 없으며 대좌 역시 묻혀 있으므로 확인할 수 없다.

불두는 목 부분이 파손되어 주변에 방치되었던 관계로 상호나 세부 형식을 알아 볼 수 없을 정도로 마멸이 심하고, 다만 육계와 귀의 흔적만 짐작할 수 있을 뿐이다. 목 부분이 파손되어 삼도의 유무는 알 수 없고, 수인은 오른손을 가볍게 들어올려 시무외인을 하였고 왼손은 손목만을 약간 들어 촉지인을 결하였다. 법의는 내의가 보이는 통견으로 좌우 대칭에 가까우며, 양 어깨에 걸쳐 아래로 드려진 옷자락의 처리는 둔중하게 묘사하였다. 복부에서부터 U자형을 이룬 법의 아래에는 상의 자락이 마치 주름치마처럼 보인다.

이 석불의 조성 시기는 5층석탑과 비슷한 고려 전기로 추정된다.

· 규모 : 총고 180cm, 두고 46cm, 두폭 33cm, 견폭 66cm, 불신폭 73cm, 불신 두께 28cm.

2) 전라남도

(1) 광양시

中興寺 石造地藏菩薩半跏像

옥룡면 운평리 산23번지 중흥사에 있는 이 석조반가상은 원래 중흥사 삼층석탑 옆에 버려져 있다가 1978년 서울로 불법 반출되었으나, 그 다음 해에 원위치로 다시 돌아오는 등 불운을 겪었다. 현재는 1986년 9월 29일에 전라남도 유형문화재 제142호로 지정되어 법당에 모셔져 있다.

총고 79㎝의 그리 크지 않은 좌상으로 통례와는 달리 왼발을 가부좌하고 오른발을 내리고 있다. 좌대와 함께 1석으로 조각되었으며 머리에 걸친 기다란 두건이 어깨까지 내려온 것으로 보아 지장보살이라 하겠다. 이마에는 두건을 쓴 1조선의 띠가 선명하며 얼굴은 6~7세기 금동반가상의 인상을 아직까지 나타내고 있다. 동안의 티가 아직 가시지 않은 천진스런 얼굴에 눈은 반개하여 약간 아래로 내려다보고 있고 코는 손상을 입어 시멘트로 후보하였다. 목에 삼도가 보이나 목 부분이 균열되어 시멘트로 보수하였기 때문에 그 밑으로는 보이지 않는다.

의문은 보통 불상에서 볼 수 있는 법의가 아닌 우리의 전통 저고리와 같은 형태이며, 더구나 옷고름이 가슴 앞에서 겹쳐 그 끝이 저고리 섶 밑으로 내려온 것은 전혀 전례를 따르지 않은 형식이다. 하단부로 내려와서도 군의 자락이 아닌 두루마기 같은 형태로 조식되었는데, 이러한 불상의 의문은 국내에서 보기 드문 특이한 것이다.

반가상의 경우 대체로 오른발을 내리고 왼발을 반가하는 것과는 반대로 오른발을 반가하고 왼발을 내리고 있다. 이는 강진 무위사 극락전에 봉안되어 있는 삼존불 가운데 오른쪽(향좌) 지장보살의 형식과 같아 주목되고 있다. 좌대는 장방형으로 전면과 좌우 양측에 8판복련이 조식되고 후면은 연판이 생략되었다. 중대석은 전후좌우에 아무런 문양이 없고 위편에 앙련이 조식되었는데 좌우에만 단엽의 연판이 새겨져 있다.

고려시대로 내려오면서 석조불의 반가상이 그 유례가 없는 실정인 점에 비추어 이 중흥사 지장보살반가상의 예는 우리나라 반가상 연구에 매우 귀중한 예라 하겠으며, 재료 또한 일반적으로 사용되는 화강암이 아니라 그 질이 단단한 점판암이다. 조성 연대는 고려시대로 추정된다.

· 규모 : 전체 높이 79㎝.

(2) 나주시

鐵川里 石造如來立像

이 불상은 봉황면 철천리 마을의 나지막한 산정에 위치하고 있는데, 근처의 미륵사라는 조그만 암자에서 이 불상을 모시고 있으며, 5m가 넘는 거불로 현재 보물 제462호로 지정되어 있다.

불신과 광배가 한 돌로 되어 있는데 자세는 입상이다. 소발의 머리칼에 육계가 큼직하고 얼굴은 방형에 가까우며 둥글고 도톰하다. 눈은 길고 코는 크며, 얼굴에 가벼운 미소를 보이고 있으나 생동하는 불상의 미소는 보이지 않는다. 또 귀는 짧고 삼도가 표현되어 있는데 형식적이다.

신체는 괴량감이 있고 당당하지만 어깨는 부자연스러우며 굴곡도 잘 나타나지 않았다. 법의는 통견이며 의문은 원호를 그리면서 발목까지 내려오는데, 복부와 다리 상단까지는 완만한 곡선을 이루다가 무릎 이하로는 V자형이다. 손은 모두 수평으로 들어서 오른손은 시무외인을 하고 왼손은 여원인을 취하였다. 발목 이하는 땅에 묻혀 알 수 없으나 원래는 이중의 대좌였다고 전한다.

광배는 전체적으로 주형거신광의 형태이나 2조의 두광과 신광으로 대별된다. 두광 안에는 머리 주위를 연화문으로 돌리고 그 사이에는 화문을 조식하였으며, 신광 사이에는 운문을 새겼다. 광배 외연에 화염문이 표현되었으나 충려한 편은 아니다.

이 불상은 상호의 비만감이라든가 괴체화되어가는 신체, 그리고 형식적인 의문 등에서 고려 초기부터 유행하던 거불 양식임을 알 수 있다.

· 규모 : 전체 높이 538㎝, 불신 높이 385㎝, 어깨 너비 175㎝.

鐵川里 七佛石像

철천리 석불입상에서 얼마 떨어지지 않은 곳(봉황면 철천리 산124-2)에 사가에 가까운 원추형 바위가 있는데, 이 바위 전면에 불상을 조각하였다. 바위 정상에 동자상이 있었다고 하나 지금은 없으며, 현재 보물 제461호로 지정되었다. 동면에는 좌상 3구가 있고 북면에도 좌상 1구가 있는데 합장을 하고 있다. 남면에는 4구의 입상이 있는데 조각수법이 모두 비슷하다. 또 서면에는 본래 2구의 불상이 새겨져 있었다고 전하지만, 일제 강점기에 광부들이 떼어냈다고 하는데 지금도 그 흔적이 남아 있다. 그러므로 이 원추형 바위 위에는 모두 9구의 불상이 조각되었음을 알 수 있다.

이 불상들은 모두 소발의 머리에 육계가 명확하며, 얼굴의 세부는 뚜렷하지 않으나 윤곽이 분명하고 우아한 편이다. 그러나 체구는 빈약하고 굴곡도 표현되지 않았으며, 신체 각부의 구분이나 의문 등의 선 처리에 있어서도

너무 도식적이다. 법의는 통견이고 의문은 간단한 음각선으로 표현하여 정교하지 못하다. 동면 좌상의 수인은 항마인이고 북면 좌상은 합장을 하였다. 좌상과 입상이 모두 비슷한 크기이며 발 아래에는 1단의 돌출부를 마련하여 자연대좌를 이루고 있으나, 광배는 표현되지 않았다.

원추형 비슷한 4면석에 다수의 불상이 비스듬하게 조각된 예는 극히 드물고, 이렇게 사방에 불상을 배치한 경우 역시 희귀하며 불상 연구에 귀중한 자료라 하겠다. 이 칠불석상은 일부에서 전형 양식의 퇴화가 엿보이고 조각기법의 둔화, 의문의 도식적인 처리 등으로 미루어 고려 중기 이후에 제작되었을 것으로 보인다.

· 규모 : 전체 높이 95㎝, 동면 좌상 높이 90㎝, 남면 입상 높이 82㎝.

萬峰里 石造如來立像

이 석불은 봉황면 만봉리 저수지에서 서쪽으로 약 500m쯤 떨어진 산록에 동쪽을 향해 자리하고 있다. 이곳은 현재 밭으로 이용되고 있으나 암자터였던 것으로 추측되고 있으며, 불상은 전라남도 유형문화재 제64호로 지정되어 있다. 석불의 밑 부분이 땅에 묻혀 대좌는 파악할 수 없지만 1매의 화강암을 사용하여 광배와 불신을 조각하였다.

불상의 상호는 갸름하고 고졸한 미소를 띠고 있으며 소발의 머리칼에 큰 육계를 갖추었다. 호형을 그리면서 곱게 흐른 눈썹과 거의 감은 듯한 눈, 둥그런 얼굴 등에서 부처의 자비를 찾을 수 있다. 귀는 길게 처져 어깨에 닿고 있으며 목에는 삼도가 표현되어 있다. 또 어깨와 가슴에는 볼륨을 주어 사실적으로 묘사하였다.

법의는 통견인데 의습은 가슴 근처에서 U자형으로 유려하고 맵시 있게 처리되었고, 가슴에서 다리로 이어지는 부분에서는 단상동심 타원형이면서 두 개의 원이 중첩되어 다리 사이에서 V자형을 하였다. 이러한 의문은 철천리 석불입상에서와 같이 가슴에서의 U자형 평행단상이 동일하고, 가슴 아래에서 다리까지의 의문은 영주 석교리 석불과 흡사한 기법을 보이고 있다. 따라서 동체 하부의 의문양식은 철천리 석불입상보다 앞선 것으로 파악된다. 수인은 양 팔을 약간 구부려서 오른손은 시무외인을 하고 왼손은 여원인이 통인이다.

광배는 주형거신광인데 두광은 표현되지 않았고, 광배 내부에 아무 장식도 하지 않았다. 이 불상은 오도의 경지에 이른 듯하면서도 한편으로는 조용한 소녀상을 대하는 듯한 원만상으로 전남지역에서는 보기 드문 수작이며, 전체적인 조각의 흐름으로 보아 고려시대에 조성된 것으로 추정된다.

· 규모 : 전체 높이 230cm, 광배 너비 130cm.

竹林寺 石造如來坐像

이 석불은 원래 남평면 풍림리 죽림사 칠성각 안에 봉안되어 있었으나 지금은 대웅전 앞뜰에 위치하고 있다. 죽림사는 신라 눌지왕 2년(418)에 창건된 것으로 전해오고 있으며, 경내에는 대웅전, 칠성각, 청향각 등의 건물과 탑재, 부도재, 부도 등이 산재해 있다.

파손이 매우 심하여 육계, 코, 턱, 목 부분을 시멘트로 접착해놓았다. 대좌는 하대석이 유실되고 중대석과 앙련석이 1매로 되어 맨땅 위에 놓여 있

다. 중대석에는 다른 조각이 없고 우주가 모각되었는데, 탑재의 탑신부를 중대석으로 이용한 듯하다. 중대석 위에는 단엽중판의 앙련석이 올려져 있다.

불신은 결가부좌한 다리 위에 오른손은 손가락을 모두 펴 무릎 위에 올린 하마인을 하였으며, 왼손은 엄지손가락을 손바닥 위에 두고 나머지 손가락은 폈다. 법의는 우견편단으로 형식화된 평행단상이 주류를 이룬다. 상호 부분은 파손이 심하고 소발의 머리칼에 얼굴은 미소를 짓고 있는 듯하면서도 근엄한 표정이다. 광배는 없고 전체적인 조각수법과 형태가 통일신라시대의 작품을 직모한 것으로, 조성 시기는 고려시대로 추정된다.

· 규모 : 전체 높이 140㎝, 불신 높이 87㎝, 대좌 높이 53㎝, 대좌 너비 85㎝.

龍雲寺 石造如來坐像

이 석불은 비룡산 북쪽 중턱 동강면 옥정리 산121번지의 용운사라는 최근에 건립된 사찰에 봉안되어 있다. 주형광배를 갖춘 좌상으로 대좌를 시멘트로 만들었는데, 원래 대좌의 형식이 어떠했는지는 알 수 없고 원위치도 명확하지 않다. 이 불상은 최근까지 알려지지 않았던 것으로 현재는 도금을 하였다.

머리칼은 소발이고 큼직한 육계가 있으며, 상호는 균형이 잘 잡혀 약간 근엄한 표정을 짓고 있다. 목에는 삼도가 형식적으로 크게 음각되었고, 법의는 통견인데 가슴 부분은 U자형이다. 어깨와 가슴은 당당하고 허리는 가늘어 사실적이다. 결가부좌한 다리 위에 왼손은 펴서 올리고 오른손은 주먹을 쥐면서 항마인을 하고 있다.
 광배는 주형거신광배에 2조선의 두광을 표시하였으며, 광배 전면에 당초문과 보상화문, 그리고 화염문을 화려하게 조식하였다. 이러한 조각수법으로 보아 석불의 조성 시기는 고려 전기로 추정된다.

· 규모 : 전체 높이 180㎝, 불상 높이 130㎝, 어깨 너비 70㎝, 무릎 너비 105㎝, 광배 너비 125㎝.

尋香寺 石造如來坐像

 나주시 대호동 825번지에 있는 심향사의 미륵전 내에 봉안되어 있다. 미륵전은 원래 현재의 3층석탑이 있던 곳에 자리하였으나 1976년 8월 6일에 도괴되어 현위치로 옮겼다고 한다. 석조로 된 이 불상은 불신이 흰색, 광배는 붉은색·황색·청색 등으로 덧칠을 해놓아 석조로서의 질감을 느낄 수 없는 편이다. 또한 두부와 왼쪽 어깨 일부도 석고로 고쳤다.
 세부 양식을 보면 광배와 일석으로 되었는데 광배는 주형이며 여기에 화염문을 덧칠하였고 두광과 거신광을 원형으로 표시하였다.
 육계는 우뚝하고 소발의 머리칼에 상호는 원만상이다. 이마에는 백호가 표현되었고 눈은 정안으로 정면을 응시하고 있다. 목에는 삼도가 희미하게 보이며 법의는 통견을 하였다. 옷주름은 평행의습으로 비교적 둔탁하게 처리한 편이며 왼손은 팔목에 적당하게 옷주름이 보이다가 중앙에 가볍게 얹었다. 수인은 항마촉지인을 결하고 있다. 무릎은 자연스럽게 표현하였으나 어깨에 비해 약간 커 보이며 중앙에 반호형의 옷주름으로 마무리를 하였다. 이 불상의 조성은 고려시대로 추정된다.

· 규모 : 총고 150㎝, 불신고 133㎝, 무릎 폭 116㎝.

羅州 尋香寺 乾漆阿彌陀如來坐像

이 불상은 심향사 대웅보전 안에 봉안된 것으로 전라남도 유형문화재 제 99호로 지정되어 있다. 머리 위로 육계가 높직하게 솟아 있고 머리칼은 나발을 하였으며 상호는 계란형의 원만상이고 넓은 이마의 중앙에는 백호가 있다. 눈썹의 윤곽이 곡선을 그으며 귀 위로 돌았으며 눈은 반개하였다. 코

는 날카로워 긴장감이 돌긴 하지만 콧잔등은 약간 판판한 편이다. 콧등에서 양 입가로 흘러내린 근육선이 뚜렷하며 얼굴은 약간 숙였기 때문에 조금 근엄해 보이기는 하지만 어딘지 모르게 평면적인 느낌이 든다. 귀는 길게 뻗어 밑으로 흐르는 법의에 닿은 듯이 내려왔다. 턱에는 주름이 보인다.

목에는 삼도가 뚜렷하다. 법의는 통견으로 배 위를 덮으면서 U자형을 하였다. 오른쪽 어깨의 대의 깃은 네 가닥이며 어깨에서 시작하여 팔로 내린 주름은 7가닥이다. 가슴은 밋밋하여 육감은 나타나지 않으며 복부에서는 가닥으로 섬세하게 띠 매듭을 하였다. 군의는 가부좌한 무릎을 덮은 상현좌를 취했다. 수인은 아미타구품인으로 추정된다. 오른손은 들어서 정면을 향하게 하고 엄지와 중지를 가볍게 맞잡고 있으며 손바닥의 손금까지 섬세하게 표현하였다. 왼손은 손가락을 자연스럽게 모두 편 상태에서 무릎 위에 손등을 올려놓았다. 이 수인으로 보아 아미타불좌상임을 알 수 있다.

이 불상은 고려 후기를 대표할 만한 충남 장곡사의 금동약사불이나 경기도 화성 봉림사의 목조아미타불좌상과 자세·체구·얼굴·착의법 등 세부 기법에서 흡사한 점을 보이고 있다.30)

불상의 재료는 건칠불로서 마와 창호지, 회를 섞어 만들었으며 그 위에

개금을 한 것이다. 이러한 이유로 '紙佛' 또는 '건칠불'로도 불린다. 이 불상의 밑바닥은 목판으로 붙여놓았는데 1909년에 개금불사를 했던 기록이 보인다. 그후 다시 1988년에 개금불사를 하였다. 이 불상은 원래 불회사 나한전에 있었는데 도굴꾼들에 의해 이동되다가 이곳까지 오게 되었다고 전한다. 조성 연대는 고려시대 후기(13~14세기)로 추정된다.

· 규모 : 총고 132㎝, 두고 47㎝, 두폭 29㎝, 견폭 66㎝, 무릎폭 95㎝, 무릎고 23㎝.

(3) 순천시

金芚寺 石佛碑像

낙안면 상송리 산2-1번지 금둔사에 있는 이 석불입상은 碑身과 같은 긴 네모꼴의 판석에 조각한 비상 형식으로 그 형식이 독특하다. 전체 형식은 대좌, 불신 그리고 보개 등 3부분으로 구성(전체 높이 315㎝)되어 있으며, 불신 뒷면 상단에 4자의 명문과 공양상이 있고 하단에 코끼리 상이 조각되어 있다.

불상은 원각불이 아니라 잘 다듬어진 긴 네모형의 판석(너비 84㎝, 두께 20.5㎝, 像 포함 두께 40㎝, 높이 213㎝)에 돋을새김(陽刻)을 하였는데 다음과 같은 조각사적 의의를 내포하고 있다.

첫째, 형식상의 특이점이다. 명칭에서도 알 수 있듯이 형식이 비상이란 점이다. 이와 유사한 형식의 불상은 이미 통일신라 초기에 충청남도 연기지방에서 조성되었지만 완전한 비상의 형식은 이 像

---

30) 文明大,「高麗後期 端雅樣式 佛像의 成立과 展開」,『古文化』22집, 1983.

이 처음이라고 추정된다.

둘째, 비상 위에 올려져 있는 보개의 형식이 사각형이란 점이다. 이러한 형식은 관촉사 석조보살입상, 대조사 석조보살입상, 안국사지 본존불, 익산 고도리 입상, 파주 용미리 향우입상, 김제 홍복사지 석불입상 등에서 볼 수 있다. 이들은 통일신라시대에 만들어진 금둔사지 비상과 조선시대에 만들어진 김제 홍복사지 석불입상을 제외하고 모두 고려시대에 조성된 것이다. 그러므로 현재의 자료에서 볼 때 노천불의 방형 보개는 이 비상에서부터 나타나고 있는 새로운 형식임을 알 수 있다.

셋째, 금둔사지 석불비상의 조성 시기는 통일신라 하대인 9세기 후반으로 추정된다. 이러한 근거는 상호의 형식, 법의의 계단식 의문, 대좌의 연화문 양식, 배면의 상단에 조각된 초두형 향로 등에서 볼 수 있다. 그리고 바로 앞에 있는 삼층석탑의 조성 시기가 9세기 후반으로 추정되므로 이 편년은 거의 확실하다고 판단된다.

넷째, 이 비상의 신앙적인 측면이다. 이 비상은 서향을 하고 있으며 아미타여래의 수인을 결하고 있어 서방 극락정토에 왕생하고자 한 정토신앙과 연결되고 있음을 알 수 있다. 그러므로 이 비상이 위치한 낙안 일대의 불교신도들이 단월세력이었을 것이며, 그들은 이 불상 앞에서 내세에 서방 극락정토로 화생하고자 불공을 드렸을 것이다. 이 비상이 조성된 9세기에는 주로 항마촉지인상이나 지권인상이 압도적으로 많으나 아미타불상은 착장사, 불국사, 풍기 비로사 등에서 간헐적으로 조성되어 통일 초기에 왕성하게 조성되었던 점을 상기해볼 때 미미한 편이다. 9세기 정토신앙의 조상물이 많지 않은 현실에서 금둔사 석불비상은 정토신앙의 조상물을 연구하는 데 좋은 자료가 될 것이다[31]. 1988년 4월 1일에 보물 제946호로 지정되었다.

· 규모 : 전체 높이 300㎝, 불상 높이 211㎝.

---

31) 崔仁善,「順天 金芚寺址 石佛碑像에 대한 考察」,『文化史學』5, 1996, 75~92쪽.

松廣寺 木造三尊佛龕

이 목조불감은 송광사에서 활동한 普照國師 知訥(1158~1210)의 염지불감으로 전하는 유물로 오래 전부터 송광사에 전해 내려오고 있다.

이 불감(龕 높이 13.9㎝, 龕 지름 6.9㎝)의 형태는 닫으면 위가 둥근 원통형이 되고 열면 세 쪽이 연결되어 있는데, 중앙에 본존불을, 좌우에 보살상을 조각하였고 세 쪽을 경첩으로 연결한 형식이다.

본존상은 석가모니불이거나 노사나불로 볼 수 있으며 오른손은 시무외인의 수인을 결하고 있다. 법의는 통견이며 두 줄씩으로 된 음각의 옷주름이 나타나 있다. 또 본존 주위에는 합장한 승상과 보살, 동자상, 사자상 등이 조각되어 있다. 위쪽에는 천개가 있고 불단 아래에는 고사리 모양의 초문이 투각으로 장식되어 있다.

코끼리에 탄 좌협시상은 보현보살이고 사자에 탄 우협시상은 문수보살이다. 양쪽 보살상의 천개에는 비천이 날고 있다. 전체적인 조각수법은 매우 정교하고 세밀·장엄하며 또한 화려하다. 조성 시기는 통일신라 말경으로 추정된다.

이 불감과 구조나 양식 면에서 비교되는 목조불감이 일본 고야산의 금강봉사에 있는데, 일본의 밀교 진언종의 개조인 弘法大師 空海(774~835)가 806년 당에서 귀국할 때 가져왔다고 한다. 따라서 송광사 불감의 조상에서 보이는 조각수법이나 양식이 당시 우리의 불상과는 다른 이국적인 경향을 보이고 있어 일본 불감의 경우와 같이 당나라에서 전래했을 가능성도 있다. 그러나 그 전래 시기는 알 수 없으며 다만 보조국사는 고려시대 때 사람이므로 그 이전에 전래된 불감이 국사의 염지불로 예배된 것으로 추정된다. 1962년 12월 20일에 국보 제42호로 지정되었다.

· 규모 : 높이 13.9㎝.

仙巖寺 鐵造如來坐像

선암사의 경내 북쪽에 무우전이 있고 바로 뒤에 정면 1칸, 측면 1칸의 소

규모 불전이 있는데 이것이 바로 각황전이고 여기에 철조여래좌상 1구가 주존불로 봉안되어 있다.

각황전의 본래 이름은 장육전이다. 부처님의 몸을 일컬어 丈六金身이라 하므로 장육전에는 석가여래의 모습만한 장육의 금색 불상을 봉안하였을 것이나 현재는 불전도 소규모이고 불상도 큰 편이 아니다.

선암사는 정유재란 때 소실되어 많은 피해를 입었는데 이 철불 역시 이때에 큰 손상을 입지 않았나 생각된다. 일제시대부터 철불 위에 한지와 호분을 바른 채로 남아 있다가 최근에 개금하여 원래의 모습은 알 수 없지만 대강의 양식 파악은 가능하다. 철불의 배면은 호분이 떨어져서 원래의 모습 일부가 보여 이 불상은 철불임이 확실한데 화재를 입은 흔적이 뚜렷이 보였다.

상호는 크게 손상을 입어 근래에 들어와 보수하여 원형을 잃고 있다. 얼굴의 전체 형태는 역삼각형에 가깝고, 보림사 철불처럼 눈두덩이가 넓은 것이 특징이다. 머리는 나발이고 육계는 뾰족하나 머리와 구분이 거의 없다. 넓직한 반달 모양의 계주가 있고 두정에는 원통형의 정상계주가 있어 특이하다. 이러한 정상계주는 주로 조선시대의 불상에서 보이는 양식적 특징이다. 이 불상은 전체적으로 보수되었는데 이때에 정상계주를 만들어 넣은 것으로 추정된다. 이마의 중앙에는 백호가 있고, 반개한 눈은 일자형을 이루고 있다. 코는 적당하며 인중은 길고 뚜렷하나 입은 작은 편이다. 목에는 큼직한 2조선의 삼도가 보이며 귓볼이 유난히 두툼하다.

법의는 인도 간다라 불상양식처럼 우견편단인데 왼쪽 목부위에서 오른쪽 가슴으로 뻗어내린 옷주름은 거의 사선에 가깝고 끝단은 띠를 이루고 있다. 무릎 위에는 옷주름이 높게 솟아 있고 발목 부위에는 희미하게나마 번파식의 의문이 보인다. 양 무릎 사이에는 석굴암 본존불상의 의문처럼 부채꼴 모양으로 처리하였다.
 양 어깨선은 자연스럽게 표현되었으며 젖가슴은 약간 돋아나 볼륨이 있고 무릎은 높게 만들었다.
 수인은 항마촉지인으로 오른손의 5지는 곧게 펴서 무릎에 대었으며 왼손은 복부 앞에서 엄지와 중지를 맞대고 있다. 양손은 나무로 만들어 팔목 안으로 끼워넣었다. 이 불상은 약사불로 구전되어오고 있으나 약사불보다는 항마촉지인의 수인으로 보아 오히려 석가여래일 가능성이 더 높다. 실상사 철불도 약사불로 구전되어왔으나 최근에 복장 유물을 확인한 결과 아미타구품인의 본래 수인이 나와 약사불이 아니라 아미타불인 것으로 밝혀졌다.
 대좌는 유실되고 없는데 실상사 철불의 대좌는 토대좌이고 한천사 철불은 석조대좌이며 도피안사 철불은 철조대좌이므로 선암사 철불대좌도 역시 이 범주 안에 드는 대좌였을 것으로 보인다.
 각황전 철불의 조성 시기는 두툼한 눈두덩이, 볼륨 있는 가슴, 양 무릎 사이에 퍼진 부채꼴 모양의 대칭의문 등에서 통일신라시대의 양식도 포함하고 있으나 두터운 우견편단의 사선이나 높고 너비가 넓은 무릎, 턱이 뾰족하고 풍만감이 상실된 상호 등으로 볼 때 고려 전기의 양식도 보여 단언할 수는 없다. 선암사의 유물로는 일찍부터 1철불(一鐵佛), 2보탑(二寶塔), 3부도(三浮屠)가 있었던 것32)으로 알려져 있는데 이 가운데 2기의 석탑(보물 395호)은 신라 9세기 작으로 잘 알려져 있으며, 3부도는 대각암부도(보물 1117호), 북부도(보물 1184호), 동부도(보물 1185호) 등으로 나말여초 시기에 조성된 것으로 보인다. 철불도 석탑이나 부도가 조성된 시기에 만들어진 것으로 추측되지만 철불의 현상태가 화재나 매몰 등으로 인하여 원상을 많이 잃었으므로 정확한 조성시기의 추정은 어려운 형편이다. 실상사, 보림사, 도피안사, 삼화사, 성주사, 태안사 등의 예를 볼 때 철불은 석탑보다 먼저 만들어지거나 동

---

32) 仙巖寺重修碑(『朝鮮金石總覽』下, 1050쪽). ...鐵佛一寶塔二浮圖三有石鐘...

시기에 만들어진 점만으로 볼 때 선암사 철불은 석탑이 만들어진 9세기에 조성되었을 가능성이 많으나, 현상태의 형식으로 보아 고려 전기의 요소도 내포하고 있으므로 고려 초기의 작품으로 추정해두고자 한다.

끝으로 1991년 8월 중순에 철불을 보수하고 개금한 사실을 언급해두고자 한다. 개금을 하기 위하여 상에 있던 호분을 걷어내었다. 그러자 점토에 마를 섞어 0.2~0.5cm 정도 철불에 붙여놓고 그 위에 한지와 삼베(마포)를 바르고 얕게 흰 호분을 발랐던 것이 나타났다. 점토 위에 붙어 있던 한지와 삼베를 뜯어내고 점토만 붙어 있는 상태에서 그 위에다 개금을 하였다. 이때 양손이 목조였던 것을 알 수 있었고 팔목에 끼웠던 사실도 알 수 있었다.

· 규모 : 전체 높이 140cm, 머리 높이 46cm, 머리 너비 43cm, 어깨 너비 74cm, 가슴 너비 39cm, 무릎 너비 109cm, 무릎 높이 30cm.

松廣寺 傳 高峰國師 所持 佛龕

송광사에 있는 이 불감은 송광사 16세인 고봉국사가 소지하고 다녔던 願佛이라 전하고 있다. 문을 열면 바로 양편 문 내벽에 문비가 있고 내부 벽으로 불, 보살 등을 양각으로 조각하였다. 중앙에 배치된 주존불은 비로자나불로서 수인은 통일신라 이후 정통적인 비로자나불이 결하고 있는 지권인이 아니라 금강권인을 취하고 있다. 좌우 보처는 모두 불상으로 좌측에 보신인 노사나불과 우측에는 화신인 석가불이 각각 협시불로 배치되어 있는데, 이러한 삼존불의 배치는 조선시대에 들어서면서 사찰의 대적광전에서 볼 수 있는 통례라 하겠다.

또 하단에는 부처의 두 제자가 서 있고 그 양편에는 보살상이 좌상으로 배치되어 있다. 광배는 상단 불상에 신광과 두광을 모두 나타낸 데 비해 하단의 보살상과 제자상에서는 두광만을 조식하였다. 이들 불상에서 중앙 벽면의 두 제자상을 제외하고는 모두 연화대좌를 갖추고 있는데, 특히 이 불감에서 주목되는 것은 문을 열면 바로 양쪽에 보이는 문비상이다. 일반적으로 문비상에는 인왕상이 배치되는 것이 통례이다. 그러나 이 문에서는 우측에는 두건을 쓴 지장보살이, 좌측에는 보관을 쓴 관음보살이 배치된 점이 특이하다.

이 불감 내의 불상에서 나타나는 불상들의 상호를 자세히 살펴보면, 하나같이 얼굴 표정이 정상적이 아니며 찌들거나 뒤틀어져 있다. 물론 제한된 공간에 섬세한 상호를 조각하는 데는 어려움이 따랐을 것이지만, 우리나라 불상에서 나타나는 얼굴 표정을 찾기란 매우 힘든 것 같다. 그러므로 이 불감의 제작 시기는 상호의 비정형성, 신체의 묘사나 옷주름의 표현으로 미루어볼 때 고려시대로 추정된다.

· 규모 : 전체 높이 16㎝, 너비 13.5㎝.

順天 石峴洞 磨崖佛坐像

순천시 석현동 산1-1번지에 있다. 향림사에서 약 2㎞쯤 올라가면 식당 건물이 있는데 여기서 우측 계곡 소로를 따라 20분쯤 걸어서 올라가면 '절당'이라고 부르는 곳이 나온다. 이곳에 마을 사람들이 '부처바우'라고 부르는 큰 바위가 있는데 여기에 불상이 새겨져 있다.

마을 사람들의 구전에 의하면 마애불이 있는 이곳 절터가 향림사의 원위치라고 하는데 현재 이곳은 너무 숲이 우거져 주변지역에 대한 조사가 어려운 실정이다. 다만 이 마애불 암벽 면에서 4.3m 떨어진 앞에 1.3m 높이의 축대가 쌓여 있음을 볼 수 있는데, 이는 어디까지나 예배를 드리기 위하여 전면을 평평하게 만든 것으로 보일 뿐 건물의 대지로 보기엔 너무나 협소하다. 그러므로 낙엽이 진 겨울철에 마을 사람들이 이야기한 마애불 위쪽 지역을 조사하여야 寺址는 확인될 것으로 보인다. 이 마애불은 현재 파손이 심해 불상의 형체만 남아 있고 주

변에 떨어진 파편들이 여기저기 흩어져 있다. 이처럼 파손된 것은 6.25 때의 일이라고 마을에 거주하는 우회영웅은 증언하고 있다.

마애불이 양각되어 있는 바위는 폭 3.6m, 높이 2.7m의 크기인데, 특히 파손이 심한 부위는 허리 윗부분의 상체로 모두 떨어져나갔다. 현 상태로서는 마애불의 세부 양식을 파악한다는 것은 거의 불가능한 상태이나 그래도 몇 가지는 확인할 수 있어 다행이다. 귀는 길게 늘어져 어깨에 닿고 있으며 턱의 형태로 보아 목이 아주 짧아 거의 없어 보인다. 법의는 좌측 면을 보면 우견편단임을 알 수 있다. 불상의 자세는 좌상인데 양 무릎의 폭이 넓어 안정감 있게 처리되었다. 광배는 원형의 두광과 주형의 신광이 양각으로 뚜렷이 조각된 주형거신광이다. 대좌는 커다란 몇 입의 앙련이 조각된 앙련좌이다.

현 상태에서 볼 때 이 마애불의 가장 큰 특징은 고부조라는 점이다. 마애불의 새김기법은 크게 음각과 양각으로 구분되는데, 돋을새김인 양각기법은 대상 불상의 외형을 그대로 둔 채 주위 바위 면을 제거함으로써 불상의 형태가 두드러지게 하는 기법이다. 이렇게 새긴 마애불의 대표적인 예는 서산 마애불, 경주 굴불사지 사방불, 경주 남산 칠불암 본존불, 영암 월출산 마애불 등이 있지만 석현동 마애불과 같은 높은 양각 기법은 아주 드문 형편이다. 어깨 부분의 두께(양각 부분)는 32㎝이고 무릎 부분의 두께는 무려 63㎝나 되는 고부조이다.

위에서 살펴본 바와 같이 이 마애불은 파손이 심하여 세부 양식 파악이 곤란한 형편이므로 조성 시기를 추정하기도 어렵다. 그러나 어깨까지 내려온 귀, 짧은 목, 법의의 조잡한 의문, 넓은 무릎 폭, 대좌의 큼직한 앙련, 고부조의 조각기법 등으로 볼 때 조성 시기는 고려 후기로 추정된다.

석현동 마애불은 구 순천 시내에 하나밖에 없는 마애불인데 애석하게도 파손이 심하고 알려져 있지 않아 찾는 사람도 없고 방치된 상태로 있어 아쉬울 뿐이다.

· 규모 : 암벽 폭 300㎝, 암벽 높이 270㎝, 좌상전고(추정) 190㎝, 상고 160㎝, 어깨 폭 80㎝, 무릎 폭 110㎝.

仙巖寺 磨崖佛立像

선암사(순천시 승주읍 죽학리 48-1번지) 경내의 청파전 왼편에 대각암으로 올라가는 길이 있다. 이 길을 따라 조금 오르면 왼쪽 큰 암벽의 벽면에 마애불이 음각되어 있는데, 방향은 동쪽에서 북쪽으로 약간 치우쳐 있다. 이 마애불은 높이가 5m에 가까워 거불에 속하며 입상으로서는 전남지역에서 가장 큰 불상이다. 1987년 9월에 전라남도 문화재자료 제157호로 지정되었다.

상호는 평면적으로 처리하여 넓은 편이다. 머리칼은 나발인데 호형의 선각을 이어서 표현하여 회화성이 짙다. 머리 중간부분에는 계주를 긴 타원형으로 표시하였고, 이마의 중앙에는 백호가 있으며 눈은 가늘고 눈꼬리는 치켜올라갔다. 양 눈썹 사이에서 내려온 코는 콧볼이 유난히 좌우로 퍼져 크게 만들어졌고, 입은 상대적으로 작게 표현하였다. 귀는 월출산 구정봉 마애불처럼 평면적으로 처리되었고 긴 편이며 목에는 삼도를 음각하였다. 이와 같은 상호는 우리나라의 다른 불상들과 친연성이 적은 이국적인 인상을 주고 있다. 전남지역에서는 장흥 용화사 약사불좌상, 보성 금화산 마애불좌상, 보성 반석리 석불좌상 등의 상호에서 이국적인 인상을 찾아볼 수 있지만, 이 선암사 마애불상의 상호는 이와는 또 다른 면을 보여주고 있다.

법의는 우견편단으로 왼쪽 어깨에서 흐르는 옷주름은 허리 아래로 수직선 의문이고 가슴 아래는 호형이다. 드러난 가슴 부위에는 卍자가 선명하고 크게 새겨져 있다. 수인은 오른손을 다리 부분까지 수직으로 내려뜨려 손가락을 펴고 있으며, 왼손은 팔을 굽혀 가슴 앞에서 엄지와 약지를 펴고 나머지 세 손가락은 구부린 형식을 취하고 있다. 이러한 수인은 여원인을 나타낸 것으로 시여인, 시원인 또는 여인이라고도 하며 부처가 중생에게 사랑을 베풀고 중생이 원하는 바를 달성하게 하는 대자의 덕을 표현한 모습이다.

마애불의 발 아래쪽은 현재 땅속에 묻혀 있어 발 부분과 대좌의 유무는 알 수 없다. 마애불의 아래쪽 향좌측에는 '甲辰三月 日'이란 명문이 새겨져 있는데, 연호가 없어 어느 때의 연대인지 알 수 없으나 아마 불상의 조성연대를 표시한 명문일 것으로 보인다.

선암사 마애불상은 선각으로 조성된 거불로 조계산의 유일한 마애불이다. 이러한 선각의 마애불은 그 조성 예가 아주 드물고 우리나라 대부분의 마애불은 양각의 부조물이다. 선각의 대표적인 예는 801년에 조성된 방어산 마애불과 경주 남산의 삼릉계에 있는 선각불상 등이며, 전남지역에서는 화순 운주사의 마애불이 선각에 가깝고 해남 고도리 마애불이 선각이다.

선암사 마애불은 상호에서 풍기는 이국적 인상이라든가 법의의 도식화된 의문, 신체 상단에 비해 하단의 간략화 등으로 볼 때 조성 시기는 고려 중기부터 후기의 어느 때에 해당될 것으로 추정된다. 이와 같이 고려시대에 들어와서는 우리나라 각 지방으로 불교가 더욱 확산되어 각 지방마다 독특한 양식의 불상이 조성되었는데, 선암사 마애불도 이런 추세의 지역적 특색을 지닌 불상으로 파악된다.

·규모 : 암벽 높이 700cm, 암벽 너비 200cm, 불상 높이 480cm, 어깨 너비 155cm, 가슴 너비 120cm.

仙巖寺 千佛殿 發見 金銅觀音菩薩坐像

이 금동보살상은 1988년 천불전 수리시 상단 서까래 부분에서 발견되어 지금은 선암사에서 보관하고 있다. 처음 발견될 당시에는 검게 그을려 있었는데 이듬해 선암사에서 개금하여 지금은 아주 화사하며, 대좌 밑부분만 약간 그을린 흔적이 있을 뿐 손상된 부분은 전혀 없다. 1988년 발견된 이후 지금까지 세상에 공개되지 않고 있던 이 보살상은 1991년 남도불교문화연구회의 조사로 처음 알려지게 되었는데, 가장 주목되는 점은 원대의 라마교 불상 계열에 속한 이국풍의 보살상이란 것이다.

머리에 쓴 보관은 삼면관 형태를 띠고 복잡한 문양이 장식되었으며 중앙에는 화불이 있다. 화불은 두광과 신광의 광배를 가지고 있으며, 너무 작아서 세부 형식은 생략하고 형상만 조각하였는데 수인이 특이하다. 수인은 고려시대에 조성된 것으로 추정되는 화순 운주사 석불처럼 두 손을 가슴에 모아놓고 그 위로 법의가 덮여 있어 마치 비로자나불의 수인같이 보인다. 이처럼 장식성이 많은 관은 인도 팔라조의 보살상이나 힌두상에서 많이 찾아볼 수 있는 요소이며, 원대의 라마교 보살상에서와 같이 중앙이 높고 좌우로 가면서 차츰 얕아진다. 보관의 하단에는 2줄의 연주문이 완전히 둘러져 원을 이루고 있는 새로운 형식이 보인다.

상호는 넓적하고 평편하여 라마교 불상양식을 닮고 있다. 눈은 위로 치켜 올라가고 코는 삼각형으로 오똑하며, 양 입가는 눌려져 미소를 머금고 있는 듯하다. 귀는 큰 편이고 원반형의 귀걸이는 귓볼에서 양 어깨 밑까지 걸쳐 있는데, 가장자리는 연주문이 돌려 있고 밑으로 또 하나의 원형고리가 달려 있다.

짧은 목에는 삼도가 형식적으로 표현되었고, 가슴 상단에는 국립중앙박물관 소장의 금강산 출토 금동관음보살좌상, 호암미술관 소장의 금동관음보살좌상과 같이 화려한 장신구가 있다. 이 장신구는 삼도 밑으로 2줄의 연주문과 밑으로 대칭되게 U자형의 2줄로 된 연주문이 있으며, 그 사이에 원형고리를 중심으로 3줄의 장신구가 내려와 화려하게 구성되어 있다. 양 어깨에 조금 걸쳐 있는 옷자락은 팔꿈치 부분을 지나 뒤로 흘러 자연스럽게 대좌 위에 올려놓았다. 법의는 통견인데 가슴 부분의 장신구를 잘 나타나게 하기 위하여 이 부분은 열려 있고, 등 부분만 두툼한 법의를 표현하였으며 여기서 흘러내린 옷자락은 팔꿈치를 지나 다시 뒤로 흘러 대좌 상부까지 내려갔다. 잘록한 허리 부분은 나신이며 하체의 법의는 복부부터 나타나는데, 양 다리 사이의 옷주름은 통일신라시대의 의문처럼 부채꼴로 좌우 대칭이다. 상하로 연주문이 돌려 있는 관대에는 5곳에 장신구가 있다. 그 밖에 팔꿈치와 팔목, 그리고 발목에 각각 2줄의 연주문 팔찌와 발찌가 있다.

수인은 아미타불의 미타정인처럼 하품하생을 나타내고 있는데, 왼손은 가슴 앞에 들었고 오른손은 오른쪽 무릎 끝에 대고 있다. 자세는 길상좌의 좌상이다. 대좌는 앙·복련의 연접 형식으로 상하 연화문은 서로 대칭이며 대좌의 상단과 하단에는 연주문이 돌려져 있으므로, 전형적인 라마교 불상의 대좌 형식을 보이고 있다. 상하의 연화문은 모두 19엽의 단엽이다. 이러한 앙·복련의 연립대좌 형식은 삼국시대부터 나타나기 시작하여 고려시대까지 이어지는데, 고려시대에는 금동불뿐만 아니라 북한산 승가사 마애불좌상, 대둔사 북미륵암 마애불좌상, 부인사 입구 마애불좌상 등 대형 마애불에서도 볼 수 있다. 대좌의 상하단에 둘러진 연주문은 인도 사산조 미술의 특색인데 원대의 라마계 불상에 유입되어 이후 라마계 불상의 한 특징으로 자리하게 되었다. 그리고 우리나라에서 대좌의 상부 평면은 금속재나 석재의 불상을 막론하고 원형을 기본으로 삼고 있다. 그러나 라마교 불상의 대좌 전면은 직선화하여 그 평면 형태가 말각삼각형이 되어 우리나라 불상 대좌의 전통적인 구도와는 구별된다.

이러한 여러 가지 특징을 가진 보살상은 고려 후기에 원의 문화가 유입됨과 동시에 조성되는데 그 작례는 많지 않은 편이다. 라마교는 티벳은 물론 내몽고, 네팔 등지에서 성행하던 밀교 색채를 띤 불교의 한 종파이며, 원대에는 조정의 비호를 받아 교세를 크게 신장시켰다. 고려에서는 12세기 이후 밀접하였던 대원관계를 바탕으로 범종, 석탑, 불상 등에 라마교 미술의 영향이 미쳤다.

선암사 천불전 출토의 금동관음보살좌상은 고려 후기 원대의 라마교 불상 계통으로 지금까지 그 예가 많지 않았는데, 이번에 발견됨으로써 하나의 자료를 더하였다는 점에서 의의가 있다. 이 금동보살좌상은 보관, 상호, 화려한 장신구, 대좌의 형식 등으로 보아 고려 후기에 제작된 것으로 추정된다.33)

· 규모 : 전체 높이 16.8cm, 불신 높이 12cm, 어깨 너비 4.5cm, 무릎 너비 8cm, 무릎 높이 1.7cm, 대좌 높이 4.8cm, 대좌 너비 11.3cm.

倉村里 石造如來立像

주암면 창촌리 425번지 소재 창촌리 석불입상은 원창촌마을 안에 있는 밭 가운데에 있으며, 무릎 이하는 매몰되어 있다. 석불 주변은 가로 200cm, 세로 200cm의 방형 시멘트로 구획이 있으며 밭에는 여기저기에 와편이 흩어져 있다. 그리고 석불 전면 우측에 2조선의 원형(지름 50cm)이 시문된 석재가 있는데 이는 형태상으로 보아 건물의 주초석으로 보인다.

이 불상과 관련하여, "이곳은 옛날에 虎食이 빈번하였는데, 풍수지리설에 따라 이를 물리치기 위해 이곳에 이 미륵불을 세우자 호식이 없어졌다"는 전설이 내려오고 있다.

그리고 몇 해 전까지만 하여도 매년 음력 정월 보름이면 동민들의 안녕을 위해 불상 앞에서 제사를 모셔왔다고 하나, 현재는 마을 단위의 제사는 없고 다만 개인적으로 공양과 치성을 드리고 있을 뿐이다.

석불입상은 노천에 홀로 서 있지만 양호한 편이고 1984년 2월 29일에 전라

---

33) 崔仁善, 「仙巖寺의 佛像」, 『仙巖寺』, 승주군·남도불교문화연구회, 1992.

남도 문화재자료 제51호로 지정되어 관리되고 있다.

입상인 창촌리 석불은 무릎 이하가 시멘트 밑으로 매몰되어 있어서 하부 양식은 파악할 수 없는 형편이다.

상호는 원만상이며 이목구비가 뚜렷하다. 소발의 머리칼 위에는 육계가 있으나 파손이 심해 형식만 남아 있고 이마의 중앙에 조그마한 백호공이 있다. 렌즈형의 두 눈에는 눈동자가 표현되어 있고 눈두덩은 반호형으로 양감이 풍부하다. 양 미간에서 흘러내린 코는 콧볼이 유난히 크며 인중은 긴 편이다. 두툼한 입은 다물고 있으며 턱에 1조선의 호형 음각선을 넣어 양감있게 처리하였다. 두 귀는 짧은 편이고 목에는 형식적인 삼도가 있다.

법의는 우견편단이다. 오른손 밑과 왼손을 중심으로 몇 선의 호형이 있고 중앙으로는 긴 U자형이 반복되어 무릎 부분까지 내려갔다. 수인은 오른손이 시무외인이고 왼손이 여원인으로 통인인데, 왼손의 위치가 허리 윗부분까지 올라와 있어 불안하다. 무릎 이하는 시멘트 밑에 매몰되어 있어 대좌의 유무는 파악할 수 없다. 어깨선이 너무 좁게 꺾어져 당당한 모습은 찾아볼 수 없으며, 가슴의 볼륨도 없고 허리도 어깨의 폭과 일치하여 신체의 조각은 상호에 비하여 조잡한 편이다.

이 불상은 나주 만봉리 석불입상과 형식상 친연성이 많으며 단아한 상호와 평면적인 의문 처리 등으로 볼 때 조성 시기는 고려 후기로 추정된다.

· 규모 : 현 불상 높이 155cm, 머리 높이 50cm, 머리 너비 33cm, 어깨 너비 58cm.

杏亭里 石造如來立像

순천시 주암면 행정리 행정저수지 아래 논가의 당산나무 밑에 있는 이 석불은 2분되어 상체가 넘어져 있다. 이곳은 행정리 사포마을과 행정저수지 중간쯤 되며, 두 그루의 큰 당산나무를 못배기 정자나무라 부르고 있다.

이곳은 어떤 아들이 자신의 아버지를 죽였기 때문에 살부쟁이라는 이름이 붙여졌는데, 지명이 너무 흉악해 그후 현재의 지명인 사포로 바뀌었다고 한다. 불상이 이분된 이유도 살부쟁이의 액운을 막기 위해 두 동강이를 냈다고 전해오고 있다. 그리고 창촌리 창촌에 있는 석불입상과는 내외간(夫婦)이라고 하고 행정리 석불입상이 남자라고 하며, 이분된 불상을 합하여 세우고 기도를 드리면 농사철에 비가 온다고 한다. 현재는 아랫부분만 원위치에 서 있고 상체는 약 10여m 떨어진 곳에 넘어져 있으며, 당산나무와 함께 새 끼줄로 묶여져 있다.

이 입상이 있는 곳은 주변이 모두 논으로 경작되고 있어 이곳이 절터라고 단정할 만한 근거는 찾아볼 수 없다. 혹시 장승과 같은 역할, 즉 기복이나 수호신격으로 제작되었을 가능성도 있는 것으로 보인다.

이 불상은 왼쪽 어깨에서 오른쪽 허리 부분 밑까지 톱으로 자른 듯 비스듬히 잘라져 2등분되어 있다. 상호는 장방형에 속하며 각 부분의 조각이 마멸이 심해 윤곽만 보일 뿐 세부 양식은 파악하기 힘들다. 육계는 형식적으로 아주 짧으며 특이하게 상면이 장방형(가로 27㎝, 세로 20㎝)이며 중앙에 지름 6㎝, 깊이 4㎝의 원형 구멍이 있다. 이처럼 상면이 편평하고 중앙에 구멍이 뚫려 있는 것으로 보아 육계 위에 다른 물체를 올려놓았던 것으로 보인다. 백호의 흔적이 보이지 않으므로 백호는 원래부터 만들지 않았던 것으로 보이며, 귀는 상호에 비해서 작은 편이며 짧다. 삼도는 2조선의 양각으로 처리하였다.

법의는 우견편단이며 어깨선은 자연스런 곡선이 아니라 거의 각을 이루면서 꺾어져 딱딱한 느낌을 풍긴다. 우견편단의 의문은 평행사선문이 반복되며 그 사이에 장방형의 액이 서로 엇갈려 있다. 그 아래로 중앙에 2조선의 호형이 있고 양쪽으로는 서로 대칭되게 사선이 몇 줄 그어져 있다. 이러한 의문 형식은 불상에서 처음 나타난 양식으로 고려시대 이후 지방 불상에서 흔히 볼 수 있는 하나의 변형된 형식으로 파악하여야 할 것이다.

수인은 통인으로 오른손은 곧게 내렸으며 왼손은 가슴에 붙여 다섯 손가락을 펴 시무외인을 나타내고 있다. 대좌는 아랫부분이 땅에 매몰되어 있어서 현 상황에서는 파악할 수 없다. 2등분된 사선의 단면에 장방형의 구멍(크기 12㎝x6㎝x17㎝, 7.5㎝x4㎝x15㎝)이 2개 있어 서로 끼워 세우도록 만들었다.

이 불상은 장방형에 가까운 상호와 거의 직각을 이루고 있는 어깨선, 그리고 법의의 의문 처리 등으로 볼 때 너무도 간결하여 제작 연대를 조선시대로 추정하기도 하나, 불상의 육중한 맛으로 볼 때 고려시대로 올라갈 수도 있겠다.

· 규모 : 전체 높이 180㎝, 머리 높이 82㎝, 머리 너비 48㎝, 어깨 너비 78㎝.

(4) 여수시

傳竹林寺址 石造毘盧舍那佛坐像

이 불상은 여수시 소라면 죽림리 폐사지의 원위치에 근래까지 있었으나 4~5년 전에 安心寺로 옮겨져 노천에 모시고 있다.

상호는 아쉽게도 유실되고 없다. 목도 밑까지 파손되어 삼도 역시 보이지 않는다. 법의는 우견편단이다. 왼쪽 어깨에서 오른쪽 복부로 흘러내린 법의는 거의 사선에 가깝고 층단식이다. 왼팔에 걸쳐 있는 법의 역시 같은 형식이다. 수인은 지권인을 결하고 있다. 오른손은 팔꿈치부터 손가락까지 윗면이 깨져 떨어져 나가고 없으며, 가슴과 복부 중앙에 양손이 상하로 위치하고 있다. 어깨선은 거의 수직에 가까우며, 양 가슴 부위는 겨드랑이 쪽이 약간 튀어나와 양감이 있는 것처럼 보이나 어색하다. 허리 부분이 짧고 무릎에 비해서 어깨가 넓어 낮은 감을 주고 있다. 무릎은 몸체보다 약간 길게 나와 있고 높아 안정감은 있어 보이나 두께가 높아 둔중하다. 대좌는 현재 석조 팔각대좌와 원형의 앙련좌인데 팔각대좌의 각 면에는 안상이 음각되어 있다.

불상의 조성 시기는 법의의 의문이나 두툼한 무릎 부분, 각 부분의 비례상으로 볼 때 고려시대로 추정된다. 이 불상은 비록 상호는 유실되고 없으나 수인이 지권인을 결하고 있어 화엄경의 주불인 비로자나불임을 알 수 있는 귀중한 자료이다. 특히 원각의 석불로는 이 지방에서 최초로 파악된 비로자나불이어서 조각사 연구에 큰 도움이 될 것이다.

현재까지 파악되고 있는 광주·전남지역의 비로자나불상 가운데 통일신라부터 고려시대에 걸쳐 조성된 비로자나불은 장흥 보림사 철조상, 광주 증심사 철조상, 해남 천은사 철조상, 구례 천은사 불감상, 구례 대전리 석조상, 담양 궁산리 출토 석조상 등 그 예가 얼마 되지 않는다.34)

· 규모 : 현 전체 높이 54cm, 어깨 너비 45cm, 무릎 너비 62cm, 무릎 높이 14cm.

(5) 강진군

月南里 兩面石佛

이 석불은 성전면 월남리 신월마을에 있으며, 월출산 사자봉 동쪽 8부능선상에 있고 강진과 영암의 경계지역에 해당한다. 월남리 신월마을에서 등산로를 따라 사자봉을 향하여 계속해서 오르면 약간 평지가 나오는데, 여기에 '錦江居士海州崔公現之墓'란 묘비가 있는 민묘가 있고 민묘 바로 남쪽 아래의 절터에 이 양면석불이 있다.

해주최씨 묘 주변에는 석탑재가 여기저기에서 보이며, 여천 홍국사 석등처럼 석등의 하대석으로 사용되었던 귀부가 있고, 석불 주변에는 와편과 축대 등이 있어 이곳이 폐사지였다는 것을 쉽게 알 수 있다. 그러나 이 절터에 대한 문헌은 전

---

34) 崔仁善 外,『麗川郡 竹林 宅地開發地區 文化遺蹟』, 順天大學校博物館·韓國土地公社, 1997.

혀 보이지 않고 있어 사지명이나 연혁에 대해서는 살펴볼 수 없다.
 이 석불은 길쭉한 삼각형에 가까운 판석형 석재(높이 190cm, 최대 너비 120 cm)의 양면에 좌상으로 양각되어 있는 특이한 형식의 불상이다. 앞면의 좌상은 그 형상이 비교적 뚜렷하지만 부분적으로 마멸되었고 투박한 인상을 짙게 풍기고 있다. 머리는 소발이며 육계는 넓고 높다. 백호는 보이지 않고 이마는 매우 좁다. 코는 길게 내려와 있고 눈과 입은 마멸이 심해 형상만 보인다. 귀는 긴 편이며 목에는 삼도가 희미하게 나타나 있다. 이처럼 상호는 형상만 뚜렷할 뿐 마모가 심한 편이고 전체 형태는 타원형에 가깝다. 법의는 우견편단이 확실하나 2조선의 의문만 가슴과 복부 부위에 보여 형식에 그쳤다. 수인은 항마촉지인이다. 오른손은 마멸되어 보이지 않고 왼 팔꿈치를 약간 구부렸기 때문에 왼손은 오른쪽 발바닥 위에 올려져 있다. 광배는 있었던 것으로 추측되지만 광배 부분이 모두 깨져서 더 이상 알 수 없다. 이 좌상은 상호의 투박한 모습, 어깨선, 무릎 너비에 비해서 무릎 높이가 너무 높은 점, 생략한 衣文, 전체적인 조각기법 등을 고려해볼 때 고려 후기에 조성된 것으로 추정된다(좌상 높이 164cm, 어깨 너비 68cm, 무릎 너비 121cm, 무릎 높이 44cm, 상호 높이 51cm, 상호 너비 34cm).
 뒷면의 좌상은 무릎 부분이 파손되어 있고 조각도 희미한 편이다. 상호는 앞면 상과 거의 같은 모습을 하고 있으며 법의 역시 우견편단으로 보인다. 수인도 항마촉지인을 취하고 있으나 왼손의 위치만 가슴에 대고 있는 점이 앞면 상과 다르다(좌상 추정 높이 125cm, 어깨 너비 61cm, 상호 높이 47cm, 상호 너비 35cm).
 이러한 모습을 취하고 있는 이 불상이 어떤 형태의 법당에 봉안되었는지 혹은 노천불이었는지, 불상의 성격은 어떠한지 현재의 여건에서는 알 수가 없다. 이와 비슷한 예가 거의 없어서 더욱 판단하기 어렵다. 화순 운주사 석조불감 내에 있는 불상이 양면불 형태를 취하고 있어 비교가 되지만 이 불들은 수인이 각각 다르다. 그러나 이곳의 양면불은 모두 항마촉지인을 취하고 있어 석가모니불을 나타내고 있으므로 앞으로 성격을 규명하여야 할 것이다.

이 양면석불좌상은 이 폐사지에 넘어져 있었는데 뜻있는 지방 연구단체에서 최근에 일으켜 세운 뒤에 다음과 같은 명문을 새긴 글을 남겨놓았다.35)

사자봉 양면석불
일으켜 세운 날 : 1992년 4월 25일
세운 이 : 강진 탐진향토문화연구회 광주 남도불교문화연구회

金陵鏡浦臺 대문안골 磨崖如來立像

이 마애불은 강진군 성전면 월남리 금릉경포대 뒤편의 '대문안골'이라 부르는 계곡에 위치하고 있다. 금릉경포대에서 어느 정도 올라가면 높이 약 3m가 넘는 암벽에 '原州李氏仟'이라는 음각 명문이 보이고, 여기서 계속하여 약 1km 정도를 오르면 높이 5~6m 되는 높은 석축이 보이는데 이곳은 절터로 추정되고 이 절터의 뒤편에 마애불이 있다.

마애불은 사각형 석주형의 자연석(전체 높이 약 4m)에 음양각으로 새겨져 있다. 석주의 상단에 상호만 조각 형태가 희미하게 보이고 몸체는 조각 흔적이 거의 보이지 않는다. 이 상은 입상으로 추정된다. 머리는 소발이며 육계가 낮게 표현되어 있다. 상호는 둥그런 원만상을 취하고 있으며 입가에 가벼운 미소가 흐르고 있다. 눈은 반개하였고 눈썹은 호형을 그리고 있으며 코는 오뚝하다. 입은 두툼하며 귀는 잘 보이지 않는다. 턱 밑으로 희미한 삼도가 보일 뿐 불신 하단에서는 의습이나 수인들을 확인할 수가 없다. 맨 밑으로 하체의 군의 자락이 음각으

---

35) 崔仁善,「月出山의 佛教文化」,『靈巖 月出山 祭祀遺蹟』, 木浦大學校博物館·靈巖郡, 1996.

로 희미하게 나타나고 있으나 전체적인 윤곽은 잡을 수 없다. 조성 연대는 고려 중기로 추정된다.36)

· 규모 : 전체 높이 약 400㎝, 상호 높이 114㎝, 신부 하체 너비 70㎝, 눈 길이 23㎝.

塔洞 石造如來立像

이 석불입상은 강진읍 남성리 204번지 김병환씨 댁 정원에 있다. 이곳은 옛부터 탑동이라 불러왔으나 그 내력이나 연유에 대해서는 알 길이 없다. 집주인 김병환씨도 언제 어떻게 해서 석불이 자기 집에 옮겨져왔는지 모른다고 한다.

석불은 광배를 갖춘 입상이었다고 생각되나 밑부분 일부가 잘라져나간 것 같다. 약 10㎝ 정도 두께의 판석에 주변을 약간 다듬어 광배로 삼고 그 전면에 양각으로 불상을 새겼다. 석질은 옅은 붉은색을 띤 편마암으로 파손 상태가 아주 심한 편이다. 두발은 알아볼 수 없게 마모되었고, 육계의 유무는 알 수 없으며 얼굴 역시 마찬가지이다. 법의는 우견편단으로 왼쪽 어깨에서 시작하여 오른쪽 가슴 아래로 내려오다가 배 밑으로는 호형을 그리면서 파상문을 이루고 있다. 수인은 오른손을 구부려 가슴 앞에 대고 왼손은 수직으로 내렸으나 손등 처리가 어색하다. 광배는 두광이 보이지 않는 거신광으로 화염문이나 다른 문양이 보이지 않는다. 배면은 편평하며 아무 조식이 없다. 이 석불은 현재 무위사 미륵전에 봉안되어 있는 석불과 유사한 점이 많으며, 조성 연대는 고려 하대로 추정된다.

· 규모 : 총고 130㎝, 광배폭 78㎝, 두고 33㎝, 안폭 22㎝, 견폭 43㎝, 양각심도 3㎝.

---

36) 成春慶, 「月出山의 佛敎美術」, 『月出山--바위 文化 調査』, 全羅南道, 1988, 157~158쪽.

無爲寺 石造如來立像

강진군 성전면 월하리 812번지 소재의 이 석불은 현재 무위사 우측(向左)에 있는 선각대사탑비 바로 뒤편의 조그마한 미륵전 내에 봉안되어 있으나, 원래는 성전면 수양리 수암마을 근처에 넘어져 있던 것을 근년에 무위사로 옮겨온 것이라고 하며,37) 판석형 입석과 같은 자연석에 불신을 양각하였다.

불신은 몸체에 비하여 상호가 강조되어 있다. 머리는 소발이며 육계는 넓고 높은 편이다. 소발의 머리가 부풀어 귀 바깥까지 더부룩하게 나와 있는 것처럼 보여 일반적인 불상의 머리 형식과 전혀 다르게 표현되어 있다. 이러한 표현은 불상에서 극히 이채로운 형식이며, 이 불상을 조각하였던 조각가의 불상 이해가 미숙하였음을 단적으로 나타내주고 있다. 이마는 넓은 편이고 중앙에 백호가 없다. 반개한 눈은 일자형이며 코는 짧고 빈약하다. 입술이 크고 두터워 상호 전체에서 입을 가장 강조한 것처럼 보이며, 귀는 눈 아래와 턱 사이에 조그맣게 형식적으로 처리하였다. 짧은 목에는 삼도가 선명하게 음각되어 있다.

법의는 허리 밑으로 4조선의 호형이 보여 통견으로 볼 수 있으나 어깨에서 허리 부분까지는 의문이 희미하여 잘 보이지 않는다. 허리에는 띠 매듭이 없는 1자형의 군의가 있다. 오른쪽 어깨선은 둥글고 약간 호형이나 왼쪽 어깨선은 거의 수직으로 처리하여 몸을 움츠려들게 하였다. 몸체는 굴곡 없는 긴 사각형처럼 보여 세장하다. 무릎 아래에 마룻바닥이 설치되어 있어 발 부분과 대좌는 알 수 없다.

수인은 시무외인과 여원인처럼 한 손은 들고 한 손은 내렸다. 따라서 이

---

37) 『康津鄕土誌』, 康津鄕土誌 編纂委員會, 1978, 571쪽.

불상은 도상으로 볼 때 석가여래로 보이나 현지 주민들과 절에서는 미륵불이라 칭하고 있다. 오른손은 손가락을 펴서 가슴의 중앙 부위에 대고 있으며, 손등이 보인 왼손은 수직으로 내려 새끼손가락만 구부렸고 나머지 손가락은 폈다. 광배는 주형거신광이나 아무런 조식이 없고 상부가 끊어져 있다.

이 불상은 부풀어 있는 머리카락, 두툼한 입술, 움츠러든 어깨, 세장한 몸체 등으로 볼 때 조각상 기법이 떨어지며, 따라서 조성 시기도 고려 중기까지 올라갈 수 없을 것으로 추정된다.

·규모 : 전체 높이 218㎝, 광배 너비 105㎝, 상호 높이 65㎝, 어깨 너비 60㎝.

(6) 고흥군

鶴谷里 石造菩薩像

이 보살상은 고흥읍에서 서북쪽으로 약 5㎞쯤 떨어진 두원면 학곡리 마을 앞 야산 구릉상의 평지에 있다. 정북에서 약간 서쪽을 향하고 있는데 높이 2.7m의 거불이다. 좌대석과 몸체가 한 돌로 되었으나 좌대석 이하는 땅 속에 묻혀 있어 자세한 형식은 알 수 없다. 이 보살상은 현재 전라남도 유형문화재 제158호로 지정되어 있다.

머리 위는 일부가 훼손되었으나 보관을 썼으며 그 하단으로 연주문 같은 띠를 두르고 전면 중앙에는 화불 1구가 조각되어 있다. 상호는 마모되고 평평하여 얼굴 모습이 잘 나타나지 않으나 눈과 눈썹은 조용한 선정의 분위기를 엿볼 수 있으며, 코는 훼손되어 아랫부분이 완전히 떨어져나간 상태다. 양쪽 귀는 크고 둔중하게 조각되어 그 끝이 어깨 위에 닿았으며 목으로 내려와서는 삼도가 보이지 않는다.

법의는 우견편단으로, 왼쪽 어깨 위에 걸친 옷주름은 형식화되었고, 왼팔을 구부려 배 아래에 붙인 소맷자락은 도포처럼 넓어진 특이한 양식을 보여 주고 있다. 오른손은 구부리고 있는 무릎 위에 주먹을 쥔 채 맞대고 있다.

이 불상에서 가장 특이한 것은 앉은 자세라고 하겠는데 반가상도 아니며 교각상도 아니다. 앉은 자세는 대좌에 걸터앉은 형식으로 왼 발은 대좌 밑으로 내려뜨리고 있으며 오른발은 꾸부려 대좌 윗면에 대고 있는 상태이다. 전면에서 보면 왼쪽 다리는 조금 낮게 딛고 있으며 오른쪽 다리는 높게 구부려 치켜들고 있는 모습이다. 어깨에 걸친 법의 자락이 양발과 무릎을 덮었고 그 끝자락은 왼편으로 돌아 뒤에서 마무리되었다. 오른편도 역시 한 가닥 겹쳐서 뒤로 돌아가고 있다.

이 보살상에서 볼 수 있는 또 하나의 특이점은 우측 겨드랑이 사이에 있는 구멍(높이 16cm, 너비 14cm)이다. 마을 주민들의 전언에 의하면 이 공간에 조그마한 불상(동자상)이 있었다고 한다. 실제 어깨의 모습을 보면 무엇인가를 안고 있는 듯하게 보인다. 중국 남송시대(1127~1179)에는 관음보살이 아이를 안고 있는 상의 예가 있으나 우리나라에서는 이와 비슷한 예가 없다.

이 석조보살상은 머리에 보관을 쓰고 그 전면 중앙에 화불 1구가 조각된 점으로 보아 관음보살상으로 보아야 할 것이며, 조성 시기는 고려 후기로 추정된다.[38]

· 규모 : 총고 270cm, 어깨폭 90cm, 두고 90cm, 하단 몸체 폭 114cm, 상체 두께 53cm.

高興 成佛寺 石造如來立像

도화면 봉룡리 1124-1번지 봉동마을의 성불사에 있는 불상이다. 원래 이곳은 '미륵절' 또는 '미륵골'로 불리던 곳으로 현재의 절 이름은 20여년 전 고흥 출신인 신모엽의 현몽을 계기로 그 이전에는 넘어져 있었던 것을 목조 보호각을 지으면서 성불사라 하였다 한다. 88년 1~4월 사이에 신도의 성금으로 현재의 건물을 지었고, 현재는 태고종에 소속되어 있다.

석불은 광배와 본존이 같은 돌로 조각되었다. 상호는 원만상으로 소발의 머리칼에 도톰한 육계가 솟아 있다. 백호는 표현되지 않았고 목에는 삼도가

---

38) 成春慶, 「高興 鶴谷里 石造菩薩坐像에 대한 小考」, 『文化史學』 6·7合輯, 1997, 413~422쪽.

희미하게 조식되었다. 어깨는 큰 키에 비하여 약간 좁장한 느낌이 들며 법의는 통견으로 처리하였다. 수인은 오른손을 올려 엄지와 인지를 잡고 있으며 왼손을 길게 밑으로 뻗쳐 내리고 있다. 이러한 수인은 왼손의 모습이 확실치는 않으나 오른손의 손가락 모습으로 보면 상품하생인이다. 이로 보아 이 석불은 아미타불로 보는 것이 옳겠다. 시멘트로 대좌를 만들면서 하체 일부분을 시멘트로 후보한 흔적이 보이며 발은 발가락까지 표현되어 있다. 왼발은 시멘트로 후보하였다. 주형의 광배는 별다른 조식 없이 자연석을 다듬은 것으로 화염문이나 기타 다른 문양이 보이지 않는다.

이 불상은 형식화된 의문, 광배에서 나타나는 여러 문양의 생략, 광배에 비해 너무 왜소해진 불신의 불균형 등으로 볼 때 시대적 후진성이 엿보인다. 다만 한 가지 주목되는 것은 이 지역이 남해안 바닷가를 인접하고 있다는 점이며, 특히 고흥지역에서는 석불 조성이 희귀할 뿐 아니라 미타신앙을 추구하는 아미타불인 점을 볼 때 이 석불은 이 지역 일대에 대한 당시 사람들 신앙의 일면을 엿볼 수 있게 한다. 조성 시기는 고려 후기로 추정된다.

· 규모 : 총고 354cm, 광배폭 175cm, 두께 44cm, 두고 58cm, 견폭 67cm, 신고 270cm.

(7) 곡성군

玄亭里 石造如來立像

겸면 현정리 현정마을 뒤편으로 300m쯤 올라가다 보면 왼편 길가에 석불입상이 홀로 서 있다. 주변 골짜기를 상박골이라 하고 이곳을 상박골 사지라 부르고 있다. 현재 이 불상의 허리 아래는 흙 속에 묻혀 있다. 광배는 불상과 함께 한 돌로 만들었으나 대부분 파손되었다.

이 불상의 육계는 파손되었고 머리는 소발로 보인다. 이마와 머리의 경계에는 단으로 구분하고 눈썹도 역시 눈두덩보다 한 단 높게 조각하였다. 득남설화의 영향으로 코는 많이 파손되었다. 상호의 모습은 대체로 원만상이며 백호가 있다. 양 볼과 턱, 그리고 인중에는 움푹 패인 흔적이 있다. 두툼한 귀는 어깨 근처에서 멈췄고 목에는 삼도가 있다. 착의법은 양 어깨를 모두 감싼 통견이다. 수인은 기본적으로는 아미타구품인을 설하고 있는 것 같으나 자세히 보면 옷자락을 흘러내리지 않게 잡고 있을 뿐이다. 굵고 깊게 의습 등을 조각하였으나 석영이 많이 섞인 화강암으로 석질이 거칠며 마멸이 심하다.
이 불상을 지나가려면 반드시 미륵에게 큰절을 하여야만 화를 면하고 복을 받는다고 전한다.

이 불상의 머리에는 원형의 관이 쓰여진 적이 있었다고 한다. 제작 연대는 고려시대로 추정된다.

· 규모 : 불상 높이 현재 112cm, 머리 높이 32cm, 머리 너비 26cm, 어깨 너비 43cm.

竹山里 石造如來立像

석곡면 죽산리 죽산마을 위편 텃밭에 위치하고 있다. 이 불상은 목 부분이 절단되어 현재는 시멘트로 접착해놓았으며 다른 부분은 훼손된 점 없이 양호한 편이고, 마을 사람들은 '미륵'이라 부르고 있다. 석불은 『조선보물고적조사자료』에 약간의 기록이 있고, 1966년에 정영호 교수가 조사하여 『고고미술』 7권 7호에 보고하였다.

죽산리 석불은 지대석과 대좌를 구비한 입상으로 두 손이 법의에 가려 있어 특이하다.

지대석은 크고 작은 잘 다듬은 5매의 판석으로 짜여져 방형을 이루며 대부분은 현재 매몰된 상태이다. 그 위에 원형의 연화대좌석이 놓여 있다. 이 대좌에는 복엽팔판의 복련이 아주 뚜렷하게 양각되어 있다. 그런데 이 연화대좌는 지대석과 불상석의 석재와 재질이 다른 화강석일 뿐만 아니라, 조각기법과 양식에 있어서도 큰 차이를 보여주고 있어 본래부터 이 석불의 대좌였는지 의문이다. 대좌의 복련은 통일신라시대의 석조물에 보이는 복련처럼 조각이 뚜렷하고 힘이 넘치고 있다. 원형대좌 상면에는 지름 3㎝, 깊이 1.5㎝의 성혈이 4개 있어 민간신앙과도 깊은 관련이 있는 것으로 보인다.

장방형에 가까운 상호는 육계와 코 부분에 손상을 입었으나 다른 부분은 양호하다. 반구형의 육계는 많은 손상을 입어 흔적만 보이며, 머리칼은 소발이고, 백호는 없으며 두 귀는 짧다. 눈두덩은 약간 볼록하고 큰 편이며 눈은 뚜렷이 보이지 않는다. 코는 깨져 시멘트로 다시 보강하였고 양 광대뼈 부분은 양감이 거의 없다. 입은 일자로 굳게 다물었으며, 절단된 목 부위에 삼도의 흔적이 보인다. 상호는 전체적으로 딱딱한 감이 많이 풍기며 조각이 뚜렷하지 못해 자비스러운 인상은 없는 편이다.

법의는 통견이고 양팔에서 내려간 대의는 무릎 아래까지 내려갔으며 그 사이는 허리에서부터 무릎 밑까지 U자형이 반복되어 아육왕상식불상 계통의 의문을 보여주고 있다.

수인은 법의에 가려 보이지 않지만 가슴 앞에서 두 손을 모으고 있어 전북 부안의 용화사 석불입상이나 화순 운주사의 석불들과 비슷한 양상을 보이고 있다. 현 상태로 보아서 합장인은 아닌 것 같으며 승주 선암사 응향각에 있는 목조비로자나불좌상의 지권인 수인처럼 양손을 맞잡고 있듯이 지권인의 변형으로 보는 것이 타당할 것으로 보인다.

양발은 직립으로 노출되어 있으며 그 밑에 족좌처럼 낮은 장방형의 대좌가 있다. 이 대좌(가로 60㎝, 세로 40㎝, 높이 12㎝)에는 아무런 문양이 없으며, 현재의 연화대좌가 이 불상과는 상관없는 것으로 보이기 때문에 장방형 대좌를 이 불상의 대좌로 보아야 할 것이다. 그렇게 되면 죽산리 석불의 원래 위치는 현 위치와 다를 가능성도 있으며 이곳에 지금의 대좌와 같이 조성되었을 통일신라시대의 석조물이 있었을 가능성도 배제할 수 없다. 반대로 현 석불의 위치는 이곳이고 원형연화대좌의 원위치가 다른 곳일 수도 있다.

죽산리 석불입상은 장방형에 가까운 상호나 의문의 처리기법 등으로 볼 때 조성 시기는 고려 중기로 추정된다. 특히 양 손을 모아 법의로 가린 모습이나 도식화된 의습 처리는 운주사 일대의 석불과 상통하는 양식이기도 하다.

· 규모 : 불상 높이 233㎝, 머리 높이 44㎝, 머리 너비 33㎝, 어깨 너비 70㎝, 가슴 너비 44㎝, 방형지대석 가로 175㎝, 세로 175㎝, 원형대좌 지름 112㎝, 높이 32㎝.

石谷里 石造如來立像

석곡면 석곡리 291-3번지 소재의 석곡리 석불입상은 석곡중학교와 현 고속도로 사이의 중간 논가에 작은 당우도 없이 노천에 홀로 서 있다. 주변 논보다는 한 단 높은 곳에 있으며 주변에 몇 그루의 잡목이 있고, 여기저기에 와편이 흩어져 있다. 현재 발목 부위 아래는 매몰되어 있으며 남향으로 서 있다.

이 석불은 『조선보물고적조사자료』에 약간의 자료가 있고, 『곡성읍지』에 '彌勒在縣南五十里長三丈俗傳道詵立此以鎭地脈'이라고 되어 있으며, 1966년에 정영호 교수가 조사하여 『고고미술』 7권 7호에 발표하였다. 석곡리 석불입상은 1984년 2월 29일에 전라남도 문화재자료 제28호로 지정되어 관리되고 있으나 이 불상의 재료인 화강암이 풍화가 심하여 원래의 모습을 많이 잃고 있다.

불상은 철분이 많은 화강암으로 마멸이 심하여 각 부의 조각이 뚜렷하지 못한 상태이다. 타원형의 두광까지 모두 一石으로 되어 있으며 무릎 이하는 매몰되어 있고 앞에는 장방형의 배례석이 놓여 있다.

상호는 특히 마멸이 심해 각 부분의 형식을 파악할 수 없으며 전체적으로 볼 때 타원형에 속한다. 머리칼은 소발이며 육계는 반구형으로 뚜렷하고, 백호는 이마 중앙에 아주 조그맣게 뚫려 있다. 귀는 떨어져나가 없으며, 목은 긴 편이고 삼도의 흔적이 보인다. 법의는 통견으로 양 어깨에서 내려간 의문은 U자형이 복부까지 크게 양각되어 아주 뚜렷하게 보이나 나머지는 약간의 흔적만 보일 뿐이다. 양손은 별조하여 끼워 넣을 수 있도록 팔목에 구멍이 나 있으며, 위치는 양 허리 부근으로 같은 높이이다.

광배는 타원형이지만 아주 거칠고 아무런 문양도 없으며 약간 앞으로 기울어져 있다. 불상의 배면 역시 거칠며 정면의 복부는 볼록한 편이다.

석곡리 석불입상은 전체적으로 볼 때 거불에 속하며 남원군 주생면 지당리의 석불입상과 같은 계열로 볼 수 있고 조각기법으로 보아 제작 시기는 고려 중기로 추정된다.

· 규모 : 현 불상 높이 305cm, 광배 높이 110cm, 광배 너비 100cm, 머리 높이 60cm, 머리 너비 40cm, 어깨 너비 90cm.

堂洞里 傳한적사지 石造如來坐像

죽곡면 당동리 장갑순씨 집안에 있다. 이 불상의 유래를 정확히 알 수는 없으나 전해오는 바에 의하면, 당동리 한적골에 위치한 한적사지에서 가져온 것이라 한다. 한적골은 당동리에서 삼태리 쪽으로 가는 들판 위쪽에 자리잡고 있는데, 근처에서 다수의 기와편이 출토되었고, 일제 강점기에는 이곳에서 금동불도 출토되었으나 소화 5~6년경 주재소에 강제로 빼앗겼다고 한다. 이 한적사지에서 대좌와 불상을 가져다 마을 앞 도로변으로 옮겼으나 빈번히 도난을 당하였고, 1982년에 다시 도난당한 것을 이장과 면사무소의 총무계장이 경북 경주까지 가서 찾아온 사례도 있었다고 한다. 이때 이미 대좌의 중대석은 없어지고 상대와 하대, 그리고 불신만 남게 되었다고 한다.

이처럼 사방불의 도난사고가 빈번해지자 곡 성군에서는 군민회관으로 옮겨가려고 여러 차례 시도했으나 마을 주민들의 강력한 반대 로, 1986년 3월 이래 장갑순씨 댁 마당에 당 동리 마을 좌측 대나무밭에서 가져왔다는 석 불좌상과 함께 나란히 모셔져 있다.

이 당동리 불상은 방형의 대좌 위에 결가 부좌한 좌상을 조각하였는데, 불신의 좌우측 팔과 후면에 각기 다른 불상을 새김으로써 사방불의 형식을 갖추고 있는 아주 특이한 형식의 불상이다. 이 사방불은 풍화가 심하 여 그 형태를 제대로 알아보기 어려울 정도

로 마모가 되었고, 도난으로 인해 여러 차례 옮겨지는 바람에 조성 당시의 방향과 이와 관련된 상징 등은 파악하기 어렵게 되었다. 그러므로 편의상 정면불, 후면불, 좌·우측불로 명명하여 살펴보기로 하겠다.

① 정면 불상

정면불은 다른 면의 불상에 비해 상호 부분을 제외하고는 비교적 양호한 상태로 남아 있다. 자세는 결가부좌의 좌상이며 두상을 보면 희미하지만 나 발의 머리칼에 육계가 표현되었고, 목에는 삼도가 뚜렷이 나타나 있다. 법의 는 우견편단인데 왼쪽 어깨 부분에서 흘러내린 옷주름은 왼팔과 양 다리에 걸쳐 길게 늘어뜨려져 있고, 의문은 두텁게 음각되어 경직된 느낌을 준다. 두 귀는 길게 목 중앙 부분까지 처졌으며, 얼굴의 형상은 마모가 심해 정확 히 알 수 없지만 옷주름과 삼도, 그리고 불상 전체에 흐르는 분위기로 보아 근엄한 표정을 짓고 있음직하다.

수인은 왼쪽 손목 부분이 파손되어 확실치 않지만 오른손이 오른쪽 무릎 위에 손등이 보이도록 놓여 있고, 왼손은 왼쪽 무릎 근처에 위치한 것으로 보면 항마인을 취하고 있는 것으로 추정된다. 이 정면불에 광배는 보이지

않으나 광배를 부착하거나 끼우도록 장치했을 것으로 보이는 2개의 홈이 뒤쪽 어깨 부분에 파여 있다.

대좌는 정방형으로 지금은 상대석과 하대석만 남아 있는데 상대석도 파손이 심하여 보존이 시급한 실정이다. 원래는 지대석도 있었다고 하나 여러 차례 옮겨다닌 이유로 없어지고 바로 토단 위에 세워져 있다. 하대석은 말각방형인데 상대석에서 중대석에 이르는 곡선 부분은 복판연화문을 새겼다. 중대석은 유실되어 정확한 규모와 거기에 새겨졌을 법한 문양이나 조각 등의 형태는 알 수 없으나, 하대석 상부와 상대석 하부의 규격을 보면 51cm × 50cm 정도로 나타나 중대석 또한 이와 비슷한 규모의 정방형 형태로 조성되었을 것으로 짐작된다.『곡성향토지』(1982년 간행) 죽곡면 당동석불의 사진을 보면 그때까지만 해도 방형의 중대석이 있었음을 확인할 수 있다. 또 상대석은 특이하게 연화문 대신에 4면에 각 3구씩의 화불을 새겼는데 5구는 파손되어 없고 현재는 7구만이 남아 있다. 화불의 형태는 결가부좌에 지권인을 한 좌상이 조각되었고 각 화불마다 광배도 표현하고 있는데, 이는 얼핏 보면 하대석의 연화문과 비슷한 모양을 하고 있다.

· 규모 : 불신 높이 120cm, 불신 너비 90cm, 머리 높이 46cm.

② 좌측 불상

이 불상은 정면에서 바라본 불신의 왼팔과 옆구리 부분에 걸쳐 조각되었는데, 다리 부분은 정면불의 다리와 일치되도록 배치하고 있어 이들 조각들 간의 통일성을 엿볼 수 있다.

불상의 머리 부분은 민머리 형태를 하고 있는 것처럼 보이지만 자세히 보면 나발을 표현한 부분이 보인다. 얼굴 형태는 다른 불상들과는 달리 오똑한 코와 굳게 다문 입에서 근엄하고 묵직한 분위기를 느낄 수 있다. 두 귀는 뚜렷이 양각되었는데, 눈 위부터 목 부분까지 조각되었으며 목에는 역시 삼도가 나타나고 있다. 법의는 정면불과 마찬가지로 우견편단의 형식을 취하였는데, 전체적으로 왼팔을 덮고 그 옷주름은 왼쪽 옆구리를 지나 양 다리에 걸쳐 표현되어 있다. 수인은 시무외 여원인의 형식을 취하면서 표주

박 모양의 감로병을 들고 있다.
 이 불상의 전체적인 조각 형태는 결가부좌를 한 좌상이며, 표현 기법은 정면에서 본 부드러운 곡선을 그대로 살리려고 불상의 왼쪽은 얕게 조각하고 오른쪽 부분은 깊이 새김으로써 묘하게 전체적인 조화를 이루려고 한 점이 특기할 만하다. 대좌는 정면불 대좌를 그대로 이용하도록 배려하였다.
　　·규모 : 불신 높이 59㎝, 어깨 너비 23㎝, 무릎 너비 35㎝
　③ 후면 불상
　후면불은 정면불의 머리 부분을 제외한 동체부에 광배를 포함한 결가부좌의 좌상을 표현하였다. 먼저 머리 부분을 보면 육계와 나발이 확실히 나타나 있으나 얼굴의 세부는 풍화로 인해 알아보기 어렵게 되었다. 목에는 삼도가 보이고 법의는 정·후면의 불상과 마찬가지로 우견편단을 하였다. 옷주름은 왼쪽 어깨부터 팔꿈치까지 표현되다가 팔꿈치부터 손끝까지는 맨살로 나타나고 있으며, 그 주름은 다시 허리 부분에서 결가부좌한 양

다리에 두텁게 음각되었다. 손의 모습은 오른손을 가슴 위로 올려 손바닥이 밖을 향하도록 외장하였고, 왼손은 배에 대고 손바닥을 위로 하였다.
　이 후면불에서는 특이하게 광배를 표시해놓고 있는데 불신 전체에 걸쳐 주형거신광배가 표현되었고, 신광은 주변에 약 5㎝ 정도 두께의 띠를 돌리고 있으며 불신과 돌대 사이에는 4엽의 화문을 좌우 3개씩 양각하였다. 두광은 원형에 화염문을 음각하였는데 예산 사방불의 문양에 비하면 훨씬 퇴락된 형식을 띠고 있다.
　　·규모 : 불신 높이 77㎝, 무릎 너비 44㎝, 머리 높이 22㎝.
　④ 우측 불상

우측 불상은 마모가 심하여 그 형태를 확실히 알 수 없으나, 남아 있는 부분과 다른 불상과의 비교를 통하여 대략적인 형상은 파악할 수 있다.

머리 부분은 심하게 파손되어 얼굴 표정이나 귀의 형태 등은 파악하기 곤란하나 윗부분에 육계와 나발의 흔적이 확실하게 나타나 있다. 법의는 우견편단을 하였고 옷자락이 양 다리를 덮고 있다. 수인은 풍화로 인해 희미해지긴 했지만 정면불과 마찬가지로 결가부좌에 항마인을 한 것으로 추정된다. 이 불상의 대좌 역시 정면불의 대좌를 이용하고 있다.

·규모 : 불신 높이 58㎝, 머리 높이 17㎝, 어깨 너비 23㎝, 무릎 너비 35㎝.

위에서 살펴본 것처럼 당동리 불상은 사방불의 형식을 띤 불상으로는 우리나라에서 처음으로 발견된 예이다. 그리고 우리나라 대부분의 사방불이 석주의 4면에 불상을 조각한 것인 데 비하여, 이 불상은 환조의 불상을 조각하고 다시 각 측면에 다른 불상을 새긴 특이한 형식으로 이러한 예는 아직 발견되지 않고 있다. 또한 정면 불신에 사방불을 조각함으로써 각 측면의 불상은 정면불의 곡선을 최대한 살리면서 다른 불상을 특성 있게 표현하고 있고, 좌·우·후면의 불상은 대좌를 마련하지 않고 정면불의 대좌 하나로 대좌의 기능을 하도록 배치하고 있는 점이 특히 주목된다. 이는 각 면 불상들의 결가부좌한 다리가 대좌와 거의 밀착되게 표현한 것에서 쉽게 짐작할 수 있다.

이렇게 볼 때 당동리 사방불은 석주 형식이 아닌 하나의 불신에 다른 불상들을 조각하고 대좌의 상대석에 화불을 새겨, 한국 조각사에서 그 유례를 찾아볼 수 없는 귀중한 자료라고 하겠다. 이 사방불의 조성 시기는 고려시대로 추정된다.

堂洞里 石造如來坐像

이 불상은 위의 당동리 장갑순씨 댁 사방불상 바로 옆에 봉안된 것으로 원형의 대좌 위에 불신을 올려놓았다.

상호는 마모가 심해 그 형상을 알 수 없고 목 부분은 떨어진 것을 시멘트로 보수하였다. 어깨는 좁지만 벌어져 있으며, 결가부좌한 다리는 몸체에 비해 높고 넓다. 법의는 통견인데 대칭으로 표현되었고 가슴과 배 부분의 옷주름은 완만한 U자형의 곡선을 그리고 있다. 수인을 보면 왼손은 무릎 위에서 손바닥을 위로 하였고, 오른손은 무릎 위에서 항마인을 취하고 있다.

대좌는 앙련의 상대석과 복련의 하대석이 남아 있는데, 원래는 중대석도 있었던 것으로 보인다. 왜냐하면 상대석 밑부분과 하대석 윗부분에 다른 부재를 받치기 위한 괴임대가 마련되어 있기 때문이다. 이 불상은 옷주름의 묘사나 대좌 연화문의 조각수법, 그리고 비교적 사실적인 인체 표현 등으로 보아 조성 시기는 고려 전기로 추정된다.

· 규모 : 전체 높이 113cm.

(8) 구례군

大田里 石造毘盧遮那佛立像

대전리 석조비로자나불입상은 광의면 대전리 산46번지에 위치해 있으며 전라남도 유형문화재 제186호로 지정되어 있다. 이곳은 대전리 상대마을에서 북으로 1km, 온당리 당동마을에서 동으로 300m 가량 떨어져 있는 대전저수지 위쪽 강씨 문중산 끝부분 평평한 곳이며 속칭 '미륵골'이라 부른다. 바로 뒤에 있는 산은 지리산의 간미봉(표고 728.4m)이며 동쪽에 있는 산자락 하나를 넘으면 천은사가 나오고, 서쪽에 있는 산자락을 넘으면 반야사가 있다.

석조비로자나불상은 석조공양상과 함께 가로 6m, 세로 6m, 높이 0.6~1.1m의 방형 돌담 속에 있는데, 마을사람들은 입상을 '미륵불'이라 부르며 간단한 음식물을 공양물로 삼고 이곳에서 기도를 드리기도 한다. 이 상은 목 부분이 절단된 것을 시멘트로 접착하였으나 다시 절단되어 최근 목포대학교 박물관에서 시멘트를 제거한 후 접착제로 붙여 원상태로 복원하였다. 불상 앞에는 석탑의 갑석편으로 추정되는 석재가 배례석으로 놓여 있고 주변에는 측면에 당초문이 조각된 전이 깔려 있다. 이 주변은 소나무와 잡초가 우거져 있는데 여기저기에 건물의 주초석과 와편, 전 등이 있는 것으로 보아 건물이 있었던 것으로 추정된다. 그러나 사서나 읍지 등에 이곳에 대한 기록이 보이지 않으므로 어떠한 사찰이 있었는지 현재는 알 수 없는 실정이다.

지권인의 변형 수인을 결한 이 석불입상은 눈, 코, 입 등의 상호 부분이 결실되고 마모되어 상호의 양식 파악이 어렵다. 나발과 눈썹 사이가 좁아 이마가 협소한 편이며, 오른쪽 입가 쪽이 약간 눌려 있는 흔적이 보이고 양쪽 뺨에 풍만감이 엿보여 고졸한 미소가 풍기기도 한다. 얼굴 형태는 통일신라시대의 원만상과는 거리가 있고 상하로 길쭉한 편이며, 양 볼에 양감이 있다. 귀는 크고 긴 편인데 전면에서 보면 머리에 붙어 있어 뚜렷하지 않으나 측면에서 보면 확실하게 표현되어 있다. 머리칼은 통일신라 원각불에서 많이 보인 나발 형식인데 석굴암 본존처럼 나선형이 아니고 연주문형이며 전면과 오른쪽 측면은 마멸이 심하여 소발처럼 보인다. 육계는 크고 넓은 편이다. 삼도는 목 부분이 절단되고 시멘트로 덮여 있어 보이지 않았으나 최근에 시멘트를 제거하면서 그 흔적이 나타났다.

법의 착의법은 통견이다. 상체의 옷주름은 깊은 U자형을 중심으로 양 어깨에서 팔목까지 밀집선이 반복되며, 팔목에서 흘러내린 대의는 무릎 아래까지 길게 늘어져 있다. 하체의 옷주름은 상체에서 내려온 U자형이 허리 부근에서 Y자형으로 바뀌어 전체적으로 큰 Y자형을 이루며 양 다리는 반호선을 그리면서 대칭적인 무늬를 형성하고 있다. 이러한 착의법을 소위 전 우전왕(Udayana) 양식[39]이라 하는데, 우리나라에서는 통일신라 금동불에도 나타나고 석불에서는 719년 명문이 있는 감산사 아미타불과 미륵보살입상에 처음 나타난다.

수인은 얼핏 보기에 왼손으로 오른손 손가락을 잡고 있는 것처럼 보이지만 자세히 살펴보면 양손의 손가락이 서로 맞물려 깍지를 끼고 있어 아주 특이한 모습을 보여주고 있다. 왼손이 오른손 위에 있으면서 깍지를 기형적으로 끼었으며, 왼손의 엄지와 검지 윗부분은 손과 구분되게 조각이 되지 않은 상태로 거칠어 마치 다른 지물을 잡고 있는 것처럼 보인다. 이와 같은 수인 형식은 아직까지 불상뿐만 아니라 불교 조각상에도 보이지 않는 아주 새로운 양식으로 크게 주목된다. 이는 우리나라 비로자나불이 결한 지권인의 변형 양식으로 파악되므로 이 불상의 존명은 비로자나불이 된다.

자세는 입상인데 허리 부분이 거의 없어 8세기 후반에 조성된 것으로 추정된 예천 동본동 석조불입상과 비슷한 양상을 보이고 있다. 양 어깨의 선은 곡선으로 자연스러우며 가슴은 약간의 볼륨이 있어 보이나 거의 밋밋하고 허리 부분부터 몸체는 오른쪽으로 조금 기울어 다시 반듯하게 서 있어 금동불에 보인 삼굴자세의 잔영이 보이기도 한다. 측면에서 보면 아랫배가 툭 튀어나와 있다. 양발은 직립으로 표현된 것으로 보이나 현재는 유실되고 없으며 거칠게 다듬은 타원형의 지대석 위에 서 있다.

대전리 석불입상은 머리칼의 나발 모양, 육계, 법의의 옷주름과 삼굴자세의 잔영 등으로 볼 때 통일신라 말기에 조성된 것으로 추정해볼 수 있으나,

---

[39] 金理那,「慶州 掘佛寺址의 四面石佛에 대하여」,『震檀學報』제39호, 1975(『韓國古代佛敎彫刻史硏究』, 一潮閣, 1989, 235~254쪽에 재수록)에서 Udayana式 의문의 유래에 대하여 자세히 설명하고 있다.

길쭉한 얼굴과 지권인의 변형된 수인 등은 이 시대의 작풍으로 단정하기엔 무리가 따른다. 그러므로 나말여초기에 조성된 불상으로 파악하고자 한다.

대전리 석불입상에서 가장 주목되는 점은 수인과 의문이다. 앞에서 살펴본 바와 같이 수인은 기형적으로 깍지를 끼었는데 이를 지권인의 변형 양식으로 보았다. 독존의 경우 도상에서 가장 중요한 것이 수인인데 이 불상의 수인을 지권인의 변형으로 보았으므로 존명은 당연히 비로자나불이 된다.

우리나라 비로자나불은 거의 여래형이며 또한 좌상이 대부분을 차지한다. 통일신라시대에는 현재까지의 자료로 보아 보살형 비로자나불은 두 점(호암미술관 소장의 華嚴經變相圖와 舊 關野貞 소장의 銅造坐像)에 불과하여 거의 성행하지 않았고, 통일신라 전기에는 좌상만 조성되다가 통일신라 중기 이후에 입상의 비로자나불이 창안되어 금동상에 몇 예(국립중앙박물관 소장 1구, 국립경주박물관 소장 2구, 일본 동경국립박물관 소장 1구 등)가 보인다. 석조로는 경북 영양읍 동부동 출토 입상(현 국립경주박물관 소장. 높이 57㎝)이 유일한 자료로 보고되어 있다.40) 비로자나불은 석조나 철조 혹은 동조로 조성되면서 통일신라시대에는 거의 좌상으로 만들어졌고, 고려시대에 들어와서 대전리 불상을 비롯해서 충남 논산읍 관촉리의 大正雲寺址 석조입상과 부여 가중리 석조입상 등이 자세의 변화를 보이면서 대형으로 만들어졌다. 대전리 입상은 충남 관촉리와 가중리 입상보다 이른 시기인 나말여초에 조성되었으므로 현재까지 알려진 대형 비로자나불 입상 가운데서는 가장 초기의 것으로 추정된다.

그리고 대전리 입상은 상호의 눈, 코, 입 등이 파여 있어 원형을 잃고 있는데 이는 현재 이 불상을 마을 사람들이 미륵이라고 부르고 있는 것과 무관하지 않다고 여겨진다. 조선시대 미륵신앙의 형태 가운데 하나가 治病에 대한 신앙행위이다. 인간이 생사의 고를 해탈하고 무병 장수하면서 영생한다는 것은 인간 최대의 염원이며, 인지의 발달과 관계없이 원시시대부터 현

---

40) 姜友邦,「韓國 毘盧遮那佛像의 成立과 展開-圓融의 圖像的 實現」,『圓融과 調和』, 열화당, 1990, 441~442쪽.

재에 이르기까지 최대의 관심사인 것이다. 그리하여 미륵불에 대한 치병으로서의 신앙형태는 단순한 종교적 현상에만 그치는 것이 아니라, 미륵이 영험하다 하여 불상의 안면부를 떼어 복용하는 행위까지 나타나게 되었다.[41] 그러므로 이 입상은 상호 부분의 마모 형태로 보아 미륵불의 치병과 관련하여 조선시대에 미륵신앙의 유행과 밀접한 관련이 있었을 것으로 추정된다.[42]

· 규모 : 전체 높이 190㎝, 머리 높이 47㎝, 머리 너비 28㎝, 어깨 너비 58㎝, 가슴 너비 38㎝, 지대석 너비 70㎝.

般若寺 石造如來坐像

광의면 온당리 난동마을에서 북쪽의 골짜기 소로를 따라 1km 가량 올라가면 반야사라는 조그마한 절이 있다. 이 절의 대웅전 우측 뒤편에 석불좌상 1구가 홀로 서 있는데 원위치는 이곳에서 북서쪽으로 약 10m 떨어진 민묘 앞이라고 한다.

반야사의 연혁은 자료가 없어 살필 수 없으나, 다만 『구례군사』에 구례에 있는 여러 폐찰된 사찰과 마찬가지로 간략하게 신라 말기에서 고려 초기에 창건된 사찰[43]이라고 언급되어 있을 뿐이며, 구전으로는 백제 때 창건되어 임진왜란 때 소실되었다고 한다. 현재 1982년에 건립된

---

41) 金三龍, 『韓國 彌勒信仰의 硏究』, 同和出版公社, 1983, 198쪽.
42) 崔仁善, 「求禮 大田里 石造毘盧遮那佛立像에 대한 考察」, 『南佛會報』 2집, 南道佛敎文化硏究會, 1992.
43) 『求禮郡史』, 求禮郡史 編纂委員會, 1987, 723쪽.

대웅전과 요사채 건물 2동이 있다.

석불좌상은 상·중·하대의 완전한 대좌를 구비한 상으로 대좌의 하대석이 뒤집혀 있고 목 부분이 절단되어 시멘트로 접착하였으나 두부를 너무 뒤로 처지게 만든 점이 원형을 잃고 있어 아쉽다.

상호는 대전리 석조비로자나불 입상과 비슷한 형태로 길쭉한 편이며, 눈·코·입 등의 조각은 마모되었고 석태가 많이 끼어 세부 형식 파악은 어렵다. 머리는 소발이고 육계는 없고 낮은 편이며 이마의 중앙에는 백호공이 뚜렷하게 보인다. 귀는 긴 편인데 붙어 있으며 목은 아랫부분이 절단되어 시멘트로 접착되어 있으며 위쪽에 삼도의 흔적이 있다. 법의는 우견편단 형식이나 우측 어깨의 상단에 법의의 옷자락이 약간 걸쳐 있어 특이하다. 수인은 항마촉지인을 결하고 있다. 자세는 결가부좌이고 몸체는 세장하며 연약한 느낌을 준다. 무릎은 낮아 안정감이 부족하고 발목에서 넘어와 양 무릎 사이로 퍼진 부채꼴 모양은 없다.

대좌는 상·중·하대로 이루어져 있다. 하대는 거꾸로 뒤집혀 있어 측면에 있는 연화문이 현재 앙련처럼 되어 있으나 원래는 복련이다. 하대 밑의 지대석은 이 불상의 원위치인 대웅전과 요사채 사이의 민묘 앞에 있다. 지대석의 전체 형태는 타원형이나 앞부분은 각형 2단이 모각되어 있다. 중대석은 8각인데 우주나 안상 등의 조식은 일체 하지 않았다. 상대석은 8각인데 측면에 앙련이 시문되어 있다.

이 석불좌상은 대좌의 양식이나 신체부의 각 형식으로 보아 고려 전반기에 조성된 것으로 추정된다[44].

· 규모 : 전고 180cm, 상고 100cm, 두고 30cm, 두폭 20cm, 안고 22cm, 안폭 17cm, 견폭 44cm, 흉폭 28cm, 슬폭 73cm, 슬고 17cm, 대좌고 80cm, 하대석 폭 85cm, 고 18cm, 중대석 폭 54cm, 고 39cm, 상대석 폭 88cm, 고 24cm.

---

[44] 崔仁善,「南岳社址 주변 佛敎遺蹟」,『南岳社址地表調査報告書』, 木浦大學校博物館, 1992.

泉隱寺 金銅佛龕

천은사에 있는 이 금동불감(지방유형문화재 제29호)은 팔작지붕 형태를 갖추고 있으며 전면으로는 문을 여닫게 되어 있다. 문을 열면 돋을새김을 한 인왕상이 힘차고 강건한 모습으로 나타나며 내부 3면을 모두 돋을새김으로 불상을 조각해놓았다.

먼저 내부 벽면 중앙을 보면 지권인을 결한 비로자나불이 연화대 위에 결가부좌를 하고 앉아 있으며 양 옆으로는 화려한 보관을 쓰고 있는 협시불이 배치되어 있다. 그리고 주위로는 10대제자상과 사천왕상이 나열되어 있고 그 윗면으로는 구름이 묘사되어 있다. 좌측 벽면(향우)에는 왼손에 연꽃 모양을 한 약사발을 들고 있으며 오른손은 들어 시무외인을 결한 약사여래를 주존불로 하고 그 양편으로는 일광·월광의 협시불이 연화대 위에 앉아 있다. 또한 우측 벽면(향좌)에도 아미타삼존불이 전례와 비슷한 기법으로 배치되어 있다. 그렇다면 이 불감 벽면의 부조상의 구성은 비로자나불을 주존으로 한 약사·아미타불인 3신불로 이루어진 셈이다. 천정에는 화려한 인동당초문이 새겨져 있고 그 중앙에는 8엽의 연화문이 화려하게 조식되었다.

불감 내에는 원래 삼신불이 있었다고 하나 1구는 유실되고 없으며 현재 2구만 보관되어 있다. 이들 두 불상을 보면 규모나 기법이 거의 같은 솜씨이나 손 모습만 다를 뿐이다. 육계가 솟아 있고 머리는 나발이며 법의는 통견이다. 앙·복련이 조각된 나지막한 대좌 위에 가부좌를 한 좌상으로 의문이 두꺼운 편이며 양 어깨가 둔중하다. 양쪽 어깨를 덮고 있는 법의 자락이 등 뒤에서는 왼쪽 어깨에만 걸쳐 있는 것이 특징이다.

불감 뒷면에는 이를 만든 작가와 시주자가 "造像信勝 造藏金致 造手朴於山 施主朴氏兩主 緣化信□白重寶 信禪海玉"이라고 새겨져 있어 더욱 이 불감의 중요성을 높여준다.

이 불감은 노고단 중턱에 있는 상선암에서 나옹화상이 수도할 때 소지했던 불상이라는 구전이 전해오고 있다. 조성 연대는 고려 말경(14세기)으로 추정된다.

·규모 : 불감 총고 40cm, 폭 34.3cm, 두께 17.8cm, 불상 총고 16.1cm, 두고 48cm, 어깨 폭 6.4cm, 무릎 폭 8.6cm, 대좌고 3.2cm, 대좌폭 9.3cm.

沙圖里 石造如來坐像

마산면 사도리 산33-1번지에 소재한 사도리 석불좌상은 1979년 산림 내 불법 건조물 철거시에 불상을 봉안했던 건축물이 철거된 이후 노천에 방치되어 있다가 1980년대 초에 이종기씨가 여기에 상은사란 절을 지어 관리해오고 있다. 불상 앞에는 사도리 3층석탑이 있으며, 서쪽에 영천이씨 제실이 있다. 옛부터 이곳에 象谷寺란 절이 있었다고 하나 어떤 사찰이었는지 그 연혁이 전해지지 않아 알 길이 없으며, 혹시 도선국사가 창건한 三國寺가 이곳이 아닌가 짐작될 뿐이다.

석불은 좌상으로 앙·복련을 갖춘 대좌가 남아 있으나 8각의 중대석은 빠져나와 현재 배례석으로 사용되고 있다.

머리칼은 나발이나 아주 낮고 그 위에 육계가 있으나 파손되었다. 얼굴은

원만상이나 코가 짧고 눈은 반개하였다. 입은 일자형이며 입술은 두툼한 편이다. 귀는 도피안사 철불에서 볼 수 있는 것처럼 아주 작게 표현하였다. 턱 밑에는 일조선의 음각선이 넣어져 얼굴에 풍만감을 더해주고 있다. 목으로 내려와서는 삼도가 보이지 않는데 이는 목이 떨어져나간 것을 시멘트로 붙였기 때문이다. 어깨는 당당하며 가슴은 약간 나와 풍만감이 있고 허리는 잘숙해 통일신라 후기에 조성된 광주 약사암의 석불과 비교할 수 있다. 수인은 항마촉지인으로 오른손은 5지를 모두 펴서 가지런히 무릎 위에 올려놓고 있으며, 왼손은 펴서 오른발 위

에 올려놓았다. 무릎은 넓고 높아 아주 당당하다. 법의는 우견편단인데 거의 평행 처리하여 단순한 편이며, 양 발목 사이에는 부채꼴 의문이 보이지 않는다.

대좌는 하·중·상대석을 모두 갖추고 있으나 중대석이 빠져나와 있다. 하대석은 복련으로 16엽의 중판으로 조식되었는데 연화문이 유려하다. 상면은 각호각 3단의 중대석 괴임이 8각을 이루고 있다. 상대석은 16엽 연화문을 중첩되게 조각하였다. 이 불상은 전체적인 조각기법이 힘이 있게 표현되어 있으며, 9세기 지방에서 볼 수 있는 조각기법을 보여주고 있어 조성 시기는 9세기대로 추정할 수 있다.

· 규모 : 총고 195㎝, 기단고 71㎝, 불상 좌상고 124㎝, 두고 36㎝, 어깨 폭 59 ㎝, 무릎 폭 96㎝, 무릎 고 25㎝.

四聖庵 磨崖如來立像

문척면 죽마리 산4번지 소재의 이 마애불은 사성암에서 약간 내려와 약 50m 남쪽으로 돌면 높이 20m가 넘는 벼랑의 암벽이 ㄷ자형을 이루고 있는데 그 안쪽 면에 음각으로 새겨진 불입상이다.

주형거신광에 두광을 나타내고 있는 이 마애불은 소발의 머리칼에 육계가 솟아 있고 상호는 원만상으로 눈과 양 미간, 코와 입 등이 선각으로 간략화되긴 하였으나 그 기법이 고식을 지키고 있다. 목에 삼도가 보이며 수인은 오른손을 들어 중지를 잡고 있고 왼손은 손가락을 벌려 가슴 앞에 대고 있는데 아미타수인으로 보인다. 법의는 통견인데 전체적으로 파상문을 이루고 있어 사실적인 의도가 엿보이며, 특히 군의 자락 밑으로 묘사된 발등의 표현은 양각에서 오는 볼륨감이 없는 탓도 있겠지만 다소 도식적인 면을 감출 수가 없다. 이러한 기법은 아마 도상의 감각을 실제 바위에 새기면서 치를 수밖에 없는 과정의 하나라 하겠다. 두광에서 보인 불꽃무늬, 불신을 중앙으로 하여 대칭되게 새긴 거신광의 인동문은 매우 인상적이다.

이 마애입상은 비록 음각이지만 군의에서 나타난 파상문, 발등의 표현에 따른 사실적인 기법, 상호에서 풍기는 인상 등이 고려시대에 조성된 다른 불상들보다는 사뭇 우수한 면을 보이고 있다. 조성 연대는 나말여초인 10세기 전반경으로 추정된다.

· 규모 : 총고 390cm, 신고 321cm, 두고 58cm, 어깨 폭 80cm, 두광 폭 96cm, 신광 폭 174cm.

(9) 담양군

潭陽 靈隱寺 石造如來坐像 其1

영은사는 고서면 금현리 133번지에 위치해 있다. 광주댐 입구 동쪽에 금현리 노채마을이 있는데 이 마을 동쪽 구릉에 영은사가 자리잡고 있다. 대웅전 안에는 석불좌상이 대·중·소형으로 3구가 모셔져 있는데 이곳은 금현리 사지로 전하기도 한다. 현재의 대웅전이나 요사채 등은 20여년 전에 세운 것으로 1960년대의 사진에서 보면 흙벽돌 담으로 둘러싸여 야외에 노출되어 있었다. 불상 배열 방향도 현재는 오른쪽에서부터 대·중·소형 불상의 순서로 봉안되어 있으나, 역시 1960년대의 사진에서는 중앙에 대형 불상이 놓이고 그 좌우에 중형 불상과 소형 불상이 위치해 있었다. 전라남도 유형문화재 제143호로 지정되었다.

영은사는 1981년에 보문 이봉춘에 의해 창건된 신흥 사찰로 대한불교법화종 소속의 사찰이다. 대웅전 안에 모셔진 석불좌상은 현재의 위치가 제자리로 보인다. 맨 오른편에 있는 소형 석불은 주변 구릉에 있던 것을 옮겨왔다고 한다. 대형 석불좌상과 광배는 불상과는 다른 돌로 만들었다. 왼쪽 무릎과 엄지손가락 일부가 파손되었다. 소발의 머리칼에 둥그런 육계가 얹혀 있고 이마는 머리보다 한 단 낮다. 상호는 둥그런 모양이나 마멸로 희미하다. 1960년대의 사진에서 보면 상호, 의습, 광배 등이 뚜렷해서 참고가 된다. 양 미간에 백호를 끼웠던 구멍이 보이며 콧날은 우뚝하다. 인중과 턱, 그리고 양 볼에 움푹 패인 우물이 보인다. 양쪽 귀는 짧은 편으로 어깨 근처에서 머물고 목에는 삼도가 있다. 착의법은 우견편단 모양을 한 통견으로 오른쪽 어깨에서 등 쪽으로 감아돌려 왼쪽 어깨와 왼팔을 지나 무릎을 덮고 있다. 수인은 오른손을 무릎에 얹은 형태의 항마인을 하고 있다. 광배는 주형거신 광으로 원형의 두광이 1줄의 선으로 돋아져 있다. 그 주변에는 높이 16cm의 화불 7구를 역시 돋을새김하였다. 통일신라시대의 양식과 수법을 계승하고 있는 고려시대 초반기에 조성된 불상으로 추정된다.[45]

· 규모 : 현재 전체 높이 260cm, 불상 높이 160cm, 어깨 너비 86cm, 무릎 너비 118cm.

靈隱寺 石造如來坐像 其2

중형의 석불은 대형석불 왼편에 있는 석불좌상으로 광배는 없다. 육계와 상호, 왼쪽 무릎 일부가 마멸되었고 목은 절단된 것을 시멘트로 접착하였다. 파손되어 자세하지 않으나 나발로 보이며 육계는 낮다. 백호가 돌출되어 있고 대형 석불좌상과 같은 모습인 볼우물이 양 볼에는 물론 인중과 턱에도 있다. 착의법은 왼쪽 어깨에 법의를 걸쳐 오른쪽 어깨가 드러난 편단우견이다. 왼쪽 팔에 걸쳐진 옷자락이 무릎을 덮고 있으며 오른다리를 얹은 길상좌 모습으로 결가부좌한 채로 앉아 있다. 수인은 항마인으로 오른손은 무릎 위에 얹고 있고 왼손은 모로 세워서 배에 대고 있다. 이 석불은 비록 광배와 대좌는 없으나 어깨가 당당하고 가슴 등의 부드러운 처리로 보아 통일신라시대 하대인 9세기 후반으로 추정해도 무리는 아닐 것 같다.[46]

---

45) 鄭永鎬,「住岩댐 水沒地區 美術史分野 調査報告」,『住岩댐 水沒地區 地表調査報告書』, 全南大學校博物館, 1985, 200쪽.

· 규모 : 불상 높이 110cm, 어깨 너비 63cm, 무릎 너비 현재 86cm, 무릎 두께 35cm.

芬香里 石造如來立像

분향리 용대마을 뒷산 기슭의 밭(고서면 분향리 산15번지)에 석불입상이 있다. 이 석불을 관리하고 있는 용대마을 109번지 거주의 채봉선옹(1985년 조사 당시 89세)의 말에 의하면 아주 오래 전부터 이곳에 석불이 있었고 아들을 꼭 점지해주는 영험한 미륵불이라 한다. 주변의 밭에 기와조각이 널려 있으며 밭의 둑이 바로 옛 절터의 축대로 보인다. 1992년에 마을 주민이 대좌 주변의 흙을 긁어내 지대석을 노출시키고 바닥을 시멘트로 발라버렸다. 불상의 오른쪽과 왼쪽으로 1m쯤 떨어진 대각선 방향에 초석이 있는데 비교적 작은 규모의 당우로 불상 제작 당시의 건물 초석은 아닌 것으로 보인다. 전라남도 유형문화재 제144호로 지정되었다.

이 석불은 다른 돌로 이루어진 8각연화대좌 위에 왼쪽과 뒤쪽으로 5° 정도 비스듬히 서쪽을 보고 있다. 연화대좌에는 연꽃 8개가 땅을 향하고 그 사이사이에 작은 연꽃이 도드라지게 돌려져 있다. 머리칼은 소발이고 육계는 낮다. 머리보다 한 단 낮은 이마와 눈썹은 부드럽다. 코는 득남의 염원 탓인지 마멸되었으며 입술은 아래쪽으로 처진 듯하다. 짧은 목에는 삼도가 돌려져 있다. 법의는 양 어깨를 걸친 통견이며 가슴에서는 U자형이고 무릎은 긴 타원형이 겹쳐진 모습이다. 무릎과 가슴 윗부분에 내의가 보인다. 양 손은 허리 근처에서 몸에 바짝 붙인 채로 왼손은 무엇인가를 쥐고 있고 오

---

46) 鄭永鎬, 앞의 글, 200쪽.

른손은 반주먹이다. 발은 발등이 의습에 가린 채로 앞쪽으로 나와 있다.

이 석불의 지물은 확실하지 않지만 연화봉으로 추정된다. 지물의 상면에 연화문이 2겹으로 조각된 것이 보이기 때문이다. 연화봉을 쥐고 있는 불상의 예는 우리나라에서 찾아볼 수 없다. 그러므로 이 불상의 명칭은 단정지어 무어라고 할 수 없는 형편이다. 그렇지만 지물이 연화봉으로 추정되고 이 불상의 조각가는 용화세계에 있는 불상을 표현하려고 한 것으로 추정되므로, 이 불상은 미륵불로 보는 것이 타당하리라고 생각된다.

이 석불의 조성 시기는 몇 가지 양식으로 볼 때 고려 전기로 추정된다.

· 규모 : 전체 높이 126㎝, 어깨 너비 73㎝, 팔각연화대좌 지름 93㎝, 높이 35㎝.

靈泉里 磨崖如來坐像

무정면 영천리 오봉마을 남쪽 부처골에 위치한 이 마애불좌상은 자연 암반의 한쪽 면을 잘 다듬어 만든 마애불이다. 보통 마애불보다는 작은 편이며 주변의 논은 옛 절터로 보인다. 이 석불은 손 일부와 허리 아래는 새기지 않은 특이한 조각 형태를 보이고 있다.

마애불 육계는 낮고 소발로 보이며 이마를 머리보다 한 단 낮게 구분하였다. 눈썹은 가늘게 치켜올라간 모습이며 눈보다는 한 단 높다. 코는 파손되어 시멘트로 보수한 흔적이 남아 있다. 입술은 도톰하고 볼과 턱에 움푹 패인 우물이 있다. 양쪽 귀는 어깨 상단까지 늘어졌으며 목에는 삼도가 뚜렷하다. 어깨는 당당하며 착의법은 우견편단으로 왼쪽 어깨의 가사 끝이 한 번 꼬여 있다. 양쪽 팔은 팔꿈치까지만 묘사하고 말았다. 허리 아래의 무릎도 조각하지 않고 다듬은 것으로 보아 무언가 댈 수 있도록 한 흔적으로 보인다. 특히 왼쪽 팔꿈치의 경우 움푹 패여 있어 조각하지 않

은 팔꿈치 아래의 손을 별도로 만들어 부착했을 가능성이 크다. 그 아래는 무릎 부분에 해당되는 곳의 좌우에 있는 긴 네모의 다듬은 흔적도 앞의 경우와 같은 것으로 보인다.

이렇게 팔 일부와 무릎을 조각하지 않고 별도의 부재를 이용한 예는 찾을 수 없어 조성 연대를 추정하는 데는 다소 어려움이 많다. 당당한 어깨와 원만하고 비대해진 상호나 조각하지 않은 팔과 다리 등의 예를 볼 때 전형적인 고려시대 작품이다.

· 규모 : 암벽 높이 230㎝, 암벽 너비 220㎝, 불상 높이 130㎝.

五龍里 石造如來立像

이 석불입상은 무정면 오룡리 외당마을에서 동쪽으로 1km쯤의 거리에 있다. 도로에서 인접한 밭가에 있는 석불은 상호에 비해 몸체가 협소하게 조각되었고 보개와 광배가 있다.

오룡리 석불입상은 장방형의 광배와 한 돌이며 원반형의 보개는 다른 돌로 구성되어 있다. 보개 위에는 많은 돌이 올려져 있는데, 하단 중앙에 길이 22㎝, 깊이 3㎝ 크기로 단을 만들어 광배를 끼웠다. 육계와 보개 사이에 원반형의 받침돌을 올려놓아 보개의 무게를 지탱할 수 있게 하였다. 육계는 둥글게 솟아 있고 머리칼은 소발이며 머리와 이마를 단으로 구분하였다. 양 눈과 우측 이마, 그리고 코는 파손된 것을 시멘트로 수리하였다. 장타원형의 상호는 원만상으로 표현하였고 눈썹은 꼬리를 내려 부드럽게 보인다. 코는 상호에 비해 작은 편이며 입술은 돌출하였다. 귀는 어깨 상단 근처에서 단정하게 머물렀다. 짧은 목에는 삼도가 뚜렷하다. 어깨는 상호에 비해 협소한

편이며 착의법은 양 어깨에 가사를 걸친 통견이다. 수인은 왼손을 들고 오른손을 내려 몸에 붙이고 있는데 기본적으로는 시무외인과 여원인을 하고 있으나 보통의 경우와는 반대의 모양이다. 왼손은 파손된 것을 수리하였다. 의습은 허리 부근까지는 U자형이며 양 다리를 수직선으로 구분하고 각각 완만한 U자형으로 선새김하였다. 대좌는 윗면만 노출된 장타원형이다.

이 불상 앞에 놓여 있는 배례석은 장타원형의 자연석을 두 개의 돌로 받치고 있는 고인돌 모양인데 후대의 축조물로 보인다. 제작 시기는 주변의 와편을 제외하고는 가람터 흔적이 발견되지 않으나, 간결하게 처리하는 대좌의 모습이나 넓직한 상호, 단순한 의습 등 불상의 전체적인 조각양식으로 보아 고려시대로 추정된다.

· 규모 : 전체 높이 345㎝, 불상 높이 270㎝, 머리 높이 55㎝, 머리 너비 48㎝, 어깨 너비 80㎝, 보개 지름 130㎝, 보개 높이 53㎝, 광배 높이 285㎝, 광배 너비 124㎝, 광배 두께 60㎝.

成道里 石造如來立像

무정면 성도리 도동마을 뒤쪽으로 가면 도동저수지가 나오는데 저수지 위쪽의 계곡 평지에 석불입상이 위치한다. 이 석불은 현재 보호각을 만들어 모시고 있다. 보호각은 시멘트로 3벽을 만들고 슬레이트 지붕을 얹었다. 불상의 전체적인 모습은 민머리의 승상으로 보이지만 의습이나 수인 등에서는 불상의 전형적인 형태도 갖추고 있다. 측면에서 보면 머리를 앞으로 15° 정도 숙이고 있다.

이 불상의 머리 모습은 낮은 육계에 소발이다. 코, 눈, 정수리, 오른손 엄지 등이 파손되어 있고, 양 볼우물은 심하게 패여 있다.

목에는 삼도가 없고 착의법은 통견이다. 수인은 시무외인과 여원인을 취하는 것으로 보이나 보통의 경우와는 반대로 오른손을 내리고 왼손을 들어올리고 있다. 무릎 아래는 흙 속에 묻혀 있어 파악할 수 없다. 불상 뒤편에 광배가 있다. 광배 상단 일부는 파손되어 전모를 파악하기 다소 어려우나 문양은 새기지 않았다.

이러한 승상형의 석불은 민간신앙적 입장에서 불교를 이해하는 민간 불교의 조형물로 보이며 고려시대 후기에 제작되었을 것으로 여겨진다.

· 규모 : 현재 불상 높이 167cm, 머리 높이 47cm, 머리 너비 36cm, 어깨 너비 72cm, 무릎 너비 53cm, 광배 너비 87cm.

(10) 무안군

務安 藥師寺 石造藥師如來立像

무안읍 성동리 842번지에 있는 약사사는 918년에 어떤 스님이 남악사라는 이름으로 창건하였다고 하나 근거가 없다. 그러나 현 위치에 있는 석불의 규모로 보아 이곳에 고려시대부터 상당한 규모의 가람이 경영되었던 것으로 보인다. 지금의 약사사 건물은 1972년에 건립한 것이라 하며, 전라남도 유형문화재 제178호로 지정되어 있다.

이 석불은 대좌를 갖추었을 법하나 지금은 없고, 왼손에 큰 약호를 들고 있고 오른손은 엄지와 중지를 맞대고 있어 약사불로 여겨진다. 머리는 민머리이며 머리 위에 육계가 솟아 있지 않아 현 상태로는 지장보살처럼 보이나, 정상의 머리 위를 보면 육계가 있던 것을 인위적으로 깎아낸 흔적이 보여 본래는 육계가 있었던 것 같다. 또 불신 뒤편에 광배를 부착시켰던 3개의 구멍이 있으나 시멘트로 마감하였다. 법의는 통견으로 긴 옷자락이 어깨를 걸쳐 허리 밑으로 처져 있고, 측면에서는 물결형을 이루면서 층단을 이루고 있다. 무릎 앞에는 양쪽으로 퍼져나가는 파상문을 하고 있는데, 이는 담양 분향리 석불입상과 유사한 것이다.

이 불상의 전체적인 분위기는 투박하고 상호가 경직되었으며, 일부에서 조각기법의 퇴화 현상이 역력하다. 중건 후에 두광을 새로이 조성하여 봉안하고 있고, 석질은 화순 운주사 석불에서 볼 수 있는 재질과 같으며 일부에서는 붉은색도 띠고 있다. 비교적 좁은 상호, 괴체화된 신체, 움츠린 듯한 어깨와 짧은 목 등의 조형 감각은 이 석불 조성 당시의 사회상을 엿볼 수 있게 하며, 조성 시기는 고려 후기로 추정된다.

· 규모 : 전체 높이 310cm, 불신 너비 120cm, 두께 45cm, 머리 높이 94cm, 어깨 너비 120cm, 상호 높이 89cmcm, 상호 너비 75cm.

(11) 보성군

柳新里 磨崖如來坐像

이 마애불상은 율어면 소재지에서 주릿재를 넘어 벌교읍으로 가는 지방도로 우측에 자리하고 있는데(율어면 유신리 산125), 존제산(표고 703.8m) 북쪽편에 해당된다. 유신리 유천마을에서 속칭 미륵덩이 혹은 중바위골이라는 골짜기로 올라가면 '중바우'라고 일컫는 큰 자연석이 있는데, 이 암벽 서북쪽 평평한 면에 마애불과 미완성의 공양상이 조각되어 있다.

이 마애불은 보성군의 『내고장 전통가꾸기』에 간략하게 소개되어 있었으나, 1985년에 실시한 주암댐 수몰지구 미술사 분야 지표조사로 인하여 학계에 널리 알려졌으며 본격적인 조사가 이루어졌다. 1985년 2월 23일에 전라남도 유형문화재 제117호로 지정되었다가 다시 1988년 4월 1일에 보물 제944호로 승격되었다. 마애불 주변에서 고식의 기와편이 많이

출토되고 있는 점으로 미루어 본래는 이 마애불을 중심으로 불당을 짓고 이 불상에 공양을 드렸던 것으로 보인다.

이 불좌상은 대좌와 광배를 구비한 완전한 형태로서 마애불로는 보기 드문 형식이다. 대좌는 상·중·하대로 구성되었는데 하대에는 9엽의 복련을 조식하였고, 중앙에 큼직한 단엽의 1판을 놓고 그 좌우에 4판씩 배치하였다. 복련 위의 중대에는 아래로 2조선의 괴임대가 있으며 위로 3조선의 받침이 표현되어 있다. 면석 부분에는 좌우에 3조선씩 우주가 있으며 그 사이에 3개의 탱주를 모각하였고, 탱주 사이에는 상하로 큰 주문을 장식하였다. 상대는 7엽의 화사한 앙련좌를 갖추었는데 큼직한 1엽을 중심으로 그 좌우에 3엽씩 배치하였으며 밑으로는 굵은 연 줄기를 표시하였다.

상호는 둥글고 부드러우며 원만하다. 소발의 머리 위에 반구형으로 솟은 높은 육계와 눈두덩이 약간 후육한 점은 고식을 따르고 있다. 눈꼬리는 약간 올라갔으며 코와 입은 후대에 많이 쪼아내 큰 손상을 입었다. 두 귀는 부드러운 선으로 턱 밑까지 길게 늘어졌으며, 삼도는 선명하고 크게 처리하였다.

법의는 통견이며 어깨에서 무릎까지 밀집된 옷주름이 조각되었고, 특히 주목되는 것은 어깨 부분에서 별도의 어깨걸이(shawl)가 있다는 점이다. 이 어깨걸이는 가슴 윗부분에서 한 번 꼬여 4조선이 양 어깨의 법의 위로 표현되었는데 이러한 양식은 우리나라의 어느 불상에서도 찾아볼 수 없는 새로운 것이다.

수인은 전법륜인을 취하고 있어 설법을 하고 있는 모습이다. 두 손은 가슴에 모아 엄지와 검지로 원을 만들었는데 오른손바닥이 밖을 향하고 있으며 왼손은 손등이 밖을 향하고 있다. 발은 다른 부분에 비해 크게 표현하였고 양 무릎은 넓어 안정감 있게 보인다.

광배는 두광과 신광으로 구분되는데 2조선으로 이중의 두·신광을 나타냈으며 그 사이에 큰 연주문을 장식하였다. 두·신광 밖으로는 거신광이 표현되었으며 그 주연에는 유려한 화염문을 조각하여 전체적으로 화사한 분위기를 느끼게 한다.
 이 좌상의 우측에는 선각의 공양입상 일구가 배치되어 있으나 상의 세부 조각은 없다. 다만 불좌상을 향하여 좌향한 측면관의 윤곽이 뚜렷하고 하부에 이르러 의문의 표현만을 확인할 수 있다.
 마애불에 연화좌를 구비하고 있는 예는 많이 있으나 중대까지 완전한 대좌를 갖춘 예는 드문 편인데, 이러한 예는 동화사 입구 마애불좌상(9세기 조성)에서도 찾아볼 수 있다.
 유신리 마애불은 원만한 상호나 당당한 어깨, 그리고 대좌 등을 통해 볼 때 통일신라시대에 조성된 것으로 보이며, 법의와 연화문 등 일부분에서 다소 섬약한 기법이 엿보여 통일신라시대에서도 9세기 말경의 작품으로 추정된다.
 유신리 마애불좌상은 현재까지 알려진 전남지역의 마애불 가운데 가장 이른 시기에 조성되고, 양식상 몇 가지 새로운 요소를 가지고 있어 마애불 연구에 귀중한 자료가 되고 있다.
 가장 주목되는 점은 양쪽 어깨에 걸친 '어깨걸이'(shawl)인데 이러한 예는 아직까지 국내의 석불이나 마애불은 물론이고 금동불상에서도 발견된 바 없다. 중국에서는 5세기 중반부터 6세기에 걸쳐 조성한 북위시대의 금동불상에서 주로 이러한 '어깨걸이' 형식이 나타난다.47)

・규모 : 암벽고 480cm, 폭 510, 좌상 전고 355cm, 상고 210cm, 두고 66cm, 무릎 폭 185cm, 무릎 고 50cm, 대좌고 145cm, 폭 265cm, 공양상 전고 182cm, 폭 55cm.

梅峴里 磨崖藥師如來立像
 조성면 매현리 덕촌마을 뒤편 봉두산(표고 427.4m) 중턱에 마애불입상 1구가 조각되어 있다. 이곳은 보성군과 고흥군의 경계 지점으로 봉두산 북쪽

---

47) 鄭永鎬,「寶城 柳新里 磨崖如來坐像-中國佛 '어깨걸치개' 樣式 傳播의 一例」,『孫寶基博士 停年紀念 考古人類學論叢』, 知識産業社, 1988.

골짜기이며 속칭 '뒷골' 혹은 '중바윗골'이라 부르고 있다. 매현리 덕촌마을에서 뒷골이라고 부르는 봉두산 골짜기를 따라 약 40여분간 걸어서 올라가면 대나무 숲이 있다. 바로 이 대나무 숲속 큰 바위 북면에 마애불이 조각되어 있는데 마을 사람들은 '중바우'라고 부른다.

이 마애불이 조각되어 있는 바위는 자연석으로 홀로 떨어져 있는데 암질이 약해서인지 여러 부분으로 금이 가 있으며 특히 왼쪽 어깨 부분을 지나는 곳에 큰 금이 가 있다. 상호 부분의 눈과 코, 그리고 오른손과 팔 부분은 파괴가 심하여 형상을 제대로 파악할 수 없다. 발견 당시 발 아랫부분은 매몰되어 있었고 약 50㎝ 정도 아래로 파 내려가니 대좌 부분이 노출되고 기와편과 백자편들이 출토되었다.

이 마애불은 대좌를 갖춘 약사불입상이다. 상호는 높은 육계와 길고 평면적인 귀를 가진 장타원형으로 광대뼈 부분이 볼록하다. 높고 뾰족한 육계는 삼국시대의 금동불상에 많이 보이는 고식으로서 마애불에서는 보기 드물다. 머리는 소발이고 이마와의 구분이 희미하여 계주와 백호는 없다. 입은 바로 코 밑에서 툭 튀어나오게 표현되어 이방인처럼 특이하며, 인중은 아주 짧고 수직으로 내려 형식에 그치고 있다. 귀는 통일신라 중대의 불상처럼 목 아랫부분까지 내려오도록 길게 조각하였는데 평면으로 처리하였고 목에 2조선으로 삼도를 표현하였다.

법의는 우견편단으로 좌측 어깨에서 시작하여 우측 가슴을 지나 다리까지 감싸고 있으나 마멸이 심해 전체적인 의문은 확연하지 않고, 다만 가슴 부위에만 몇 줄의 선이 보인다. 하체에는 U자형의 의문이 반복되고 있다. 왼쪽 팔은 압축하여 비대하게 조각해서 신체 비례상 어울리지 않으며, 가슴은 볼륨이 약간 있고 허리는 가늘다. 오른팔과 양손은 많은 손상을 입어 형태 파악이 힘들지만 왼손에는 보주로 생각되는 藥器를 들고 있다. 따라서 이 불상은 약사여래임이 분명하다. 다리 일부와 발은 생략되어 바로 대좌와 연결되고 있다.

대좌는 중앙에 7엽의 앙련을 중심으로 상·하에 2단의 받침대를 모각하였는데 이러한 형식은 매현리 마애불에서 처음 보이고 있어 주목된다.

광배는 두광과 신광을 별도로 만들지 않고 주변을 쪼아서 거신광을 표현하였는데 아무런 장식 문양이 없다.

상호는 삼국시대나 통일신라시대의 불상과는 대조적으로 원만하지 못하며 육계는 좁고 높게 표현하였고, 귀는 평면적이지만 길게 조각되어 고식을 따르고 있다. 어깨와 팔 모양은 고려 초기 작품으로 추정된 광주시 극락암 마애불좌상(광주시 유형문화재 제4호)처럼 사각형으로 만들어 괴체감이 있다. 입은 두툼하고 뾰족 튀어나오게 표현하였는데 이러한 예는 월출산 사자봉 마애불좌상, 영암읍 월곡리 마애불2구, 무위사 석불입상, 경주 남산 삼릉계 선각마애불좌상 등 고려시대의 불상에서 보인다.

이 마애불의 조성 시기는 양식상 고식을 따르고 있지만 위에서 본 바와 같이 여러 가지 양식 요소로 보아 고려 전반기의 작품으로 추정된다.[48]

· 규모 : 암벽고 300cm, 폭 421cm, 입상 전고 270cm, 상고 230cm, 두고 51cm, 어깨 폭 77cm, 광배 폭 164cm, 대좌고 40cm, 대좌 폭 113cm.

沙谷里 磨崖如來坐像

겸백면 사곡리 초암마을에서 초암산(표고 576m) 정상을 향해 약 1시간 가량 올라가면 커다란 자연 암석에 마애불이 조각되어 있다. 초암마을에서 약 6km가량 떨어져 있는데 어느 정도 올라가면 수로도 끊겨서 찾기가 힘들다. 몇 년 전까지만 해도 초암산 중턱에 목장이 있어 길이 있었으나 목장이 폐쇄되고, 마을 주민들의 산행도 끊겨 목장에서부터 마애불이 있는 곳까지는 길이 없어져 우거진 숲 사이를 뚫고 가야 된다. 마애불이 있는 바위 바로

---

[48] 崔仁善,「寶城郡의 磨崖佛」,『全南文化財』제4집, 全羅南道, 1991, 187~188쪽.

밑에는 약 300평 정도의 평지가 있는데 바로 이곳이 금화사 옛터라고 구전되고 있다.

마애불은 서남향 방향에 위치하고 있어 이곳에서 정면을 바라보면 미력면과 겸백면 사이에 있는 보성강 저수지가 한눈에 들어온다. 사곡리 마애불은 서남향의 암벽에 조각되어 있는데, 목 부분에 약 6㎝의 갈라진 틈이 사선으로 지나고 있어 반분되어 있는 것처럼 보인다. 마애불의 전면은 약 1m 가량의 공간뿐이고 바로 밑으로는 절벽이어서 사진촬영과 조사가 매우 힘들다.

사곡리 마애불은 대좌와 광배를 구비하고 있는 좌상이다. 상호는 장방형에 가깝고 길쭉한 편이며 이국적인 인상이 짙게 풍긴다. 육계는 좁고 높아서 길며 머리는 소발이다. 이마와 머리의 구분은 희미하며 백호는 이마 중앙에 뚜렷하게 표현되어 있다. 눈은 자연스러우며 코는 우뚝하고 인중이 쑥 들어가 상대적으로 입은 두툼하여 툭 튀어나온 것처럼 보인다. 양 입가는 들어가고 광대뼈 부분은 양감이 있어 웃는 듯이 보인다. 귀는 귓볼이 거의 목 부분까지 내려오도록 하였고, 몸체에 비해 얼굴이 크며 상호 부분의 조각이 신체보다 더 정교하다.

법의는 우견편단이나 거의 형식에 치우쳐 잘 보이지 않는다. 수인은 양손을 가슴 부위에 두었는데 왼손을 조금 더 크게 표현하였다. 오른손은 오른쪽 가슴에 다섯 손가락을 펴서 시무외인을 하였고 왼손은 복부 위에 엄지를 손가락 안으로 접었고 나머지는 폈다. 발은 두 발바닥을 보이게 추상적으로 나타내 어색하게 처리하였고 무릎은 낮은 편이다.

대좌는 앙련좌인데 중앙에 액을 만들어 그 안에 8~9개의 점선이 있고 좌우로 3엽씩 대칭되게 앙련을 조각하였다. 광배는 전체적으로 주형광배이며 두광과 신광을 따로 만들었다. 두광은 1조선의 원형으로 만들고 안쪽으로는 연화문을, 그리고 바깥쪽으로는 당초문을 조식하여 특이한 문양을 넣었다. 신광은 두광의 중간에서 양팔의 중간 부위까지 1조선으로 호형을 이루고 있다.

사곡리 마애불은 몸체 부분, 즉 법의나 수인, 발 표현에 있어서 생략하거나 괴체감 있게 표현하였고 상호와 두광은 정제되게 조각하여 기법상 고려 후기에 조성된 것으로 추정된다.[49]

· 규모 : 암벽고 340cm, 폭 450cm, 좌상 전고 258cm, 신고 186cm, 두상고 65cm, 어깨폭 105cm, 무릎폭 170cm, 대좌고 36cm, 대좌폭 205cm, 두광폭 120cm.

盤石里 石造如來坐像

이 불상은 복내 면소재지에서 서쪽으로 약 2km 떨어져 있으며(복내면 반석리 52번지) 반곡과 장밭터마을 사이의 오른쪽에 해당하고, 불상 주변에는 와편이 산재해 있는 것으로 볼 때 사찰이 있었던 것으로 여겨지나, 이곳 사지와 관련된 아무런 문헌도 보이지 않고 구전되어오는 것도 없어서 어떤 사찰이 존재했는가는 알 수 없다.

불상을 보호하는 불전도 없이 홀로 노천에 방치되어 있는 이 불상은 곳곳에 이끼가 많이 끼어 있으나 보존 상태는 양호한 편이다. 불상 바로 앞에는 석탑부재인 탑신석과 상층기단 갑석재로 배례석을 삼고 있으며, 무릎 아래는 땅에 묻혀 있어 대좌의 유무는 알 수 없다. 불상은 1985년 2월 25일에 전라남도 지방유형문화재 제122호로 지정되었다.

이 석불은 광배를 갖춘 좌상으로 일석에 부조하였다. 자세는 결가부좌를

---

49) 崔仁善, 앞의 글, 188~189쪽.

하였는데 이러한 앉음새는 부처가 선정에 들었을 때 취한 자세이기 때문에 선정좌라 칭한다.

상호는 원만하나 턱 부분이 좁아서 길쭉한 느낌을 주고 있고 머리 위의 육계는 반구형보다는 크게 표현되었으며 소발의 머리는 얇은 편이다. 계주와 백호는 보이지 않고 눈은 손상을 입어 움푹 들어가 원래의 모습을 살펴 볼 수 없다. 코는 콧날을 세워 뚜렷하고 큰 편이며, 입은 자연스럽게 나타내고, 양쪽 귀는 턱 밑까지 내려오지 않았으나 적은 편은 아니다. 목에는 2조선으로 삼도를 표현하여 위엄이 있어 보인다. 법의는 우견편단이며 衣文은 왼쪽 어깨에서 오른쪽 가슴으로 흘러내렸는데, 몇 선은 아주 자연스런 평행 곡선이 반복되다가 아래로 내려오면서 사선으로 변하고 있다. 수인은 항마촉지인의 기본 구도를 따르려고 하였으나 부자연스럽다. 왼쪽 팔꿈치를 허리에 밀착시키면서 왼 손등은 왼쪽 무릎 끝 부분에 댄 다섯 손가락을 펴고 있는 모습으로 왼쪽 팔을 처리하였는데, 실제로 이런 모습은 아주 힘들며 기형적으로 보인다. 오른팔 역시 상반부가 너무 길어 비례에 맞지 않는다. 팔꿈치가 무릎에 닿고 있으며 손은 무릎의 중앙 부분에서 다섯 손가락을 편 채로 외장하고 있다.

광배는 주형거신광으로서 따로 두광과 신광을 조식하였다. 두광은 양 어깨에 맞닿게 양각의 2조선으로 원을 그렸으며, 그 안에는 단엽 13판의 연화문을 머리 주변으로 일정하게 돌렸는데, 이러한 세장한 작풍은 마치 연화문 숫막새 기와를 연상케 한다. 신광은 양 무릎에서 두광의 중간 부분까지 곡선으로 양각의 1조선을 돌리고 있으며 그 밖의 문양은 없다.

얼굴은 전체적으로 볼 때 긴 편에 속해서 약간 이국적인 인상이 풍기는 듯하며 양 어깨의 선은 자연스런 곡선을 그려 부드럽게 보인다. 그러나 가슴은 밋밋하여 양감이 없으며 허리는 너무 크고 넓게 표현하여 조형성을 잃고 있다. 무릎은 어깨와 비교할 때 넓은 편이며 높다. 측면에서 바라본 좌상은 거의 수직에 가깝지만 광배는 약간 휘어져 있는 상태이다.

반석리 석불좌상은 광배, 균형을 잃은 팔의 형태, 의문, 두광 안의 세장한 연화문 등 각 부분의 조각기법으로 보아 고려 중기 이후에 조성된 것으로 추정된다.

이 불상은 주형광배를 갖춘 불상으로 전남지역에서 몇 안 되는 작품에 속한다. 전남지역 고려 불상 가운데 주형광배를 갖고 있는 가장 대표적인 불상이 보물 제89호로 지정된 영암 도갑사 석조여래좌상이다. 이 불상과 반석리 불상은 양식상 몇 가지 차이점이 분명하게 나타나고 있는데, 광배의 문양과 육계의 모양에서 큰 차이를 보이고 있으며, 상호의 형태와 의문 등은 반석리 불상에서보다 형식화에 치우쳐 시대의 흐름을 알려주고 있다. 이러한 주형광배를 갖고 있는 예는 진도 용장사 석불좌상, 장흥 용화사 약사불좌상, 담양 영은사 석불좌상, 나주 용운사 석불좌상 등이 있는데 이들은 모두 고려시대 불상이다.

2조선의 양각 원형의 두광 안에 조식된 연화문은 모두 13엽으로 이러한 예는 아직 발견된 바 없다. 두광 안에 연화문을 조식한 예는 서산 마애삼존불, 영주 가흥리 마애삼존불, 경주 구황리 금제불좌상, 남원 만복사지 석불입상, 월출산 마애불좌상, 대구 부인사 입구 마애불좌상 등의 작품에서 보이는 바와 같이 백제시기부터 고려시대까지 꾸준히 보이지만 유례는 많지 않은 편이다. 이들은 모두 반석리 석조불상의 연화문처럼 세장한 것이 아니고 넓고 후육한 감을 풍기고 있어 대조를 이룬다.

또한 머리보다 지나치게 크게 표현된 육계는 통일신라 하대로 오면서 점차 작아져 머리와의 구분이 애매하여 아주 형식적으로 표현되다가 고려시대에 들어와서 다시 비대하게 큰 모양으로 나타나기도 하는데, 반석리 불상이 그 대표적인 예가 되고 있다. 이상과 같이 반석리 석불좌상은 몇 가지 특이한 양식적 요소를 지닌 고려 불상으로 전남지역의 불상 연구에 좋은 자료가 될 것으로 보인다.

・규모 : 전고 215㎝, 광배 폭 136㎝, 불상고 160㎝, 두고 56㎝, 어깨 폭 68㎝, 무릎 폭 127㎝, 무릎 고 53㎝.

(12) 영광군

雪梅里 佛頭

군남면 설매리 서고마을의 미륵골에 위치한 이 불두는 아직까지 학계에 보고된 바가 없다. 이곳은 군남면 설매리와 염산면 상계리에 걸쳐 있는 설매산(표고 200m) 남쪽 계곡, 속칭 미륵골의 중간에 해당하며, 영광읍에서 염산으로 나 있는 808번 도로를 따라가다가 군남과 염산의 경계를 이룬 돌팍재 조금 못 미친 설매리 서고에서 우측으로 미륵골 산장이란 음식점 표지판을 따라 조금 올라가면 음식점이 있고, 여기서 다시 위쪽으로 100m 가량 올라가면 우측 큰 바위 위에 거대한 불두가 올려져 있다. 이 불두를 현지 주민들은 미륵불이라 부르고 있으며 불두가 올려져 있는 바위는 자연석으로 균열이 심하다. 불두의 방향은 서향을 하고 있으며 바위는 가파른 곳에 있어 전면에 3단의 작은 축대를 쌓아놓았다.

자연석 위에 불두만 조각하여 올려놓은 특이한 형태를 갖춘 이 조각상은 상호의 조각 솜씨가 아주 뛰어난 편이다. 불두는 바위의 위쪽 앞면을 ㄴ字로 다듬어서 그 위에 약간 비스듬히 올려놓았으며, 바위 전체 형태가 삼각형에 가까워 멀리서 보면 좌상의 모습처럼 보인다. 불두는 큰 바위 위에 있을 뿐만 아니라 바위의 앞이 급한 경사를 이루고 있어 정면을 응시할 수 없어 상호의 정확한 양식을 파악하는 데 다소 지장을 주어 아쉽다. 하지만 명상에 잠긴 듯한 거대한 상호는 그 뛰어난 조각 솜씨로 말미암아 보는 사람의 감성을 압도하고 만다.

이 불상은 상호가 장방형에 가깝고 눈은 명상에 잠긴 듯하며 얼굴 앞면이 넓어 근엄하고 장중한 면을 강하게 풍기고 있다. 소발의 머리칼 위에 넓고 큰 육계(너비 60cm, 높이 33cm)는 고식을 따르고 있으며 이마는 좁고 백호는 없다. 눈은 반개하였고 장흥 보림사 철불처럼 눈두덩이 유난히 크다. 코는 곧게 내려왔고 입은 단정히 다물고 있으며 양 입가와 중앙 밑부분에 성혈처럼 홈이 파여 있다. 귀는 길이가 95cm나 되어 아주 길게 목의 중간까지 내려왔고 약간 평면적으로 조각하였다. 불두의 전면은 조각이 아주 정교하나 후면은 거의 평편으로 처리하여 불두를 자연석에 올리면서 무게가 많이 나가 이를 올리면서 깎아낸 것처럼 보인다. 그리고 목 부위 밑에 폭 30cm, 깊이 15cm 이상의 꼬다리가 부착되어 있어 불두를 보다 안전하게 올려놓으려고 하는 치밀함을 보여주고 있다.

이 조각상은 선뜻 어느 계열에 속한다고 단정지을 수 없다. 얼핏 보기에 통일신라 전성기의 불상들과도 비교해볼 수 있으며 또한 고려 전반기의 복고풍 불상들과도 연관지어 볼 수도 있다. 그리고 중국 남쪽지방에 있는 조각상들과도 관련성을 살펴볼 필요가 있다. 이 불상이 바로 서해안과 접해 있기 때문이다.

· 규모 : 바위 최대 너비 350cm, 높이 420cm, 불두 전체 높이 190cm, 두고 160cm, 너비 100cm, 두께 55cm.

建武里 石造如來立像

이 석불입상은 불갑면 건무리 황산마을에 있다. 동쪽으로 황산마을을 지나 운무산(표고 338m) 쪽으로 약 1km 정도 가면 마을 저수지가 있고 이 저수지를 지나면 제헌의원을 지낸 조영규씨가 관해산장이라는 별장을 지어놓았는데, 바로 이 별장 안에 시멘트 건물로 조그마한 보호각을 지어 불상을 관리하고 있다.

석불이 있는 이곳 운무산 계곡은 自秘寺址로 전해지고 있으며, 마을 사람들은 이 석불을 '미륵바우'라 부르고 있다. 이 석불은 원래 넘어져 있었는데 조영규씨가 이곳으로 옮겨놓았다고 하며, 주변에는 와편이 산견되고 숫기와를 비롯해서 몇 점의 와편을 현재 관해산장에서 소유하고 있다.

건무리 석불입상은 1매석의 판상형 석재에 돋을새김을 한 형식이다. 상호 부분은 파손이 심해 각 부의 세부 양식을 알 수 없고 육계는 높고 뾰족하며 이마 중앙에는 지름 3㎝의 커다란 백호공이 있다. 귀는 목 중간 부분까지 내려와 비교적 긴 편이고 목에는 삼도가 없다.

법의는 우견편단으로 복부의 중앙에 6조선의 옷주름이 선명하게 보인다. 양 어깨선은 광주 쌍촌동 운천사 마애불좌상, 담양 수북면 궁산리 마애불좌상, 보성 조성면 매현리 마애약사불입상과 같이 거의 각을 이루고 있다. 수인은 시무외인과 여원인의 통인으로 추정되나 오른손은 마멸이 심해 그 형상을 알 수 없다. 왼손은 곧바로 내려 오지를 반드시 펴고 있어 여원인임이 확실하다. 광배는 주형거신광이며 표면에 아무 문양이 없고 윗면은 파손이 심한 편이다. 대좌 부분은 시멘트 아래 매몰되어 있어 파악할 수 없으며 불상 앞에는 화강암 배례석 1매가 놓여 있다.

이 석불입상은 파손이 심하고 조각의 윤곽이 뚜렷하지 않아 조성 시기를 추정하기 곤란하나 높은 육계, 길다란 귀, 거의 각을 이룬 어깨선 등의 양식을 고려해볼 때 고려시대에 제작된 것으로 추정해볼 수 있다.

· 규모 : 전체 높이 220㎝, 불상 높이 182㎝, 상호 높이 56㎝, 상호 너비 42㎝, 어깨 너비 75㎝, 광배 너비 128㎝, 광배 두께 30㎝.

鎭內里 石造彌勒佛

이 미륵불은 법성면 진내리 2구 다랑가지의 수협 뒤편 가파른 벼랑 밑에 있는데, 조각 형상이 일반인들이 생각하고 있는 미륵불과는 아주 다른 모습을 보여주고 있어 특이하다. 현지 마을 사람들은 이 조각상을 미륵불이라 부르고 있으며 지금도 정화수 등을 떠놓고 소원을 빌고 있다. 미륵불 앞에는 시멘트로 만든 배례석이 있고 이 전면에는 '1977. 8. 24. 용궁에서 오신 미륵불'이라고 음각해놓았다.

이 조각상은 현재 중간 부분이 깨져 정확한 것은 알 수 없으나, 위에 올려져 있는 석재에 조각이 있어 주민들은 이를 불두라고 여기며 미륵불이라고 부르고 있지만 일반적인 불상과는 완전히 다르다. 전체 모습은 윗면이 둥근 석주형 입석으로 형상은 어떤 형식이라고 단정지어 표현하기 어렵다. 조각은 2등분된 석재의 상면에만 있는데 윗면의 좌우에 장방형에 가까운 큰 홈이 파여 있고 하부에 길다란 홈이 파여 있을 뿐 다른 조식은 없다. 이 조각상을 각각 눈과 입을 형상화한 것으로 믿으며 불두라고 여긴 것인지 모르지만 처음 보는 사람들은 수긍하기 어렵다.

이 미륵불은 백제에 처음으로 불교를 전한 마라난타가 해로를 통해서 가져왔다고 현지에서는 믿고 있다. 이는 백제 불교의 법성포 도래지설을 뒷받침하고 있는 예라고 현지에서 여기고 있으나, 조각 기법으로 보아 백제 시기의 것이라고는 볼 수 없다.

(13) 영암군

龍興里出土 金銅四天王像

이 금동사천왕상은 영암읍 용흥리 2구 147번지 거주 김재충씨(당시 48세)가 1976년 12월 27일 자기 집 창고 하수구를 정리하다 발견하여 매장문화재로 신고함으로써 세상에 알려졌으며, 국립중앙박물관 유물로 등록(등록일자 1977. 9. 12. 유물번호 新收 3443)되어 있고 현재는 국립전주박물관에 전시되어 있다. 이 사천왕상이 출토된 영암읍 용흥리는 통일신라시대에 초창된 월출산 사자봉 아래의 師子寺(현재의 天皇寺)와 인접해 있고 1009년에 조성되었던 성풍사지 5층석탑이 있는 곳이다. 이러한 배경을 생각해보면 통일신라시대의 사천왕상이 이곳에서 출토된 점은 이해가 되나 그 유구를 알 수 없다는 것이 아쉽다.

  이 사천왕상은 전체 길이 16.1㎝, 너비 6.5㎝로 소형이며 입상이다. 얼굴과 몸은 오른쪽을 향하고 있으며, 복부 부분이 약간 나와 전체적으로 힘있게 보인다. 머리에는 투구 같은 높은 보관이 쓰여 있고 보관은 양 귀까지 덮고 있다. 두 눈은 역 八字 모양이며, 입가에 힘을 많이 주어 양 입가는 움푹 들어가 있는 모습이다. 이러한 모습 때문에 얼굴은 인상을 쓰고 있는 듯이 보이지만 양 볼은 풍만하여 통일신라 전성기의 모습을 보여주고 있다. 肩甲은 양 어깨를 짧게 감싸고 있으며 흉갑에는 상호 대칭되게 반당초문이 크게 양각되어 있다. 허리는 잘숙하고 가슴은 약간 튀어나와 힘이 있어 보인다. 허리 윗부분에 큰 1조선의 허리띠가 둘러져 있는데 띠매듭은 없다. 겉옷은 무릎 부분까지 내려와 있고 호형의 衣文이 보인다. 경갑은 꽉 낀 듯하며 신발은 아무런 장식이 없다. 천의 자락은 앞을 향해 팔꿈치를 굽히고 있는 팔목 사이에 걸쳐 있다. 양 팔 사이의 천의는 큰 U字형을 이루고 있으며, 왼 팔목에서 흘러내린 천의 자락은 무릎 부위까지 유실되고 없다.

  이 상은 삼굴자세를 취하고 있는 것처럼 상체와 머리가 젖혀져 있고 얼굴과 가슴은 풍만감이 돌아 남성적인 모습을 잘 보여주고 있어 조성 시기는 통일신라시대로 추정된다.

  ·규모 : 전체 길이 16.1㎝, 너비 6.5㎝.

龍巖寺址 磨崖如來坐像

  이 마애불은 월출산 구정봉 북쪽 면의 8부능선상에 위치하고 있다(영암읍 회문리 산126-1번지). 서북향을 하고 있는 거대한 자연 암반(사다리꼴 모양의 장방형)에 높은 부조로 이루어진 이 불상은 월출산에 있는 5구의 마애불 가운데 가장 규모가 크며 조각 솜씨도 뛰어나 다른 像을 압도하고 있다.

  상호는 신체에 비하여 크고 사각형에 가깝다. 머리는 소발이며 삼국 시기의 조각들처럼 육계는 넓고 높다. 이마 윗부분의 머리 하단에는 같은 간격으로 아주 조그마한 구멍이 5개 뚫려 있다. 불상에서 이런 예가 전혀 보이지 않고 있어 특이하며, 세밀히 조사하여 앞으로 이 구멍의 용도를 밝혀야 할 것이다. 얼굴은 너비가 넓어 사각형에 가깝게 보이며, 귀까지 옆으로 크게 평면 처리되어 상호가 신체보다 훨씬 강조된 듯이 보인다. 눈은 반개하여 거의 일직선에 가까우며 눈꼬리가 약간 휘어 치켜올라갔다. 코는 눈과 비교할 때 작으나 양감이 있고, 인중은 넓고 길며, 입은 인중의 표현과 아랫입술 때문에 사실적으로 잘 표현되어 있다. 이렇게 상호 각 부분을 표현하고 턱을 끌어당겨 처리하였기 때문에, 목이 짧고 굵어서 상호는 전체적으로 깊은 선정에 빠진 듯 엄숙한 분위기를 풍기고 있다. 목에는 삼도가 뚜렷이 표현되어 있다.

신체 표현은 얼굴에 비하여 비교적 서투르게 조각하였다. 양 팔이 너무 길고 손과 발이 크게 표현되어 신체 각 부분의 비례가 잘 맞지 않는 것처럼 보인다. 상호나 신체의 이러한 표현은 이 마애불을 조각한 사람들의 당시 기술 수준과 지방 양식을 그대로 보여주고 있다는 점에서 그 의의가 있다. 가슴은 통일신라시대의 불상들과 비교할 때 볼륨이 없어서 빈약하게 보이며, 양 겨드랑이에서 허리로 내려오고 있는 몸체의 선은 거의 일직선에 가깝다. 그리고 결가부좌한 다리 부분에 이르러서도 평면성이 강하게 보인다. 이러한 특징은 편단우견의 법의 표현에서도 보이는데 가슴과 다리 위에는 선각에 가깝게 나타나고 왼팔 위에서는 조밀한 주름이 잡힌 듯이 걸쳐져 있다.

수인은 양손 모두 5지를 펴서 오른손은 오른 무릎 아래로 내렸고, 왼손은 손바닥을 위로 펴서 복부에 대고 있는 항마촉지인으로, 통일신라 후기부터 고려 초기에 유행한 불좌상의 수인 형식을 따르고 있다.

광배는 감형처럼 형식적으로 약간 파서 암벽 자체에 두광과 신광을 양각으로 표현하였다. 두·신광은 2조선으로 이루어졌다. 신광에는 2조선 내에 모두 당초문만 조각되었지만, 두광에는 안쪽에 연화문이, 바깥쪽에 당초문이 조각되고 두·신광의 바깥에는 모두 화염문으로 장식하였다. 대좌의 표시는 별다르게 하지 않았지만 법의가 흘러내려 상현좌를 이루고 있다. 그리고 이 상의 오른쪽 무릎 옆에는 오른손에 持物을 든 입상의 동자상(높이 87㎝)이 조그맣게 부조로 새겨져 있다.

이상의 여러 가지 양식적인 측면에서 볼 때 이 마애불은 각부에서 소홀해진 양식을 보이고 있으나 고려 초기인 10세기의 거대한 불상 조각의 한 유형으로 추정된다.50)

이 마애불 주변에는 많은 와편이 산재하고 있어 마애불을 보호하였던 목조 전실이 있었던 것으로 추정되며 그 아래쪽에 寺址가 있다. 여기서 수습한 와편 가운데 '龍巖寺'와 '統和二十五年丁未' 명의 와편은 몇 가지 중요한 사실을 알려준다. '용암사' 명의 와편은 이 마애불이 있는 사지가 곧 용암사였음을 말해주고 있다. 월출산의 龍巖寺는 『동국여지지』, 『대동지지』, 『동국명산기』 등의 문헌51)에 구정봉 아래에 있다고 간략히 기록되어 있는 반면에, 鄭詳(나주인으로 호는 滄洲. 임란 때 이순신 장군 막하에서 활동)52)의 유고집 『滄洲遺稿』의 「월출산 유산록」53)에 다음과 같이 비교적 자세하게 나타난다.

"甲辰年(1604. 선조 37년)에 용암을 새로 지었는데 병란 후 첫째 가는 구조이다. 법당에 금불 1구가 모셔졌으며, 선승 30여명이 가사를 입고 불경을 읽고 있다. 당 뒤에 맑은 샘이 있다. 다락 남쪽에 층층이 쌓은 바위가 있는데 마치 늙은

---

50) 鄭永鎬, 「高麗時代의 磨崖佛」, 『考古美術』 166·167, 1985.
51) 『東國輿地志』 靈岩 寺刹條 : 龍巖寺在月出山九井峰下有九層浮圖. 『大東地志』(金正浩, 1862) 山水條 : 月出山 龍巖寺. 『東國名山記』(成海應 撰, 正祖 때) : 在全羅南道靈岩郡月出山 有九層浮屠 九井峰其頂也.
52) 『湖南地方壬辰倭亂史料集』(Ⅲ)(湖南節義錄), 全羅南道, 1990, 497~489쪽.
53) 鄭珉 編, 『韓國歷代山水遊記聚編』, 民昌文化社, 1966, 377-383쪽.

용이 머리를 들어올리고 여의주를 희롱하는 형상을 닮고 있으므로 암자 이름을 용이라 하였다. 암자 동쪽에 5층석탑이 있는데 매우 기이하며, 여기서 오르면 구정봉에 이른다. 걸어서 서쪽 고개를 넘으니 5층석탑이 동탑과 상대해 서 있다. 그 틈에 큰 바위가 있는데 미륵상을 새겨놓은 것이 아주 기이하다."

 임진왜란과 정유재란 후에 용암, 즉 용암사가 새로 지어졌으며, 법당에는 불상 1구가 있다. 용암의 동쪽과 서쪽에는 5층석탑이 있고 그 사이의 바위에 미륵상이 새겨져 있다는 것이다. 이 내용은 지금 상황으로 보아 정확히 서술되어 있으나 다만 마애불을 미륵상이라고 한 점과 동·서에 5층석탑이 있다는 구절이 약간 다를 뿐이다. 마애불의 명칭을 미륵상이라고 한 것은 당시의 신앙 형태나 유학자들의 불교관을 짐작할 수 있는 예54)가 될 것이며, 5층석탑은 현재 모두 3층인 점으로 보아 기단부의 갑석과 상륜부의 노반까지 포함하여 층수를 계산한 데서 비롯된 것이라고 본다.
 그리고 許穆(1595~1682)의 「월악기」(『미수기언』)에는 "용암사가 자리하고 있는데 그 위에 올라가 구층부도를 살펴보고 구정봉에 올랐다"고 하고 있으며, 李夏坤의 「남유록」에도 "구정봉 아래에 용암사가 있다"고 하여 용암사가 구정봉 아래, 즉 국보 제144호 마애불이 있는 寺址임을 더욱 분명하게 해준다.
 그리고 최근에 필자의 지표조사시에 발견된 통일신라 후기의 와편들과 '통화이십오년정미' 명의 와편은 바로 이 마애불의 조성 시기를 정확히 알려주는 귀중한 유물로 평가된다. 이 와편들은 마애불이 있는 거대한 암석 뒤편에서 수습되었는데 상층에서 명문기와들이 출토되고 그 아래층에서 통일신라 후기의 와편들이 출토되었다. 이들 와편의 출현은 용암사가 통일신라 후기부터 조영되어오다가 통화 25년에 마애불이 조성되었음을 알려주고

---

54) 李夏坤(1677~1724)은 1722년에 호남지방을 여행하고 「南遊錄」(『頭陀草』 卷18)이란 기행 일기를 남겼다. 이 내용 가운데 "대둔사 미륵전(現 北彌勒庵)에 巨石이 있는데 彌勒像을 새겨놓았다"라는 기록이 있다. 이 마애불은 용암사지 마애불과 같이 항마촉지인을 결하고 있어 佛名이 석가여래이다.

있다. 명문이 시문된 와편은 암키와편으로 등에 명문이 종으로 좌서되어 있다. 통화는 요나라 성종(983~1020)의 연호이며 통화 25년은 서기 1007년(고려 목종 10년)이다.

이 마애불은 1972년 3월 2일에 국보 제144호로 지정되어 관리되고 있다.55)

· 규모 : 전체 높이 870cm.

月谷里 磨崖如來坐像

군서면 월곡리 소재의 이 마애불은 용암사지 마애여래좌상이 위치한 구정봉에서 직선거리로 약 2.5km 가량 떨어져 있고, 용암사지 마애여래좌상과 거의 마주보고 있다. 이곳까지는 군서면 월곡리 호동마을에서 동남쪽으로 약 3km 정도 올라가는데, 마을 주민들은 이 계곡을 '서낭골' 또는 '서당골'이라 하고 있으며, 이 불이 위치한 암자를 '몽연암'이라 부르기도 한다. 『동국여지지』 영암조에 '夢靈庵俱在月出山'이라는 기록이 보이는데 이곳 암자가 夢靈庵이 아닌가 한다.

이 마애불이 있는 산정 밑으로 암벽을 뚫어 파놓은 길이 9m, 높이 1.8m, 입구 너비 2m 되는 동굴이 있다. 이 동굴 앞에 고와편이 흩어져 있는 것을 보면 그 앞에 전각이 있었던 것 같은데 일종의 수행굴(Viharas 형식)이 아닌가 한다.

마애불은 이 동굴에서 약 30m 떨어진 남쪽에 있는데 소발의 머리에 육계가 약간 돋아 있고 얼굴은 굳어 있어 경직된 표현이다. 얼굴 가운데 두툼한 입술이 아

---

55) 崔仁善,「月出山의 佛教文化」,『靈巖 月出山 祭祀遺蹟』, 木浦大學校博物館・靈巖郡, 1996, 198~201쪽.

주 인상적이다. 이러한 두툼한 입술은 고려시대에 들어와서 지방에서 간혹 조성되었으며 예가 몇 개 더 있다56). 목에 삼도가 선명하며 법의는 우견편단인데 왼쪽 어깨에서 한 번 겹쳐서 넘어갔다. 의문은 평행 사선으로 지극히 형식화하였고 배가 앞으로 불룩 나와 조형 감각을 잃고 있다. 수인은 항마촉지인으로 오른손을 거의 수직으로 늘어뜨려 딱딱한 느낌이며 더구나 왼손은 팔이 뻣뻣하게 굳어 생동감이 감돌지 않는다. 양 어깨선은 거의 직각이며 왼 팔꿈치의 꺾어진 선도 직각에 가까워 어깨와 팔의 구도는 사각형에 가깝다. 이러한 구도는 담양 궁산리 마애불과 광주 극락암 마애불에서도 보이는 양식이다. 결가부좌한 모습도 다리와 발목이 편평하고 평면으로 처리하여 간략화되었다.

대좌는 7엽의 앙련으로 연화좌를 이루고 있으며, 광배는 원형의 두광과 신광을 1조선으로 표시하고 그 안에 각각 당초문을 시문하였다. 조성 연대는 상호와 신체 표현 등을 볼 때 용암사지 마애불보다는 훨씬 늦은 고려 중기 이후로 추정된다57). 이 마애불은 1987년 6월 1일에 전라남도 유형문화재 제149호로 지정되어 관리되고 있다.

· 규모 : 전체 높이 490cm, 좌상 높이 430cm, 무릎 높이 70cm, 무릎 너비 380cm.

月出山 獅子峰下 칠치계곡 磨崖如來坐像

이 좌상은 영암읍 개신리 산89번지에 있다. 천황사에서 왼편으로 가면 사자봉에 이르는 계곡인데, 가다 보면 칠치폭포가 있고 이 폭포 계곡에서 다시 200m쯤 사자봉을 쳐다보면서 올라가면 약간 안으로 숙인 암벽에 마애불이 조각되어 있다. 머리가 동체에 비해 크고 밑에 연화좌대를 갖춘 좌상으로 그 주위에는 화염문이 희미하게 조각되어 있다. 소발의 머리에 육계가 높이 솟아 있고 얼굴은 장타원형이다. 눈썹과 눈 사이가 이마보다 넓어 특이하며 눈의 안쪽보다 눈꼬리 부분이 대조되게 가늘고 두툼하며 작은 입이

---

56) 崔仁善,「高麗時代 佛敎美術」,『全羅南道誌』제3권, 1993, 299쪽.
57) 成春慶,「月出山의 佛敎美術」,『月出山--바위 文化 調査』, 全羅南道, 1988, 154쪽.

앞으로 튀어나와 얼굴이 전체적으로 해학적이다. 턱이 밑으로 내려와 귀는 짧게 보이고 목에는 두툼한 삼도가 양각되어 있다.

법의는 우견편단인데 왼쪽 어깨에서 겹쳐서 어깨 너머로 돌아갔으며 왼팔에서 평행선으로 의문이 걸쳐 있는 모습은 국보 제144호인 마애불과 유사하며 복부의 의문은 호형을 이룬다.

수인은 변형의 미타정인으로 추정되지만 특이하다. 오른손은 엄지와 중지를 맞닿게 하면서 가슴 앞에 대고 있으며, 왼손은 5지를 펴서 복부에 붙이고 있다. 형식적인 결가부좌를 한 양 발목 밑으로 3조선의 호형 의문이 있는데 이는 전통 기법을 그대로 따른 것으로 보인다. 대좌는 단판연화좌이며 양 무릎 위까지 연화문이 올라와 있다. 광배는 두광과 신광을 모두 표현한 것으로 보이는데 뚜렷하지 않다.

이 마애불은 수인으로 보아 아미타여래좌상으로 추정되며, 전체적인 표현기법은 불상이 가지고 있는 근엄함 같은 것은 찾아볼 수 없고 오히려 회화적이고 해학적인 면이 더 있어 다른 불상들과 비교가 된다. 조성 시기는 고려 중기 이후로 추정된다.

· 규모 : 전체 높이 400cm, 좌상 높이 310cm, 어깨 너비 150cm, 무릎 너비 222cm, 무릎 높이 75cm, 광배 너비 240cm.

道岬寺 石造如來坐像

이 좌상은 도갑사 대웅전에서 뒤편으로 숲속 길을 지나 150m쯤 이르면 미륵전이 있는데 이 건물 내에 봉안되어 있다. 이 석불은 광배와 본존이 같은 돌로 조각되었는데 상호는 원만상으로 나발의 머리에 육계가 높이 솟아

있고 눈은 정안이며 코와 입 등이 잘 조화되어 조형미를 갖추고 있다. 이마
에는 백호가 양각되어 있고 귀는 짧으
며 긴 목에는 삼도가 뚜렷하다. 법의는
우견편단으로 의문이 약간 형식화되긴
하였으나 정제성을 잃지 않고 있으며
밑으로 내려와서는 가부좌를 한 무릎의
폭이 넓어졌으나 무릎 높이는 낮은 편
이다. 手印은 통일신라기의 전형적인
항마촉지인을 취하고 있는데 역시 왼손
의 팔꿈치가 굽어지는 모습에서 어색함
이 드러난다. 광배는 전신을 감싸고 있
는 주형광배로 머리 위와 그 양편에 3
구의 화불이 모각되어 있다. 3구 모두
좌상으로 육계가 좁고 뾰족하게 솟아
있으며 양손은 복부 아래 발목 위로 모았는데 법의에 가려 손 모습은 알 수
없다. 화불은 단판복련의 연화좌 위에 앉아 있고 원형의 두광이 있다. 머리
바로 뒤에는 얇은 8엽의 연화문이 조식되어 있으며 그 주록에는 당초문과
화염문이 음양각으로 조각되어 있다. 배면은 잘 치석되어 밋밋하나 탑영한
결과 우측에 횡으로 글씨가 음각되어 있는 것처럼 보이지만 확실치 않을 뿐
아니라 판독도 불가능하다. 앞으로 주의 깊게 관찰하고 세밀하게 조사해볼
필요가 있다.

　　대좌(높이 75㎝)는 상·중·하대를 갖춘 사각형인데 최근에 미륵전을 해체
하면서 그 모습이 완전히 드러났다. 지대석(가로 239㎝, 세로 248㎝, 높이 21㎝)
은 여러 매로 짜 맞추어 거의 사각형을 이루고 있는데 1단 각형을 모각하였
다. 하대석과 중대석은 1석이다. 하대석은 상대석보다 낮고 작아 균형을 잃
고 있다. 중대석은 네 모서리 각을 죽였으며 윗너비(102㎝)가 아랫너비(114㎝)
보다 좁다. 상대석(가로 155.5㎝, 세로 135.5㎝, 높이 31㎝)은 좌상의 무릎 너비

보다 약간 넓으며 1단 각형의 몰딩이 있다. 이와 같은 사각형의 불상 대좌는 우리나라에서 흔히 볼 수 없는 형식이며 인도나 중국에서 많이 보이고 있다.

이 석불좌상은 불신에서 통일신라시대의 불상 양식을 그대로 계승하고 있으나 대좌는 방형으로 오히려 더 고식을 따르고 있는 모습도 보여주고 있다. 불신 각 부분과 의문 등에 나타나는 둔화된 기법이나 두광의 생략된 기법 등으로 볼 때 조성 시기는 11세기경으로 추정된다.[58] 이 불상은 63년 1월 21일에 보물 제89호로 지정되어 관리되고 있다.

・규모 : 전체 높이 367㎝, 좌상 높이 212㎝, 두고 65㎝, 어깨 너비 98㎝, 무릎 너비 148㎝, 무릎 높이 29㎝, 광배 최대 너비 168㎝, 광배 두께 15~28㎝.

龍岩寺址 三層石塔 出土 金銅地藏菩薩坐像

월출산 구정봉 북서쪽 아래에 위치한 용암사지에는 국보 제144호인 마애불을 중심으로 그 좌우에 꽤 떨어져서 크고 작은 2기의 3층석탑이 있다. 마애불의 왼쪽, 즉 향우측 아래쪽에 용암사지가 있고 이 寺址의 오른쪽 좁은 암반 위에 이 석탑이 있는데 기단부 갑석까지만 일부 남아 있고 대부분은 주변에 넘어져 파손된 채로 있다. 그래서 문화재관리국과 영암군에서는 이 석탑을 복원(복원 작업기간 1966년 1월 4일~동년 4월 3일)하여 이제는 제 모습을 볼 수 있게 되었는데 석탑의 복원과정에서 이 보살상이 출토되었다.

3층석탑의 단층 기단 하부에 별도의 4매석으로 감실을 만들고 그 안에 사리 장치를 두었다. 外舍利器 백자호에 청자 대접을 뚜껑으로 덮은 형식이었는데 부주의로 산산조각난 것을 다시 복원하였다. 백자호 안에는 금동보살좌상과 사리호가 들어 있었는데 이들의 크기가 백자호의 구연부보다 커서 백자호의 구연부는 이들을 안에 넣기 위해서 일부러 깼다. 백자호는 회백색을 띠고 있으며 동체부 상부가 넓은 甁 형식이다. 규모는 현재 높이 18.8㎝,

---

58) 鄭永鎬, 「統一新羅時代 이후의 石佛」(黃壽永 편저, 『國寶』 4, 1985), 283쪽 및 도판 해설.

밑 지름 12.6㎝, 동체부 지름 18.3㎝, 현 구연부 지름 9.2㎝이다. 외사리기의 뚜껑은 청자 대접을 사용하였는데 복원 결과 일부분은 파손되고 없었다. 일상 용기로 사용하던 것을 뚜껑으로 대용한 듯하다. 크기는 밑지름 7.1㎝, 구연부 지름 20㎝, 높이 7㎝이다.

외사리기 안에는 금동보살좌상이 위에 있었고 사리호가 그 밑에 있었다. 금동보살좌상은 푸른 녹이 전면에 많이 슬어 있었으나 전체적으로 양호하다. 상호는 단아하며 머리에 두건 같은 밋밋한 관을 쓰고 있는데 양 어깨까지 길게 늘어져 있다. 이와 같은 관은 고창 선운사의 금동지장보살좌상(14세기경)과 금동보살좌상(15세기경), 광양 중흥사 석조지장보살반가상(고려시대) 등에서 볼 수 있다. 특히 부여 무량사 5층석탑의 초층에서 출토된 금동지장보살좌상(높이 24.5㎝, 부여박물관 소장)[59]은 두건과 같은 관과 가슴 부위에 수직으로 내린 3조선의 영락이 동일한 양식이다. 머리 뒤에는 지름 0.9㎝의 원형 구멍이 뚫려 있고 나무로 구멍을 막아놓았는데 나무가 안으로 들어가 있다. 목에는 삼도가 있고 그 밑으로 1조선의 연주문이 돌려져 있으며 이 연주문에서 가슴 부위로 3조선의 연주문 영락이 수직으로 내려져 단순한 편이다. 이러한 점은 보살상의 전면을 영락으로 덮는 등 극도로 장식화한 보살상들(장륙사, 은혜사, 파계사, 대승사의 보살상)이 조선 초 15세기경에 다수 제작되었던 사실[60]과 비교해볼 때 아주 간단하여 대조가 된다.

법의는 두툼한 통견이며 중앙은 복부까지 긴 U자형을 이루고 있으며 양 손목까지 걸쳐 있다. 군의 역시 U자형이나 띠매듭은 보이지 않는다. 왼손 팔목에서 흘러내린 法衣 한 자락은 손등과 발바닥 사이를 거쳐 무릎 앞까지 흘러나와 있다. 이러한 법의의 처리 방법은 주로 고려 후기에서부터 조선 전기의 불상에 나타난다. 수인은 약사여래상과 흡사한 모습을 보여주고 있

---

59) 洪思俊, 「無量寺 五層石塔 解體와 組立」, 『考古美術』 117집, 1973. 秦弘燮, 「高麗後期 金銅佛像에 나타나는 라마佛像樣式」, 『考古美術』 166·167합집, 1985, 22쪽의 圖 13-1 참조.

60) 崔聖銀, 「14世紀의 紀年銘菩薩像에 대하여」, 『美術資料』 32집, 1983, 35쪽.

다. 오른손은 들어서 엄지와 중지를 맞대고 있으며, 왼손은 무릎 위에 놓고 둥글 납작한 약함과 같은 것(높이 0.5㎝, 너비 0.7㎝)을 손바닥 안에 들고 있다.

대좌 상면의 단면은 삼각형에 가깝고 대좌 밑의 판(길이 8.15㎝, 너비 6.9㎝, 두께 2㎜)은 3등분되어 깨져 있다. 대좌는 앙복련의 연접 형식으로 중판 연화문이 상하 대칭이다. 연화문은 측면까지만 조각되고 배면에는 없다. 대좌 상하면에는 연주문이 양각되어 있다.

이 좌상은 대좌의 형식이나 가슴 부위의 영락 장식 등으로 볼 때 라마계통의 불상으로 보이며 조성 시기는 고려 후기로 추정된다. 고려 후기에는 元의 영향으로 다수의 라마계 불상들이 조성되는데 이들은 고려에서 조성되었거나 元에서 수입되었을 것이다. 전남지방에서는 1988년 선암사 천불전 수리시에 전형적인 라마계의 금동관음보살좌상(높이 16.8㎝)이 발견[61]된 바 있으며, 이번에 용암사지 석탑에서 출토된 것이 두번째 예이다.[62]

· 규모 : 전체 높이 13.6㎝, 대좌 길이 9.4㎝, 대좌 너비 7.8㎝, 대좌 높이 2.5㎝, 좌상 높이 11.1㎝, 무릎 너비 7.6㎝, 무릎 높이 1.4㎝, 어깨 너비 4.6㎝, 두고 3.75㎝.

(14) 장성군

院德里 彌勒佛立像

북이면 원덕리 563-1번지에 있다. 미륵불이 자리하고 있는 이곳은 백제 때부터 암자가 있었다고 전해오고 있으나 지금은 사지의 흔적조차 찾아볼 수 없고, 이 불상은 현재 전라남도 유형문화재 제13호로 지정되어 있다.

---

61) 崔仁善,「仙巖寺의 佛像」,『仙巖寺』, 昇州郡·南道佛教文化研究會, 1992, 98~100쪽.

62) 崔仁善,「月出山의 佛教文化」,『月出山의 祭祀遺蹟』, 木浦大學校博物館·靈巖郡, 1997.

석불은 머리 위에 옥개석 모양의 관을 쓰고 있으며 동체 부분은 가운데에서 별석으로 하여 두 개의 석재를 결구하여 조성한 것이다. 옥개형 관의 형태는 강릉 신복사지 석불좌상에서 보이는 기법과 동일하고 옥개석 위로는 팔각을 이루었다. 두상은 부처의 상호라기보다는 석쟁생에서와 같이 눈이 크고 둥글며, 코는 중간에 내려와 손상되었다. 또 입술은 두툼하나 형식화되었으며 귀는 간략하게 처리하여 장중함을 잃었다. 법의는 통견으로 U자형 의문을 보이고 몸 전체를 덮어 발 밑까지 내려왔으나, 겨우 옷을 걸쳤다는 정도를 알 수 있을 뿐이다. 목은 굵고 삼도가 뚜렷하게 표현되었으며, 어깨는 각이 져

괴석처럼 보인다. 이러한 형태는 발끝까지 이어져 사실적인 입체감이 결여되었다.

이 석불은 전체적으로 세련되지 못하고 형식적으로 처리하였으며, 일부에서 기법의 퇴화 등이 엿보여 조성 시기는 고려 후기나 조선 전기로 추측된다.

· 규모 : 전체 높이 500cm.

鳳停寺 石造如來立像

삼계면 신기리 산131번지에 소재하는 이 불상은 편평한 판석상에 세운 여래입상으로 앞의 석불입상과 함께 서 있다. 양각과 음각이 혼합된 조각기법을 사용한 것으로 평면 부조적 요소가 보이기도 한다.

머리는 선각 1선으로 둥글게 파서 처리하였고 육계 부분은 현재 편평하게 다듬어져 있어 별석으로 만들어 얹어놓았을 가능성도 보인다. 백호는 이

마 중앙에 양각으로 크게(지름 5cm) 표현하였다. 코는 긴 편이고 인중 표시도 있으나 아주 작다. 귀는 선암사 마애여래입상과 같이 평면적으로 처리하였고 회화적이며 큰 편이다. 삼도는 보이지 않는다. 법의는 통견이나 몇 선의 의문만 희미하게 보일 뿐이다. 수인은 과장되게 표현하였는데 아미타인을 결하고 있다. 오른손은 오른쪽 어깨 부분에서 중지의 끝을 엄지의 첫마디 절에 대는 중품중생인이며 왼손은 펴서 복부에 대고 엄지손가락만 손바닥을 가로질러 위로 세웠는데 너무 크게 만들었다.

광배는 양각으로 원형의 두광만 조식하였는데 윗부분과 오른쪽 부분은 유실되고 없다. 무릎 부분 밑은 땅속에 묻혀 있어 알 수가 없다.

이 석불입상은 하체에 비해 상호 부분이 강조되었고, 조각기법은 양각과 음각이 서로 조화를 이루었으나 신체 각 부분이 비례상 어울리지 않는다. 조성 시기는 역시 고려로 추정된다.[63]

· 규모 : 높이 142cm, 머리 높이 51cm, 두광 폭 72.5cm, 어깨 폭 72cm, 두께 37cm.

流湯里 磨崖如來坐像

유탕리 마애불은 장성읍 유탕리 서동마을에서 도보로 약 1시간 가량 걸어서 올라간 불대산(표고 602.4cm) 서쪽 계곡 8부능선상에 있다. 지금은 산에 나무를 하러 가거나 약초를 캐러 다니는 사람들이 드물어 길이 자주 끊어져 지도만 보고는 이 마애불을 찾기 어려우며, 안내자의 도움을 받아야 볼 수

---

63) 崔仁善, 「새로 조사된 長城郡의 佛敎遺蹟과 遺物」, 『尙武臺 移轉地域 綜合學術調査報告書』, 全南大學校博物館 · 長城郡, 1992, 54~55쪽.

있는 형편이다. 불대산에는 나옹암을 비롯하여 下淸寺, 上淸寺, 鷲峯寺, 蓮花寺, 印月寺 등 많은 사찰이 있었다고 읍지에 기록되어 있으나 현재는 모두 남아 있지 않다.

이 마애불은 정서향의 거대한 암벽에 음각한 불상으로서 상호와 광배 부분만 뚜렷이 보일 뿐 나머지는 석태가 많이 끼어 조각 흔적을 찾을 수가 없다. 아마 미완성 마애불일 가능성도 있다.

머리는 소발이며 육계와 백호는 보이지 않는다. 눈은 일자형으로 반개하였으며 입술은 고려시대 불상처럼 두툼하다. 귀는 회화적으로 부드러운 곡선을 길게 처리하였고 목에는 삼도가 있다. 상호 전체에는 부드러운 미소가 감도는 듯하여 불의 자비심을 한껏 나타내고 있다.

어깨선부터 아래로는 조각선이 나타나지 않으나 전체적인 형태와 광배선으로 볼 때 이 마애불의 형태는 좌상으로 추정된다. 광배는 두광과 신광으로 구분하여 주형거신광을 나타내고 있다. 두광은 상호 바깥으로 넓은 음각선 띠를 파서 원형으로 돌렸고 그 밖으로 멀리 주형을 조각하여 2중으로 나타냈다. 두광 안이나 밖으로 당초문이나 화염문 등의 장식은 일체 하지 않았다. 신광은 어깨 상면에서부터 아래로 1조선으로 나타냈으나 밑으로 내려올수록 희미하다.

마애불을 음각한 암벽의 정상 부분은 30cm 안으로 길이 140cm, 폭 15cm, 깊이 12cm의 오목형 띠를 파서 결구한 흔적이 남아 있다. 이로 보아 암벽이 너무 높으므로(높이 약 7m) 조성 당시 작업대를 설치하고 작업을 하였던 것으로 보인다.

마애불의 조성 시기는 상호 부분의 조각양식으로 보아 고려시대로 추정되며, 실제 이 유탕리 마애불은 고려말 공민왕의 왕사였던 나옹화상의 제자

들이 스승을 추모하기 위하여 조각한 것이라고 전해내려오고 있다.64)

虎岩寺 石造如來立像

장성읍에서 고창으로 향하는 국도를 따라 장성댐 밑을 지나면 검바위재가 나온다. 이 재를 넘어 신흥리역 조금 못 미쳐 개천교 오른편으로 백양사까지 뚫린 국도가 포장되어 있다. 이 국도에서 고속도로 밑을 통과하면 바로 북일면 박산리 작동마을이 나온다. 이 마을 장여석(54세)씨의 집안에 호암사란 조그마한 법당이 있는데 이곳에 석불입상이 모셔져 있으며 이를 미륵불이라 부르고 있다.

여기에는 다음과 같은 전설이 내려오고 있다.

오산현의 소재지인 오산리에 호환이 발생한다는 풍수지리설에 의하여 오산현 백성들이 이를 막기 위해 범바위 앞에 신라 말에 미륵불을 세웠다는 것이다. 그러나 조성 시기와 불상의 명칭은 양식상 맞지 않으므로 이 전설은 후대에 윤색된 것으로 여겨진다.

이 석불입상은 6.25 후에 새로 법당을 지으면서 현재와 같이 불상 전면에 석고를 두툼하게 바른 후 개금을 하였다. 그래서 지금은 원상태를 알 수 없으며 주인인 장영석씨의 증언으로 원상태를 대략 짐작할 수밖에 없다.

상호는 몸체에 비해 아주 큰 편이다. 머리는 소발이며 육계는 특이하게 뾰족하고 계주는 조그맣게 표현하였다. 두 눈두덩은 후육한 편이며 코는 작고 조그마한 입에 비해 인중은 너무 크다. 얼굴의 전체적인 형태는 조선시대의 목불상처럼 장방형에 가까워 시대의 하강을 말해주고 있다. 목에는 형식적인 삼도가 2조선으로 음각되어 있다.

법의는 석고 안에 숨겨져 있어 형식을 알 수 없고 양손은 유실되어 새로 만들었는데 팔에 비해 너무 적게 만들어 끼웠다. 가슴 부위에는 방형의 액이 둘러져 있는 것처럼 보이는데 이는 卍字를 형상화한 것이라고 한다. 만

---

64) 崔仁善, 앞의 글, 55~56쪽.

약 卍字가 확실하다면 이 불상에서 처음 나타난 새로운 양식으로 주목된다.

복부 부분이 약간 들어가 있는데 이것은 불상이 2등분되어 있는 것을 이으면서 나타난 것이라고 한다. 현재 이 불상은 높이가 3.5m로 추정되는데 너무 커서 1石으로 된 石材를 구하지 못해 2石으로 만든 것으로 여겨진다. 하체 부분은 불단에 가려 보이지 않는데 대좌는 있다고 한다. 이 불상은 머리 부분이 너무 크고 두께가 두꺼워 아주 육중한 감을 풍긴다. 조성 시기는 고려 후반기나 조선시대로 추정된다.[65]

· 규모 : 전체 높이 350cm, 폭 105cm, 두께 55cm.

(15) 장흥군

寶林寺 鐵造毘盧舍那佛坐像

보림사 철불은 전남 장흥군 유치면 봉덕리 45번지 가지산(표고 509.9m) 골짜기의 평지에 자리잡고 있는 보림사의 대적광전에 봉안되어 있으며, 국보 제117호로 지정되어 있다.

이 불상은 왼팔 뒤에 조상에 관한 양각명문이 있어 일찍부터 주목되어왔다.[66] 자세는 금강좌라고도 하는 결가부좌인데 오른쪽 다리를 왼쪽 넓적다리 위에 올려놓고 있으므로 길상좌에 해당한다. 상호는 수차례 화재를 입었으나 다행히 원래의 모습은 잃지 않았다. 머리는 불상의 가장 보편적인 螺髮인데 윗부분과 髻珠는 흙으로 만든 것으로 화재로 손상을 입은 후 언젠가

---

65) 崔仁善, 앞의 글, 57-58쪽.
66) 보림사 철불에 대한 대표적인 논문은 다음과 같은 것을 들 수 있다. 葛城末治, 「寶林寺毘盧舍那佛に就いて」, 『朝鮮金石攷』 硏究篇, 國書刊行會, 東京, 1974, 529~536쪽. 黃壽永, 「統一新羅時代의 鐵佛」, 『考古美術』 154 · 155, 韓國美術史學會, 1982, 17~24쪽. 中吉功, 「造像銘のある新羅の鐵佛二種」, 『新羅 · 高麗의 佛像』, 二玄社, 東京, 1971, 279~298쪽. 文明大, 「新羅下代 毘盧舍那佛像彫刻의 硏究」, 『美術資料』 21 · 22, 1978. 崔仁善, 「韓國 鐵佛의 硏究」, 한국교원대학교 박사학위논문, 1998.

덧붙인 것으로 보인다. 머리와 육계 사이에 계주가 뚜렷이 있는데 이는 흙으로 후에 보충한 것이다. 눈은 반쯤 떴는데 눈 끝이 약간 올라가 다소 날카롭게 보인다. 이러한 예는 석굴암 본존상, 청암사 수도암 석조비로자나불상, 관봉 석조여래좌상 등 주로 8세기 작품에서 보이며 9세기 한천사철불에서도 보인다. 백호는 다른 철불과는 달리 얼굴에 비해 이마의 윗부분에 아주 작게 표현하였다. 코는 대체로 콧날을 오똑하게 세우는 것이 일반적인데 보림사 철불은 콧등을 대패로 나무를 반드시 깎듯이 너무나 편평하게 하였다. 이처럼 콧날을 편평하게 한 예는 불국사 금동불, 성주사 소조불, 도피안사 철불 등에 보이며 이러한 기법은 9세기부터 석불 이외의 주조불과 소조불에서 유행한 기법으로 보인다. 입은 두툼해 윤곽이 뚜렷하고 양 입술 끝부분이 날카로운 느낌이다. 양 입가는 눌려 있어 얼굴 전체의 인상을 경직되게 하고 있다. 코와 입술 사이의 인중 역시 두툼하며 턱 밑은 한줄기 음각선을 넣어 턱의 양감을 돋보이게 하였다. 귀는 크고 길며 목에는 삼도가 굴곡으로 표현되었고 목이 짧은 편이다.

법의는 인도의 간다라불상에서 애용하던 통견법이다. 상체 착의법으로는 가슴을 열고 있는 것과 열지 않는 두 가지 방법이 있는데, 보림사상은 전자를 따르고 있으며 승각기(上內衣)를 보이고 있다. 대의를 열어 가슴을 보이는 표현은 특히 9세기 불상에서 많이 보이며 하나의 특징을 이루고 있다. 승각기는 젖꼭지 바로 윗부분에서 약간 호선을 이루며 거의 평행선으로 처리되고 있는데 세 가닥이 보이고, 왼쪽 어깨에서 오른쪽 겨드랑이로 걸치는 것이 원칙인데 이렇게 평행으로 처리하고 있어서 군의(下衣)의 상단으로 생각할 수 있지만 올라간 위치로 보아 승각기로 보는 것이 타당한 것 같다. 하체는 대의로 결가부좌한 두 다리를 감싸고 있는데 팽팽한 무릎 부분은 주름이 잡히지 않고 있어 아주 사실적으로 표현하였다. 두 다리 사이로 접혀진 부채꼴 모양의 대의자락은 석굴암 본존불의 부채꼴 옷주름처럼 대칭으로 만들려고 하였으나 아주 형식에 그치고 있다. 이 불상의 전체적인 옷주름은 곡선이 매우 자연스럽게 접혔으며 선은 돌기식이고 가슴의 옷깃은 3줄의 주름인데 한 번 뒤집어지고 있다.

수인은 지권인을 결하고 있는데 신체의 균형에 비해서 아주 작게 표현하고 있다. 두 손의 위치가 가슴에 오지 않고 복부에 있어 9세기의 다른 비로자나불상보다는 아래로 처져 있다.

대좌는 불단에 가려 있어 알 수 없었는데 순천대학교 박물관에서 실시한 지표조사(1995년)와 대적광전 발굴조사(1996년)에 의하여 그 전모가 밝혀졌다. 지표조사 때에 불상 앞의 불단을 뜯어내고 보니 뜻밖에도 시멘트로 만들어진 높다란 사각형의 대좌 위에 철불이 올려져 있었다. 대적광전이 6·25 전쟁 중에 불에 타자 그후에 새로 건물을 복원하고 시멘트 대좌를 만들었다고 전임 주지가 알려주었다. 이 시멘트 대좌 때문에 철불의 하단부가 약 3cm까지 희미한 시멘트 독이 번지고 있어 부식의 우려가 매우 심각하였다. 지금까지 알려진 통일신라 철불의 대좌는 토대좌(실상사 철불), 석조대좌(한천사 철불), 철조대좌(도피안사 철불) 등이다. 그러므로 그 동안 보림사 철불의 대좌도 이 범주 안에 드는 것으로만 추측해왔다. 대적광전 주변의 시굴조사 결과 6·25 전의 대적광전 규모가 밝혀져 이 규모대로 다시 대적광전을 짓기로 하여 1996년 11월에 건물을 옮기고 발굴조사를 하였다. 이때 시멘트 대좌를 헐고 조사를 하였는데 시멘트 안에는 흙과 할석만 있었고 별다른 시설은 없었다. 대좌가 철조였거나 석조였으면 그 파편의 일부라도 남아 있었을 것으로 추정되지만 그런 흔적은 찾아볼 수 없었다. 불상 배면에는 상하 96cm, 너비 57cm 크기의 큰 구멍이 불규칙하게 나 있다.

보림사 철불의 명문은 왼쪽 팔 측면에 세로 8행, 가로 10~4자 총 69자가 해서체로 양각되어 있으며 자경은 3cm이다. 그 내용은 "불상을 조성할 때는 석가여래 입멸 후 1808년이다. 이때는 정왕 즉위 3년이다. 대중 12년(신라 헌안왕 2년, 858년) 무인 7월 17일 무주 장사현 부관 김수종이 진주하여, 정왕은 8월 28일 칙령을 내렸는데 □ 몸소 지으시고도 피곤함을 알지 못하셨다"[67] 이다. 그러므로 이 철불은 헌안왕 2년(858년) 8월 22일 이후 어느 때부터 조성되기 시작하여 이듬해인 859년 봄에 완성한 것으로 보인다. 끝으로 보조선사영탑비문에 철불의 존명을 노사나불이라고 밝히고 있어 주목된다. 노사나불은 불신을 달리하는 석가의 별명으로, 광명을 비치는 불성을 지녀 비로자나와 같은 의미로도 쓰이다가 삼신사상의 성립으로 보신여래가 되었다. 여기서 노사나불은 비로자나불과 같은 의미로 쓰인 것으로 보인다.

이상과 같이 보림사 철불은 조상기를 지니고 있으며 몇 가지 새로운 양식을 보인 9세기 불상의 표식으로서 중요한 위치를 지니고 있다.

· 규모 : 총고 270cm, 두고 91cm, 안고 42cm, 견폭 122cm, 무릎 폭 202cm, 무릎고 40cm.

忠烈里 石造如來立像

이 불상은 장흥읍 충렬리 현 장흥군 공설운동장에 위치하고 있었다. 1989년 운동장을 건설하면서 부근 유적이 발굴되었는데 자세한 내용은 이미 보고되어 있다.[68] 1970년대 말 산림 내 불법 건축물 단속으로 인하여 불상을 보호하고 있던 전각을 철거하면서 상호를 깨뜨려 현재는 상호와 어깨까지 깨진 상태로 남아 있다. 다행히 깨진 편들이 수습되어 목포대학교 박물관에 보관되어 있으므로 언젠가는 복원이 될 것으로 보인다.

법의는 통견으로 두툼하며 중앙의 1조선을 중심으로 좌우 대칭을 이루고 있다. 목 밑부분에 U자형의 옷주름이 있고 왼쪽 어깨 위로 2조선을 감아올렸다. 양팔에서 흘러내린 법의는 다리 아랫부분까지 도포자락처럼 길게 늘어뜨려 둔중한 면을 보인다. 수인은 가슴 중앙 근처에서 양 손을 상하로 잇

---

67) 金南允,「寶林寺 毘盧遮那佛 造像記 解釋文」,『譯註 韓國古代金石文』제3권, 韓國古代社會研究所, 1992, 313쪽.

68) 최성락·한성욱,『장흥 충렬리 유적』, 목포대학교 박물관, 1990.

대고 있어 지권인의 변형으로 보인다. 오른손은 위로 올리고 왼손은 밑에 있으며 중지와 약지만 구부리고 나머지는 자연스럽게 펴고 있어 특이한 도상을 하였다. 발은 별조하여 끼워 넣은 형식인데 유실되었다.

광배는 석재의 부족 때문인지 형식적으로 표현하였다. 두광은 어깨 부분 위쪽이 모두 파괴되어 알 수 없고, 신광은 너비 3cm 정도의 두툼한 선으로 간략하게 나타냈으며 밖에는 화염문을 조각하였다.

석불 아래의 대좌는 원래의 것이 아니고 비신 받침으로 추정되는 다른 용도의 것을 이용하였다. 또 석불은 대좌 중앙에 있지 않고 한쪽에 치우쳐 아랫부분은 일부분만 대좌의 홈에 끼워져 있다. 본래 대좌의 윗부분까지 성토되어 있었고 석불이 대좌의 한쪽에 치우쳐 있는 것으로 보아 대좌는 예배대상의 일부가 아니라 단순히 석불을 지탱하기 위한 수단으로 만들었던 것으로 보인다. 이 석불의 조성 시기는 상호 부분이 유실되어 확실히 알 수는 없지만 법의의 의문이나 변형된 지권인의 수인으로 볼 때 고려시대로 추정된다.

· 규모 : 현재 불신 길이 150cm, 너비 130cm, 두께 45cm, 대좌 길이 130cm, 너비 97.5cm, 두께 18cm.

傳義湘庵址 石造如來立像

석불의 원위치는 장흥읍 금산리 제암산 중턱에 있는 전 의상암지라고 하는 폐사지이다. 어떤 연유로 해서인지 모르지만 1975년에 장흥읍 교도소 정문으로 옮겨졌고, 다시 1994년에 보림사로 옮겨져 현재는 대웅전과 보조선사 탑비 사이의 대지에 자리하고 있으며, 1998년 2월 5일에 전라남도 유형문화재 제191호로 지정되었다.

이 불상은 광배가 심하게 파손되었으나 불신은 목 부분만 깨졌을 뿐 양호한 상태이다. 광배를 갖추고 있는 것으로 보아 원래는 대좌도 있었을 것으로 추정되지만 지금은 없다. 현재는 할석으로 단을 만들고 그 위에 큼직한 사각형의 자연석을 대좌 대용으로 이용하고 있다.

상호는 원만하고 머리칼은 소발이다. 전체 상호에 비하여 육계가 넓고 높아 이를 강조한 것으로 보이며 계주는 없다. 이마의 중앙 상단에는 큰 백호가 양각되었고 눈은 반개하였으며, 눈꼬리가 조금 올라가 있다. 눈썹은 호형이며 작은 코는 오똑 솟아 있다. 입은 아주 작고 귀는 긴 편인데 측면을 세밀히 조각하였으며, 삼도는 목 부분이 깨졌으나 2조선이 보이므로 원래는 정연하게 표현하였을 것으로 보인다. 직립한 두 다리 밑에는 발이 표현되어 있다.

법의는 통견이며 가슴 위까지 U자형을 이루고 왼쪽 어깨로 2조선이 접혀 넘어가고 있다. 양 팔목 부위에서 흘러내린 법의 자락은 무릎 아래까지 길게 내려졌고, 복부에서 무릎 부분까지의 옷주름은 반호형으로 대칭되게 하였다. 수인은 왼손이 깨져 정확히 알 수 없으나 오른손은 엄지와 검지를 거의 잇대고 있으며, 나머지 손가락은 자연스럽게 굽히고 있어 미타정인으로 추정된다. 따라서 이 불상은 아미타불로 보인다.

광배는 거신광으로 얇은 편이며 어깨 부분 위로는 파손되었고, 그 밑에도 가장자리는 깨져 있어 손상이 심하다. 광배에는 불신 쪽으로 양각의 1조선을 그었으며 외부에는 화염문을 장식하였다. 이 불상은 불신 하단에서 보인 단조로운 옷주름, 간략화된 형식에 비해 부드럽고 팽팽하게 살이 찐 얼굴의 모습, 어깨선 등으로 보아 조성 시기는 통일신라 후기로 추정된다.

· 규모 : 전체 높이 183㎝, 머리 높이 43㎝, 얼굴 높이 23㎝, 얼굴 너비 24㎝, 어깨 너비 57㎝, 광배 너비 106㎝.

龍華寺 石造如來坐像

장흥-보성간 포장 도로에서 장평면 소재지를 향해 3㎞ 정도 가다 왼쪽 야산 협곡으로 고개 하나를 넘으면 이 석불이 위치한다(장동면 북교리 산43번지). 불상은 1974년 전라남도 유형문화재 제46호로 지정되었는데, 지정 당시 사찰명을 '용화사'라 하여 조사되었으나 이때 어떤 연유로 이런 이름이 붙여졌는지 알 수 없다. 지금 상황으로서는 용화사라 이름할 만한 근거가 없다. 만일 이 사찰의 이름이 용화사라 하면 석불은 미륵불의 성격을 지녀야 할 터인데 현재 불상의 명호는 약사불로 보아야 옳을 것 같다.

이 석불은 무릎 이하가 시멘트로 매몰된 상태여서 대좌의 유무는 알 수 없다. 다만 당시 관리자인 조병규씨의 말에 의하면 대좌를 본 일이 없고 1954년 암자를 세울 때 불상이 넘어져 있었으며, 이때 불상의 상태는 지금처럼 무릎 이하는 없었고 그 이하로 연결되는 일체의 대좌도 본 일이 없다고 한다. 만약 이 불상의 무릎 이하가 파손되지 않고 대좌가 완전히 보존된 상태라면 전체 높이가 5m 정도는 될 듯싶은 거불에 속한다 하겠다.

용화사 석불은 광배와 불신을 1매의 화강암으로 조성한 것인데, 야트막한 육계와 나발의 머리칼을 하였으나 육계의 저부에만 나발을 표현하고 있다. 이마에 백호의 흔적이 없으며 눈은 반개하여 약간 밑을 내려다보고 있다. 코와 입술은 매우 사실적인 수법으로 인체에서 흐르는 부드러운 율동감이 감돌고 귀는 길어 어깨까지 닿았다.

법의는 우견편단으로 어깨에 걸친 옷주름이 수직으로 내려와 가슴 아래쪽에서 U자형으로 돌고 있는데, 중앙의 띠매듭과 왼쪽 어깨에서 작은 띠매듭이 보인다. 오른손은 파손되어 보이지 않고 왼손은 약호나 보주를 들

고 있을 형태를 취하고 있는바, 약사불일 것으로 간주된다. 무릎 이하는 시멘트로 가려 자세히 파악할 수는 없지만 상체에 비해 그 폭이 넓은 인상을 주고 있으며, 상체도 가슴이 앞으로 나와 당당한 모습이나 보림사 철불처럼 양쪽 어깨가 약간 좁아진 느낌이다. 더구나 법의 자락 안으로 보인 승각기가 Y자형으로 나타난 점은 양식상 보림사 철불과 상통하고 있음을 알 수 있다.

광배는 연화문의 두광과 주형의 거신광으로 구분되는데 몸 쪽으로 내려오면서 연판 안에 자방이 조식되었다. 현재 광배는 많이 파손된 상태이며 광배편 일부가 법당 마당에 방치되고 있는데 여기에도 불꽃무늬가 확연하게 나타난다. 이 석불의 상호에서 풍기는 인상은 어딘가 이국적이면서 백제계 불상에서 보이는 특유의 미소를 찾아볼 수 있다. 그러므로 석불의 조성 시기는 통일신라 후기로 추정된다.

· 규모 : 현재 높이 236㎝, 어깨 너비 146㎝, 머리 높이 92㎝, 얼굴 높이 65㎝.

高山寺 石造如來立像

이 석불은 장평 면소재지에서 남쪽으로 약 2㎞ 정도 떨어진 고산사 대웅전 안에 봉안된 것으로(장평면 용강리 산29번지) 전라남도 유형문화재 제161호로 지정되어 있다.

불상은 외모상 주형광배를 갖추고 있고 그 전면에 두광과 신광이 조식된 세련된 문양 위에 양각으로 조각했다. 세부 형식을 보면 대접을 엎어놓은 듯한 높직한 육계에 소발의 머리칼을 하였고, 상호는 긴 타원형으로 풍만한 편인데 이마에 백호가 없는 것이 통례와 다르다. 이마의 좁은 면과 민머리 부분의 선이 분명하며 가늘게 뜬 실눈의 눈꼬리가 옆으로 퍼지지 않고 양 관자놀이에서 멎어 있는 행인형이며, 두 눈덩이가 도드라지게 튀어나와 부시시하게 보인다. 코는 인중에서 시작하여 좁게 내려오다 파괴된 콧등을 시멘트로 후보한 부분에서 인상을 흐리게 했고 입은 윗입술과 아랫입술이 상하에서 두툼하게 하여 일자로 꼭 다문 모습이 인상적이다. 턱은 2중이며 양 볼에 알맞게 양감을 주어 타원형을 이루었는데 상호 전체적인 모습에서 중국적인 요소가 엿보인다. 두 귀는 사실감 있게 새겼고 귓부리가 길게 내려와 어깨 위까지 처져 있다. 목은 짧은 편이나 삼도가 분명하고 굵으며, 목 부분과 턱 사이에 균열이 있어 시멘트로 붙여놓았다. 어깨는 얼굴에 비해 당당한 편은 못 되지만 약간 좁게 밑으로 흘러내린 통견의 법의 자락에서 볼륨을 나타내 인체의 사실성을 더욱 돋보이게 하였다. 팔꿈치는 양 허리춤에서 구부려 팔을 앞가슴에 대고 있는데 마치 모를 세운 것 같은 삼각형 형태이다.

수인은 법의에 가려 불상의 존명을 알 수 없게 한 것이 주목된다. 앞가슴에서 수인을 가린 의문은 어깨에서 수직으로 내려오다 양팔에 걸치면서 한 번 겹쳤으며 다시 그 밑으로 이어지는데, 이러한 형식은 인근의 화순 운주사 석불군에서도 나타나고 있다. 또 가슴 중앙의 내의 자락이 V자형을 그리면서 희미하게 나타난 것은 장흥 용화사 석불에서 볼 수 있는 것이다. 그 이하로는 파손되거나 묻혀 있어 정확한 내용은 알 수 없다.

광배는 주형거신광에 두광과 신광이 겹쳐서 나타나고 있다. 두광은 2줄의 원형 돌대를 돌리고 그 안에 16엽연화를 조식했을 것으로 보인다. 다만 좌측은 파손된 부분을 시멘트로 후보하여 현재는 8엽만 볼 수 있다. 신광에서도 역시 2줄의 원형 돌대로 불신 전체를 감싸고 있으나 좌측이 파손되어 시멘트로 후보한 상태여서 자세한 모습은 알 수 없다. 두광과 신광 주위로는 불꽃무늬가 희미하게 나타나고 있어 광배의 장식을 더했다.

이 석불은 현재 광배 일부와 하체로 내려온 무릎 부분 이하 대좌 등이 파손되어 전체 양식을 자세하게 관찰할 수는 없으나 신체 비례상 입상으로 보인다. 조성 시기는 콧등을 제외한 완전한 상호, 상체의 옷주름, 그리고 광배 일부에서 보인 원형 두광 등에서 나타난 고식의 양식으로 보아 10~11세기경으로 추정된다.

- 규모 : 전체 높이 268㎝, 머리 높이 86㎝, 얼굴 너비 86㎝, 어깨 너비 128㎝, 불신 높이 200㎝, 광배 너비 195㎝.

玉龍寺址 石造如來坐像

관산읍 옥당리 산235번지의 옥룡사지에 있는 이 불상은 현재 광배가 떨어져나간 상태이나 대좌와 불신이 거의 완전하게 보존되고 있다. 사발을 엎어놓은 듯한 얕으막한 육계와 소발의 머리칼에 상호는 계란형인데 탄력이 있는 매우 사실적인 표현을 하고 있다. 이마 위에 뚜렷한 백호가 있고, 코는 훼손된 것을 시멘트로 후보하여 붙였으며 입은 작고 꼭 다문 상태로 얼굴에 비해 입과 입술의 묘사가 의문을 가지게 한다. 목은 떨어진 것을 붙였으며 법의는 통견으로 Y자형이고 가슴 밑에서 평행파상문을 하였다. 두 어깨에서 흘러내린 법의 자락은 밑으로 드리워져 무릎을 덮고 있으며, 가부좌한 중앙의 하단에서는 일반적인 부cot살의 옷주름이 아닌 반대로 나타나 특이하다. 수인은 항마인을 결하고 있으나 왼손이 어색하다.

대좌는 연판이 조각된 앙련과 8각의 중대석이 보이며, 그 밑으로 복련석이 땅속에 묻혀 확인해본 결과 중판 16엽복련임을 알 수 있었다. 현재 불상 주변에 광배가 유존하고 있으나 두 조각으로 갈라져 있다. 이들 양식을 보면 주형광배이며 두광과 그 주위로 화염문이 여실히 나타난다.

이 불상은 전체적인 분위기로 볼 때 전남지방에서는 보기 드문 통일신라시대의 작풍을 그대로 간직하고 있는데, 특히 상호에서 보이는 고졸한 미소, 약간 도드라진 눈두덩, 야트막한 육계 등은 고식을 띠고 있다. 그러나 무릎 하단 중앙에서 나타나는 역U자형의 옷주름은 지방화의 흐름에서 파악될 독특한 것이라 할 수 있다. 또 대좌에서 나타난 연화문의 음각처리 등은 시대적 선행을 따랐으면서도 기법의 퇴화 현상을 동시에 느낄 수 있다. 이러한

점으로 미루어보면 불상의 조성 시기는 통일신라 후기로 추정된다.69)

· 규모 : 현재 높이 175㎝, 불신 높이 133㎝, 머리 높이 42㎝, 얼굴 높이 26㎝, 어깨 너비 63㎝, 무릎 너비 97㎝, 무릎 높이 32㎝, 앙련석 지름 123㎝, 앙련 높이 30㎝, 중대석 현재 높이 19㎝, 대좌 현재 높이 49㎝.

九龍里 磨崖如來坐像

이 마애불은 부산면 구룡리 자미마을 뒤편의 병풍바위에 새겨진 것인데, 마을에서 약 250m 떨어진 표고 300m 가량 되는 봉우리 밑에 위치하고 있으며, 전라남도 유형문화재 제193호로 지정되어 있다. 주위에는 물바우, 탄금바우, 칼바우, 벼슬바우 등으로 불리는 바위가 있으며, 이 구룡리 마을 형국을 '금계포란' 형이라 하여 명당터로 지목하고 있다.

암벽의 총 높이는 20m 정도이며 지상에서 6m 높이에 불상을 새겼다. 암면이 평평하지 않고 요철이 심한 데다 불상을 음각으로 새겨 윤곽을 파악하기가 힘들다. 그러나 두정 부분인 얼굴 모습과 가부좌를 한 무릎에 옷주름 일부가 선각으로 나타난다. 머리에는 높직한 육계가 솟아 있고, 머리칼은 소발로 보이며, 눈과 코, 입 등이 묘사되었는데 특히 코 부분은 유난히 돌출시켜 윤곽이 뚜렷하다. 법의는 통견이며 수인은 항마촉지인을 결하였고, 무릎으로 내려와서는 음각으로 처리되었으나 마모가 심하여 희미하게 나타난다.

이 마애불은 원감국사 충지(1226~1292)의 상으로 전해지고 있다. 충지는 송광사 16국사 중 제6세로서 과거에 급제한 후 출가했으며, 일본과 원나라를

---

69) 成春慶,「長興 天冠山 佛敎遺蹟의 考察--玉龍寺址 石佛을 中心으로」,『鄕土史硏究』제1집, 1989, 107~124쪽.

다녀온 적도 있다. 장흥 도초현 출신으로 「원감국사일적」에 의하면, "장흥군 부산면 구룡리 …국사지적사암면소각국사지상…"이란 내용이 보인다. 만일 위 기록이 사실이라면 충지의 입적 후 그를 따르는 문하생들에 의해 조각되었을 것이라는 추정이 가능하다. 그러나 이는 충지상, 즉 승상이 아니고 육계가 있는 불상이라는 데 문제가 있다. 어쨌거나 이 마애불이 충지상이라는 구전을 그대로 믿는다면 그의 입적 연대인 1292년 이후에 조성된 것으로 보인다.

· 규모 : 전체 높이 약 400㎝, 무릎 너비 300㎝.

(16) 진도군

龍藏寺 石造三尊佛像

이 석불은 현재 조그마한 암자 안에 안치되어 있는데(군내면 용장리 52번지), 광배 일부가 떨어져나가고 동체도 원형이 아닌 시멘트로 발라 원래의 모습을 찾을 길이 없다. 다만 대석이 원형대로 남아 있어 연대 추정이 가능할 것으로 보이며, 이 대석에 새겨진 조각 솜씨를 관찰함으로써 원래의 석불 형태를 읽을 수 있지 않을까 한다. 주지 혜월스님의 말에 의하면, 1950년대 본존불 대좌 밑에서 사리 장치가 발견되었으나 누군가에 의해 서울로 반출되었다고 한다.

불신은 지장보살처럼 민머리를 하고 있고 얼굴은 둥글며 원만하나 약간 우둔하게 보인다. 귀는 어깨 위까지 내려와 형식화되었으며, 목에는 삼도가 돌려져 있다. 법의는 통견으로 V자형을 취하고 있으나 밀집된 파상문으로 도식화되었다. 수인은 항마인인데 왼손은 가슴 앞에 대고 그 안에 약호를 쥐고 있는 모습이다. 무릎은 결가부좌를 하였으나 폭이 좁고 높은 편으로 사실성을 잃고 있다.

대좌는 방형으로 각 면에 중판 6엽을 조각하여 모두 16엽의 앙련이다. 그 밑으로 중석과 복련대좌가 연결되었을 것이나 매몰되어 확인할 수 없다. 광배는 머리 윗부분이 떨어져나간 거신광이며, 시멘트로 겉면을 발라 원형을 알 수 없게 되었다.

본존불 양옆으로 협시불이 입상의 자세로 시립해 있다. 좌측불의 얼굴은 역시 시멘트로 후보하여 원래의 형태를 알 수 없고, 형식화된 복련대좌 위에 광배를 갖추고 있다. 머리는 민머리인 지장보살형이며 목에 삼도가 나타나고, 수인은 합장을 하고 있다. 우측불 역시 상호에 시멘트를 칠하여 원형을 알 수 없다. 목에는 삼도가 보이며 의문은 형식화되었다. 수인은 손에 보병을 쥐고 있는데 밑에 복련대좌와 광배를 갖추었다.

이 삼존불은 현재 전라남도 유형문화재 제17호로 지정되어 있으나 지정 당시 양 협시불은 누락되었으며, 조사 당시 이렇게 시멘트로 후보된 내용이 기록되지 않았다. 이처럼 이 석불은 많은 부분에서 시멘트를 발라버려 원래의 모습을 찾을 길이 없으나, 양 협시불의 일부 또는 본존불 대좌에서 원형을 확인할 수 있고 양 협시불이 취한 수인을 통해 석불의 성격을 파악할 수 있다. 이 삼존불의 조성 시기는 고려 초기로 추정된다.

· 규모 : 본존불 현재 높이 195㎝, 어깨 너비 84㎝, 머리 높이 48㎝, 대좌 가로 137㎝, 세로 134㎝, 높이 27㎝, 좌측불 총고 164㎝, 우측불 총고 170㎝.

上萬里寺址 石造如來坐像

이 절터에는 원래 上萬寺가 있었다고 하나 전해오는 기록이 없고, 한동안은 萬興寺로 불러오다가 현재는 鳩岩寺라 부르고 있다(임회면 상만리 675번지). 태고종에 등록되어 있다.

현재 이 석불은 무릎 이하에 시멘트단을 만들어 매몰시켜 그 밑은 확인할 수 없고, 광배와 좌상 이상만 노출되어 있다. 머리칼은 소발에 육계가 높게 솟아 있고 상호는 눈과 입, 코 등이 조각되어 있으나 간략화되어 있다. 귀는 길게 늘어뜨렸으나 그 모습만 드러냈고, 목에는 삼도가 희미하게 음각되었다. 법의는 통견이며 양 팔과 앞가슴에서 음각으로 된 의문이 표시되었는데 지극히 형식화되어 있다. 수인은 오른손은 앞가슴에 대고 왼손은 그 아래 배에 손바닥을 펴서 대고 있다. 무릎은 형태만 갖추었을 뿐 모습을 읽을 수가 없다. 조성 시기는 고려 후기로 보인다. 또 광배 일부가 파손되고 마모가 심한 편이다.

· 규모 : 전체 높이 102cm, 광배 너비 98cm, 광배 두께 11cm.

(17) 함평군

海保里 石造毘盧遮那佛立像

이 석불은 현재 함평 군민회관 안에 위치하고 있으나(함평읍 함평리 154-1번지), 원래는 해보면 해보리 산61번지에 소재하고 있었다. 이곳은 해발 약 150~200m 정도의 야산으로 파평윤씨의 종중산이며 당초 석불은 파평윤씨의 종중 묘역 앞에 있었다. 1980년 8월경 석불은 윤씨 종중의 매각 처분에 의해 원위치에서 약 300m 떨어진 산등성이 언덕으로 이동된 상태에 있었으나 함평군의 신고와 전라남도 당국의 긴급조치로 도외 반출을 사전 예방하였다. 그 뒤 문화재 이동의 부당함을 설득시키고 종중으로 하여금 함평군에 이전하여 보존하도록 합의함으로써 1982년 4월 25일 현 군민회관 안으로 옮겨왔다.

현재 석불은 광배와 대좌를 갖춘 완전한 불상으로서 원형에 거의 손상이 없는 상태에서 보존이 잘 되어 있다. 원래 불상이 위치했던 장소에는 파평윤씨의 종중묘가 있었는데 주변에는 산죽이 무성하였으며 와편과 자기편이 수습되었다. 마을 주민들의 전해오는 말에 의하면 이곳을 '탑골' 또는 '탑동'이라 부르고 있는데, 원래는 석불과 함께 석탑 1기가 있었으나 일제 강점기에 파평윤씨 문중의 정자를 건립하면서 석탑을 파괴하여 그

탑재를 주초석으로 사용했다고 한다.

이 석불은 광배와 대좌를 갖춘 완전한 불상이다. 광배와 발등까지를 1석으로 하고 대좌는 별석으로 하였으며 대좌 위에 발등을 양각하여 신체 부분에서 발등을 떼어 대좌와 연결시켜 1석으로 하여 마무리하였다.

먼저 머리 부분을 보면 소발에 높직한 육계가 솟아 있으며 머리와 이마 부분 사이에 1조의 음각 띠를 돌려 얼굴과 머리를 구분해놓았다. 상호는 눈과 코, 입 등이 비교적 입체적인 사실성을 간직하고 있으며, 특히 인중의 확실한 표현과 고졸한 미소는 이 불상이 시대적으로 고식을 띠고 있음을 암시하고 있다. 호형을 그리면서 펼쳐진 동그란 눈썹과 눈꼬리가 약간 치켜선 모양은 통일신라시대에도 유행하였지만 이러한 양식이 고려로 내려오면서는 더욱 옆으로 퍼지면서 눈꼬리가 치켜올라가는 경향이 뚜렷해지는데, 이런 점을 감안해본다면 이 석불의 조성 연대를 비정하는 데 많은 참고가 될 것 같다. 더구나 양 뺨에서 나타난 알맞은 부피감이라든지 턱 밑으로 내려오는 적당한 볼륨은 통일신라시대에 볼 수 있는 분위기로서, 불상 하체의 의문에서 보여준 고려적인 요소만 제외하면 통일신라 말기까지 올려볼 수 있을 것이다.

귀는 길게 늘어뜨려 어깨 위에서 멎었으며 목에는 삼도가 보이고 법의는 우견편단인데 의문이 좌측 어깨에 걸쳐 평행선으로 내려와 하체를 덮는 지극히 도식화된 면을 보여주고 있다. 이러한 양식은 고려시대에 흔히 볼 수 있다. 여기서 주목되는 것은 화순 운주사의 석불군에서 나타나는 의문과 관련되고 있어, 이 시대의 전남에 분포한 석불 양식의 전파과정을 이해하는 데 중요한 단서가 되고 있다는 것이다.

대좌는 자연석을 약간 다듬어 상면에 복련을 형식적으로 장식하였으며 전면에는 몸체와 발등을 길게 조각함으로써 대좌에서는 완전히 퇴화현상을 면치 못하고 있다. 그러나 이러한 퇴화 현상은 936년(고려 태조 19년)에 건립된 것으로 추정되는 충남 개태사의 석불입상에서 특징적으로 나타나고 있지만, 실은 이 불상이 조성되기 이전인 통일신라 8~9세기경부터 선례가 보이고 있다. 즉 경북 예천의 동본동 석불입상(보물 제427호), 해인사 석불입상(보물 제264호), 경주 남산 탑곡 석불상(보물 제201호) 등이 바로 발목까지를 1석으로 하여 불신을 조각하였으며 발등과 발가락의 조각은 별석으로 하여 대좌 부분에서 묘사되고 있는 것이다.

수인은 지권인의 변형으로 추정된다. 두 손을 가슴 앞에 모았는데 왼 주먹을 오른손이 감싸고 있다. 이러한 수인을 무엇이라고 단정하기는 어렵지만 통일신라 후기부터 지권인을 결한 양손의 위치가 뒤바뀌고 혹은 구례 대전리 입상처럼 깍지를 끼고 있는 변형의 수인이 등장하고 있다. 대좌는 자연석을 약간 다듬었고 상면에 복련을 장식하였으며 측면으로는 발등과 발가락을 조각하였으나 형식화되었다. 광배는 3조선의 두광이 있고 그 주위에 화염문이 음각되어 있다. 불상 배면은 별다른 조식이 보이지 않으며 평평하게 처리하였다.

이 석불은 두광이나 화염문, 상호 등에서 보여준 온화하고 알맞은 양감 및 입체감은 통일신라시대의 양식을 고수한 면이 있으나, 불신 하단으로 내려오면서 일부 양식이 퇴화하는 등의 수법은 시대적으로 하한하는 경향을 면치 못하고 있다. 특히 간략화되고 수직적인 옷주름 등에서 더욱 그러한 느낌을 준다. 따라서 불상의 조성 연대는 고려시대(11~12세기경)로 추정된다. 이 석불입상은 1990년 2월 24일 전라남도 유형문화재 제171호로 지정되었다.

· 규모 : 총고 292㎝, 신고 211㎝, 두고 63㎝, 어깨 폭 64㎝, 광배 폭 90㎝, 대좌고 32㎝.

高山寺址 磨崖如來坐像

고산사지는 대동면 향교리 산1번지에 있다. 이곳은 함평향교를 지나 저수지를 왼편에 두고 계곡을 따라 약 1.5㎞쯤 걸어가면 나오는데 고산봉 중턱에 해당한다. 지금은 잡초가 우거져 건물지 규모를 파악할 수가 없다. 이 마애불은 절터에서 약 100m 떨어진 북쪽 바위에 새겨져 있다. 암반 자체의 석질이 좋지 않고 마모가 심하여 신체 각 부위의 조각 솜씨가 잘 드러나지 않지만 전체적인 분위기는 매우 우람하고 그 앞에 서면 압도당하는 듯한 느낌이 든다. 마애불은 서쪽에서 약 15°정도 남쪽 면을 향하고 있다.

먼저 상호를 보면 시멘트를 발라 훼손된 코를 보수한 흔적이 엿보여 정확한 윤곽은 알 수 없다. 역시 눈이나 귀의 모습도 형식화되고 마모상태가 심하여 원래의 모습을 가려낼 수가 없다. 머리칼은 소발인 것 같으며 육계가 높게 솟아 있다. 목에 삼도가 보이지 않고 그 자리가 마모된 듯하며 가슴이 유독 앞으로 나와 도드라지게 보이며 양 어깨는 머리에 어울리지 않을 정도로 넓게 벌어져 당당하게 보인다. 법의는 통견인지 우견편단인지 현 상태로서는 확인할 길이 없고 수인은 광주 운천사 마애불처럼 두 손을 모아 가부좌를 한 무릎 위에 올려놓았다. 무릎은 결가부좌한 상태이나 길상좌·항마좌 여부를 가려낼 수 없다. 무릎 밑으로는 1단의 괴임을 돌출시켜 대좌와 신체 부위를 노출시켰으며 그 하단에는 형식적인 연화문이 음각으로 처리되었다. 광배는 두광과 신광을 나타냈으나 장식된 화염문이나 기타 문양을 조식하지는 않았다. 두광 안에는 소형의 원형을 두어 2중 두광으로 처리하였다.

이 마애불은 상호의 자세한 분위기를 살필 수 없고 기타 세부적인 기법에서 간략화 또는 생략되는 경향이 보이긴 하나 당당한 어깨와 가슴, 폭이 지나치게 넓어진 가부좌의 모습 등은 고식을 간직한 듯하다. 따라서 조성연대는 고려 전반기로 추정된다.

 ·규모 : 총고 365cm, 좌상고 203cm, 두고 42cm, 안고 30cm, 안폭 24cm, 어깨 폭 100cm, 무릎 폭 185cm, 무릎 고 42cm, 신광 폭 220cm, 두광 폭 191cm, 대좌 폭 245cm, 대좌고 40cm.

沙器峯 磨崖佛

해발 357m의 사기봉 정상에 2구의 마애불이 있다(손불면 북성리 사기마을 뒷산). 군유산(표고 403.2m)의 지봉인 사기봉은 북성리 사기마을(沙器 또는 沙

己)에서 약 1시간쯤 오르면 된다. 이 마애불은 높이 약 15m, 폭 5m 정도의 자연 암반의 편평한 동쪽과 북쪽 면을 이용하여 새겨놓았다.

먼저 동쪽 면의 마애불을 보면 동향에서 약 15 °(도) 정도 남쪽을 바라보게 새겼는데 총 높이는 3m 정도의 음각 마애불이다. 암면이 고르지 못하고 요철이 심하여 의문이나 각 부분의 윤곽을 확인하기가 곤란하나 좌상으로 보인다.

얼굴 표면을 보면 계란형이나 두상의 형태가 분명치 않아 알 수 없지만 불상인 것만은 분명하다. 치켜뜬 눈과 눈썹, 납작한 코, 길고 두툼한 일자형의 입술이 드러나며 그 밑으로 턱 부분과 삼도가 확연히 나타난다. 어깨 쪽으로 내려와서는 왼쪽에서 2~3줄의 법의 자락이 가슴 아래로 내려오는 것으로 보아 우견편단으로 보이며, 무릎 근처에 와서는 거의 윤곽이 드러나지 않지만 결가부좌를 한 왼쪽 무릎이 희미하게 나타나고 있다. 그러나 발 모습이라든가 의문 등이 전혀 나타나지 않아 길상좌인지 항마좌인지 여부를 알 수 없다.

다음 북쪽 면의 마애불은 동쪽과 북쪽의 중간 지점을 향하고 있다. 앞의 마애불에 비해 조금 작은 편인데 역시 동쪽 면의 마애불과 비슷한 음각으로 조각하였다. 주로 상호 부분만 드러나고 신체 각부는 윤곽을 잡을 수가 없어 전체 모습이 파악되지 않는다. 총고 약 2m 정도이며 어깨폭이 95㎝이다. 치켜뜬 눈과 눈썹, 턱과 삼도가 보인다. 신체 부위에서는 거의 의습이 드러나지 않고 있으며, 신체 하단은 전혀 묘사된 선각이 없다. 아마도 미완성 작품이 아닌가 여겨진다.

사기봉 마애불은 현지 주민들에 의하면 사기마을 인근에 있는 옛 玉泉寺에

속한 미륵암에서 조성했을 것이라고 한다. 그러나 이 마애불의 위치는 오히려 현 영광에 속한 烟興寺에 가까우며 또 연흥사에 고려 초기에 속한 3층탑재가 있는 것을 고려하면 이 마애불도 연흥사에서 조성했을 가능성이 더 크다. 조성 연대는 고려 후기로 추정된다.

· 규모 : 동쪽 마애불 총고 300㎝, 북쪽 마애불 총고 200㎝.

(18) 해남군

大芚寺 北彌勒庵 磨崖如來坐像

북미륵암은 대둔사에서 북쪽으로 약 2㎞ 떨어진 두륜봉 정상 바로 밑에 위치하고 있는데(삼산면 구림리), 마애불은 북미륵암의 주존불이며 현재 보물 제48호로 지정되어 있다.

이 마애불은 거대한 암벽을 다듬어 양각하였는데 마애불을 벽체로 하여 목조 전실을 만들고 용화전이라 하였다. 두광과 신광을 모두 갖춘 이 불상은 소발의 머리칼 위에 큼직한 육계가 솟아 있으며, 상호는 풍만하고 두 귀는 길게 늘어뜨려 어깨까지 닿고 있다. 눈은 눈꼬리가 귀 위로 치켜올라갔고 눈동자가 표현되었으며 입술은 두텁다.

목에는 삼도가 있고 법의는 통견인데 왼쪽 어깨에 가사 끈이 보이는 것이 특징적이며, 옷주름은 평행선으로 도식적으로 처리하였다. 수인은 항마인을 결하였으나 부자연스럽고 결가부좌한 무릎 위의 발도 어색하다. 상체에 비해 하체가 빈약하며 무릎 밑으로 연화좌가 있는데 형식적인 표현에 그치고 있다.

두광과 신광은 3줄의 음각선으로 나타냈는데 그 내부는 아무 것도 표현되지 않고 밖으로는 화염문을 새겨 장식하였다. 그리고 좌우로 2구씩 비천상을 대칭으로 배치하고 있어 특이하다. 이 불상은 전체적으로 보아 상당한 수준의 작품이지만 신체 비례나 조각기법이 다소 떨어지고 있다. 따라서 불상의 조성 시기는 상호나 각부의 조각 수법으로 보아 고려 전반기(11세기경)

로 추정된다. 그리고 이 마애불에 대해서는 천황의 태자와 공주가 중죄를 속죄하기 위하여 조각한 것이라는 전설이 전해지고 있다.

· 규모 : 전고 520cm, 불신고 360cm, 두고 120cm, 견폭 185cm, 무릎 폭 270cm, 대좌고 65cm

隱蹟寺 鐵造毘盧舍那佛坐像

이 철불은 해남군 마산면 장촌리 45번지 金剛山 중턱에 있는 은적사 약사전에 봉안되어 있으며 전라남도 유형문화재 제86호로 지정되었다. 은적사는 백제시대에 창건되었다고 전해지나 확인할 수 없다. 구전에 의하면 강진 무위사, 해남 미황사, 대흥사 등의 큰집이라고 하며, 이들보다 약 200여 년이나 앞에 창건된 천년고찰이라고 한다. 은적사 바로 옆 계곡에 多寶寺라는 큰가람이 있었으며 은적사는 은적암이라고 하여 다보사의 부속 암자였다고 한다. 다보사는 정유재란 때 전소되어 자취를 감추었고 은적암만이 남아 있

었다고 한다. 실제로 이 계곡에는 건물지의 축대와 와편이 많이 남아 있다.

은적사는 다른 기록에는 보이지 않고 오직『梵宇攷』에만 현 북쪽 15리에 있다고 하여 그 위치만 나오며 그에 앞서 약사전에 철불이 있다고 하였다.[70] 또한 1883년에 작성된 은적사사적기[71]에 철불에 대한 기록이 간략히 나온다.

은적사 철불[72]은 하부동체와 무릎 부분이 파손되어 없으나 다행히 상호에서 복부까지는 비교

---

70)『梵宇攷』全羅道 海南 寺刹條 藥師殿 在隱寂山 有鐵佛大數圍高丈餘出汗則有灾云. 隱寂寺 在縣北十五里.
71) 이 사적기의 원본은 미국 하버드대학 燕京圖書館에 있으며,『考古美術』105(韓國美術史學會刊, 1970)의 부록으로 실려 있다.
72) 이 철불은 鄭永鎬,「海南 隱蹟寺의 遺蹟 遺物」(『文化財』13, 1980, 1~8쪽)에 자세하게 소개되어 있다.

적 원형을 잃지 않고 잘 남아 있다. 최근에 파손되어 없어진 하체 부분을 나무로 복원하여 일견 원형을 갖추고 있는 듯이 보이는데 의문이나 무릎의 비례가 像과 맞지 않아 어색하다.

상호는 전체적으로 원만상이나 양쪽 볼에 살이 약간 빠진 듯하며 자비스러운 인상보다는 얼굴에 긴장감이 돌고 있다. 머리는 나발이며 육계는 작고 낮아 머리와 구분이 어렵다. 이마는 좁으며 중앙에 백호가 있다. 눈은 반개하였으며 거의 일자형을 이루고 있다. 눈썹 밑에서부터 이루어진 호형선이 눈 밑에까지 이어져 특이하다. 콧날은 오똑하며 다문 입은 약간 돋아나 있고 턱밑에는 1조선의 음각선이 있으며 목에는 삼도가 있다. 양쪽 귀는 길게 늘어져서 어깨에 거의 닿고 있으며 귓볼 부분이 금동불처럼 관통되어 있다.

법의는 통견이며 오른쪽 어깨에서 복부로 내려간 의문은 거의 수직을 이루고 왼쪽 어깨에서 내려간 의문은 직선을 이루다가 복부에서 사선이 되어 오른쪽으로 흐른다. 양팔의 옷주름은 유려하여 보림사상과 비슷하고 겨드랑이 의문은 U자형의 3선이 반복되어 삼화사상과 거의 같은 형식이다. 승각기는 가슴 위까지 올라와 있는데 일직선으로 평행을 이루며 띠매듭이 없는 형식으로 보림사상과 일치하고 있다.

수인은 지권인을 결하고 있는데 왼손이 위로 올라가 있어서 뒤바뀌어 있으며 홍천 물걸리 석조비로자나불좌상, 광주 증심사 철조비로자나불좌상, 불국사 금동비로자나불좌상, 구례 대전리 석조비로자나불입상, 상주 남장사 철조비로자나불좌상 등과 같은 형식이다. 왼손이 오른손의 검지손가락 첫째 마디를 잡고 몸의 중앙에 자리잡고 있다.

이 불상은 통견의 법의가 삼화사와 증심사 철불과 비슷하고 승각기는 보림사상과 일치하고 있다. 양 귀가 길쭉하게 약간 밖으로 뻗은 것은 광주 철불과 전보원사지 철불과 같은 양식이다. 머리와 육계의 구분이 거의 없는 것도 통일신라 후기의 도피안사나 삼화사상과 흡사하다. 그리고 양쪽 어깨가 당당하여 신라 작풍을 보이고 있으며 얼굴의 조각기법이 뛰어나 얼굴에 이목구비가 뚜렷하고 단아한 사실적 상호를 하고 있다. 그러므로 이 철불의

조성시기는 통일신라 말기로 추정된다.[73]

　　·규모 : 현재 높이 110cm, 상호 높이 43cm, 어깨 너비 60cm, 무릎 너비 97cm, 높이 21cm.

高道里 磨崖如來坐像

이 마애불은 해남읍 고도리 호천마을 뒤편 구릉상 강형옥씨 소유의 밭 옆에 있는 대나무 사이에 눕혀져 있다. 주민들의 이야기에 따르면, 원래는 세워져 있었는데 옆 마을의 재앙이 미쳐서 넘어졌다고 한다. 그래서인지 지금은 가슴 부분이 두 조각 나 있다.

두광만 표현된 불상의 자세는 좌상으로, 가로 1.1m, 세로 1.8m의 장방형 액을 만들고 그 안에 음각으로 불상을 조각하였다. 소발의 머리칼 위에 큼직한 육계가 있으며, 간략화된 상호 여러 부분이 파손되어 정확한 형태의 파악은 어려우나 얼굴 전체에서 풍기는 분위기는 근엄한 편이다. 이마 위쪽 부분에 백호공이 보이며 목에는 삼도가 표출되지 않았고 법의는 통견이다. 왼손은 가슴 앞에서 엄지와 인지를 맞대고 있는데 오른손은 내려 염주를 가볍게 쥐고 있다. 그러므로 수인은 전법륜인으로 볼 수 있겠으나 특이한 것은 오른손에 염주를 쥐고 있다는 점이다. 발은 표현되지 않았고 무릎 전체는 도식적으로 음각만 하였다.

대좌는 7엽의 앙련좌인데 7엽의 연화문 사이에 또 6판의 연화문을 중첩되게 조식하고 있다. 광배는 두광만 2조선으로 나타냈는바, 그 사이에 연주문을 표시하여 전대의 예를 따르고 있다. 두광 안에는 아무런 문양이 없고 그 밖에만 화염문이 조잡하게 시문되어 있다. 이 마애불은 전체적으로 균형이 잡힌 듯하지만 조각 기법이 도식적이고 간략화되어 있어 조성 시기는 고려 말이나 조선 초기로 추정된다.

　　·규모 : 전체 높이 170cm, 머리 높이 40cm, 두광 너비 65cm.

---

73) 鄭永鎬, 앞의 논문, 6쪽 및 崔聖銀, 『철불』, 대원사, 1995, .38~39쪽.

新安里 石造如來坐像

해남읍 동남쪽에 덕음산(표고 381m)이 있는데 신안리 마을에서 약 500m쯤 떨어진 산 중턱에 축대 일부가 남아 있는 폐사지가 있다. 이곳에 석불입상과 석탑재가 파손된 채 남아 있다. 이 폐사지에서 남쪽으로 약간 올라가면 최근에 건립한 조그마한 절이 있는데, 이름은 '덕음사'라 하여 운영되고 있으나 이들 유물과는 관계가 없는 것으로 보인다.

상호는 윤곽만 나타날 뿐 여러 곳이 파손되어 세부는 자세히 알 수 없다. 특히 두 눈과 코 부분은 현재 시멘트로 보수하였으며 입술 부분은 쪼아져 있고, 두 귀 역시 떨어져나가고 형상만 남아 있다. 이마 한가운데에는 백호공이 뚜렷하고 머리칼은 소발이며, 두정에 육계가 솟아 있으나 솜씨가 서투르다. 목에는 삼도가 보이고 법의는 통견이나 대칭이 아니고 왼쪽 어깨 부분은 수직으로 흘러내린 반면, 오른쪽 어깨에서는 곡선을 그으며 가슴 밑으로 흘렀다. 수인은 왼손만 구부려서 가슴에 대고 있는데, 약지는 펴고 있고 세 손가락은 안으로 구부렸으며 얼굴은 목을 향해 올린 특이한 형식이다. 오른손은 군의 속으로 넣어버린 탓인지 보이지 않는다.

대좌는 거의 방형에 가까운 타원형으로 연화문이 시문되어 있다. 광배는 2조선의 원형 안에 당초문이 새겨진 두광이 있으나 절반은 파괴되고 없다. 이 석불의 조성 시기는 조각 수법과 옆에 있는 석탑 옥개석 등의 조형상으로 보아 고려 중기 이후로 추정된다.

· 규모 : 현재 높이 170cm, 불신 높이 160cm, 어깨 너비 60cm.

(19) 화순군

雲住寺 石佛群

운주사는 화순군과 나주시, 그리고 장흥군이 접하는 화순군 서남쪽에 위치하고 있다. 행정구역상으로는 전남 화순군 다도면 대초리와 용강리에 걸쳐 있는데, 사찰 입구 쪽은 용강리에 해당되고 안쪽은 대초리에 속한다.

이 운주사에는 석탑 21기와 90여구의 석불이 남아 있어 학계의 주목을 받아왔다. 석불군 항목에서는 몇몇 중요한 불상을 제외한 나머지 것들을 종합하여 고찰하기로 하고, 운주사 석불 가운데 중요한 요소를 지니고 있는 것으로 판단되는 일명 와불과 시위불, 광배 있는 석불, 불감내 석불, 마애불, 발굴조사시 출토된 금동불입상과 금동보살입상 등은 따로 서술하도록 하겠다.

먼저 자세를 보면, 석불 97구 중 자세를 파악할 수 있는 73구 가운데 좌상은 12구이고 나머지는 입상이다. 그러나 불두편 24구도 입상으로 여겨지는 것들이 많아 실제로 입상의 수는 더 많을 것으로 추정된다. 좌상은 항마좌 1구와 의습에 가리거나 묘사가 되지 않은 것이 2구, 나머지는 길상좌이다. 또한 좌상 중 발을 표현한 것은 3구인데 2구는 발가락만 간략히 묘사하였으나 불감 내 남쪽 불상은 발바닥까지 자세히 조각하였다. 입상은 대형 5구, 나머지는 중소형인데 발이 드러나 있는 4구 가운데 1구는 발의 형태만 나타내고, 4구는 발가락과 발등까지 묘사하고 있다.

다음으로 상호를 살펴보면, 조사대상 97구 가운데 육계가 뚜렷하게 표현된 것은 34구이고, 민머리 형태는 43구이다. 머리에 비해 이마가 한 단 낮게 표현된 예는 7구가 조사되었다. 미간에 백호를 표현한 것은 광배를 갖춘 석불좌상뿐이다. 눈썹은 하단을 파내어 단이 지게 하였는데, 대부분 완만한 곡선으로 조각하였으나 8구는 중간 부분이 희미해져 눈을 치켜뜬 것처럼 보인다. 눈 역시 대체로 조각되지 않았으나 7구는 비교적 선명한데 수평으로 가늘게 묘사하였다. 특히 불감 내 남쪽 석불좌상은 눈꼬리가 위로 올라가 있어 주목된다. 코는 장대하게 표현하고 있으나 코끝이 닳거나 파손된 경우가 많고, 귀는 대부분 거칠고 크게 형태만 나타냈는데 9구는 귓바퀴까지 묘사하여 사실적인 표현을 한 예도 있다. 입은 대부분 나타내지 않고 있는데 11구는 가늘고 좁게 형태만 표현하였고, 8구는 넓고 두텁게 조각하여 대조를 이룬다. 목 부위에 삼도를 나타낸 것은 20구로 대부분 측면 일부까지만 묘사하였다.

또 수인을 보면 손의 모습을 알 수 있는 것이 97구인데 불교 도상적으로 이들을 명확하게 구별하기는 어렵다. 가장 많은 손의 모습은 가슴에 두 손이 모아지고 의습에 가린 역V자형으로 돋을새김한 것인데 47구가 조사되었다. 이 수인은 지권인이나 합장인으로 추정되는데 확실히는 알 수 없다. 그리고 배 부근에서 두 팔을 소매 안에 넣고 있는 U자형은 6구가 확인되었다. 항마인의 변형으로 여겨지는 손의 모습은 5구이고, 시무외·여원인의 변형으로 추정되는 것은 12구이다. 이외에도 왼쪽 팔만 아래로 내려 하체 측면에 붙인 예도 있고 완연한 합장인을 한 경우도 조사되었다.

그리고 법의는 대부분 음각선으로 처리되어 있다. 우견편단의 법의가 대부분이며 좌견편단은 와불이라 부르는 석불입상뿐이다. 통견의 법의는 15구이며, 우견편단으로 추정되나 의습이 묘사되지 않은 것도 3구가 있다. 법의에 의습이 생략된 것도 29구나 된다.

끝으로 광배와 대좌를 살펴보기로 한다. 광배를 표현한 것은 4구가 있는데 모두 화염문을 거칠게 음각하고 있다. 화염문은 마애불좌상과 광배를 갖춘 석불좌상이 유사하며 한쪽 끝은 말아지고 다른 쪽은 윗부분이 구불구불 올라가는 형태이다. 석조불감 내의 석불좌상은 화염문으로 생각되는 도식화된 형태를 보이고 있는데, 남쪽 석불좌상은 구불구불한 선만 나타내고 북쪽 석불좌상은 물방울 모양을 하고 있다. 대좌의 형태는 대체로 방형이지만 간혹 원형도 있고 잡석을 대좌 시설로 한 예도 있다. 이외에 석조불감 내의 불상은 감실 내에 안치되어 있는 경우와 암반대좌를 한 시위불, 그리고 앙련을 평판적으로 표현한 마애불 등이 있다. 따라서 운주사 석불들은 어떤 형태이건 반드시 대좌를 갖추고 있다는 것을 알 수 있다.

이상에서 살펴본 운주사 석불은 형상이 단순화되고 변형이 심하며, 조각 수법 또한 거칠고 조악하다. 그리고 석불의 상호나 의습 표현 등은 삼국시대 이래 전통적 불교조각의 정형에서 크게 벗어난 파격성을 지니고 있다. 이런 까닭으로 운주사 석불들은 일반적인 불교 도상의 해석에 많은 어려움을 주기도 한다. 이러한 경향은 미술사적 관심보다는 오히려 신비스런 민중적 설화로 문학적 해석과 상상력을 불러일으키는 결과를 낳기도 하였다.

운주사 석불들을 면밀히 살펴보면 두 부류로 대별된다. 하나는 도상이 정리되고 형상 표현이 뚜렷한 와불, 석조불감 내의 석불, 마애불, 광배를 갖춘 석불 등이고, 다른 하나는 석벽을 따라 배치된 불상군으로 앞의 불상들보다 거칠고 단순화된 형태로 표현되어 있다.

이러한 양식적 특징을 지닌 운주사 불상의 제작 시기에 대해서는 퇴락된 조각 수법으로 보아 조선시대까지 내려 보기도 하지만, 일반적으로 고려시대로 모아져 있다. 이는 지금까지 4차 발굴의 조사성과를 통해서도 그와 같은 의견에 접근된다. 즉 용강리 건물지를 들어냄으로써 12세기 혹은 11~12세기에 조성되었을 가능성을 타진해볼 수 있었고, 주변의 자기편과 토기편, 기와편을 수습한 결과 적어도 11세기나 그 이전의 것들이 발견되었다. 또 운주사 일대의 석불들과는 관련이 없을 것으로 여겨지지만 9~10세기경의 금동불과 보살입상이 발견됨으로써 그 상한 연대를 추적할 수 있게 해주었다.

어쨌든 운주사 천불천탑의 제작 시기에 대해서는 보다 확실한 문헌자료나 편년 추정의 발굴 단서가 더해질 때 실제적인 접근이 가능할 것이다. 또한 그 동안 부진했던 고려시대의 불교 조각사 연구노력과 성과에 따른 철저한 고증이 요구되며, 이를 통한 뚜렷한 도상 해석과 사상적 배경을 찾아내고, 그 사상이념을 표방한 계층과 사회경제적 배경도 아울러 밝혀져야 운주사에 대한 모든 것이 선명해질 것이다.[74]

雲住寺 龕室內 佛像

운주사 경내 원반형 연화탑 남쪽에 위치한 석조불감 안에 2구의 좌상이 등을 맞대고 봉안되어 있다.

남쪽 불상은 육계 부분이 파손되었고 상호는 대체로 둥글며, 눈에서 입 부근까지 길게 표현한 귀는 양각인데 귓바퀴는 음각으로 조각되었다. 가느다란 눈썹과 콧등이 파손된 상태이고 시멘트로 보수하였다. 눈은 선각으로 눈썹보다 약간 낮게 묘사하였다. 목은 짧고 삼도가 표현되어 있다. 법의는 통견이며 오른쪽 어깨에 걸쳐 있는 옷자락은 왼쪽 어깨에서 명치 부분을 지나 하반신까지 덮은 형태이다. 수인은 오른손을 배에 대고 왼손을 무릎 위에 얹은 모습이다. 손목까지 옷주름이 음각되었고 손가락이 묘사되었다. 돌출한 다리 형태는 오른발을 위로 올린 길상좌이며, 왼발의 꼬여진 모습이 옷자락에 가려 보이지 않는다. 광배는 사다리꼴의 판석에 두광과 신광의 구분 없이 구불구불한 모양이 선각되었는데 화염문의 표현으로 보인다.

북쪽 불상은 원반형 연화탑을 향하고 있는데, 상호는 원만상이며 머리에 육계가 없다. 귀는 형태만 갖추었고 시멘트로 보수하였다. 목은 짧으며 삼도가 뚜렷하고 법의는 통견이다. 양 어깨에서 내려오는 옷주름이 신체 전면을 덮고 있고, 옷주름이 가슴 중앙에서 모아져 와불좌상과 마찬가지로 수인의 일단을 추측할 수는 있으나 자세한 것은 알 수 없다. 앉은 자세는 옷주름이 약간 겹쳐 있어 오른발을 위에 얹은 형태임을 알 수 있다. 광배는 남쪽 불

---

74) 李泰浩·黃鎬均,「雲住寺 佛像彫刻의 형식적 특징과 편년고찰」,『雲住寺綜合學術調査』, 全南大學校博物館, 1991, 63~174쪽.

상과 같이 불상과 약간 떨어져 있으며, 남쪽 불상의 광배가 한 줄의 선각임에 비해 북쪽 불상의 것은 꼬리가 가는 길쭉한 타원형으로 역시 화염문의 변형으로 보인다.

· 규모 : ① 남쪽 불상 : 불상 높이 245㎝, 머리 높이 88㎝, 머리 너비 87㎝, 어깨 너비 134㎝, 무릎 너비 188, 광배 높이 301㎝, 광배 두께 21.5㎝.
② 북쪽 불상 : 불상 높이 264㎝, 머리 높이 107㎝, 머리 너비 89㎝, 어깨 너비 152㎝, 무릎 너비 198㎝, 광배 높이 313㎝, 광배 두께 22㎝.

雲住寺 臥佛(석불좌상과 입상)과 侍衛佛(입상)

운주사 남동쪽 계곡의 산 정상에 머리를 남쪽으로 하고 뉘어져 있는 일명 와불과 그 아래에 시위불이라고 불리는 석불입상이 있는데, 운주사 일대의 석불 중에서 가장 전형을 보여주며 특히 이 지역에 대한 설화의 중심 부분이기도 하다.

와불로 불리는 불상 가운데 먼저 좌상을 살펴보면, 상호는 달걀형이고 길고 넓다란 귀는 눈썹 부근에서 입 아래까지 형체만 거칠게 묘사하였다. 한 단 낮은 반달형의 눈과 두툼한 입술, 그리고 인중은 선각으로 또렷하게 표현된 편이다. 볼과 얼굴 전체의 측면은 주변 석불 중에서 잘 다듬은 편으로 비교적 볼륨감 있게 하였다. 이마는 머리 부분보다 한 단 낮게 조각하였고, 육계는 별석으로 머리 오른쪽에 따로 놓여 있다. 목은 길고 넓으며 깊게 다듬어져 있는데, 삼도는 표현되지 않았고 어깨는 머리 크기에 비해 좁은 편이다. 착의법은 왼쪽 어깨에만 걸친 형태로 우견편단이며, 선각의 옷주름이 보인다. 수인은 가슴에 두 손을 중앙으로 모은 형태로 옷에 덮여 있으며, 이 손의 모양은 운주사 일대 석불의 가장 많은 사례인데 이는 합장인이나 지권인의 변형으로 보인다. 다리 형태는 길상좌인데 오른발을 왼발 위에 올린 결가부좌로 발은 보이지 않고 사선의 옷주름이 각기 다른 방향으로 표현되어 있다.

다음으로 석불좌상 왼편에 자리한 입상은 좌상과 조각 수법이 같다. 상호는 전체적으로 긴 편이고 측면까지 잘 다듬었다. 눈썹을 튀어나오게 하기 위해 눈 주위를 한 단 낮게 처리하였으며, 눈은 선각의 반달형으로 코, 입, 인중의 표현과 마찬가지로 좌상과 유사하다. 귀는 깨진 돌이 조금 남아 있어 귀 형태를 보여준다. 목은 어깨 쪽으로 갈수록 길고 넓지만 역시 삼도는 표현되지 않았다. 어깨는 좌상처럼 왜소하고 법의는 왼쪽 어깨를 내놓고 오른쪽 어깨에 옷주름이 표현된 우견편단이다. 수인은 시무외 여원인으로 모든 손가락을 표현하고 있는데, 왼팔은 들어 오른쪽 가슴에 대고 있고 오른팔은 구부린 채 손등을 배에 댄 어색한 형태이다. 하체는 오른팔 아래를 사선으로, 왼팔 아래는 수직선으로 음각하였고, 양 다리 구분선은 주변 옷주름보다 깊게 새겼다. 이 입상과 앞의 좌상 다리 부분과 좌상과 입상 사이에는 떼어내려고 했던 흔적으로 보이는 틈이 있어, 산정의 암반에 불상을 조각하고 떼어내는 공정을 마치지 못한 미완성 불상으로 여겨지며, 설화상의 내용과 연계하여 많은 시사점을 주고 있다.

그리고 시위불로 불리는 석불입상은 와불의 입구에 위치한 비교적 큰 작품이다. 관모를 쓴 것 같은 단이 진 육계와 머리 표현이 있으며, 이마는 한 단 낮고 좁다. 동그란 상호에는 눈썹과 연결된 코가 양각되었고 눈은 음각으로 초생달 모양이다. 입은 희미하고 귀는 이마 위에서부터 입 부근까지 길고 좁게 묘사하였으며 볼은 도톰하다. 목에는 삼도가 표현되지 않았고, 수인은 오른팔을 들어 왼쪽 가슴에 대고 있고, 왼팔을 쭉 펴서 왼쪽 다리에 붙이고 있는데 시무외 여원인의 변형으로 보인다. 법의는 우견편단식으로 보이나 왼쪽 어깨 윗부분의 옷주름이 조각되지 않았다. 왼쪽 가슴에서 늘어진 옷주름이 상체 전면을 휘감고 있다. 하체에는 양 다리를 구분한 음각선으로 좌우에 U자형의 옷주름이 무릎까지 내려와 있고, 그 아래는 직선으로 내려온 옷주름으로 구분되어 있다. 돌출된 발 부분은 위쪽으로 조금 높으며 발가락이 표현되어 있다.

암반 위에 세워진 이 불상의 크기는 와불좌상의 오른쪽에 길이 600㎝, 폭 95~115㎝, 두께 68㎝의 채석 흔적과 유사한데, 와불 옆에서 떼어냈다는 구전상의 내용과 부합된다. 이 석불입상은 와불과 함께 짝을 이룬 삼존불이었을 가능성도 생각해볼 수 있다.

· 규모 : ① 와불좌상 : 불상 높이 1273㎝, 머리 높이 400㎝, 머리 너비 267㎝, 어깨 너비 340㎝, 무릎 너비 623㎝, 불상 두께 80㎝. ② 와불입상 : 불상 높이 103㎝, 머리 높이 261㎝, 머리 너비 115㎝, 어깨 너비 174㎝. ③ 시위불 : 불상 높이 441㎝, 머리 높이 114㎝, 머리 너비 68㎝, 어깨 너비 88㎝, 불상 두께 55㎝.

雲住寺 磨崖如來坐像

남쪽을 향해 있는 마애불은 현 법당에서 북쪽으로 약 40~50m 정도 떨어져 있는 거대한 바위의 단애면에 새겨진 것이다. 많은 균열로 탈락이 심하나 암벽의 요철 부분을 그대로 살려 얕게 부조하였다. 육계는 두툼하게 솟아 있으나 머리와 이마가 거의 없고, 눈썹과 길다란 코는 양각이며 귓바퀴까지 음각되어 있다. 타원형으로 부드럽게 부조된 상호의 눈과 입은 희미하다. 목은 길고 두툼하며 삼도가 선각되었다. 법의는 우견편단으로 보이며 오른쪽 어깨는 탈락이 심하다.

왼쪽 어깨에서 내려오는 음각선의 옷주름과 오른 소매에 사선의 옷주름이 'ㅅ'형의 모양을 하고 있다. 앉은 자세의 다리에도 사선의 옷주름이 보이나 암벽의 탈락이 심하여 가부좌 형태는 정확히 알 수 없다.

대좌는 8엽의 연꽃무늬가 복련으로 음각되어 있다. 광배는 두광과 신광의 구분 없이 육계 상단부에서부터 불신 좌우, 그리고 무릎 위쪽까지만 음각선으로 처리하였다.

· 규모 : 전체 높이 516㎝, 불상 높이 411㎝, 머리 높이 109㎝, 머리 너비 94 ㎝, 어깨 너비 166㎝, 무릎 너비 301㎝, 대좌 높이 67㎝, 대좌 너비 350㎝.

雲住寺 出土 金銅如來立像

이 금동여래입상은 운주사 입구 9층석탑 우측의 석불군 중 연화문 대좌를 갖춘 석불좌상과 석불입상 대좌 사이의 매몰된 흙을 제거하는 도중 발견된 것으로, 1984년 1차 발굴조사 때 보고되었다. 손가락과 발가락이 절단되었고, 금 도금 흔적은 얼굴 일부와 몸체에 약간 남아 있으며 전면에 푸른 녹이 슬어 있다.

둥그런 육계와 이마보다 한 단 높게 머리에 나발이 양각되어 있다. 타원형의 상호는 눈썹, 눈, 코, 입이 편안한 표정으로 잘 조화를 이루고 있는데, 특히 코는 주변보다 높고 오똑하다. 눈은 주변과 가운데를 음각으로 새겨 눈꺼풀 자체를 튀어나오게 하였고, 입은 꼬리 부분을 움푹하게 하였으며 입술은 도드라져 있다. 볼은 둥글고 완만한 곡선을 이루고, 귀는 희미한 형태의 귓바퀴와 조금 늘어진 귓볼이 양각으로 표현되어 있다.

목은 짧으나 삼도가 희미하게 선각되었다. 법의는 통견으로 양쪽 어깨에서 가슴으로 이어지는 옷주름이 U자형으로 무릎 부근까지 이어져 있는 신라 금동불 형식의 전형을 보인다. 무릎 아래는 발목까지 일직선의 옷주름이 양각되어 있는데, 이 옷주름은 주변을 선각하였으나 옷주름 자체는 약간 돌출된 양각이다. 수인은 오른팔을 들어올리고 왼팔은 내린 형태로 손바닥을 밖으로 향한 시무외 여원인으로 보인다. 손목 위는 옷에 덮여 있고 옷자락이 무릎 근처까지 늘어져 있다. 발은 양각으로 묘사되었는데 발가락 대부분이 손상을 입었다. 불신의 배면은 납작하며 머리에 1개, 몸체에 5개의 장방형 구멍이 있고 내부는 비어 있어 불상 주조과정을 알 수 있는 자료로 주목된다.

상호는 원만하나 다소 둔중감을 보이며 불신에서도 다소 형식화된 의문을 보이고 있어 각부의 양식과 조각수법으로 미루어보아 이 불상의 조성시기는 고려 전반기로 추정된다.[75]

· 규모 : 불상 높이 18.8㎝, 머리 높이 4.2㎝, 머리 너비 3.1㎝, 어깨 너비 4.4㎝, 불상 두께 약 3㎝.

雲住寺 出土 金銅菩薩立像

이 불상은 1989년 4차 발굴조사시 입구 9층석탑 옆 석불군 중 연화문 대좌가 있는 석불좌상의 대좌 오른쪽 뒤편 매몰된 흙을 제거하는 작업 도중에 출토되었다. 금동보살입상은 8각연화문 대좌를 갖춘 것으로 전면에 푸른 녹이 심하게 슬어 있으나 자세히 보면 몸체 일부에 금을 도금한 흔적이 있다. 천의 자락이 조금 떨어져나갔고 상호가 심하게 부식되어 있지만 대체로 양호한 편이다.

머리 정상부를 특히 강조하여 장방형으로 솟아 있고 이마에 관을 쓴 것 같은 돌출된 띠가 있다. 보발은 귀를 가로질러 양 어깨 위로 늘어져 있다.

---

75) 全南大學校博物館, 『雲住寺』, 1984, 161쪽.

어깨에서 시작한 천의 자락은 동체 측면에 S자형의 곡선을 이루며 대좌에까지 이어지고 있다. 상호는 눈썹과 코의 흔적만 남아 있어 그 표정이 선명치 않다. 상체는 나신이고 왼팔은 약간 밖으로 구부려 들어올린 상태이며 손에 보병을 쥐고 있다. 오른팔은 몸체 측면에 그대로 내리고 손아귀를 반쯤 쥔 상태이다. 하체 표현은 허리에 두른 띠가 배 중앙에서 매듭져 좌우로 끝이 벌어져 있다. 양 다리는 비교적 볼륨 있게 묘사하였고 허리와 무릎을 굽혀 삼굴한 자세이다. 옷주름은 하단으로 가면서 U자형의 의습이 대칭되게 양각으로 장식되어 있다. 양 발 사이에는 오른쪽 발등으로 흘러내린 옷자락이 탄력 있게 마무리되었다. 대좌는 8엽의 앙련이 양각된 상대와 원형의 중대가 있다. 하대는 8각형인데 8엽의 복련으로 끝이 살짝 들려 있으며, 그 아래 3단의 괴임이 있고 투조된 안상과 2단 괴임이 있다.

이 보살입상의 조성 시기는 대좌의 형식과 기법이라든지 삼굴자세의 모습, 넓은 어깨와 풍만한 가슴, 가는 허리 등의 양식에서 볼 때 전형적인 통일신라 하대의 작으로 추정된다.[76]

· 규모 : 전체 높이 12.2cm, 불상 높이 9.1cm, 대좌 높이 3cm, 대좌 너비 4.3cm.

石佛庵 磨崖如來坐像

화순군 이서면 영평리 석불암에 있는 이 불상은 무등산 기암 사이에 얕은 부조로 조각되었으며 석조감실 내부에 안치하였다. 수인은 아미타구품인 중 중품중생의 모습이어서 아미타불로 추정된다. 불상은 연화대좌 위에 결가부좌를 하고 우견편단의 법의를 입었으며, 원형의 두광과 신광이 연결된 광배는 돌을 쪼아 재질감 있게 표현하였다. 조각 수법은 대체로 사실적인 경향을 띠고 있으나, 고려시

---

76) 崔仁善, 『雲住寺 Ⅳ』, 全南大學校博物館·和順郡, 1994, 37~40쪽.

대의 도식적이고 지방화된 변화 현상이 역력하다. 두광 위에 범자가 음각되어 있는데 마멸이 심하여 판독할 수 없다.

이 마애불은 500m 가량 떨어진 규봉사와 관련이 있을 것으로 추정되는데, 규봉사는 송광사 1세인 보조국사와 2세인 진각국사가 수도했다는 일화가 전해온다. 이는 규봉사의 창건과 연결되며, 마애불의 제작 시기도 그 무렵으로 생각된다.

· 규모 : 높이 1.36m, 너비 0.96m.

3) 전라북도

(1) 전주시

彌勒庵 石造如來立像

이 석불은 전주시 완산구 서서학동 345번지 미륵암에 봉안되어 있다. 머

리는 소발이고 낮은 육계가 있으며 눈꼬리가 위로 치켜올려져 강한 이미지를 느끼게 한다. 얼굴은 살이 쪄 둥근 형이며 귀는 짧고 목에는 음각으로 삼도를 표현하였다. 법의는 통견으로 가슴에서 둥글게 흘러내려 양다리로 갈라져 흘러내렸는데 신체의 굴곡에 따라 사실적으로 표현하기보다는 형식에 치우쳤다. 오른손은 아래로 내리고 왼손은 배에 대 고려시대 석불입상에서 흔히 보이는 수인이며, 손목 아랫부분은 나중에 끼운 것이다. 대좌는 단판 16엽의 연화문이 새겨져 있으며 대좌의 윗면에는 불신을 받치기 위한 1단의 괴

임이 있다.

전체적으로 신체의 비례에 따라 조화와 균형을 갖춘 사실적인 불상 조각이라기보다는 얼굴의 표현, 옷주름, 수인 등에서 형식적인 면을 볼 수 있어 고려 후기에 지방에서 유행된 불상 형식이다. 전라북도 문화재자료 제9호이다.

·규모 : 불상 높이 260㎝, 어깨 너비 90㎝, 좌대 너비 130㎝.

龍華寺 石造如來立像

이 석불은 전주시 덕진구 인후동 1가 146-1번지 용화사에 봉안되어 있으며, 전라북도 문화재자료 제10호로 지정되어 있다. 불상의 아랫부분이 땅속에 묻혀 자세히 알 수 없지만 전주 서서학동 미륵암 석불입상과 같은 형식의 불상이다.

머리는 신체에 비해 큰 편이며 이마에는 음각으로 백호를 새겼는데 육계의 표현은 불분명하다. 귀는 길고 입술은 꽉 다물고 있다. 목은 시멘트로 연결하였기 때문에 삼도의 표현임을 알 수 없다.

오른손은 가슴 앞에 들어 손바닥을 안으로 하고 있으며, 왼손 역시 가슴 앞에 들었으나 손바닥을 밖으로 향한 시무외원인의 형식이다. 법의는 왼쪽 어깨에 걸쳐 대각선으로 흘러내린 우견편단이며 허리 아래 부분까지 반복적으로 표현되었다. 오른쪽 귀는 파손되었는데 임진왜란 때 加藤淸正가 칼로 쳤다는 전설이 있다. 부자연스럽고 경직된 옷주름과 어색한 수인 처리 등은 고려 후기에 이르러 불상 양식이 점차 형식화되어가는 과정을 잘 보여주는 작품이라 하겠다.

·규모 : 불상 높이 270㎝, 머리 높이 65㎝, 신체 너비 98㎝, 신체 두께 41㎝.

天高寺 石造如來立像

이 불상은 전주시 동산동 만성초등학교와 인접한 곳에 위치한 미륵전에 봉안되어 있다. 광배와 불신을 하나의 돌에 조각한 입상인데 광배의 윗부분은 파손되어 그 일부는 앞뜰에 방치되어 있다. 신체의 아랫부분은 불단에 가려 잘 알 수 없으며, 육계의 윗부분도 결실되었다.

상호는 두께 20cm 정도로 부조되어 입체감을 지녔으며, 귀는 길고 목에는 삼도가 뚜렷하다. 옷주름은 뚜렷하나 형식적이다. 오른손은 길게 아래로 뻗쳐 있는데 왼손은 불분명하다. 광배는 두광과 신광의 윤곽을 새기고 주연에는 화염문을 새겼으며 두광 내에는 중심에서 바깥으로 여의두형엽문을 팔엽으로 둘러 새겼을 뿐 아니라, 그 간지에도 엽문을 새겨 장식성을 띠고 있다.

이 사찰은 『동국여지승람』이나 『완산지』에는 기록된 내용이 없지만 불상양식으로 보아 고려시대에 창건된 사찰로 보인다.

· 규모 : 어깨 너비 97cm, 머리 높이 93cm, 얼굴 너비 60cm, 광배 너비 193cm.

(2) 군산시

芮山 石佛

이 석불은 군산시 임피면 취산리 교동마을 용천산의 동편 기슭에 위치한 예산 산성지 안에 있으나 본래의 자리는 아닌 것 같다. 머리와 다리 부분은 파손되었다. 통견의 옷주름은 두 손에 걸쳐졌고 아랫배에는 법의의 매듭이 보이며 좌우 대칭적인 요소가 강하다. 양팔 상단에는 팔을 걷은 듯하게 법의를 양각으로 나타내고 수인은 왼손을 배에 올려 둥근 구슬을 받쳐들고 오른손으로 이를 덮고 있는데 마멸이 심해 자세한 양식을 파악할 수 없으나 고려시대 작품으로 추정된다.

倉雁 石佛

이 석불은 군산시 성산면 창오리 창안마을에 있는데 원위치로 추정되며 이 석불을 봉안하기 위하여 무가를 지었던 것으로 보인다.

불상의 본래 두부는 결실되어 후대에 다시 조각하여 부착하였으며 불상의 하부는 불단에 의하여 가려져 있다. 불상의 형태는 새로 만든 두부에 좁은 갓을 씌웠으며 조각수법도 치졸하여 인자하고 근엄한 부처님의 모습은 느낄 수 없다. 법의는 우견편단이며 굵직한 선으로 의습을 나타내고 목 아랫부분에는 2선의 양각대를 두르고 있다. 왼쪽 손에는 법의를 걸치고 있으며 오른손은 가슴 하단에서 파손되었다.

·규모 : 높이 159㎝.

中央路 石造如來立像

이 석불은 군산시 중앙로 2가 80번지에 위치하고 있다. 육계는 높고 소발이며 삼도가 뚜렷하다. 백호는 없고 얼굴 부분이 심하게 마멸되었지만 전체적으로 원만하고 듬직한 모습이다. 통견의 법의 주름은 타원형을 그리며 흘러내렸으며, 수인은 오른손을 내려 자연스럽게 손을 펴서 손바닥을 안으로 향하고 있으며, 왼손은 손바닥을 위로 올려 보주를 들고 있다. 방형의 대좌는 특별한 문양이 없고 투박하다. 전체적으로 불신에 비해 상호가 커 비대해 보이며 법의 주름이 단순하게 처리되었고 신체 각부의 표현이 어색한 점으로 보아 고려 중기에 조성된 것으로 추정된다.

이 석불은 정읍에서 일제 강점기 때 일본인들이 옮겨왔다고 전하지만 정확히 어떤 사찰인지는 알 수 없다.

·규모 : 불상 높이 207㎝.

(3) 익산시

古都里 石佛立像

이 석불입상은 익산시 금마면 동고도리 남쪽으로 10리쯤 떨어진 들판에 금마를 남류하는 옥룡천을 사이에 두고 동서로 약 200m 떨어져 마주보고 서 있다. 이 두 석상은 머리 부분부터 대좌까지 하나의 석주로 이루어졌다.

머리 위에는 높은 관을 얹었으며, 얼굴은 가늘게 뜬 눈, 작은 코, 가느다

란 입술로 인해 독특한 모습이다. 어깨는 그대로 흘러내려 아주 좁게 처리하고 있다. 양팔은 복부 앞에서 손가락을 끼고 있으나 옷으로 가려졌고 옷의 문양은 목에서부터 평행선으로 흘러내려 양쪽 발등 위에서 좌우로 벌어졌다. 대좌는 앞쪽을 깎아 모를 내었고 발등은 간략하게 처리하였다.

이 석불은 넘어져 방치되어 있던 것을 1858(철종 9년)년에 익산 군수로 부임한 黃鍾奭이 다시 세우고 '郡南石佛重建記'의 비문을 남겼다. 그가 이 비문에서 "이 석상은 불상과 같다"고 하였기 때문에 불상으로 알려지게 된 것이다. 이 중건기에는 "금마는 익산 구읍의 자리인데 동·서·북의 3면이 모두 산으로 가로막혀 있으나 오직 남쪽만이 터져 있어 물이 다 흘러나가 虛虛한 형상이므로 읍의 水門의 虛함을 막기 위해 세운 것"이라 하였다. 또다른 이야기로는 금마의 주산인 금마산의 형상이 마치 말의 모양과 같은데, 말에게는 마부가 있어야 한다고 하여 마부로 이 석상을 세웠다고 한다. 그래서 금마산을 馬耳山이라 부르기도 한다고 전한다. 이 석상은 장승의 형태와도 유사하여 토속적인 감각이 담겨져 있는 특이한 상으로 고려시대에 조성된 것으로 보인다.

· 규모 : 불상 높이 160㎝, 너비 97㎝, 얼굴 크기 75㎝.

德基里 石造如來立像

원래 팔봉면 덕기리에 소재했으나 지금은 익산시에 편입되어 석왕동 서성마을에 있다. 익산 왕궁리 오층석탑 서편에 건너다보이는 작은 구릉 밑의 일명 부처골이라는 곳에 남향하여 위치하고 있다. 불상의 원래 위치는 그

위 산봉우리 밑쪽이라고 전하지만 현재 그곳에는 아무런 유구의 흔적도 없을 뿐 아니라 이 석불이 언제 이곳으로 옮겨왔는지도 확실히 알 수 없다.

불상은 하체가 매몰된 상태로 서 있으며, 전면 각 부분에 파손이 심하고 조각의 수법도 정교한 편은 아니다. 소발의 머리에는 낮은 육계가 표현되어 있고 두 귀는 짧으며 상호는 각 부분을 보완하여 원형을 상실하고 있다. 수인은 오른손은 가슴 앞에 들었고 왼손 역시 가슴 앞에 들었는데, 통견의 법의가 왼쪽 팔꿈치에 걸쳐 옆으로 퍼졌으나 딱딱하게 처리되었으며 불상의 뒷부분까지 둘러 있다.

불상의 상호나 옷주름의 수법으로 보아 조성 연대는 고려 후기로 추정된다.

· 규모 : 불상 높이 128㎝, 어깨 너비 53㎝, 두께 34㎝, 얼굴 높이 35㎝.

源水里 出土 金銅如來坐像

이 불상은 높이 5㎝의 작은 불상으로 여산면 원수리에서 출토되어 현재 국립전주박물관에 전시되어 있다. 불상이 새겨진 앞면은 순금제의 얇은 금판을 타출과 맞새김기법(透彫法)으로 표현하고 뒷면은 얇은 금판으로 덧씌워 마감하였다. 여래상의 머리 위에 지붕 위의 보개가 장식된 점이 특이하며, 광배는 연화당초문이 빽빽이 투조되었는데, 특히 연화를 도드라지게 타출하였다.

동안의 얼굴은 역삼각형으로 양옆을 큼직한 머리카락으로 덮은 채 양눈을 내리깔고 있으며, 옷주름의 표현이나 세부 표현이 다소 투박한 편이

며, 앙련과 복련의 2단으로 구성된 연화대좌 위에 결가부좌하여 항마촉지인을 하고 있다.

광배판은 낮은 주형인데 주연의 화염에는 투각수법이 가해지고 불상 좌우에는 대칭으로 연화당초대를 새겼다.

뒤판의 상부 중앙과 구멍의 좌·우·아래 세 곳에 가늘게 "男善人 辛丑 正月日 金址口"란 명문이 있다.

華山里 磨崖三尊佛

이 상은 익산시 망성면 화산리 화산 성당의 뒤편 4m 높이 가량의 암벽에 조각되어 있다. 본존불의 얼굴은 양각으로 조각하였으나 어깨 아랫부분은 모두 음각선으로 처리하였다. 얼굴은 둥글게 처리하고 커다란 육계를 갖추고 있다. 상호는 치졸하게 조각되어 불상의 근엄함은 찾아볼 수 없다. 의습은 음각선이 희미하여 그 형태를 확실하게 알 수 없으며 하단부에서는 더욱 그 형태를 알 수 없는 상태이다.

좌측 협시보살은 머리에 보관을 쓰고 있는 형태로서 본존을 향해 서 있으나 하단부에서는 조각의 흔적을 알아볼 수 없는 상태이다. 우측 협시보살 역시 자세한 세부양식을 파악하기 곤란하며, 어깨 부분 이하는 조각한 흔적을 찾아볼 수 없는 상태이다.

· 규모 : 높이 300cm.

(4) 정읍시

望帝洞 石造如來立像

이 석불은 정읍시 두승산 망제봉의 중턱에 위치한 망제마을에 있다. 민가 뒤편에 불상을 중심으로 간단한 보호 석축을 쌓아 석불과 석등을 보호하고 있다. 현재 관리하고 있는 여산송씨의 후손인 송명섭(66세)씨에 의하면, 평소에는 신도들이 찾는 예는 별로 없지만 사월 초팔일 때면 지역 신도들은 물론 경향 각지에서 이 불상을 찾는다고 한다. 『신증동국여지승람』 고부면 불우조에 나오는 望月寺가 부근에 있었던 것으로 추정되어 망월사와 관련이 있는 석불로 보인다. 남쪽을 바라보고 있는 이 석불은 조선 초 이 고장 출신인 익제 이희맹의 설화와도 연관이 있다.

석불 왼쪽으로 석불과 비슷한 연대에 제작되었을 것으로 보이는 간주식의 석등이 있고 바로 밑에는 여산송씨의 제실이 있고 사찰의 건물지로 여겨지는 평평한 대지가 있다.

거대한 하나의 돌로 이루어진 이 석불은 머리에 갓과 같은 태가 큰 원형의 개석을 쓰고 있는 것이 특징이다. 머리는 민머리로 육계와 나발을 표현하지 않고 아무런 장식이 없는 원형의 개석만을 올려놓았다. 두 눈은 살며시 감겨졌으나 일자형이고 코는 오똑 솟아 고승의 모습을 지녔으며, 눈은 반개하였고 목에는 간단한 삼도가 표현되었는데 도식적이다. 법의는 통견으로 가슴 부위에 U자형의 목둘림이 내려져 있고 복부 아래에서는 V자형으로 처리되다 점점 넓어져 다리 부분에서는 거의 수평에 가까우며 두툼한 띠주름으로 법의의 끝단을 장식하였다. 마무리된 띠주름 밑에는 수직으로 10줄 가량의 군의를 표현하였는데 이러한 유형은 통일신라 말기에 조성된 경주남산 약수계의 거대한 마애여래입상에서 볼 수 있으나 망제동 석불입상의 주름이 보다 형식적이다. 또한 양 어깨에서 흘러내리다가 손목에서 수직으로 걸쳐진 법의 주름 역시 고식적인 요소는 찾아볼 수 없고 형태만을 모방하였다.

수인은 시무외 여원인으로 불신에 비해 크게 표현되었는데, 오른손은 아래로 내려 엄지와 새끼손가락을, 왼손은 손바닥을 위로 올려 시무외인을 짓고 있다.

두 발은 대좌에 발을 별도로 양각해놓고 여기에 맞추어 불신을 세운 것인데 현재는 남쪽을 향하여 불신의 오른쪽 발이 20㎝ 정도 서쪽으로 치우쳐 있고 대좌 하단은 땅속에 묻혀 있으므로 형태를 확인할 수 없지만 논산 관촉사 미륵보살입상을 비롯한 진천 용화사 석불입상과 같은 고려 석조대불의 형식을 따른 하대로만 된 대좌로 보인다.

전체적으로 좁은 어깨에 손을 강조하고 간단한 옷주름은 고려 말에서 조선 초에 조성된 석불 양식을 충실히 따른 것으로 추정된다.

이 석불입상과 같은 머리 위에 표현된 커다란 개석과 수인의 표현은 고려시대의 석조대불에서 흔히 볼 수 있는 형식이지만 관촉사 보살입상처럼 정교한 보개 장식은 찾을 수 없어 전체적인 형식만이 계승된 것으로 보인다. 즉 갓 형태의 보개를 쓴 대구 팔공산 갓바위 여래좌상, 거창 양평동 여래입상, 진천 용화사 석불입상, 파주 용미리 석불입상 등과 같이 통일신라 말에서 고려 전기에 유행된 석조대불의 양식을 반영하고 있으나 어깨가 움츠러들고 평면적인 얼굴과 도식적인 법의 주름, 형식적인 수인 등으로 미루어 고려 말 조선 초에 호남지방에서 조성된 석불입상 가운데 하나일 것이다. 따라서 이 상은 고려시대에 충청, 전라도 일대에 널리 조성된 석조대불의 양식을 계승하고 있는 호남지방의 불상이라는 데 의의가 있다. 또한 전체적인 형식과 양식에서 오는 이미지는 여래상이라기보다는 덕망 있는 노승의 이미지가 강하다. 전라북도 유형문화재 제118호이다.

· 규모 : 불상 높이 400㎝, 어깨 둘레 270㎝, 두께 10㎝.

南福里 彌勒庵 石造如來立像

정읍에서 영원면으로 가는 29번 도로를 따라가면 미륵암 표지판이 나온다. 이를 따라 약 1km 정도 올라가면 두승산 서쪽 기슭에 조그마한 암자(정읍시 고부면 남복리 미륵암)가 있다. 석불의 본래 위치는 알 수 없으나 현재 석불이 봉안되어 있는 미륵암은 1981년 황보현씨가 지었다고 한다.

불신 전체를 하나의 석재로 조성한 이 석불은 무릎 이하는 불단에 가려져 전체적인 윤곽을 알 수 없으나 원만한 상호를 갖춘 석불입상이다.

신체에 비해 두 손과 머리는 큰 편이며 머리 위에는 커다란 육계가 있고, 둥근 얼굴에 깊이 있게 이목구비를 조각하였다. 짧은 목에는 삼도가 표현되었으며, 어깨의 선은 곡선을 이루지만 신체에 비해 지나치게 큰 수인은 오른손을 들어 시무외인을 짓고 왼손은 내려 여원인을 취하고 있는데 엄지와 새끼손가락만을 잡고 있다. 법의는 통견이며, 아래로 갈수록 넓어지고 열려진 가슴에는 왼쪽 어깨에서 비스듬히 승각기의 표현이 보이고 그 아래로는 군의를 묶은 띠 매듭이 보인다.

얼굴의 표현은 원만하지만 신체에 비해 지나치게 강조된 수인, 앞으로 내민 가슴과 불신에 걸쳐진 도식적인 법의 등으로 미루어 고려 후기에 조성된 것으로 짐작된다.

· 규모 : 불상 높이 181㎝, 상호 높이 54㎝, 어깨 너비 65㎝.

龍興里 石造如來立像

이 석불입상은 정읍시 고부면 용흥리 海鼎寺址로 전하는 곳의 서북쪽 탑동마을 동편에 위치하고 있는데 오른손은 결실되었으나 왼손을 가슴에 들어 중품하생인을 짓고 있는 아미타여래좌상이다. 머리는 시멘트로 복원하였고, 얼마 전까지만 해도 석불의 하체는 매몰되어 있었으나 최근에 시멘트로 대좌를 만들어 가건물 안에 봉안하였다.

머리는 소발이며 커다란 육계가 있고 얼굴은 이목구비 모두 마멸이 심해

세부양식을 알 수 없다. 오른손은 떨어져나가고 왼손은 오른쪽 어깨를 향하여 대각선으로 들어 가슴에 대고 있다. 통견의 법의는 넓은 U자형을 그리면서 위는 좁고 아래로 갈수록 넓게 흘러내렸을 뿐 신체의 굴곡과는 무관하게 도식적으로 표현되었다. 법의의 하단은 좌우 대칭으로 접혀 있다. 마멸이 심해 얼굴의 표현은 잘 알 수 없으며, 오른손은 결실되어 수인을 통해 불상의 명칭을 밝히기는 곤란하지만 왼손을 가슴에 들어 중품하생인을 짓고 있다. 석주형의 불신에 이와 같은 수인을 취한 석불입상은 고려 후기 전북지방에 조성된 석불입상 계통 중의 하나임을 알려준다.

· 규모 : 불상 높이 170cm, 상호 높이 47cm, 어깨 둘레 85cm.

后池里 塔洞 石造毘盧遮那佛坐像

이 불상은 정읍시 영원면 후지리 탑동마을 뒤편 산기슭에 있는 것으로 근처에 해정사지가 있었다고 한다. 『고적자료』에 "고부면 용흥리 탑동 동방 50간 산록에 탑대석이 있고 지중에 매몰된 2.6척의 석불좌상이 있다"고 기록되어 있다. 이 불상은 오랫동안 묻혀 있었으나 주민들의 노력에 의해 현재와 같이 노출되었다고 한다. 현재 이 불상은 대좌 위에 안치되어 있는데 두부는 결실된 채 지권인을 한 불신만 남아 있고, 주위에는 탑재가 산재되어 있다. 전라북도 유형문화재 제98호이다.

이 불상은 두부가 결실되어 불상 전체의 형식과 세부양식 비교는 곤란하지만 양손은 가슴 앞에서 맞잡았는데 오른손을 위로 올려 왼손을 감싸고 있는 비로자나석불좌상의 수인이다. 목에는 삼도가 표현되었고 목에는 홈이 파여 있어 불신과 두부를 연결하였음을 알 수 있다. 법의는 통견이며 마멸이 심해 의습은 분명치 않으나 두 어깨에서 양팔을 걸쳐 무릎 위로 자연스럽게 흘러내렸다. 지권인을 한 가슴 아래에는 군의를 묶은 띠매듭이 표현되었다.

결가부좌한 무릎은 오른발을 왼발 위로 올리는 길상좌의 표현을 취했으며 굴곡이 없이 평면적이다. 대좌는 방형지대석 위에 하대석, 그 위에 상대석을 얹었는데 하대석에는 방형 기단의 4측면에 각각 가운데를 탱주로 나눈 다음 안상을 2구씩 배치하였고 상부는 8엽복판의 복연이 방형으로 조각되었다. 각 모서리에 표현된 연화잎에는 가운데 부분을 매우 볼륨감 있고 세련된 사이 잎을 두어 각진 대좌에서 오는 경직된 면을 부드럽게 하고 있다. 상면에는 18cm의 팔각 중대석 괴임이 2단으로 새겨져 팔각주형의 중대석이었음을 알 수 있으나 남아 있지는 않다. 상대석도 방형으로 아래 부분에 8엽복판의 앙련을 조각하였는데 높이 18cm로 얕게 표현했다. 상대석의 윗면 앞쪽에는 네모난 구멍 2개가 있는데 이는 광배를 고정시키는 데 사용된 구멍으로 보여 현재 상대 위에 올려진 불상의 앞뒷면은 바뀐 것 같다.

이 상은 두부와 중대석이 비록 결실되었으나 본래는 광배와 대좌를 완벽하게 갖추었던 지권인을 취한 석불좌상으로 전북지방에서는 보기 드문 예라 할 수 있겠다.

이 상은 결가부좌한 자세에 지권인을 취한 비로자나석불좌상인데 이러한 비로자나불은 통일신라 하대에 경북을 중심으로 한 지역에서 널리 유행하였지만 호남지방에서는 광주 증심사 철불좌상, 장흥 보림사 철불좌상 등으로 흔하지 않으며, 더구나 전북지방에서는 이 후지리 석불좌상이 유일한 것으로 알려져 도상을 통한 불교신앙의 한 단면을 고찰할 수 있는 중요한 예이다.
　대좌의 하대석과 상대석에 표현된 연화잎의 볼륨감 있는 모습은 통일신라 하대의 양식을 반영하고 있으나, 불신에 표현된 형식적인 법의와 경직된 무릎의 양식은 고려 초기 지방에서 제작된 불상양식과 맥을 같이한다고 볼 수 있다.

・규모 : 불상 높이 96cm, 무릎 너비 70cm, 어깨 너비 47cm, 대좌 가로 115cm, 세로 97cm.

武城里 石造如來立像

　이 석불은 정읍시 칠보면 무성리에 위치하고 있으며, 원래는 입상인데 허리 이하는 땅에 묻혀 있다. 두상은 두건처럼 처리하고, 목에는 삼도를 새기고, 통견의를 걸쳤으나 매우 형식적으로 처리하였다. 오른손은 가슴 앞에 올리고, 왼손은 아래로 내렸다. 의습은 원호문을 새겨 단조로우나, 조각은 중후한 느낌을 준다. 고려시대 불상으로 추정된다.

・규모 : 현재 높이 212cm.

(5) 남원시

實相寺 鐵造如來坐像

　실상사 약사전 주불로 봉안된 이 철불은 조선 초에 한때 노천에 방치되었고, 1884년의 약사전 소실로 인하여 곳곳에 산화가 진행되었으며 특히 무릎 부분은 많은 손상을 입어 원형을 상실하고 있다.
　자세는 결가부좌를 한 좌상이고 상호는 풍만하여 정사각형에 가까우며 신라 중대 불상의 영향을 강하게 잇고 있다. 머리는 나발인데 석불의 나발처럼 둥그스름하여 날카롭지 않고 계주의 표현은 아직 등장하지 않고 있다. 육계는 꽤 큼직한 편이나 낮은 형태이다. 이마는 아주 좁은 편이며 백호는 양 눈썹 사이로 내려와 있는데 구멍만 남아 있고 백호는 현재 없다. 눈은

보림사 철불과 같이 눈꼬리가 치켜 올라가
지 않고 옆으로 길게 표현되어 있다. 코는
얼굴 전체에 비해 작은 편인데 높지도 않
으며 콧등이 보림사 철불이나 도피안사 철
불과 같이 편편하지도 않다. 코와 입 사이
의 인중은 긴 편이고 굴곡을 이루며 옆으
로 퍼지지 않아 상대적으로 입을 작게 만
들고 있다. 입술은 두텁고 윤곽이 뚜렷하며
귀는 알맞게 내려와 긴 편이 아니다. 귓볼
은 두툼하며 안바퀴도 곡선으로 처리하여
형식화에 그치지 않고 있다. 목은 굵고 짧

아서 신라 중대의 깔끔하고 정돈된 것과는 차이가 난다. 삼도는 선각이나
계단식이 아닌 굴곡 모양이다.

착의법은 통견의로 무릎 부분의 손상이 심하여 어디에서 옷자락이 끝나
는지 알 수 없다. 양 어깨에서 거의 일직선으로 내려온 굵은 대 모양의 옷
깃이 있고 가슴이 열려 있다. 대의의 안쪽에는 왼쪽 겨드랑이에서 오른쪽
가슴 쪽으로 넓은 띠가 지나고 있는데 이것은 승각기(上內衣)로 보이며 띠매
듭은 없다. 이러한 예가 분황사 출토 석불군 여래좌상에서 보인다. 옷주름은
부드러운 곡선으로 처리하였는데 특히 왼쪽 팔에는 번파식(물결주름식) 옷주
름을 하고 있어 신라 중대의 전통을 따랐으며 이러한 기법은 일본의 奈良,
平安 初期의 조각과 깊은 관련이 있는 것으로 보인다. 철불에 이처럼 번파
식 문양이 있는 예는 중앙박물관 소장 전 서산 보원사지 철불좌상(높이 150
cm)이 있는데 아주 희귀한 예이다.

대좌는 현재 흙으로 쌓은 방형의 토축대좌인데 원래의 것인지는 알 수
없다. 수인은 유실되고 없는 것을 근래에 나무로 만들어 끼워넣었는데 오른
손은 시무외인이고 왼손은 무릎 위에 올려놓았다. 실상사 사적기를 보면 이
불상의 명칭을 약사불이라고 하였다. 통일신라시대의 약사불 가운데 오른손

에 약함을 들고 있는 형식은 경주 굴불사지 서면석불 동면에 있는 약사불과 남산 보제사상의 광배 뒷면에 표현된 약사불 등 극히 드문 예이고 대부분은 촉지인 형상으로 표현되고 있다. 그러나 1986년 불상의 해체, 수리시 복장에서 원래의 철제 두 손이 나왔는데 수인은 약사여래의 수인이 아니라 아미타 구품인의 미타수인이었다고 한다. 따라서 이 불상의 명칭은 아미타여래좌상이라 하여야 할 것이다.

실상사 철불의 조성 시기는 당의 西堂 智藏 문하에서 수학하고 홍덕왕 원년(826년)에 귀국하여 지리산에서 일대 선풍을 일으키기 시작한 洪陟선사의 실상사 창건(828년)과 연대를 같이하는 것으로 보는 견해와 창건부터 홍척선사의 활동 시기인 문성왕대(839-856년)에 걸친 30년간의 기간으로 보는 견해, 그리고 양식적으로 보아 보림사 불상보다는 조금 늦고 도피안사 불상보다는 이른 860년을 전후한 시기, 즉 858년에서 865년 사이에 제작되었다고 보는 견해가 있다.

앞에서 살펴본 바와 같이 이 철불은 풍만한 상호와 당당한 자세에서 신라 중대의 조각기법을 강하게 이어받고 있으나 세부기법에서는 9세기적인 요소가 많이 등장하고 있다. 석굴암 본존상이나 내원사 불상 등의 중대 불상과 보림사 불상이나 도피안사 불상 등 9세기 중엽 불상 중간에 위치한 불상이 801년의 명문을 가진 방어산 마애삼존불상이다. 방어산 마애삼존불은 입상이며 선각이기 때문에 양자 사이를 자세히 서로 비교할 수는 없지만, 실상사 불상은 얼굴 전체의 형태나 감각으로 보아 9세기 중엽의 상보다는 방어산 마애불의 상호와 더 친연성이 있다. 그리고 옷주름 가운데 양 어깨에서 거의 일직선으로 내려온 굵은 띠 모양의 옷깃이나 승각기의 흐름이 810년의 창녕 인양사 금당 치성비의 승려상에 나타난 것과 거의 흡사하다. 왼팔이나 복부에 나타난 옷주름은 보다 더 진전되어야 도피안사 철불의 계단식 옷주름과 비슷하게 된다. 따라서 실상사 철불의 조성 시기는 실상사 창건 시기 혹은 그와 가까운 시기, 즉 830년을 전후한 시기로 보는 것이 더 타당할 것 같다.

이 시기에 조성된 불상의 예가 진천 태화사 마애불입상이다. 이 마애불은 미륵불로 830년(흥덕왕 5)에 조성되었으나 전체적으로 마멸이 심하고 부분적으로 파손이 있어서 아쉽게도 세부적인 양식 파악이 힘든 실정이다. 상호는 전형적인 신라불에서 볼 수 있는 원만상으로 실상사 철불과 흡사하다. 법의는 통견이며 가슴에서 무릎까지는 큰 원호를 그리면서 내려오고 무릎 아래로는 인양사 금당 치성비상처럼 수직으로 표시하였다.

· 규모 : 불상 높이 269㎝, 어깨 너비 130㎝.

禪院寺 鐵造如來坐像

이 철불은 전북 남원시 도통동 395번지 선원사의 약사전에 주존으로 봉안되어 있으며 보물 제422호로 지정되어 있다. 선원사는 『신증동국여지승람』,『梵宇攷』,『伽藍考』등에 그 위치만이 간략히 보일 뿐 구체적인 자료는 찾아볼 수 없다. 다만 남원읍지인『龍城誌』에서는 신라 헌강왕 때(876) 도선국사가 창건하였는데 정유재란 때에 사찰이 모두 불타버리고 오직 금불, 즉 철불만 남았으며 영조 31년(1755)에 당시 남원부사였던 김세평이 중창하였다고 한다.

선원사 철불은 정유재란 때 화재를 당하였다고 하나 보존상태가 양호하다. 상호는 원만상처럼 보이나 양 볼의 살이 빠져 있다. 머리는 나발이고 육계는 작고 낮으며 머리와 구분이 거의 없고 계주가 있다. 이마는 좁은 편이며 양미간 사이에 아주 작은 백호가 있다. 눈은 반개하여 일자형을 이루고 있으나 양쪽 눈꼬리가 살짝 올라간 듯하다. 코는 둥글며 인중은 크고 입은 적당하다. 양 입가는 살짝 눌려져 있어 미소를 머금고 있다. 귀는 짧은 편인데 귓볼이 두툼하고 목에는 삼도가 뚜렷하다. 상호는 전체적으로 정제되어 안정감이 느껴진다.

법의는 통견인데 대의의 끝단이 넓은 띠를 이루며 양 어깨에서 V자형을 이루며 내려온다. 통견의가 V자형에 가까운 모습은 보림사상과 도피안사상에서만 볼 수 있다. 오른쪽 어깨에서 내려온 대의가 왼쪽 어깨에서 내려온 대의 안으로 여며져 있으며, 오른팔 안쪽에서 늘어진 옷자락이 작은 U자형을 이루며 왼쪽에서 내려온 대의의 끝단을 넘어 여민 옷속에 찔러져 있다. 옷주름은 어깨와 가슴 등에는 거의 없고 양 팔과 양 다리 앞쪽으로 집중되어 몰려있는 주름이 특이하다. 양 무릎 사이는 부채꼴 의문이 상호 대칭을 이루고 있다. 손은 유실되어 새로 만들어 끼웠으며 오른팔의 모습으로 보아 항마촉지인으로 추정된다.

자세는 길상좌이며 허리를 곧게 펴고 있으나 고개를 약간 숙이고 있다. 허리가 좁아 가슴 부위에 풍만감이 보이고 어깨는 거의 각을 이루어 불신은 당당하다. 이 철불은 이러한 양식으로 보아 고려 전기에 조성된 것으로 추정된다.

· 규모 : 불상 높이 115㎝, 어깨 너비 56㎝, 무릎 너비 86, 무릎 높이 16㎝.

萬福寺址 石造如來立像

만복사지는 남원시 왕정동에 자리하고 있다. 남원에서 순창으로 가는 국도변에 있는 사지의 북쪽에는 교룡산에서 뻗어내린 해발 285m 높이의 기린산이 있으며, 남쪽으로는 넓은 평야가 전개되는데 사지 앞 100m 지점에는 전라선 철도가 동서로 지나고 있다.

서쪽을 향해 서 있는 이 불상은 불신과 광배를 하나의 돌로 구성한 석불입상이며, 광배의 배면에도 정병을 든 관음보살입상이 음각선으로 화려하게 표현되어 있다.

이 석불상의 두부는 소발로 육계는 둥글고 높은 편이며 미간에는 크게 파진 백호공이 있다. 얼굴은 풍만한 타원형을 이루며 코는 일부가 결실되었고 눈꼬리는 길며 입가에는 엷은 미소가 느껴진다. 인중은 뚜렷하고 입술은 두툼하여 후덕한 느낌을 받게 한다. 귀는 어깨까지 내려져 있고 목이 짧고 신체에 비해 어깨는 좁은 편이다.

법의는 통견이고 옷깃은 아래로 쳐져 있으며, 불신에 꽉 달라붙어 몸의 굴곡이 선명하게 드러나며 어깨에 걸친 옷자락의 곡선미가 퍽 유연하다. 의문은 가슴과 배 부분에서는 반원형을 이루다가 다리에서 둘로 갈라져 각각 U자형을 이루면서 흘러내렸다. 이러한 옷주름을 이른바 우드야나왕식의 착의법이라고 하는데 인도 굽타(Gupta) 조각양식을 반영한 통일신라시대 불상에서 보이고 있다.

수인은 별도의 돌로 만들어 끼우게 되었는데 결실되었고 손목 부분에는 손을 끼워 고정시키는 데 필요한 홈이 남아 있다. 오른손을 들고 왼손을 내리고 있는 것으로 보아 시무외 여원인을 결한 것으로 보인다. 광배는 주형거신광으로 윗부분이 깨졌는데 굵직한 이중원형의 양각선으로 두광과 신광을 나누고 있다. 두광은 머리 부분에는 복엽연화문이 있고 윤곽 내측에 줄기가 선명한 당초문이 정교하게 양각되어 있다. 신광의 내부는 줄기와 잎으로 구성된 화염문이 새겨졌

고 두광과 신광이 어깨 부위에서 교차하는데, 교차된 부분의 여백에는 화염문과 원형의 두광과 신광을 갖춘 화불 4구가 배치되어 있다. 광배의 하부는 거의 수평으로 마감했는데 중앙에 방형의 촉이 있어 대좌에 꼽히도록 되어 있다. 대좌는 상하 2단으로, 8각의 하대는 우주와 갑석이 모각되었으며 윗면

을 파내 중판 복련좌와 맞물리도록 하였다.

한편 광배의 배면에는 정병을 든 관음보살입상이 화려하게 선각으로 새겨져 있다. 얼굴은 풍만하며 눈은 내리깔고 있고 턱은 두툼하며 귀걸이를 하고 있는 귀의 표현이 독특하다. 삼도가 뚜렷하고 법의는 통견으로 의문은 화려하게 표현되었으며 왼쪽에 매듭이 보이고 완만한 U자형 파상 주름문이 아래까지 새겨져 있다. 세부 표현은 대체로 전면의 불상과 같으나 손과 발에서 차이를 보인다. 수인은 왼손에 정병을 들고 있고 오른손은 여원인을 취하고 있다. 발 아래에는 연화문이 새겨져 있다.

광배는 단순한 선각으로 두광과 신광을 표현하였고 단순한 화염문이 시문되어 있으며 두광에는 3구의 화불이 앉아 있다.

이 석불입상은 타원형의 양감 있는 얼굴, 바로 뜬 눈, 원만한 코, 특히 어깨에서 팔로 내려오는 곡선, 굴곡 있는 몸의 표현 등이 자연스럽게 표현되어 통일신라시대의 불상 양식을 보이고 있지만 형식화된 옷주름이나 대칭되는 불의의 양 깃, 넓게 열린 편평한 가슴과 신체에서 보인 어색한 표현 등은 고려시대의 불상 양식 계통이다. 이 상은 통일신라시대의 금동불에서 흔히 보인 옷주름과, 수인의 표현 등이 엿보여 고려 초기에 조성된 상이지만 매우 세련된 불상이다.

· 규모 : 전체 높이 328cm, 불상 높이 237cm, 어깨 너비 72cm, 광배 너비 196cm.

心鏡庵 石造如來坐像

남원시에서 용담사로 가는 도로에서 오른쪽(남원시 신촌동 124-2번지)에 있다. 이 사찰은 옛날에는 심경암으로 불렀으나 현재는 적조암으로 암자 이름을 바꾸었으며 그 안에 광배와 불상을 하나의 석재로 구성하여 팔각대좌에 안치한 석조여래좌상이 있다.

이 석불좌상은 하나의 돌에 광배와 불상을 조각하였으나 환조에 가깝게 불상을 깊이 있게 조각하여 별석으로 된 것처럼 보인다. 머리는 소발이며 머리에 비해 육계가 큼직하고 높으며 상호는 둥글고 원만한 상이지만 마멸이 심해 시멘트로 보수해놓았다. 귀는 짧은 편이며 목에는 삼도가 뚜렷하고 넓으며 어깨의 곡선은 자연스럽다.

법의는 우견편단으로 목 부분에서 호를 그리며 가슴과 다리 위에서 평행을 이루고 무릎까지 유려하게 흘러내리고 있다. 이러한 우견편단의 대의가 어깨에서 크게 반전되어 삼각형의 주름을 이루는 도상은 나말여초 불교 조각에서 볼 수 있는 양식이다.

수인은 결가부좌한 자세에서 오른손을 무릎 아래로 내리는 항마촉지인을 짓고 있으며, 왼손은 무릎 위에 올려놓았다. 광배는 불상에 비해 큰 주형거신광으로 광배의 끝이 뾰족하며, 어깨 부분에서 양각된 굵은 선으로 두광과 신광을 표현하였는데 양각된 외연은 내연보다 마멸이 심하다. 두광에 양각으로 표현된 8엽의 단판연화문은 정교하지는 않지만 고식적인 요소이며 연판과 연판 사이에 사이잎을 두고 있어 인상적이다. 신광 내부에도 좌우에 4잎씩 화문을 장식하였는데 마멸이 심해 자세한 관찰이 힘들다. 두광과 신광의 외곽에 화염문을 새기고 상부 중앙과 좌우에 광배를 지닌 좌상의 화불 1구를 배치하였다.

대좌는 복련을 조식한 하대 위에 8각 중대석을 세우고, 그 위에 앙련을 새긴 상대석을 올려놓았다. 상대석은 원형대좌로 측면에 16엽 단판을 3단으로 새기고 각 면의 판 내에 초화문을 장식하였다. 하대석에는 복판 8엽의 원형 복련대로 상부에 1단의 중석 받침이 있다. 이를 받치고 있는 8각 지대석에는 각 면에 1구씩의 안상을 새겼다.

이 석불좌상은 대좌와 광배를 완전하게 갖춘 항마촉지인으로 통일신라시대에 경주를 중심으로 널리 유행된 형식이지만 전북지방에서는 보기 드문 불상 형식으로 불교신앙의 양상을 살펴볼 수 있는 중요한 불상이다. 전체적으로 두광에 표현된 연화문과 광배 부분에 표현된 화문기법은 고식적인 요소를 가지고 있으나 짧은 팔과 무릎 등 신체 각부의 균형이 어긋나고, 불상이 전체적으로 왜소해지는 양식적 특징으로 보아 나말여초의 작품으로 추정된다.

・규모 : 불상 높이 117㎝, 어깨너 비 66㎝, 무릎 너비 93㎝, 광배 높이 185㎝, 하단 너비 130㎝.

彌勒庵 石造如來立像

남원 시내에서 730번 지방도로를 따라 송동면 방면으로 약 1km 지점에 남원여상이 있고, 여기서 약 500m 정도 더 가다 보면 도로의 동쪽 편에 미륵암을 가리키는 작은 표지판을 발견할 수 있다. 여기서 농로를 따라 약 500m 들어간 곳에 미륵암(남원시 노암동 765번지)이 위치한다. 전라북도 자료 제65호인 이 석불입상은 미륵암의 동북향한 용화전의 본존불로 안치되어 있다. 암자 주위 곳곳에 瓦片들이 널려 있고, 불상을 모셔둔 전각 바로 앞에는 광배편 일부가 방치되어 있다.

소발의 머리에 커다란 육계를 지녔으며, 얼굴은 둥글넓적하여 원만하며 귀는 길게 늘어져 어깨에까지 내려졌고 뚜렷한 삼도가 목에 표현되었다.

둥근 어깨에는 대의가 자연스럽게 걸쳐 U자형으로 흘러내렸는데 이러한 대의의 주름은 양 무릎까지 길게 내려졌다. 이와 같은 U자형으로 흘러내린 법의의 표현은 만복사 석불입상이나 이백면 과립리 석불입상과 유사하다. 광배와 불신이 한 돌로 조각되었으며 두 손은 가슴에 들었는데 마멸이 심해 분명하지는 않지만 왼손에 약호를 쥐고 있어 약사불임을 알 수 있다. 촘촘한 층단식의 옷주름과 복부에 모든 양손의 형태, 광배의 형식, 별석제의 대좌 상단에 촉으로 꽂아 불신을 고정시키는 방식 등 남원지역의 용담사지, 용주암, 세전리, 가덕사 등의 석불입상과 거의 동일한 형식적 특징을 나타낸다.

광배는 두광 부분은 파손되어 없어지고 신광 부분만 현존한다. 불상이 안치된 대좌는 중대석은 없어지고 앙련좌가 표현된 상대와 복련이 새겨진 하대만 남아 있는데 윗면을 다듬어 불상을 안치하였다.

주형거신광배에 통통한 얼굴과 둥근 어깨에 걸쳐진 법의 주름, 가지런히 두 손을 가슴에 모은 사실적인 손의 양식 등에서 보인 전체적인 특징은 719년에 제작된 감산사 미륵보살입상과 같은 형식을 취하고 있다. 그러나 감산사 보살상의 조화와 균형을 갖춘 신체 비례, 사실적인 법의 주름, 입체감 있는 불신 표현과 같은 세부 기법과는 차이를 보이고 있어 미륵암에 있는 석불입상은 감산사 보살입상을 따른 나말여초의 불상 양식으로 추정된다.

· 규모 : 전체 높이 228cm, 불상 높이 186cm, 어깨 너비 65cm, 광배 크기 129cm.

大福寺 石造如來坐像

남원 시내에서 순창 방면으로 나오다가 만복사지 못 미쳐 만인의총으로 가는 천변 도로가 나온다. 이 도로를 따라 약 1km 정도 가면 다리가 나오고, 여기서 약 300m 지점에 성원고등학교가 위치한다. 대복사는 성원고등학교 옆으로 난 좁은 시멘트 포장도로로 약 200m 올라가야 한다.

대복사는 창건 당시 교룡사라 하여 규모가 상당한 사찰이었으나 정유재란 때 소실된 것을 철종 때 강대복이 신축하면서 대복사라 이름하여 오늘에 이르고 있다. 경내에는 갖가지 석조물의 부재들이 있는데 입구에는 석등의 연화대석과 계단석이 있다.

이 석불좌상은 대복사 극락전 정면에서 약간 왼쪽으로 치우친 노천에 안치되어 있는데, 이 지역에서 발견된 불상 가운데 규모가 작은 상이다.

탑 부재 위에 안치되어 있는 이 석불좌상의 머리는 소발이며 육계는 큼

직하다. 둥글고 갸름한 상호에 입가 양쪽이 패어 밝은 미소를 띠며 생기가 넘친다. 불신은 작지만 아담하고 어깨는 좁고 둥글며 허리는 잘룩하다. 삼도는 간단하게 표현되었고 수인은 항마촉지인이며, 체구는 빈약하여 신체 굴곡이 전혀 드러나지 않으며 목깃 사이로 내의가 노출되어 있다. 두광과 신광의 외곽에 화염문을 새기고 상부 중앙과 좌우측에는 광배를 갖춘 화불 1구씩이 배치되었다.

대좌는 복련을 조식한 하대 위에 8각 중대석을 세우고 그 위에 앙련을 새긴 상대석을 올려놓았다. 상대석은 원형대좌로 측면에 앙련을 새겼는데 연화는 16엽 단판을 3단으로 새기고 각 면의 판 내에는 초화문으로 장식하였다. 하대석은 복판 8엽의 원형복련대로 상부에 1단의 중석 받침이 있다. 이를 받치고 있는 8각 지대석 각 면에 1구씩의 안상을 새겼지만, 현재 이 석불의 대좌는 원래의 것이 아니라 석등 상대석·석탑 탑신석·석등 하대석·사각의 불상 연화대좌로 구성되어 있다.

이 불상의 조성 연대는 조선시대의 기록인 『용성지』 권4 불우조에 대복사의 창건을 892년으로 기록한 것과 불상 양식으로 보아 나말여초에 조성된 것으로 추정된다.

· 규모 : 불상 높이 53.5㎝, 머리 높이 18.5㎝, 어깨 너비 26㎝, 무릎 너비 43㎝.

大福寺 鐵造如來坐像

전북 남원시 왕정동 293번지에 대복사가 있다. 대복사는 교룡산 남쪽에 있으며 극락전에 철불좌상이 주존불로 봉안되어 있고 전북 유형문화재 제23호(1973년 6월 23일)로 지정되어 있다. 『용성지』에서는 "今大福菴 只有鐵佛 距

今一千三十一年前 唐僖宗景福二年新羅眞聖王七年癸丑初刱"이라 하여 철불의 존재를 말하고 있으며, 이 절은 신라 진성여왕 7년(893)에 창건되었다고 하였다. 그런데 다른 기록(權相老 篇,『韓國寺刹辭典』)에는 이 절의 창건을 신라 헌강왕 2년(876)으로 보고 있어 정확한 창건 시기는 알 수 없는 형편이다. 대복사는 처음 大谷庵이라 하였으며 정유재란 때 전부 소실되었는데 그후에 중건하였다. 조선 철종 때 남원 부사청에 근무하던 강대복이라는 사람이 자기 부인이 대곡암 불사에 백미 30석을 시주한 공덕으로 뱀의 업보를 받아야 될 것을 면했다고 해서 법당을 중수하고 남원부사의 영으로 대복사라 개칭하게 되었다고 한다.

대복사 철불은 보수된 정도가 심하여 원래의 모습과는 많이 다른 것으로 생각된다. 정유재란 때 사찰이 모두 불에 타면서 손상을 크게 입었던 것으로 보이며, 또한 사찰의 중창이 바로 이어지지 않고 조선 철종 때에 가서야 이루어져 오랫동안 노천에 방치되었기에 더욱 원형을 잃었던 것이 아닌가 한다.

불상은 몸체에 비하여 상호가 큰 편이다. 머리는 나발이며 육계는 좁고 낮아 조그마한 편이고 머리와 구분이 거의 없다. 이마는 좁은 편이며 중앙에 백호(지름 2.2cm)가 있다. 반개한 눈은 거의 일자형을 이루며 작다. 코는 반원통형처럼 우뚝하고 인중은 길며 입이 아주 작게 표현되었다. 턱 밑에 일조선의 음각선이 있고 목에는 삼도가 보이지 않는다. 귀는 두툼하며 길게 늘어져 있으며 귓볼은 원상태가 아니라 후보한 것이다. 상호는 전체적으로 사각형에 가까우며 조각기법이 많이 떨어지는 불상이다.

대의는 우견편단식으로 입었는데 왼쪽 어깨 아래에 가사를 묶은 끈이 묘사되어 있다. 이러한 형식은 경북 영주시 영주리 석불입상(7세기 말. 높이 239㎝), 석굴암 감실 내 석조지장보살좌상, 미국 보스톤미술관 소장 금동약사여래입상(8세기 후반. 높이 36㎝), 미국 하버드대학 포그미술관 소장 금동여래입상, 남산 용장계의 삼층연화대좌 위의 좌상, 남산 삼릉계의 불두가 없는 여래좌상, 대구 동화사 입구의 마애불, 분황사 석불군 가운데 약사여래좌상, 전남 장흥 용화사 석불좌상(고려 초), 10세기경에 조성된 해인사 목조희랑조사상, 당진 영탑사 금동삼존불의 본존 비로자나불좌상(고려 중기. 높이 27.5㎝), 대흥사 북미륵암 마애여래좌상(고려 전기. 높이 420㎝), 원주 출토 철조약사여래좌상(사진 69~71), 고창 선운사 금동보살좌상(15세기. 높이 100㎝), 실상사 서진암 석조나한상(1516년) 등에서 볼 수 있다. 이처럼 법의에 끈이 장식된 예는 통일신라시대부터 조선 전기까지 간헐적으로 나타나는데 아주 희귀한 현상이다. 옷주름은 전체적으로 힘이 없이 느슨하게 잡혀 있고 아주 형식적이다. 양 무릎의 의문은 자연스럽게 흐르지 않고 왼쪽에서 오른쪽으로 한 방향으로만 형식적인 사선으로 처리하여 발목 사이의 부채꼴 의문은 형성되지 않았다.

수인은 현재 양손 모두 엄지와 중지를 맞대고 있어 아미타여래구품인 가운데 중품하생을 짓고 있다. 손은 새롭게 나무로 만들어 팔목에 끼웠다. 자세는 오른발이 밖에 있는 길상좌이며 무릎은 낮아 하체는 왜소하다.

이 불상은 전체적으로 불두와 불신, 팔 부분이 균형이 맞지 않아 어색한데 제작 시기는 고려시대로 생각되지만 나중에 완전히 개수되어 오늘날의 모습이 되었을 것으로 짐작된다.[77]

· 규모 : 불상 높이 103㎝, 어깨 너비 52㎝, 무릎 너비 85㎝, 높이 17㎝.

---

[77] 崔仁善,「韓國鐵佛硏究」, 한국교원대학교 박사학위논문, 1998.

善國寺 乾漆佛坐像

　남원시 산곡동 교룡산성 내에 위치한 선국사는 원래 용천사로 남원 소경이 설치되는 통일신라 신문왕 5년(685)에 창건되었으며, 선국사로 寺名이 바뀐 내력은 불분명하다. 선국사는 고려 말의 빈번한 왜구 침입이나 조선시대의 국란 때 전라좌영이 있었던 이곳 남원부에 곡성, 옥과, 구례, 창평, 장수, 운봉 등 6개 군현에서 거둬들인 군량미를 보관하던 곳이자, 교룡산성의 수성장 또는 별장이 배치되어 국태민안을 기원하던 유명한 사찰이다. 건칠불은 전라북도 유형문화재 제114호로 지정된 대웅전(정면 3칸 측면 2칸의 팔작지붕)에 안치되어 있다.

　양식적으로는 1362년에 조성된 봉림사 목조여래좌상과 같은 여말의 건칠불상을 계승하면서 무위사나 대승사 불상들과 상당히 흡사하지만 좀더 고식에 가까운 1400년경의 불상이다. 이러한 일련의 소위 고려시대 '단아양식'을 계승한 불상은 주로 충남지방에 많이 분포되어 있는 데 비해 이 불상은 전북에서도 남부에 위치한 남원지역에 유존한다는 점에서 중요한 조각사적 의의를 지니고 있다. 머리의 육계 윤곽이 불분명하고 그 중앙에는 중앙계주가 표현되었지만 아직 정상 계주는 보이지 않는다. 신체는 적절한 비례로 균형 잡혔으며 W자의 가슴 아래로 비스듬히 지나가는 내의 위로 승각기 치레 장식이 나타난 점, 오른발 끝 위로 흘러내린 엽형의 옷주름, 오른쪽 소매 자락이 허리 아래에서 통견의 대의 자락 밑으로 여며 넣은 형식, 양 어깨 위의 대의 접힘 형태 등에서 단아양식 계열임을 쉽게 짐작할 수 있다.

　·규모 : 불상 높이 130cm, 머리 높이 43cm, 어깨 너비 58cm, 무릎 너비 92cm, 무릎 높이 21cm.

內尺洞 石造如來立像

남원 시내에서 17번 국도를 타고 전주 방면으로 약 2km 정도 가면 88고속도로와 교차하는 작은 지하도가 나온다. 여기에서 약 200m 가면 내척동으로 통하는 갈림길에 이르게 된다. 이 길로 약 2km 정도 들어가면 내동마을이 있고, 내동마을 오장근씨댁 뒤편에 석불입상이 위치한다.

낮은 부조의 마애불을 연상시키는 석불의 뒷면은 마치 암벽에서 떼낸 듯 평판적이어서 원위치 확인이 요구된다. 불상은 마멸이 심하여 세부 특징이 불분명하지만, 방형의 얼굴과 통견의 법의, 좁은 어깨, 목깃 사이로 노출된 내의 자락, 복부로 내려가는 U형의 층단식 옷주름 등에서 고식 전통이 엿보인다. 따로 조각하여 결합한 양손의 結合孔이 남아 있는데 위치로 보아 통인이 분명하다. 광배를 다듬은 흔적은 별로 없다. 향우측면에는 '崇德九年甲申十月日 更立'이라는 명문이 새겨져 있는데, 지금까지 '崇德九年'을 '康德九年'으로 판독하여 이를 신라 경덕왕으로 해석하는 주장도 있었지만 숭덕이 분명하다. 숭덕 9년은 조선 인조 22년(1644)에 해당하지만 불상 양식으로 보아 이 석불은 고려 전기의 불상으로 추정된다. 그러므로 명문의 뜻대로 후대에 어떤 신자가 넘어져 있던 불상을 다시 일으켜세운 후에 음각한 듯하다.

· 규모 : 전체 높이 160㎝, 불상 높이 151㎝, 머리 높이 30㎝, 어깨 너비 45㎝.

新溪里 磨崖如來坐像

이 불상은 남원시 대산면 신계리에 위치한 마애불좌상으로 보물 제423호이다. 남원-순창간 24번 도로를 따라 대산면 사무소 못 미처 3㎞쯤에 신계리 마을이 나오는데 이 마을을 지나 풍악산 중턱의 자연암벽에 남쪽을 향하고 있는 불상이 자리하고 있다.

이 마애여래좌상은 거대한 암석을 이용하여 높은 돋을새김으로 두부와 얼굴을 비롯한 상체는 거의 환조에 가깝게 조각했으며 결가부좌한 무릎과 연화대좌는 선각으로 표현하였다. 도선국사가 하룻밤 사이에 조성하였다는 전설이 있다.

육계는 크며 머리는 소발이고 눈이 옆으로 길게 처리되었으나 반개하여 부드러운 인상을 주며 인중은 두툼하다. 귀는 짧고 상호는 둥글며 풍만한 얼굴에 어깨가 다소 넓어 보이지만 전체적인 비례는 잘 조화를 이루고 있다. 얼굴의 윤곽은 뚜렷한 편이고 눈, 코, 입은 생기가 있으면서도 근엄한 편이다.

짧은 목에는 삼도가 새겨져 있고 둥근 어깨에 가슴은 발달되었지만 다소 평면적이어서 두부에 비해 균형이 안 맞는 것으로 보이는데 입체감이 강조되어 오히려 생동감을 나타내고 있다. 두 팔은 불신과 붙어서 허리의 굴곡이 드러나지 않아 사실적 표현보다는 도식적인 면이 보인다. 手印은 매우 특이한데 왼손은 손바닥을 위로 하여 왼다리 위에 두고, 오른손은 손등을 보이면서 가슴 아래에 붙여 매우 섬세하게 표현하고 있다. 오른손가락의 표현은 검지와 약지는 펴고 엄지와 중지, 무명지를 가볍게 구부리고 있다. 이와 비슷한 수인은 9세기 후반에 조성된 것으로 추정되는 거창 양평동 석조여래입상에서 볼 수 있다.

법의는 오른쪽 겨드랑이에서 왼쪽 어깨로 비스듬히 올라가는 우견편단의 얕은 선이 평행을 이루며 아래로 흘러 무릎을 덮은 상현좌로서 고식적인 요소를 지니고 있지만 형식화되었다. 대좌는 별다른 장식을 하지 않고 약간 다듬은 정도에 그쳤으며, 대좌의 앞면에는 방형 구멍이 있는 것으로 보아 불상을 보호하는 데 필요한 가구 흔적으로 추정된다.

광배는 반타원형의 거신광인데, 얕은 부조로 간략하게 새겨진 문양 등은 도안화되었다. 그 외곽은 화염문이 새겨지고 그 안에 연주문으로 둘러싸인 두광과 신광이 아래위로 배치되어 있다. 두광은 2조의 양각선으로 처리하였는데 연주문이 30개이며, 그 안에 10엽의 단변연화문을 음각으로 장식하였다. 신광은 7개의 연주문을 팔꿈치 부분에서부터 위로 두광 밖으로 돌려 양각하였고 그 외연에는 화염문을 돌렸다. 이처럼 두광과 신광에 연주문을 돌린 예는 희귀한 것으로 특징적이다.

3m가 넘는 이 불상은 현재의 상태가 비교적 양호한데, 풍만하고 단아한 얼굴에 작은 눈, 코, 입이 알맞게 표출된 것이라든지 짧은 귀와 양감이 풍부한 신체, 특히 가슴을 볼륨감 있게 드러내놓은 것 등은 9세기 후반의 석불 양식을 따르고 있지만, 풍만한 신체에 비하여 각 부의 세부 표현을 생략하고 투박하게 처리한 점은 사실적인 표현과는 거리가 있다.

특히 옷주름선이 선각으로 단순하게 처리한 것은 통일신라 후기의 석조불상군의 양식을 따르고 있지만 경주 남산의 칠불암 마애관음보살좌상, 남산 상선암 마애여래좌상 등에서 볼 수 있는 뛰어난 입체감과 생기 있는 표정보다는 불분명하게 처리된 수인, 형식적인 대좌, 당당하게 표현된 가슴으로 보아 고려 초기에 조성된 불상 양식과 궤를 같이한다.

이와 같은 양식으로 보아 이 마애여래좌상은 경주 남산 삼릉계 마애여래좌상과 비교했을 때는 얼굴과 법의의 표현이 다소 도식적이며, 전남 보성 유신리 마애여래좌상보다도 연주문, 법의, 얼굴의 표현 등에서 보이는 섬세한 기법과는 비교되어 9세기 말 10세기 초로 추정된다.

· 규모 : 전체 높이 340㎝, 불상 높이 286㎝, 무릎 너비 230㎝, 광배 너비 300㎝.

科笠里 石造如來立像

남원시 이백면 면사무소 조금 지나 다리를 건너면 과립리가 나오는데 이 석불은 이 마을 김남조씨 댁 바로 옆에 위치하고 있다. 전하는 말로 조선 정종대에 건립된 사찰이 있었으나 임진왜란 때 소실되었다고 한다. 그러나 석불 양식으로 미루어볼 때 훨씬 이전에 사찰이 있었던 같다.

석불 주위에는 주초석을 비롯한 석등대좌, 기단석, 기와 등이 흩어져 있고 주변의 민가에도 주초석이 산재되어 있어 본래는 거대한 사찰이었던 것으로 짐작된다.

이 석조여래입상은 3등분되어 방치되어 있었던 것을 주민들이 1986년도에 수습·복원하여 현재는 전라북도 유형문화재 제128호로 지정·관리하고 있다. 주민들에 따르면 이 석불에 기도를 드리면 소원 성취한다 하여 많은 사람들이 이곳을 찾아온다고 한다.

머리는 소발이고 반구형에 가까운 육계는 2단이다. 이마에는 커다란 백호 자리만 남아 있고 귀는 길게 처져 턱까지 내려와 있다. 반개한 두 눈의 눈초리는 아래로 처져 있고 코는 납작하고 작은 편이다. 입술은 아래쪽이 두툼하고 둔중하며, 인중도 뚜렷하고 선명하여 강건한 인상을 풍긴다. 전체적인 두부의 형태는 직사각형에 가깝고 목은 짧고 삼도가 있다.

법의는 통견으로 복부에 넓은 U자형의 의문이 있고 옷주름이 몸에 달라붙어 몸의 굴곡이 드러나 보인다. 이러한 표현 수법은 만복사지 석불입상과 효기리 연화사 석불입상과도 비슷하다. 옷자락이 뒤쪽까지 선명하게 묘사되어 있고 어깨 뒤에도 옷주름이 표현된 원각불로 조형감각이 뛰어난 상이다.

두 손은 별도로 만들어 양팔에 끼우도록 되었으나 현재는 결실되어 커다란 구멍만 남아 있는데 자세로 보아 시무외 여원인으로 보인다. 대좌는 원형의 지대석 위에 아래는 팔각, 위는 원형을 이루고 있으며 볼륨감이 강한 8엽 복련이 새겨졌다. 대좌의 윗부분에는 여러 군데에 청동기시대의 묘제인 지석묘에서 흔히 볼 수 있는 성혈이 있지만 이것은 절이 폐사된 뒤 지역 주민들이 행했던 민간신앙의 한 유형으로 생각된다.

불상의 상호와 불신의 장대함, 여유 있는 미소 등으로 보아 통일신라시대의 당당함을 이어받은 고려 초의 작품으로 보인다. 또한 대좌와 법의, 얼굴 표정에서 보인 뛰어난 조각 수법은 만복사지 석불입상과 규모 면에서 차이가 날 뿐 유사하여 이를 뒷받침한다.

· 규모 : 전체 높이 442cm, 불상 높이 383cm, 어깨 너비 107cm, 대좌 지름 158 cm, 대좌 높이 56cm.

蓮華寺 石佛立像

남원시 이백면 효기리 5번지에 있는 연화사 미륵전에는 두 구의 불상이

있다. 남원에서 장수로 가는 길을 따라 남원시 농촌지도소를 지나면 효기리로 들어가는 삼거리가 나온다. 여기에서 연화사 안내 표지를 따라 200m 들어가면 연화사가 있다. 이 절은 통일신라 말기 도선국사가 세웠다고 전하지만 남아 있는 작품은 당대의 작품이 아니다.

이 두 불상은 최근까지 아무런 시설 없이 노천에 방치되어 있었는데, 마을 주민들이 정면 3칸, 측면 2칸의 건물을 지어 불상을 봉안하고 있다. 불단이 설치되어 석불입상의 아랫부분은 볼 수 없어 불상 전체의 양식을 살피는 데는 한계가 있다.

한편 이 불상이 모셔진 건물 앞에는 1기의

석탑이 있는데, 이미 파손된 탑재를 모아 주민들이 파손된 부분을 시멘트로 메워놓아 塔의 형식을 자세히 알 수 없으나 탑신과 옥개석의 양식으로 보아 고려시대 작품으로 추정된다. 전라북도 문화재자료 제65호로 지정되어 있다.

이 석불입상은 낮은 육계와 소발로 얼굴은 둥글넓적하고 두툼하며 원만한 상이다. 눈과 눈썹은 희미하며 입은 작지만 양 볼이 살짝 들어가 미소를 짓게 하였으며 귀는 길게 늘어져 어깨까지 이르고 짧은 목에는 삼도가 잘 보인다.

법의는 통견이며, 옷주름이 비교적 꼼꼼하게 표현되었을 뿐 아니라 U자형 의문이 양 다리에 흘러내린 것은 만복사지 석불입상에서도 볼 수 있어 지역적인 연관성을 갖게 한다. 수인은 석불이나 철불에서 쉽게 볼 수 있는 것처럼 따로 만들어 끼워져 있다.

광배는 무늬가 없는 주형광배이며 대좌는 연화대좌로 불상과 분리되어 있다. 한편 이 입상과 나란히 봉안된 석불좌상의 머리 또한 낮은 육계와 소발이다. 얼굴은 긴 편이나 얼굴의 세부기법은 잘 알아볼 수 없으며, 얼굴의 크기에 비해 귀는 아주 작고 법의는 통견이며 오른손은 항마촉지인을 짓고, 왼손은 무엇인가 들고 있는 것으로 보이나 분명치 않다.

이 석불입상은 전체적인 형식이 남원 만복사지 석불입상과 유사하지만 세부기법이나 조각수법 등에서 보다 약식화된 면이 많아 그 조성 시기를 만복사지 석불입상보다 늦은 13세기 정도로 추정해볼 수 있다.

· 규모 : 석불입상 : 전체 높이 200cm, 불상 높이 140cm, 광배 높이 180cm, 어깨 너비 40cm. 석불좌상 : 불상 높이 67cm, 어깨 너비 36cm, 무릎 너비 50cm.

女院峙 磨崖如來像

남원에서 운봉으로 가는 이백면 여원치 도로 밑의 남쪽으로 향한 암석 위에 새겨진 여래상이다. 이 마애상은 너비 6m, 높이 3m쯤 되는 암면에 새겼는데 불상의 무릎 부분 아래가 매몰되어 있어 그 상태를 알 수 없다.

머리에는 두광을 음각하였고 소발로서 육계가 넓으며 두 귀는 크게 처져 어깨에 닿았으며 턱의 윤곽이 뚜렷하고 그 밑에 삼도가 있다. 어깨는 넓고 강건하며 법의는 통견으로 두텁게 표현하였는데 의습은 앞가슴에서 반전된 의단 아래에 음각했는데 두 팔에는 옷의 무늬를 새겼다. 각선은 밑으로 내려올수록 간략해졌다. 오른팔은 안으로 굽혀 가슴에 대고 내장하였는데 몸에 비하여 작은 편이며 왼팔은 팔꿈치 아래에서 절단되어 분명치 않다. 바위에서 1.4m 떨어진 전면 좌우에 두 개의 기둥이 서 있고 그 중간 전면에는 石床이 놓여 있다.

이 마애불은 고려시대의 작품으로 추정되나 불상 동쪽 면에는 폭 142㎝, 너비 121㎝의 네모난 구멍을 파고 여래상에 관한 내용을 새긴 마애비가 서 있는데 이 불상을 여상이라 하여 "이성계가 황산 싸움에 임하여 이곳에서 길 가는 노파의 계시를 받고 대승하자 산신이 나타남이다" 하여 불각을 짓고 봉신하였다는 줄거리가 담겨 있다. 말미에는 '光武五年辛丑(1901년)七月 通政大夫 前行羅州鎭右營將 雲峰縣監 朴貴鎭記'라고 새겨져 있다.

· 규모 : 현 높이 300㎝, 불상 높이 242㎝, 머리 높이 91㎝, 어깨 너비 109㎝, 두광 너비 110㎝.

池塘里 石造如來立像

남원에서 곡성으로 가는 17번 국도에서 주생면 소재지를 가기 전에 KBS 남원 송신소가 있는 좌측 논(남원시 주생면 지당리) 가운데에 석불입상이 있다. 원래는 이 불상을 봉안했을 사찰이 있었을 것으로 추정되지만 현재는 전혀 사찰의 흔적을 찾아볼 수 없다.

하나의 돌을 이용하여 커다란 두광을 갖춘 석불입상은 대좌 부분이 묻혀 있어 그 아래 부분의 모습은 자세히 알 수 없다.

이 불상의 머리는 소발로 상투처럼 묶은 큼직하고 높은 육계가 표현되었으며, 상호는 파손이 심하여 잘 알아볼 수 없으나 얼굴은 사각에 가까운 형태이며 아래턱은 부드럽게 처리되어 전체적으로 강한 인상을 주고 있다. 목에는 삼도가 보이지 않고 법의는 통견으로 양 어깨에서 좌우 대칭으로 고형을 그리면서 아래로 늘어졌으며, 배면은 옷주름 없이 곱게 다듬어져 있다. 오른쪽 어깨에서 흘러내린 옷자락은 왼손에 가볍게 걸쳐 내리고 있어 서산마애삼존불의 본존불과 같은 양식이지만 양 어깨에 걸친 의문의 굵은 선은 도식  화되어 있다. 수인은 현재 결실되어 구멍만 있으나 손의 위치나 소맷자락의 표현으로 보아 시무외 여원인으로 추정되며 원래는 따로 만들어 고정시켰을 것이지만 없어졌다.

발은 형식적이지만 선명하게 조각되어 있는데, 다리를 결합했던 흔적으로 보아 두 발도 따로 만들어 조합했던 것으로 보인다.

광배는 원형두광으로 불신과 하나의 돌로 되어 있는데 두부 후면에 단판 24엽의 연화문을 양각하였고 그 둘레에 원권을 두르고 있다. 대좌는 땅속에 묻혀 있어 대좌의 형태를 확인하기 어려우며 나중에 만들어진 시멘트 방형 대좌가 놓여 있다.

전체적인 조각수법이 부드럽지는 않으나 넓고 각이 진 어깨로 인해 장대하고 탄력적인 느낌을 준다. 그렇지만 전체적인 조형감각이 떨어지고 양감이 줄어든 평면적인 불신 등에서 후삼국시대의 작으로 추정되기도 하고 의문의 도식화, 간략화된 두광의 연화문 표현, 그리고 두광의 형태가 주형거신광에서 원형두광으로 간화된 것으로 보아 주생면 낙동리 석불입상보다 시대가 떨어진 고려 초의 작품으로 볼 수 있겠다. 이 불상은 전라북도 지방문화재 제44호로 지정되어 있다.

· 규모 : 전체 높이 360cm, 두께 40cm, 불상 높이 313cm, 어깨 너비 115cm, 광배 직경 182cm.

樂洞里 石造如來立像

남원에서 전주를 잇는 국도 17번 도로를 타고 가다 주생면 소재지를 조금 지나 낙동마을이라는 우측 표지판을 따라 들어가면 철길을 건너자마자 도산마을 입구와 호남좌도 풍물굿 전수관 표지판이 있는 삼거리가 나온다. 이곳에서 왼쪽으로 300m 가다가 왼쪽 야산으로 내려가면 산기슭 절터에 남향으로 불신과 광배가 한 돌로 조성된 석조여래입상(남원시 주생면 낙동리)이 있다. 원래는 무릎 이하가 매몰되어 있었으나 현재는 대좌가 노출된 상태이다. 전라북도 유형문화재 제47호이며 이 상을 보호하기 위해 석축을 쌓아 관리하고 있다.

이 석불은 하나의 돌에 불신과 거신광배를 갖춘 석불입상이다. 머리는 소발로 큼직한 육계가 있었던 것으로 보이나 현재는 시멘트로 보강하여 본래의 모습을 잃었다. 얼굴은 전체적으로 둥글고 갸름한 편이며, 두 눈과 볼은 움푹 들어가 소박함을 지닌 동자와 같은 분위기를 느끼게 하지만 세부를 알아볼 수 없을 만큼 마멸이 심하다. 목은 좁고 삼도가 있으며 귀는 짧고 광배에 거의 붙어 있다.

오른손은 가슴 높이로 들고 왼손은 배 부분에 대고 있다. 법의는 통견이고 가슴 아래 부분에서 발까지 일정한 간격으로 U자형으로 흘러 내렸을 뿐 별다른 장식은 없다. 광배는 주형거신광으로 어깨 부분에서 2조선으로 두광과 신광을 구분하였으며, 내곽에는 화문을 두르고 외곽에는 단순한 화염문이 표현되었다. 또한 정면 중앙에 4엽화문을 양각하였다.

대좌는 8각대좌인데 윗부분만 드러나 있어 전체적인 모습은 알 수 없으나 광배와 불신을 하나의 돌에 조각하고 대좌에는 앙련이 새겨진 대좌의 상면에 두 발이 조각되어 있다.

끝이 뾰족한 거신광배에 동안의 얼굴 표현과 작은 체구는 삼국시대에 조성된 경주 남산 삼화령 삼존불의 협시보살상 계통을 따르고 있어 고식적인 분위기를 보이나 어색한 양손의 처리, 광배에 표현된 화문과 화염문의 양식, 투박한 법의는 역시 남원 만복사지 석불입상 양식보다 후대의 요소가 보여 고려 전기의 작품으로 추정된다.

· 규모 : 전체 높이 195cm, 불상 높이 135cm, 어깨 너비 40cm, 두부 길이 35cm.

龍潭寺 石造如來立像

남원시에서 전남 구례로 가는 737번 도로를 따라가다 주천면 용담리 292번지에 소재한 용담사 경내의 앞뜰에 여래입상이 있다. 사찰의 창건 시기는 신라 23대 법흥왕 때로 전해지지만 현존하는 석탑과 석불입상은 고려시대 작품이다. 현재 경내에 있는 석불을 비롯하여 석등과 7층석탑의 규모로 미루어 큰 사찰이었던 것으로 추정되지만 대부분의 건물은 정유재란 때 소실된 것으로 알려지고 있다. 이 석불입상은 보물 제42호이다.

이 거대한 석불은 불상과 광배를 고부조의 돋을새김으로 하나의 돌에 새겨 마애불과 같은 성격을 띤 불상이다.

육계는 머리에 비해 높은 편이며 상호는 둥근 형이다. 귀는 어깨에 닿을 정도로 길며 뚜렷하게 표현되었다. 목에는 형식적인 삼도가 새겨졌으나 양어깨는 자연스럽고 신체는 당당하고 양감이 풍부하다. 얼굴은 마멸 때문에 분명하지는 않지만 힘차고 박력 있는 표정임을 알 수 있다. 이러한 인상은 장대한 체구, 당당한 어깨, 넓은 가슴, 강건한 하체 등에도 표현되어 전체적인 모습은 괴량감 넘치는 석불상이다.

수인은 배꼽 부위에서 양손을 잡고 있으나 확실하지 않고 衣文은 마멸이 심해 의습선을 전면에서는 윤곽조차 알아볼 수 없고 측면에서만 그 흔적을 엿볼 수 있는데 굵고 듬성듬성한 음각선으로 처리되었다.

광배는 깨진 곳도 있고 마멸도 심하여 분명하지는 않지만 불꽃무늬의 흔적이 보이며, 외연을 따라 화염문이 있는 것으로 간주되지만 마멸이 심해 세부기법은 알 수 없다.

대좌는 장방형의 거대한 자연석을 이용했고 그 위에 불상 발 밑의 촉을 사용해 불상을 끼워놓았다. 대좌에는 복련이 양각되어 있다.

이 불상은 한 개의 돌에 불신과 광배를 조각한 대불이며 편평한 의문이나 광배, 대좌의 조각수법으로 보아 고려시대의 것으로 추정된다. 두부에 비해 신체는 장대하고 넓은 가슴과 강건한 하체로 보아 전체적인 모습은 당당한 기풍을 보여주고 있다.

이와 같은 불상은 충청도를 비롯한 전라와 경기도 지역에 걸친 대불 조성과 관련이 있을 것이다. 이들은 대부분 큰 키와 양손을 손바닥에 대고 붙여놓은 듯 간략하게 표현되었고 거치문의 의문을 가지는 특징을 보이고 있다.

이처럼 이 불상은 거구 장신의 괴량감 넘치는 불상으로 고려 초기 충청도 지역에서 유행한 거불상 계통을 따르고 있다. 또한 경내에 있는 세장한 칠층석탑과 석등에서도 고려시대 양식이 보인다.

·규모 : 전체 높이 540cm, 폭 216cm, 불상 높이 400cm, 어깨 너비 148cm.

虎基里 磨崖如來坐像

남원 시내에서 주천면 방면으로 약 2.5km, 용담사에서 약 1km 떨어진 지점(남원시 주천면 호기리 속칭 '부처모퉁이')에 위치한다. 도로와 바로 접해 있으며, 신축 중인 전주-구례간 고가도로 바로 아래에 있다. 고가도로 조성 공사로 마애불 앞쪽이 성토되어 마애불 하단이 지면과 거의 일치한다. 석질도 풍화가 심해 시급한 보호책이 요구된다.

전형적인 촉지인의 여래좌상이지만 극심한 마멸로 세부 특징은 불분명하다. 남원 지역에서는 보기 드문 촉지인 여래좌상의 좋은 예이며 나말여초에 조성된 것으로 보인다.

·규모 : 불상 높이 117cm, 머리 높이 39cm, 어깨 너비 56cm, 무릎 너비 103cm.

細田里 石造如來立像

이 석불은 송동면 세전리 뒷산에 있는 석불입상이다. 하나의 돌에 불신과 광배를 표현한 석불입상이나 지금은 광배의 윗부분이 파손되어 일부만 남아 있고 그것도 마멸이 심해 세부기법을 파악하기는 곤란하다. 주민들에 의하면 옛날에는 사찰이 있었다고 하나 지금은 소나무가 우거져 사찰의 흔적은 찾을 수가 없으며 석불입상만 남아 있다.

눈은 눈초리가 위로 치켜올려졌고 꽉 다문 입과 함께 강한 느낌을 풍기고 있다. 오른손을 들어 가슴에 댔으며, 왼손은 배에 붙여 엄지와 장지를 잡고 있는 전형적인 석불입상의 수인이다. 대의는 가운 형태로 두 어깨에 걸

쳤고 통견의 법의는 넓게 흘러내렸는데 다리 부분에서 반원형으로 마감되었다. 대좌는 연꽃무늬가 새겨진 하대만을 갖추고 있고 세부기법은 생략한 채 간단하게 처리되었다.

이 석불입상은 한 개의 돌에 불신과 광배를 조각하였으나 파손이 심해 세부기법을 알 수 없다. 양 어깨에 걸쳐진 대의와 가슴 앞에서 모은 두 손의 형식 등은 원각석불보다는 고려 전기에 마애여래입상에서 흔히 볼 수 있는 표현 기법으로 불상의 조성 연대는 고려 전기로 추정된다.

· 규모 : 전체 높이 270cm, 두께 50cm.

加德寺 石造如來立像

남원시 송동면 소재지에서 남원 시내로 들어가는 730번 지방도로를 따라 약 1km 지점에 송동중학교가 있다. 송동중학교에 이르기 약 100m 전에 송동교가 있고, 여기서 하천을 따라 약 700m 가면 송내마을이 있다. 마을 입구에 개울을 건너는 작은 다리가 두 개 있는데, 이중 첫번째 다리를 건너 농로를 따라 약 1km 들어가면 나지막한 야산 중턱에 가덕사가 위치한다.

석불은 가덕사 대웅전 내부 한쪽에 서남향하여 세워져 있는데 위치는 원 위치이며 법당의 시설도 양호하여 그 보존에 무리가 없다.

용주암이나 미륵암 석불과 같은 형식의 석불로 광배 상단부 결손을 제외하고는 보존 상태가 양호하다. 광배와 불신이 한 돌로 조각되었고 불신은 상당한 고부조여서 볼륨이 뛰어나다. 방형의 풍만한 얼굴은 소발에 단정한 육계가 솟아 있으며 마멸로 인해 이목구비는 불분명하다. 양손은 가슴 앞에 모두어 설법인의 수인을 맺었으며 양 겨드랑이 사이로 모이는 층단식 옷주

름과 좌우로 벌려져 지느러미 형태로 반전
된 소맷자락의 옷주름은 용주암 석불과 흡
사하다. 법의는 우드야나식의 통견으로 목
깃 사이로 내의가 노출되었으며 희미하지
만 양 다리의 윤곽도 확인된다. 건장한 신
체 볼륨에 비해 신체 굴곡이 적어 다소 평
면적인 느낌을 준다. 광배 형식 또한 미륵
암이나 용주암 석불과 흡사한 거신광배이
지만 세부 무늬는 확인되지 않았으며, 특히
두광은 광배 면보다 한 단 높게 조출되었
다. 통일신라의 전통이 완연한 불신과는 달
리 대좌는 방형인 점이 특징이며 그 아래

의 지대석도 원래의 것이다. 대좌의 연판은 간엽이 있는 복판이지만 볼륨이
약하며, 그 아래의 하대석에는 갑석과 우주를 새기고 그 속에 안상 2구씩을
표현하였다. 이러한 대좌 형식은 남원지역 석불 가운데 유일한 예에 속한다.
대좌 윗면에 얕게 양발을 부조한 수법은 남원지역 석불에서 흔히 보이는 특
징이다.

　・규모 : 불상 높이 139㎝, 머리 높이 40㎝, 어깨 너비 64㎝, 대좌 높이 27㎝.

露積峰 磨崖如來坐像

　전주와 남원을 잇는 17번 국도변에 사매면 사무소가 있고, 여기서 남원
방향으로 약 50m 가면 서도역으로 가는 갈림길이 나온다. 이 길을 따라 약
5km 정도 들어가면 노봉마을이 나오고, 여기서 북동쪽으로 좁은 농로를 따
라 1km 정도 올라가면 최웅웅씨 소유의 민가가 한 채 있으며, 이곳에서 다
시 산길을 따라 약 1.5km 정도 올라간 곳에 마애불이 위치(남원시 사매면 서도
리 노봉마을)한다.

　남원 일원의 마애불 가운데 가장 회화성이 강하고 아름다운 마애불이다.

조각은 저부조이지만 전혀 선조가 구사되지 않았다. 불상의 위쪽 좌우면에 구름무늬가 표현되어 있고 대의의 소맷자락 끝을 바람에 휘날리듯 표현하여 전체적으로 연화좌상에 가부좌하여 천상에서 하강하는 부처를 효과적으로 나타냈다. 이러한 전체적인 구성은 통일신라 후기의 팔공산 동화사 입구 마애불과 흡사하다. 둥근 얼굴은 이목구비가 작은 동안형이고 머리 위의 육계는 그 윤곽이 불분명하다. 대의는 통견이며 옷주름은 평면적인 층단식이지만 좌우로 휘날리는 옷자락의 흐름은 율동적이다. 가부좌한 오른쪽 발목이 대의 밖으로 노출되어 있다. 대좌는 유려한 앙·복련이 맞붙은 연화좌로 사이사이에 간엽이 표현되었는데 꽃잎의 형태는 법주사 마애미륵불의 그것과 흡사하다. 연화좌의 좌우 끝에는 줄기가 달린 연잎이 솟아 있다. 두·신광은 폭이 넓은 이중의 테두리로 이루어졌으며 두광 내부는 무문이지만 신광 내부에는 잎이 달린 연꽃이 불신 좌우로부터 각각 한 송이씩 솟아 있다.

· 규모 : 전체 높이 585cm, 불상 높이 379cm, 대좌 높이 131cm, 대좌 너비 470cm.

大新里 三尊石佛片

이 석불은 남원시 사매면 대신리 상신마을 계룡산 중턱에 있다. 사매면 소재지에서 약 3km쯤 떨어진 곳에 상신마을이 있고, 이 마을 서쪽에 위치한 산이 계룡산이다. 마을에서 계룡산을 오르는 농로를 따라 약 200m쯤 가면 축사가 나오는데, 축사 뒤편으로 난 산길을 따라 약 200m 정도 올라간 계룡산 남쪽 사면 중턱에 삼존석불 파편이 있다.

석축으로 쌓아올려 평평한 단을 만들어놓은 곳에 광배를 비롯한 머리 없는 석불 파편이 남아 있는데 현존하는 부재로 보아 삼존불로 추정된다. 주민들에 의하면 이 불상을 70년대 새마을사업이 한창일 때 상신마을로 옮기려고 했으나 불상이 방치된 자리에 있는 민묘 후손들의 반대에 부딪쳐 실패했다고 한다. 그러나 최근에는 일부 골동품상들이 드나들고 있어 그 보존 대책이 시급한 것으로 판단된다.

이 폐사지에는 4편의 석불 파편이 남아 있는데 본존불을 비롯하여 협시불을 갖춘 삼존불로 추정되지만 현존하는 석불 파편마저도 일부 묻혀 있는 상태여서 세부 특징 파악에 어려움이 크다.

본존불로 추정되는 좌상은 머리가 없으며 법의는 통견이고 양손을 무릎에 올려놓은 듯하나 확실하지는 않다. 협시 역시 머리가 없어진 1구와 상체 부분이 없어진 1구가 있다. 주형광배는 테두리가 양각된 두광과 신광으로 구성되었는데, 화염문과 고사리 문양이 화사하게 새겨져 있다. 신광 좌우에는 광배를 불상과 고정시키기 위한 직경 16cm의 구멍이 각각 뚫려 있다.

· 규모 : 불상 현 높이 62cm, 어깨 너비 60cm, 광배 높이 263cm, 신광 너비 154 cm, 두광 너비 88cm.

沙石里 磨崖如來坐像

대강면 소재지에서 남원 방면으로 약 100m 떨어진 곳에 석촌마을이 있고, 이 마을에서 400m 정도 오르면 약수암이 나온다. 여기에서 뒷계곡을 따라 약 300m쯤 오르면 삿갓봉으로 가는 등산로가 있다. 이 길로 약 2.5km쯤 올라가면 삿갓봉에 이르는데, 삿갓봉에서 고리봉 쪽으로 난 능선을 따라 약 50m쯤 가다가 남향한 산사면을 내려다보면 암벽과 바위가 널려 있는 곳이 보인다. 마애불은 이곳 동남향한 암벽(남원시 대강면 사석리 삿갓봉)에 새겼다.

마애불의 앞쪽은 울창한 소나무 숲으로 우거져 있고 안내판도 없어 위치 확인이 어렵다. 마애불이 새겨진 암벽 앞은 평평하게 간단한 불단을 만들었으며 지금도 신도들이 찾고 있는 듯 촛대 등이 놓여 있다.

하체로 내려갈수록 모델링이 약화된 고려시대의 마애불좌상으로 양손을 가슴에 모아 설법인을 맺었다. 이러한 수인은 남원지역 석불입상에 흔히 등장하는 수인이다. 마애불의 상단 암면을 밖으로 돌출시켜 마치 천개처럼 마애불을 보호하게 하였다. 얼굴은 신체에 비해 크며 머리는 소발이고 육계가 높은 편이다. 미간에 상당히 큰 백호공이 뚫려 있다. 눈은 가늘고 길며, 두툼한 입술과 깊이 파인 인중 등으로 인해 강한 이미지를 느끼게 한다. 삼도는 굴렁쇠를 포갠 듯 굵고 뚜렷하여 도식적인 느낌을 준다. 대좌는 중판 앙련좌로 연판의 바깥잎 가장자리는 복잡한 화형으로 처리하였다.

· 규모 : 전체 높이 290㎝ 머리 높이 115㎝, 어깨 너비 160㎝, 대좌 너비 210㎝, 대좌 높이 30㎝.

鄭嶺峙 磨崖佛像群

운봉면 소재지에서 지리산 국립공원 방면으로 15km 정도 가면 해발 1100~1200m 높이의 정령치가 있다. 정령치 고갯마루에 있는 간이휴게소에서 능선을 따라 해발 1305m의 고리봉으로 200m 정도 오르면 소나무 숲이 있고, 고리봉과 마애불로 가는 갈림길이 나온다. 여기서 아랫길을 따라 약 150m 정도 떨어진 곳에 마애불이 위치(남원시 산내면 덕동리 산215번지)한다.

건물지 유구는 확인되지 않지만 기와, 도자기, 토기 파편 등이 수습된다. 마애불은 20도쯤 기울어진 남동향이며 암벽 면은 석질이 거칠고 풍화가 심하여 세부 특징이 불분명하다. 약 7m 정도의 바위 면을 이용하여 자연 암벽을 그대로 둔 채 형태에 따라 대형 불상 2구를 비롯하여 4개의 불상군으로 나누어지는데, 모두 13구의 크고 작은 불상을 조성하였다.

정령치 마애석불군 가운데 중앙에 있는 입상이 가장 윤곽이 뚜렷하다. 중앙에 주존불격인 입상을, 좌우에 협시불로 보이는 입상과 좌상을 배치하여 삼존불의 구도를 따르고 있다. 머리는 소발에 반달형의 육계가 크게 솟아 있으며, 긴 타원형의 얼굴에는 둥근 백호와 우뚝 솟은 코가 있다. 얼굴에 비해 코는 길고 크며 귀는 길게 양각되었다. 의습은 도식적인 평행 층단식으로 표현되었는데 가슴에서 V형으로 내리다가 아래로 내려갈수록 U형을 이룬다. 양 손은 소맷자락 속에서 서로 모든 것으로 추정된다. 신체 하단에는 두툼한 양 발이 돌출되어 있다. 석불입상 왼쪽 목 부분에서 팔꿈치 부분에 이르는 곳에 '世□明月(?)智佛'이라는 명문이 음각되어 있다.

본존을 비롯한 정령치 마애불상군은 모두 11구로 이 가운데 입상이 2구, 좌상이 9구이며, 좌상 가운데 3구가 촉지인을 맺고 있다. 광배는 두광과 신광을 모두 표현하였으나 두광만 표현한 것 1구, 광배가 없는 불상 2구이며, 대체적으로 끝이 뾰족한 보주형 두광인 점이 특징이다. 수인은 입상의 경우 전남 화순 운주사의 석불처럼 소매 안으로 두 손을 모은 형식인 점이 특징이며, 좌상에서는 오른손을 가슴 위로 들고 왼손은 배에 가볍게 올려놓았다. 법의는 입상만이 통견이며 좌상은 우견편단인 점이 특징이다. 대좌는 단순한 형식의 단판 연화좌이지만 대부분 생략되었다.

· 규모 : 주존불 불상 높이 420㎝, 어깨 너비 150㎝, 신체 하단 폭 130㎝.

(6) 고창군

雲禪庵 磨崖如來立像

고창에서 영광을 잇는 23번 국도에서 성송면 소재지를 조금 못 미쳐 운선암이라는 표지판을 따라 왼쪽으로 약 1km 정도 가면 운선암(고창군 성송면 계당리 산28번지)이 나온다. 이 사찰의 종파는 태고종이며 혜인스님이 거주하면서 사세를 확장해오고 있다.

운선암에는 마애여래입상을 비롯하여 마애여래좌상, 석불입상, 그리고 미완성 불상 등이 있는 것으로 보아 이 불상들을 조성할 당시에는 상당히 큰 사찰이었음을 말해준다.

마애여래입상은 사찰 뒤편의 야산을 100m 정도 올라가면 넓은 들이 훤히 내려다보이는 자연암석에 새겨져 있다. 이 마애불이 조각되어 있는 바위는 크게 4부분으로 구성되었는데 이 중 불상이 조각된 부분은 가장 면적이 넓고 양호하다. 머리는 높고 둥근 육계를 갖추었는데 투구를 쓴 것처럼 보이며 눈은 반개하였고, 코끝은 파손되었으며, 입은 얇고 얼굴의 크기에 비해 작은 편이며 꽉 다물고 있다. 이마에는 백호공이 남아 있다.

오른손은 길게 내려 손바닥을 밖으로 향하고 있는데 손바닥 중간에 이중원이 새겨졌다. 이것은 아마도 법륜을 표현한 것으로 보인다. 왼손은 들어 가슴에 가볍게 대고 있다. 두 발은 좌우측으로 수평이 되게 처리되어 통일신라시대에 조성된 마애불과는 거리가 있다. 법의는 통견으로 가슴은 노출되었으나 오른쪽 어깨에 걸쳐진 가사가 왼쪽으로 흘러내렸다.

머리는 고부조이나 아래로 내려갈수록 평면적이다. 바위 윗면은 아래 부분보다 45도 가량 앞으로 기울어진 상태여서 마애불 또한 비스듬하게 서 있다.

대좌는 일반적인 마애불에서 흔히 보이는 하대로만 이루어진 대좌이며 복판앙련 대좌이다.

따라서 이 마애불의 조성 시기는 약간 고식을 따르고 있지만 여러 가지 양식 요소로 보아 고려 후기의 작품으로 추정된다.

한편 운선암의 일로당 왼쪽편 자연 암벽에는 또다른 마애여래좌상이 새겨져 있다. 두광과 신광을 이중으로 구획하고 그 안에 연주문 대신 사선으로 처리한 점이 특이하다.

머리에는 높은 육계가 표현되고 이마에는 커다란 백호공만 남아 있으며, 얼굴은 통통하여 팽만감이 가득하다. 목에는 삼도가 있고 어깨는 빈약하여 통일신라시대 불상에서 보이는 당당함이나 근엄함은 느낄 수 없다. 수인은 오른손을 내려 무릎 위에 가볍게 올린 항마촉지인이고 왼손은 가슴에 대고 있다. 법의는 왼쪽 어깨에 걸쳐 아래로 흘러내린 우견편단, 신체의 굴곡에 따른 법의 주름이 아니라 지극히 형식적인 요소로 표현되었다. 결가부좌한 발은 오른발이 위로 올라가고 대좌는 연판이 대좌의 중심에 있는 연판을 바탕으로 좌우측으로 비스듬하게 기울어져 있다. 불상이 새겨진 바위의 표면이 울퉁불퉁하여 불상의 세부 윤곽을 표현하는 데 한계가 있었을 것이며, 널리 확산된 고려시대 불상 조성의 한 양상을 보여주는 여래상으로 중요하다.

· 규모 : 마애여래입상 : 불상 높이 255cm, 머리 높이 45cm, 어깨 너비 63cm, 대좌 높이 27cm. 마애여래좌상 : 전체 높이 233cm, 불상 높이 155cm, 광배 너비 195cm.

茂松里 石造如來坐像

고창군 성송면 무송리 갈산마을 입구에는 성송농기계 수리센타가 있고 그 뒤편으로 난 작은 소로를 따라 약 500m쯤 올라가면 민가가 한 채 있는데 그 옆에 석불좌상이 있다. 얼마 전까지도 보살 한 분이 민가에 기거하면서 불상을 관리해왔는데 열악한 주변 환경으로 인해 지금은 떠나고 불상만 남아 있다.

하나의 돌에 광배와 불신을 새겼는데 조각기법이 매우 뛰어나다. 불상의 머리는 소발이며 둥근 육계가 표현되었고 얼굴은 방형에 가까우며, 눈은 반개하였고 입술은 두툼하여 듬직한 모습이다. 목에는 삼도가 가늘게 새겨져 있고 어깨는 둥글며, 법의는 우견편단인데 약간 형식에 치우친 감이 있다.

수인은 오른손을 어깨 높이로 들어 엄지와 검지를 맞댄 설법인을 하고 있고 왼손은 결가부좌한 다리 중앙에 올려놓았는데 약함을 들고 있는 것으로 보아 통일신라시대에 유행한 약사여래상 계통임을 알 수 있다.

허리는 잘룩하여 주어진 공간을 최대한 활용한 것으로 보이며, 광배는 주형거신광배로 두광과 신광을 2조의 굵은 융기선으로 구분하였다.

전체적으로 이 석불은 표현기법이 매우 뛰어나 전북지방에서는 보기 드문 걸작일 뿐 아니라 8세기 전반 내지 중엽경부터 나타나기 시작한 것으로 알려진 약사여래 계통으로서 불교 신앙을 연구하는 데 중요한 불상이다. 이러한 약사여래상은 질병을 치료한다는 현세 구복적이고 대중 신앙적인 면이 강하게 반영된 것이 특징이다.

한편 광배 뒷면에도 또 한 구의 불상을 음각으로 조성하였으나 마멸이 심해 양식을 파악하는 데 한계가 있다.

· 규모 : 전체 높이 185㎝, 불상 높이 122㎝, 어깨 너비 64㎝, 신광 너비 124㎝.

蓮洞里 石造如來立像

고창군 대산면 연동리 산75번지에 위치한 용화사는 나지막한 평지에 자리잡은 사찰로, 오랜 역사를 지닌 사찰은 아니며 최근에 불탑 건립을 비롯해 활발한 불사가 진행되고 있다.

용화사의 미륵전에는 방형보개를 쓴 특이한 석불입상이 봉안되어 있다. 끝이 뾰족한 사각형 보개는 머리가 닿는 부분을 움푹 패이게 하여 머리 위에 올려놓아 고려 전기 석조대불에서 흔히 나타나는 보개 형식으로 간주되지만 지극히 형식적일 뿐 정교한 맛은 없다.

얼굴은 볼륨감이 없을 뿐 아니라 오히려 움푹 패이게 하였으며, 그 안에 두 눈과 코를 양각으로 살짝 드러나게 하였으나 매우 어색하다. 그러나 귀는 어깨에 닿을 정도로 길어 신체의 비례와 균형미를 찾기는 곤란하다. 수인의 표현 역시 두 손을 길게 앞으로 내려 서로 맞대고 있는데 조각 기량이 뒷받침되지 못한 데서 기인한 것으로 보인다. 법의 주름은 위에는 띠주름으로 간단하게 처리하고 신체 아래에는 허리띠 모양의 양각으로 표현하여 상·하체를 구분하였으며, 하체에는 6줄의 수직으로 흘러내린 옷주름 표현이 있다. 발은 묻혀 있어 자세한 것을 알 수 없다.

전체적으로 얼굴 표현의 부조화와 신체의 세부적인 묘사의 실패, 평면적인 조각 형태는 고려 말부터 조선 후기까지 널리 조성된 전북지방 불상 양식의 한 경향이라 할 수 있다.

· 규모 : 불상 높이 182㎝, 얼굴 크기 58㎝, 어깨 너비 54㎝, 불상 하단 너비 56㎝.

浦上亭 石造如來立像

이 석불은 고창군 고수면 초내리 포상정이라는 작은 건물 옆에 삼층석탑과 나란히 있다.

석주형의 불신은 세부 윤곽을 알아볼 수 없을 정도로 마멸이 심하다. 얼굴은 이목구비의 형태를 파악하기도 곤란하고 시멘트로 코 부분만 복원해놓았다. 오른손은 내리고 왼손은 가슴 위로 올렸으나 매우 투박하다.

두부와 신부를 시멘트로 복원하였는데 투박하며, 얼굴은 눈과 입의 형태를 알아볼 수 없을 정도로 마멸이 심하고 코만 유일하게 형태를 알 수 있다. 이 석불은 근세에 포상정이라는 건물이 지어질 무렵에 이곳으로 옮겨온 것으로 본래의 위치는 아니다.

· 규모 : 불상 높이 85㎝.

禪雲寺 東佛庵 磨崖如來坐像

고창 선운사 경내에 있는 도솔암 나한전에서 서쪽으로 100m 정도 용문굴을 향해 올라가면 칠송대라 부르는 암벽에 선각으로 새긴 거대한 마애불좌상이 있는데 보물 제1200호로 지정되었다.

백제의 위덕왕이 금단선사에게 부탁해 암벽에 불상을 조각하고, 그 위의 암벽 꼭대기에 동불암이라는 공중누각을 짓게 하였다는 전설이 있다. 이것은 지금도 불상의 머리 위쪽에 몇 개의 구멍 틀이 있고 그 구멍에 끼인 채 부러진 나무토막과 쇠못 등 가구 흔적이 있어 마애불을 중심으로 법당이 있었던 것으로 보인다. 더욱이 1894년 갑오동학혁명과 관련된 내용도 전하고 있어 매우 흥미 있는 상이기도 하다.

이 불상은 낮은 부조로 된 장대한 크기의 마애상으로 연화대좌 위에 결가부좌하였다. 머리는 이마와 육계의 구분이 불분명하며 육계는 뾰족한 편이다. 상호는 둥글넓적하며 양 볼과 턱 부분에 살이 약간 있지만, 전체적으로 세잔하여 딱딱한 표정을 짓고 있다. 눈초리가 치켜 올라간 가느다란 눈과 일직선으로 솟은 코, 앞으로 쑥 내밀어 튀어나온 두툼한 입술 등은 익살스런 모습이다. 두 귀는 어깨에 닿을 정도로 길게 늘어졌는데 힘이 없고 조각 수법은 거칠고 조잡한 편이다. 목은 머리와 몸체가 거의 맞붙어 드러나지는 않고 삼도가 가느다란 선으로 묘사되었다.

좁고 평평한 어깨에 걸쳐 입은 통견의 법의는 옷주름선이 선각으로 도식화되었으며 입체감이 없는 평평한 가슴 아래로는 선명하고 단정한 군의의 띠매듭이 가로질러 새겨졌다. 양 어깨와 양팔의 선은 직선으로 표현되어 부드럽지 못하고 육중하고 딱딱한 느낌을 준다.

수인은 다섯 손가락을 펴서 결가부좌해 접힌 다리 위에 서로 맞대고 얹어놓았는데 몸에 비해 큼직한 두 손은 비현실적이고, 손 아래에 표현된 두 발은 길상좌인데 손과 마찬가지로 볼륨감이 없이 지나치게 크게 선각으로 표현하였다.

이 불상의 배꼽에 해당하는 자리는 석재로 봉해져 있는데 이른바 '腹藏'의 흔적이 있다. 층단을 이루어 비교적 높은 대좌의 상대에는 옷자락이 늘어져 덮여 있으며, 하대에는 매우 간략화되고 형식화된 복련화문을 표현하였다.

광배는 표현되지 않았으나 불상의 머리 위를 비롯한 주위에 여러 개의 네모난 구멍이 패여 있어 불상 위에 목조 전실을 구축하기 위한 가구의 흔적이 있는 북한산 구기리 마애여래좌상을 연상케 한다.

신체에 비하여 머리와 손발이 커지고 육계와 머리의 구별 없이 육계가 뾰족한 점, 가슴 아래로 가로질러 새겨진 네 가닥의 군의를 맨 띠 매듭, 신체의 탄력성이 줄어들고 세부 묘사에 있어서도 정교함이 결여된 불상 양식 등으로 보아 고려시대 후기에 조각된 것으로 추정된다.

· 규모 : 전체 높이 1,300cm, 너비 300cm.

禪雲寺 兜率庵 金銅地藏菩薩坐像

이 상은 고창 선운사 도솔암 내원궁에 봉안된 금동지장보살좌상으로 보물 제280호이다.

대좌와 광배가 없어지고 불신만 완전하게 남아 있다. 둥글고 팽만한 얼굴에 긴 눈, 오똑하고 짧은 코, 작고 예쁜 입 등 전체적으로 단정하고 아담한 얼굴이 신체와 잘 어울린다. 두건은 이마에 걸쳐 귀 뒤에서 어깨까지 천을 쓴 모양이며, 수인은 아미타구품인을 취한 왼손에 법륜을 들고 있다. 대의 모양의 천의를 입은 옷은 반달 모양으로 옷자락을 오른쪽 어깨에 걸쳤으며, 왼 팔꿈치에는 옴형 주름이 표현되었는데 충남지역에 있는 문수사 금동불좌상이나 장곡사 금동약사여래좌상의 대의와도 유사하다. 꽃무늬와 연주문

이 정교하게 새겨진 승각기 치레장식과 승각기를 묶는 네 갈래진 띠매듭이 주목된다.

이 보살상은 탄력적인 하체나 환미감 있는 어깨, 당당한 가슴과 함께 단아한 형태를 보여주고 있을 뿐 아니라, 팔의 옴형 주름과 하체의 옷주름선, 승각기의 치레나 띠 매듭, 단아한 양식적 특징은 고려 후기의 불상 양식을 반영한 것이며, 장곡사·문수사의 불상과 더불어 당대를 대표할 만한 걸작이다. 특히 두건을 쓴 머리 형태나 화려한 영락장식은 고려 후기에 그려진 지장보살도와 일치하고 있어 고려시대 지장신앙의 한 단면을 이해하는 데도 중요한 상이라 하겠다.

· 규모 : 불상 높이 97cm, 무릎 너비 70cm.

(7) 부안군

靑林里 石造地藏菩薩坐像

전라북도 유형문화재 제123호로 지정된 이 보살상은 상서면 청림리 청림사지로 알려진 곳에 있었는데 관리상의 문제로 1997년에 상서면 감교리에 있는 개암사로 옮겨 봉안하고 있다. 청림사지는 변산반도의 내륙 깊은 곳에 있는데 이 좌상은 안주봉을 바라보며 북향으로 있었고 상은 건물터의 중간 부분에 방형지대석 위에 봉안되어 있었다. 1997년에 원광대학교 박물관에 의해 사찰 주변 조사가 이루어져 많은 기와장이 출토되었으나 사찰의 역사를 밝혀줄 만한 명문이 있는 기와는 발견되지 않았다.

현재 보살상은 개암사 대웅전 옆에 임시 거처를 마련하여 봉안하고 있는데 개암사측에서는 이 보살상을 봉안할 지장전 건립을 의욕적으로 추진하고 있다.

머리에 두건을 쓰고 손에 보주를 든 지장보살상인데 얼굴은 둥글고 눈은 반개하였으며, 둥근 얼굴에 비해 입이 작아 원만한 분위기를 느끼게 한다. 양 어깨에는 머리에서 흘러내린 두건이 걸쳐져 있으며, 그 아래에 보발이 자연스럽게 흘러내렸다. 천의는 통견으로 걸쳐졌고 내의는 가슴을 가로질렀는데 그 아래에 군의를 묶은 띠 매듭이 표현되었다. 특히 오른쪽 어깨 뒤에 걸쳐 흘러내린 천의는 끝이 뾰족한 U형으로 도식적인 표현이다. 두 손은 결가부좌한 발 위에 올려 둥근 구슬을 가볍게 잡고 있다. 마주잡은 손가락 앞부분이 현재 파손된 상태이다.

대좌는 상·중·하대로 구성되었는데 하대와 상대는 각각 8각이며 하대는 복판복련이, 상대는 복련이 새겨졌고 장고형의 중대석에는 아무런 조각이 없다.

이와 같이 두건을 쓴 보살상은 부안지역과 인접한 고창 선운사의 도솔암 내원궁에 봉안된 금동지장보살상에서도 이와 유사한 상을 볼 수 있어 고려시대에 전북지역에 유행된 지장보살상 형식의 한 계통으로 주목된다.

· 규모 : 보살상 높이 83㎝, 머리 높이 25㎝, 어깨 너비 48㎝, 무릎 너비 60㎝, 대좌 높이 64㎝.

龍華寺 石造如來立像

부안 소재지부터 격포 쪽으로 내려가는 도로에서 농촌지도소 조금 지나면 기상관측소가 나온다. 기상관측소 옆 작은 길로 올라가면 행안면 역리

송정마을에 용화사가 있다. 불상이 있는 곳은 용화사 법당 뒤편 언덕 아래인데, 석불을 중심으로 사방에 초석이 놓여 법당이 있었던 것으로 보이나 지금은 석불만 남아 있다.

불상은 상·중·하대로 이루어진 일반적인 대좌 형태를 생략한 채 넓은 지대석 위에 세웠는데 원래 불상을 안치했던 홈이 불상 앞에 있어 제대로 된 복원이 아닌 것 같다.

하나의 커다란 돌을 이용하여 불상을 조각하였는데 머리에는 원통형 보개가 얹혀wu 있다. 눈은 일자형으로 크게 떴으며, 코는 깨져서 크게 보수하였고 입술은 신체의 딱딱한 표현과는 달리 상당히 부드럽게 표현되었다. 턱에는 음각선이 보이고 목에는 굵은 삼도가 있다.

통견의 법의 주름은 V자형으로 길게 흘러내렸는데 젖혀진 법의 주름처럼 표현된 불신 오른쪽 옷주름이 퍽 인상적이다. 양 어깨에 걸쳐 내린 법의는 양팔에서 다시 길게 내렸는데 가슴 바로 아래서는 U형이지만 세번째 단부터는 가운데 부분이 처진 U형으로 도식적이다. 양손은 신체에 비해 지나치게 크며, 가슴 부분에서 마주잡았는데 양손이 법의에 의해 가려졌기 때문에 세부표현은 볼 수 없다. 이처럼 애매한 수인처리 방식은 조각 기량이 뒷받침되지 못한 데서 비롯된 것으로 볼 수 있다.

전체적인 형식은 고려 전기 충청, 경기 일대에서 유행한 대불 형식이며, 전북지역에는 남원 용담사 석불입상과 맥을 같이하지만 전북 서부에서는 남아 있는 유일한 석조대불로 고려시대 대불 조성을 이해하는 데 매우 중요한 상이라 하겠다.

• 규모 : 전체 높이 446㎝, 불상 높이 314㎝, 어깨 너비 132㎝, 불상 하단 너비 135㎝.

(8) 순창군

細龍里 磨崖三尊佛

인계면 세룡리 마을에서 동북 방향으로 가파른 암벽 길을 10여분 올라가면 속칭 불당재라 불리는 곳에 절터가 나온다. 이 사찰의 창건 연대와 폐사 시기는 알 수 없으나 현존한 석탑의 부재

와 주변 여건으로 보아 꽤 큰 사찰이었던 것으로 보인다.

이 폐사지에는 석탑 기단과 하나의 돌로 구성된 3단의 층급받침을 갖춘 석탑의 옥개석 부재들이 방치되어 있으며, 사지의 북동쪽에는 높이 2m, 폭 8m쯤 되는 암벽에 삼존불이 조각되어 있다.

이 삼존불은 마멸이 심해 윤곽만 알아볼 수 있을 정도이며 더욱이 허리 아래 부분이 묻혀 있어 정확한 양식 파악이 어려운 상태이다.

본존불의 얼굴은 눈 윗부분은 파괴가 심하여 세부 특징이 불분명하며 볼륨감 있는 양 볼의 윤곽과 코의 일부, 그리고 어깨까지 닿은 긴 귀의 윤곽이 파악될 뿐이다. 목의 삼도는 굵은 한 줄의 띠로 단순화되었다. 본존불에서 특이한 점은 파손이 심해 불분명하기는 하지만 머리 위쪽 부분이 원통형으로 길게 양각되었다는 점이다. 만일 이 부분이 보관으로 확인된다면 이 지역에서는 유일한 보살삼존불이어서 주목된다. 좌우의 협시 역시 파손이 심해 겨우 그 윤곽만 확인될 뿐이다.

이 마애삼존불은 본존이 보관 비로자나불인 삼존불 혹은 삼세불이거나,

아니면 보살삼존불일 가능성이 있지만 정확한 양식 파악이 어려운 점이 아쉽다.

　·규모 : 본존불 높이 138㎝, 머리 높이 55㎝, 어깨 너비 106㎝.

석산리 佛庵寺址 磨崖如來坐像

이 마애불은 적성면 석산리 선돌마을을 지나 도왕마을 쪽으로 약 1km쯤 가다가 마을 조금 못 미쳐 오른쪽 야산 능선을 따라 1km 오른 곳의 신우대밭에 위치한다.

신우대 밭이 우거진 곳에 사지가 전개되는데 지금은 축대가 무너져 잡초만이 무성하며 사지 주변에는 청자 파편을 비롯한 분청사기, 백자편들이 곳곳에서 발견된다. 마애불은 넓은 사지 뒤편에 있는 3m 높이의 자연 암벽에 조성되었다.

얕은 저부조의 평면적인 마애불로, 키형에 가까운 주형광배를 배경으로 연화좌 위에 촉지인의 자세로 가부좌하였다. 얼굴은 방형에 가까우며 머리는 소발에 육계가 높게 솟아 있다. 눈은 마멸되어 뚜렷하지 않으나 코와 입술은 두툼하게 표현되었으며, 짧은 목으로 인해 삼도는 신체 상단에 넓은 판형으로 단순하게 조각되었다.

방형의 상체 역시 웅크린 듯 위축되었으며, 대의는 우견편단식이나 오른쪽 어깨 위에 겨드랑이를 감아올려 살짝 덮은 옷자락이 일부 새겨져 있다. 오른손은 촉지인을 맺었지만 곧게 내리지 않고 무릎 윤곽선을 따라 옆으로 내렸으며, 왼손은 손바닥을 위로 하여 양 무릎 위에 살짝 올려놓았다. 옷주름은 평판적인 평행 밀집형으로 왼쪽 어깨에서는 뚜렷한 반면 아래로 내려가면서 그 윤곽이 흐릿하다. 가슴에 내의 상단이 드러나 있다.

대좌는 연화좌이지만 오른쪽 부분의 마멸이 심하여 전체적인 특징은 파악하기 어렵다. 광배는 테두리가 넓은 주형광배로 그 내구에 다시 두광과 신광을 표현하였는데, 두광대는 양각선으로, 신광대는 음각선으로 표현하였다. 광배 여백에는 당초무늬를 선각하였다. 광배 끝 주변과 입술에 붉은 칠을 했던 흔적이 남아 있다.
· 규모 : 불상 높이 180㎝, 머리 높이 76㎝, 어깨 너비 88㎝, 무릎 높이 42㎝, 광배 높이 26㎝.

淳平寺 金銅如來坐像

이 불상은 전라북도 순창군 순창읍 순화리 496번지 순평사 대웅전에 봉안되어 있으며, 아직까지 공개되지 않은 불상이다. 남원의 어떤 사찰에서 해방 후에 전남 담양의 개인에게 옮겨졌다가 다시 순창 순평사로 옮겨왔다고 전하고 있다. 순평사는 근래에 지어진 조그마한 사찰로 대웅전은 최근에 낙성하였다.

이 금동상은 대좌나 광배 없이 단지 불신만 있으나 거의 원형으로 잘 남아 있다. 자세는 결가부좌의 모습을 한 좌상으로서 오른발을 왼다리 위로 올리는 길상좌의 자세를 취하고 있다. 상호는 다소 근엄한 모습이나 길쭉한 편이다. 머리는 나발이며 머리와 육계의 구분이 거의 없고 중간 부위에 원통형의 계주(지름 4㎝, 높이 2.3㎝)가 있다. 이마의 중간에 백호(지름 1.5㎝)가 있고 콧날은 수평으로 처리하였으며 반개한 두 눈은 일직선을 이루고 있다. 인중은 길고 다문 입은 작은 편이다. 두 귀는 귓볼이 커서 목 중간까지 길게 내려와 있다. 목에는 삼도가 뚜렷하다.

법의의 착의법은 통견으로 가슴을 드러내놓고 긴 U자형을 이루고 있다. 배면은 양 어깨에서 내려온 법의가 오른쪽 겨드랑이 밑으로 옷주름이 쏠리게 하고 한 자락을 왼쪽 어깨 너머 등어리로 넘겨놓았다. 이러한 착의법은 麗末鮮初 불상에서 통식으로 나타나고 있다. 복부에 승각기가 있고 왼쪽 법의 쪽에 치레장식(金具)이 달려 있다. 승각기의 상단은 일자형으로 고려 후기에 약간 호형을 이룬 것과 대조적이며, 주로 흑석사 목조여래좌상, 대승사 금동보살좌상 등 15세기 불보살상에서 보이고 있다. 승각기 띠 매듭은 리본형으로 매었는데 X자형을 이루고 있다. 리본형 매듭은 장곡사 금동약사여래좌상, 국박 소장 금동여래좌상(德 285번) 등에서 볼 수 있다. 승각기 치레장식은 대의 안에 입던 승각기(上內衣)를 벗어나지 않게 묶을 겸 장식하던 독특한 금속 장식품인데 불보살상의 왼쪽 가슴 아래 승각기 깃에 표현하고 있다. 이 장식이 있는 예는 장곡사 불상, 문수사 불상, 신암사 불상, 국박 금동아미타여래좌상, 부여박물관 금동불좌상, 민천사 금동불좌상, 선운사 보살상, 서산 부석사 보살상 등으로 거의 대부분 고려 후기의 불보살상에서 표현되고 있는 특징적인 요소이다. 그런데 이 치레장식 안에는 대부분 화문이나 당초문 등이 조각되어 있는데 이 불상의 치레장식 안에는 이러한 문양이 생략되어 있다. 왼쪽 팔꿈치 위의 Ω형 주름 역시 이 시기의 대표적인 양식 가운데 하나인데 이 불상에도 표현되어 있다. 이 불상의 Ω형 주름은 퇴화하여 거의 형식적으로 아주 넓고 낮게 처리하였다.

오른쪽 팔목에서 흘러내린 대의 자락이 복부 아래쪽에서 유려한 弧形을 이루면서 왼쪽에서 흘러내린 법의 안으로 넘어가고 있다. 이러한 예는 서산 부석사 금동보살좌상(1330년 작. 일본 대마도), 고창 선운사 도솔암 금동지장보살좌상, 청양 장곡사 금동약사불좌상(1346년 작), 서산 문수사 금동아미타불좌상(1346년 작), 화성 봉림사 목조여래좌상, 동국대박물관 소장 금동아미타오존상의 본존상 등 주로 고려시대 후기에서 보이고 있으며, 이러한 양식적 특징은 이 시기부터 등장하여 조선시대까지 꾸준히 진행되고 있다. 이와 같은 형식의 衣紋이 대구 파계사 목조관음보살좌상(1447년 중수), 영풍 흑석사 목조아미타불좌상(1458년 작), 서울 원각사 10층석탑 부조상(1467년 작), 남양주 수종사 금동불좌상(1459~1493년 사이 작) 등 조선 초기에 계속 등장하고 있으나 고려 후기처럼 유려하지 않다. 무릎은 넓고 낮은 편이며, 왼손 밑의 법의 한 자락이 오른 발등 밑을 통과해서 왼쪽 무릎으로 흘러내리고 있다. 수인은 양손 모두 엄지와 중지를 맞댄 아미타여래의 하품중생인을 취하고 있다. 그런데 양손은 석고여서 원래의 모습이 아니다. 일반적으로 손은 별주하여 팔목에 끼우고 있는데 원래의 손은 유실된 것으로 보인다.

이 불상의 특징 가운데 또 하나는 허리가 길쭉하여 등신대이며, 상호 또한 길쭉하다. 이렇게 몸이 세장한 형식은 고려 후기의 불상들보다 영풍 흑석사 목조아미타불좌상(1458년 작), 국립중앙박물관 소장 天柱寺 목조여래좌상(1482년 작), 국립박물관 소장 강원도 장연리 출토 금동관음보살좌상 등 조선 초기의 불상에서 많이 보이고 있다.

이 불상은 얼굴 표정이 다소 근엄하면서 길쭉한 점, 무릎의 높이가 낮은 점, 왼쪽 무릎 위에 있는 오른쪽 발 밑으로 흘러내린 한 자락의 옷주름, 왼쪽 팔굽 가까이에 있는 퇴화된 오메가형 옷주름, 승각기(裙衣)의 치레(金具裝飾)가 퇴화된 점, 법의는 U자형의 통견이며 왼쪽 어깨너머로 한 자락이 넘어간 점, 신체 굴곡이 드러나지 않는 두꺼운 옷과 탄력이 줄어든 옷주름, 승각기의 상단이 일자형인 점, 허리가 길어 등신대인 점 등이 양식의 특징이다. 이러한 특징은 이 불상의 편년과 성격을 이해하는 데 기준점이 된다.

고려 후기에는 주로 두 가지 형식의 불상이 조성되었는데 하나는 통일신라의 불상 양식을 계승한 우아하고 귀족적인 불상이고, 또 하나는 라마계 양식의 불상이다. 순평사 금동불좌상은 바로 전자의 양식 계열에 속하는 불상으로 조성시기는 14~15세기경(麗末鮮初)으로 추정된다.[78]

· 규모 : 전고 104cm, 상호고 30cm · 너비 20cm, 무릎 너비 60cm, 무릎 높이 16.5cm.

(9) 완주군

鳳林寺址 石造三尊佛立像

이 석불좌상은 완주군 고산면 삼기리 봉림사지에서 1961년에 발견되어

---

[78] 이 금동불은 최근에 成春慶 전라남도 옥과미술관장과 함께 필자가 조사한 바를 서술한 것이다.

1977년 전북대학교 박물관 정원으로 옮겨져 전시되고 있다. 삼존석불 모두 두부를 잃었으나 비교적 양감이 풍부하고 단아하고 안정된 조형감을 보여줄 뿐 아니라 불신 각부의 균형과 비례가 조화를 이룬 수준작이다.

본존불은 대의를 우견편단식으로 입었는데 대의의 깃이 밖으로 접혀져 왼편 어깨에서 세모꼴을 이루고 오른편 가슴 아래에는 승각기를 고정한 띠 매듭이 보인다. 대의의 옷주름은 9세기 불상에서 흔히 볼 수 있는 평행층단주름을 이루고 있다. 오른손은 항마촉지인을 취하고 있지만 마멸이 심하며, 왼손은 엄지와 검지를 맞대고 있다. 광배는 테두리가 조금 깨졌는데 두광에는 연화문과 3구의 화불이 배치되어 있고 신광의 주위에는 화염문과 보상화문이 새겨져 있으며 광배의 뒷면에는 전북지역에서는 보기 드문 민머리의 승상이 새겨져 있어 주목된다.

대좌는 팔각연화좌로 상대는 단판 연잎이, 하대는 복판 연잎이 새겨졌다. 중대에는 극락정토에 살며 묘성으로 설법한다는 상상의 새인 가릉빈가상이 새겨져 있고 그 주위에는 천인상이 새겨져 있으며, 1층지대석에는 각 면에 안상이 두 구씩 새겨져 있다.

협시보살상들은 체구가 아담하며 향우협시보살상은 왼손을 올려 목거리의 중앙 부분을 엄지와 검지로 쥐고 있고 남은 손가락을 곧게 펴고 오른손은 내려서 천의자락을 쥐고 있다. 천의는 두 다리 위에서 X자로 교차되어 있고 허리띠는 리본 모양으로 묶여 아래로 가지런히 늘어뜨려 놓았다. 향좌보살상도 향우보살상과 같은 형태로 천의가 표현되어 있고 오른손은 가슴 위로 들어올려 검지와 약지를 곧게 펴고 있으며, 왼손은 아래로 내려 역시 옷자락을 잡고 있다.

광배에 새겨진 화불이나 화염문 등은 높은 돋을새김 기법으로 조각되었으나 투박하고 세련되지 못한 토속성이 느껴지며 대좌의 중대석이나 지대석의 폭이 좁아 안정감이 부족하다.

이러한 형태의 대좌는 889년경에 조성된 경북 영양 연당동 약사불좌상에서 발견되어 지방화된 시대적 특성으로 보고 있다. 좌우 협시보살입상은 역시 두부가 결실되었는데 하체가 짧고 신체가 평면적인 단구형의 조각이다. 어깨와 하체 전면에 표현된 천의 주름은 넓고 편평한 띠 주름이며 허리에 묶은 띠 매듭과 아래로 길게 늘어뜨려 좌우로 퍼진 띠 자락은 단순하지만 사실적이며 전체적으로 아담하고 부드러운 여성적인 면모를 보여주고 있다.

기본적으로 통일신라 말기 9세기의 현실화된 조각전통을 이어받고 있으며 여기에 장식적인 요소나 지방적인 성격이 가미되었음을 알 수 있다.

· 규모 : 불상 높이 87㎝, 광배 높이 160㎝, 어깨 너비 60㎝, 무릎 너비 84㎝, 광배 높이 26㎝.

傳飮水洞 石造藥師如來坐像

현재 전주교육대학 정원에 있는 불상은 원래는 완주군 동상면 음수리 산정동에 있었던 불상이다.

머리는 소발이며 육계는 머리에 비해 작은 편이다. 얼굴은 둥글고 원만한 편이며 귀는 짧다. 목에는 삼도가 표현되지 않았으며 어깨는 자연스럽게 처리되었다. 오른손을 들어 가슴에 대 새끼손가락을 편 채 다른 손가락은 구부러져 있다. 왼손은 배에 붙여 커다란 약함을 감싸 들고 있어 약사여래좌상임을 알 수 있다. 다리는 오른발을 왼발 위로 올린 길상좌로 결가부좌하였다. 법의는 양 어깨에 가운처럼 걸쳐져 있고 우견편단으로 처리하였다.

이 약사여래좌상의 특징은 양 어깨에 가운처럼 걸쳐진 법의 처리와 손의 약함이다. 전라북도 내에 남아 있는 불상 가운데 이 상과 같이 약함을 든 약사여래좌상은 보기 드문 예이며, 가슴에 든 오른손의 새끼손가락만 편 채 나머지를 구부려 가슴에 대고 있는 형식은 봉림사지 석조삼존불의 수인과 유사하다. 대좌는 본래의 대좌가 아니며, 직각형으로 아무런 조식이 없이 처리되었다.

이 상은 얼굴과 신체의 부분 부분이 마멸이 심해 세부 표현기법은 곤란하더라도 손에 표현된 양감과 유려한 법의 주름 등으로 보아 고려 후기의 불상으로 추정된다.

· 규모 : 불상 높이 86㎝, 무릎 너비 73㎝, 무릎 높이 16㎝.

水滿里 磨崖如來坐像

수만리 산제당 뒤쪽 천왕봉 아래에 있는 거대한 암벽(완주군 동상면 수만리 5번지)에 돋을새김 기법으로 표현된 마애불로 전라북도 유형문화재 제84호이다.

머리는 소발로 큼직한 육계를 표현하였으며, 눈과 코는 얼굴에 비해 크고 귀는 작은 편이지만 전체적인 인상은 딱 벌어진 어깨와 어울려 풍만하고 원만하다. 목에는 음각으로 간단하게 삼도를 처리하고 있다. 양 어깨에 걸쳐 흘러내린 통견의 법의는 흔히 고려시대 마애불에서 볼 수 있는 좌우대칭의 U자형 옷주름이다. 오른손은 마멸이 심해 확실히 알 수 없지만 가슴 위로 들어 시무외인을 취한 듯하고 왼손은 배에 가볍게 붙이고 있다. 두 발은 결가부좌하였다. 머리 위에 마련된 홈으로 보아 이 불상을 보호하기 위한 가구가 있었던 것 같다.

큼직한 얼굴 표현과 좌우 대칭적인 옷주름, 상체에서 하체로 갈수록 선각으로 처리한 조각기법 등은 고려 초기에 지방에서 유행된 마애대불 형식과 맥을 같이하고 있다.

(10) 장수군

彌勒庵 石造如來坐像

이 석불은 장수군 산서면 오산리 495 번지 미륵암에 있으며, 화강암을 다듬어 광배 형태를 표현하고 그 안에 음각으로 좌상을 새겼다. 상호는 육계가 크고 귀가 어깨 부근까지 길게 내려갔으며, 삼도는 표현되었으나 목이 짧고 어깨가 좁아 움츠러들었다. 옷주름은 통견으로 단순하지만 생동감 있게 처리된 연화대좌 위에 걸쳐져 있으며, 가슴에는 띠 매듭이 표현되었다. 오른손은 가슴에 들어 엄지와 검지를 마주 잡은 설법인을 짓고 있으나 왼손

은 마멸이 심해 분명하지 않지만 결가부좌한 무릎 위에 올려놓은 것 같다. 광배는 주형거신 광배로 양각으로 두광과 신광을 구분하고, 두광과 신광의 외연부에는 화염문이 거칠게 표현되었다. 전체적으로 높고 둥그런 육계와 네모난 얼굴, 그리고 둥근 어깨선의 처리는 통일신라시대 불상으로 알려진 경주 남산 윤을곡 마애불 계통이지만 조각기법으로 보아 고려 전기의 작품으로 추정된다.

· 규모 : 전체 높이 198㎝, 불상 높이 128㎝, 어깨 너비 51㎝, 무릎 너비 99㎝.

元興里 石造如來立像

이 불상은 장수군 산서면 마하리 뒤편 명산인 팔공산 기슭에 있는 元興寺 안에 봉안된 석불로 전라북도 문화재자료 제41호이다. 팔공산은 명산이

어서 삼국시대부터 많은 사찰이 세워졌다고 전한다.

이 불상이 봉안된 원흥사의 창건은 고려 중엽이라는 설이 있으나 분명하지 않다. 이 석불입상은 높이 4m, 둘레 3m 정도로 거대한 화강암을 다듬어 불상을 조성하였다. 머리는 소발이며 이마에는 백호공이 남아 있다. 얼굴은 통통하며 코는 보수되었고 귀는 매우 길다. 턱 밑의 음각선은 통통한 양 볼과 어울려 듬직한 인상이다. 두 손은 통견으로 흘러내린 법의 속에 가려 알 수 없다. 불신은 사실적인 표현보다는 장대하고 강한 메시지를 전달하려는 의도가 앞서 형식에 치우쳤다. 이와 같은 불상의 전체적인 형식은 고려 전기 충청도 일대에 널리 조성되었던 大佛 형식 계통으로 볼 수 있다.

사찰의 창건 연대는 고증할 수 없으나 조선 초기에 폐사된 것으로 추정되고 있다. 절은 폐허가 되고 빈터에 석불만 유존되었는데 원흥마을에 화응처사와 그의 부인 허씨에 의해 1904년(고종 21年 甲辰) 움막 같은 집을 지어 석불을 보호하였다고 한다. 그 허씨부인은 불법에 귀의하여 설선이란 법호를 얻어 원흥사 재건을 시작하였다. 뒤이어 그의 딸 청신에게 계승되고 삼대에 춘당 金貴洙에 전승되면서 본격적인 원흥사 복원공사를 전개하여 법당과 요사채, 종각 등을 갖추어 석불을 보존하고 있다.

· 규모 : 전체 높이 400㎝, 어깨 너비 120㎝.

(11) 임실군

中基寺 鐵造如來坐像

이 철불은 전북 임실군 용암리 북창마을에 있는 中基寺란 조그마한 법당에 봉안되어 있는데, 현 중기사 법당의 서쪽에 있는 광명 저수지 옆에 방치되어 있었던 것을 1924년경에 지금의 자리로 옮겨온 것으로 전해지고 있다. 중기사 철불은 현재까지 학계에 전혀 보고가 되지 않은 새로운 자료이며, 문헌이 남아 있지 않아 중기사의 연혁도 알 수 없다.

얼굴의 전체 형태는 선암사 철불처럼 역삼각형에 가깝고, 눈두덩이 넓고 양 볼의 풍만감이 사라진 것이 특징이다. 머리는 나발이고 육계는 뾰족하나 머리와 구분이 거의 없으며 정상에 무엇인가를 꽂을 수 있도록 지름 3.2cm의 구멍이 뚫려 있다. 현재 나무로 만든 정상계주를 이 부분에 꽂고 있는데 후대에 한 것으로 보인다. 이마의 중앙에는 작은 백호가 있고, 반개한 눈은 일자형이나 눈꼬리가 약간 올라가 있다. 코는 둥글고 적당하며 인중은 길고 뚜렷하고 입은 작은 편이다. 목에는 큼직한 2조선의 삼도가 보이며 오른쪽 귓볼이 유난히 두툼하고 짧은 편인데 후보한 것이다. 왼쪽 귀는 파손된 상태로 있다.

법의는 우견편단이며 얇은 편이다. 왼쪽 목 부위에서 오른쪽 가슴 밑으로 뻗어내린 옷주름은 약간 호형을 이루고 끝단은 띠를 이루고 있으며 전체적인 의문의 선은 유려한 편이다. 양 무릎 사이에는 석굴암 본존불상의 의문처럼 부채꼴 모양이 상호 대칭을 이루고 있다. 양 어깨선은 자연스럽게 표현되었으며 젖가슴은 약간 돋아나 볼륨이 있고 허리는 잘숙하다.
　수인은 오른팔이 없어서 정확히 알 수 없다. 그렇지만 이 철불이 좌상이며 우견편단이고 왼손이 왼쪽 무릎 위에 올려져 있는 오른쪽 발바닥 위에 놓여 있는 점으로 미루어보아 통일신라시대에 유행한 항마촉지인으로 추정된다.
　중기사 철불은 비록 양 볼의 살이 빠져 상호가 홀쭉한 편이나 육계가 머리와 구분이 애매하고 귀가 짧은 점은 도피안사나 삼화사의 철불과 같은 형식을 취하고 있다. 또한 법의는 우견편단이고 수인은 항마촉지인으로 추정되며 허리가 잘숙하고 가슴의 양감이 돋보일 뿐만 아니라 법의의 옷주름이 유려하여 통일신라 하대의 작품을 많이 가지고 있다. 그렇지만 상호의 모습과 두터운 무릎 등을 볼 때 이 철불은 고려 전기의 양식도 포함하고 있다. 그러므로 이 철불은 고려 전기에 조성된 것으로 파악하고자 한다.[79]
　· 규모 : 전체 높이 95㎝, 어깨 너비 42㎝, 무릎 너비 69㎝, 높이 14㎝.

雲水寺 石造如來立像

　임실 교육청에서 읍내로 약 300m쯤 떨어진 지점에 한국석물공장이 있다. 이 공장 옆으로 난 좁은 길로 약 50m 들어가면 운수사(임실읍 이도리)가 있는데 석불은 최근에 신축된 운수사 경내의 작은 독립된 전각에 모셔져 있다.
　이 석상은 지금까지 미륵불로 통칭되어왔지만 육계 표현이 없고 머릿결이 시작되는 부분에 일단의 턱이 져 별도의 관모를 착용했던 것으로 추정되는 점, 그리고 양 무릎 위에 가지런히 놓은 불분명한 수인 등에서 불상이 아닌 보살상 내지는 祖師像일 가능성이 있다. 단지 이마에 백호가 조각되어 있는 점에서 민간신앙과 습합된 이른바 미륵불일 가능성도 없지 않다. 거대한 크기에 비해 조각은 선각으로 간략하게 처리하여 평면적이며 현재 흑칠된 머릿결도 잎맥처럼 추상화되었다. 법의는 통견이며 층단식의 간단한 3줄의 옷주름이 선각되어 있다. 허리의 겉옷 매듭 중앙에는 수식이 달려 있는

---

79) 崔仁善, 「韓國鐵佛硏究」, 한국교원대학교 박사학위논문, 1998.

데, 이 수식은 뒷면에서는 다른 형태로 나타난다. 뒷면 어깨 중앙에는 광배공 내지는 복장공으로 추정되는 좁고 긴 장방형의 구멍이 뚫려 있다.
 · 규모 : 전체 높이 260㎝, 불상 높이 230㎝, 어깨 너비 71㎝, 무릎 너비 94㎝.

鶴亭里 石造如來立像

전라북도 유형문화재 제87호로 지정된 이 불상은 임실군 삼계면 학정리 석문동 285번지의 밭 가운데에 있는데 하체는 묻혀 있다. 삼계면 학정리와 덕치면 가곡리를 경계로 하는 遠通山 기슭에 水落寺가 있었다고 전하지만 지금은 흔적도 없다. 주민들에 의하면 이 석불은 한국전쟁 때 목이 부러진 것을 1970년에 복원하였다고 한다. 학정리 마을은 조선 중엽부터 박, 신, 엄, 김씨가 정착하여 마을을 형성하여 살아온 곳이며, 이 석불이 위치한 곳은 학정리에서 약 2km 더 북쪽으로 올라가는데 김씨들만 7가구가 살고 있다.

현재 석불이 있는 뒤편에는 깨진 채로 방치되어 있는 광배가 있고 육중한 대좌는 언덕 위에 남아 있다. 머리는 소발로 큼직한 원형의 육계가 있고 눈은 눈초리가 약간 위로 올라갔으며 미간은 호형을 이루고 코는 길다. 통통한 얼굴에 비해 입은 작은 편이며, 목에는 삼도가 표현되었다. 어깨는 둥글며 양손은 배 부분에서 모으고 있으나 그 이하는 매몰되어 정확하게 알 수 없다. 법의는 통견이며 왼쪽 어깨에 걸쳐 내려지는 옷주름은 두툼한 띠주름의 형태로 구성되어 양 어깨에 걸쳤는데 사실적이지는 않지만 그렇다고 형식에 치우치지도 않았다.

이 불상은 하체를 비롯한 대좌가 매몰되어 있어 불상 전체의 형식과 세부 양식 파악은 곤란하지만, 커다란 대좌와 광배, 당당하고 자신감 있는 얼굴의 표현 등에서는 남원 이백면 과립리 석조석불상과 비교되어 고려 초에 조성된 것으로 볼 수 있다.
　・규모 : 불상 높이 160㎝, 어깨 너비 97㎝, 얼굴 크기 75㎝.

獒樹里 石造如來立像

임실군 오수면 오수리 550번지에 있는 석불입상은 하나의 돌로 불신과 광배를 갖추었는데, 아랫부분은 땅에 묻혀 있어 대좌의 형태를 알 수 없다. 끝이 뾰족한 광배는 두광과 신광을 돋을새김 기법으로 2중으로 표현하였고 두광에는 연화문, 두광 밖에는 화염문으로 장식하였는데 두광과는 달리 신광의 외곽에는 단순화된 톱니무늬가 표현되었다. 광배 윗부분에는 작은 화불 1구가 새겨져 전통적인 요소를 간직하고 있다. 두부에는 둥글고 높은 상투형의 육계가 솟아 있고, 상호는 전체적으로 역삼각형이며 눈은 가늘게 음각으로 표현되었다. 입은 상호에 비해 작게 표현되었는데 꽉 다물고 있다. 목에는 삼도가 표현되었으며 귀는 길고 코는 볼록하다. 법의는 통견으로 양쪽 어깨에서부터 가슴을 거쳐 아래로 V자형을 이루며 내려오다가 양팔을 덮어 흘러내렸다. 이러한 의습 처리로 인해 수인의 성격을 이해하기가 곤란하다.

　이 석불입상은 얇고 길다란 주형거신광배에 높은 부조로 불신을 표현하였으나 어깨가 빈약하고 광배에 표현된 문양이 지극히 도식적일 뿐 아니라 좌우 대칭으로 걸쳐진 법의 주름 또한 형식적이므로 고려시대에 조성된 것으로 보인다.
　・규모 : 전체 높이 350㎝, 불상 높이 242㎝, 얼굴 크기 89㎝, 어깨 너비 140㎝.

찾아보기

< ㄱ >

가덕사　363
가지산　292
迦智山門　61
葛宮寺址　163
葛山마을 寺址　166
葛山寺址　167
感恩寺　27
岬寺　40
개골산　30
開龍寺址　116
開仙寺址　121
開心寺址　163
개암사　376
開岩寺玉泉庵址　169
開天寺址　123
開淸　52
건무리　275
건철불　214
견훤　87
謙益　21
경덕왕　30
景文王　65
景福寺址　25, 150
京城　44
憬興　29
戒律學　21
溪西里寺址　155
罄珠　70
古吉寺址　113
孤大山　20
고도리　313, 327
고봉국사　220
高峰寺址　167
고산사　299

高山寺址　128, 307
고운사　200
古縣里寺址　166
骨品制　40
供養次第法　57
과립리　354
科笠里寺址　148
觀勒　19
觀無量壽經　39
관음도량　22
觀音寺址　133, 149
觀音신앙　22, 39
관촉사　216
觀惠　52
광자대사　73
광자대사비　78
敎判　20
구룡리　302
九山禪門　60
舊唯識　27
구정봉　279
九川洞寺址　152
國神寺　40, 53
君遊寺址　124
歸信寺　53
歸政寺址　148
규기　28
圭峰寺址　123
均如　52
극락암　204
極樂淨土　39
金剛三昧經　31
金剛三昧經論　31
金谷洞 한사골寺址　107
금광명경　30

金塘寺址　151
금동관음보살좌상　225
금동약사여래입상　197
금둔사　215
金仙庵址　146
金峴里寺址　121
金華寺址　135
金彦卿　68
金廷彦　87

< ㄴ >

나옹화상　290
낙동리　359
낙산　39
蘭溪寺址　163
蘭瓦寺址　146
南溪里寺址　163
南福里寺址　142
南岳　52
남악사　263
南陽里寺址　157
南宗禪　60
內山洞 大鳳마을 寺址　111
內山洞 탑골 寺址　110
내소사 부속 암자터　169
내척동　351
內後寺洞寺址　153
論谷里寺址　133
能人　40

< ㄷ >

多羅尼寺址　154
丹陽寺址　153
端儀公主　65
達拏山　19, 182

담양 읍내리 사지 121
曇旭 21
당동리 244
大街里 寺址 165
大光寺址 112
大堀寺址 124
대둔사 308
대문안골 233
대복사 346
大成里寺址 156
大乘起信論疏 31
대신리 365
大安寺 72
大雄常寂光殿 47
대전리 248
大田里寺址 133
대조사 216
大皇寺址 104
德溪里寺址 161
덕기리 329
덕왕 67
도갑사 283
闍崛山門 61
道倫通倫 29
도솔암 374
道身 49
道新寺址 140
道新庵址 139
道允 60, 74
道融 40
道義 60
道藏 19
陶村洞 절골 寺址 111
도통리 지곡마을사지 154
道通里寺址 154
桐裏山 72
桐裏山門 61
銅佛庵 56, 373
동오층석탑 89
동관 반가사유보살좌상 194
동관 삼존불좌상 193
동관사불좌상 195

동판십사존열좌상 196
桐華寺 54
杜谷里寺址 158
斗幅里寺址 159
斗岩洞 佛堂골寺址 107

< ㄹ >
라마계 287
廉居 67
靈廟寺 27
龍溪寺址 167
龍泉寺址 124
立石里寺址 160
笠岩里寺址 119
摩羅難陀 18

< ㅁ >
萬福寺址 98, 341
만봉리 210
萬淵寺址 123
萬日寺址 142
망월사 332
매현리 266
明德里寺址 149
明道洞 명곡마을 寺址 110
明道洞 불당골 寺址 110
毛詩博士 20
木洞里寺址 165
無量壽殿 39
武烈王 26
무성리 337
무성리 사지 143
무송리 370
武王 19
無爲岬寺 84
무위사 234
文殊寺址 170
미륵사 22, 208
미륵사지 196
彌勒寺址 94
미륵삼존 22
彌勒信仰 22

미륵암 325
彌勒殿 59
美理寺 40
미암리 사지 126
미타원 47

< ㅂ >
반석리 270
蟠岩里寺址 166
般若 20
般若寺 252
發正 22
倍達多삼장 21
白蓮寺址 162
栢山里寺址 141
柏庵 116
白雲洞寺址 126
白雲寺址 168
白雲庵址 152
百丈懷海 66
栢川寺址 103
梵網經古迹記 41
梵網經菩薩戒本私記 34
梵網經述記 41
梵網戒 41
梵魚寺 40
梵日 61
법계도기총수록 40
법계연기 36
法界緣起 36
法明 21
法相宗 27
法王 57
法藏和尙傳 45
法泉寺址 130
法華經 18
法華寺址 131
碧骨堤 57
碧蓮寺址 144
普光寺 40
普光寺址 150
普德 20

寶林寺　67, 292
普法　34
菩薩戒　41
菩薩戒本疏　41
菩薩戒本持犯要記　34
普雲寺址　116
普願寺　40
報恩鹽　55
보조선사창성탑　70
보화리 석조여래입상　191
福興里寺址　141
鳳岬寺址　134
봉림사　214
鳳林寺址　151, 382
鳳林山門　61
奉聖寺　27
봉정사　287
奉天院　47
鳳鶴里寺址　155
鳳凰臺寺址　105
鳳凰寺址　108
浮屠庵址　117
부석사　39
芙蓉寺址　129
北固寺址　138
북미륵암　308
北岳　52
분향리　259
分香里寺址　122
불감　217
佛國土說　39
佛臺寺址　136
불두　274
不思議房丈　169
佛石像　209
佛性　20, 34
佛岩寺址　164, 379
佛出庵址　145
佛陀　59
飛來方丈　25
비로자나불좌상　70
毘摩羅寺　40

〈ㅅ〉

사곡리　268
四敎判　35
사기봉　308
사도리　254
四無畏大師　83
四分律　41
四分律羯磨記　42
사석리　366
사자사　276
師子山門　61
四天王寺　27
沙湖洞 새절골 寺址　109
三顧里寺址　157
삼국사　255
三吉里寺址　161
삼론학　20
三性三無性說　28
三乘別敎　35
三乘通敎　35
三院伽藍　23
三衣一鉢　43
常伽那大律寺　21
象頭寺址　143
上登里寺址　167
상만사　304
上萬寺址　131
相源　40
上院寺址　140
생멸문　32
生陽寺址　129
서당골사지　137
西堂智藏　66
西明學派　29
瑞峯寺址　121
接鳳寺址　109
西外里寺址　168
西遊院　47
서재마을 빈대절터　147
석곡리　240
석불비상　215

석불암　324
夕陽寺址　135
석조비로자나불입상　249
석조삼존불　25
石泉寺址　118
釋忠　59
석현동　221
宣康太子　63
仙溪山不思議庵　54
선국사　350
善導　30
禪林院　47
禪寺址　106
善信尼　21
선암사　218
禪雲寺　54, 373
선운사 주변 암자터　166
선원사　340
선화공주　22
설매리　273
攝大乘論　29
聖居寺址　105
成桂寺址　168
성도리　262
성불사　238
惺佛寺址　139
成佛寺址　113
聖山寺址　165
成實論　20
成實論疏　21
聖王　20
成唯識論學記　30
成典寺院　27
星座庵址　162
聖住山門　61
성풍사지　276
세룡리　378
洗穢法　43
세전리　362
小獸林王　18
소조불　196
속리산　30

송광사 217
松林寺址 117
松川寺址 115
松鶴洞 절재 寺址 108
修德寺 19
水落寺址 162
수만리 385
數十錢 37
數十錢喩 38
水晶寺址 147
壽川里寺址 153
수철화상비 65
順璟 29
순평사 380
崇濟 30
勝蓮寺址 148
신계리 351
신룡동 206
新龍洞 寺址 109
신문왕 27
신안리 314
신월마을 사지 127
新唯識 27
新編諸宗敎藏總錄 49
神行선사비 75
新虎里寺址 137
新興寺 120
新興寺址 127, 148, 167
실상사 337
實相寺址 168
實相山門 61
심경암 343
深源山寺 65
心地 54
심향사 213
審希 61
十門和諍論 33
十聖 40
十信寺址 106
十刹 40
雙溪寺址 122, 125, 164
雙峰寺 74

雙三層石塔 64, 71

< ㅇ >

阿疊藏 21
阿莘王 18
安德寺址 165
安心寺址 101
安定洞寺址 156
安亭里寺址 164
安智院 47
安淸洞 원골 寺址 111
藥師經 21
약사골 사지 127
약사사 199
陽街里寺址 149
양면석불 232
良圓 40
어깨걸이 265
어치리 사지 118
億聖寺 67
余芚寺址 107
如仙寺 76
麗嚴 84
如雲寺址 164
여원치 356
연동리 188, 371
煙洞寺址 122
연화사 355
涅槃經 20
靈源寺址 144
영은사 257
靈隱寺址 145
靈泉寺址 143
永興寺 27
예산 327
五冠山 84
五金寺址 140
梧桐寺址 134
오룡리 261
오방골사지 103
오성산 사지 138
오수리 391

悟眞 40
玉渠里寺址 153
玉龍寺 76
玉龍寺址 114, 128, 197
玉龍山門 76
玉龍庵址 125
玉泉寺 40
玉川寺址 162
玉泉寺址 116
와불 315
臥牛寺址 131
왕건 52
旺大 大光寺址 112
枉訪里寺址 161
王師庵址 117
王興寺 57
외사리기 286
了悟 61
龍溪里寺址 156
龍谷寺址 118
龍窟庵址 146
용담사 360
龍潭寺址 147
龍頭里寺址 139
龍岩里寺址 99, 160
용암사 277
龍岩寺址 125, 285
용운사 212
茸長寺 30, 303
龍藏寺址 132
湧珍寺址 107
龍浦里寺址 154
龍穴庵址 127
龍虎寺址 146
용화사 298, 326, 376
용화산 22
용흥리 276
牛山洞 불당골 寺址 111
雲居道膺 83
운곡리 빈대절터 102
雲門寺址 151
雲峰里寺址 155

운선암   368
운수사   389
雲岩寺址   116
운주사   314
雲住寺址   143
運舟寺址, 雲住寺址   123
熊州   18
熊浦里寺址   138
원감국사   302
圓光   29
원덕리   287
元斗南寺址   155
원수리   330
원수리 사지   140
圓嶽寺址   149
圓寂庵址   145
圓宗文類   48
圓測   27
圓通庵址   142
元表   68
원흥사   386
元興寺址   156
月岡里寺址   157
월곡리   281
月南寺址   127
月林寺址   134
月寺址   167
月岩寺址   125
月照庵址   145
月坪寺址   119
月下里寺址   126
威德王   19
瑜伽戒   41
瑜伽論   21
유가파   26
維摩經   20
維摩寺址   123
유신리   264
劉氏   62
유탕리   289
允多   76
融宗   59

은적사   311
의상   36
義湘寺址   169
의상암지   296
義榮   21
義雲   56
의자왕   21
義寂   30, 40
利甘庵址   125
二道里寺址   158
里人寺址   129
二祖庵址   144
二重着衣法   70
利興寺址   119
因明學   29
日林寺址   135
一味觀行   33
一乘滿敎   35
一乘法界圖   36
一乘分敎   35
日新寺址   139
一中一切多中一   36
一卽一切多卽一   36
笠店里寺址   139

<ㅈ>
자비사지   274
장곡사   214
長谷寺   68
長文里寺址   142
張保皐   67
長雲洞寺址   106
壯元庵址   104
長波寺址   150
장항동 사지(일명 꽃절)   141
적인선사   73
傳 彌勒寺址   102
傳 白雲庵址   105
傳 彦谷寺址   122
傳 중정寺址   120
傳敎十刹   46
折中   61

占察經   54
占察善惡業報經   57
정령치   367
正法大德   65
정상   279
晶水庵址   155
淨齋庵址   145
정토신앙   33
正興寺址   134
帝釋寺址   25, 141
제석정사   20
죽림리   230
죽림사   211
竹林寺址   132
죽산리   240
竹亭里寺址   133
中觀派   26
중기사   388
中老松洞寺址   137
中道義   38
中山里寺址   156
中興寺   88, 207
中興寺址   113, 136
證覺寺址   105
증심사   203
지당리   357
地理山   74
池山洞 절골 寺址   109
芝山洞寺址   104
池山洞寺址   110
知實寺   65
智顗   19
지장보살   30
池亭洞 북당골 寺址   109
智通   39
芝坪洞 절골 寺址   110
진내리   275
眞聖女王   77
眞身常住   39
진여문   32
眞藏   40
陳田寺   67

眞諦 27
眞表 30
眞興窟 56
澄光寺址 135

< ㅊ >

懺堂庵 56
창안 327
창주유고 279
창촌리 227
천고사 326
泉谷寺址 144
天德庵址 152
천불전 224
천은사 254
天台庵址 134
천황사 282
철조비로자나불좌상 88
철조여래좌상 218
철천리 208
靑潭寺 40
청량사 202
淸涼寺址 151
靑林里寺址 169
靑林寺址 170
淸辨 28
靑玉洞 佛堂골寺址 106
靑原行思 83
淸風寺址 126
晴湖里寺址 170
體澄 61
초암산 268
總持寺 130
崔彦撝 84
최치원 40
推善寺址 108
춘양리 사지 126
충렬리 295
취산리 사지 138
鷲棲寺址 120
鷲岩寺址 164
漆石洞 절골 寺址 111

七田里寺址 132
칠치계곡 282
枕流王 18

< ㅌ >

탑동 234
塔山寺址 128
태봉사 190
태안사 78
太賢 29

< ㅍ >

波根寺址 147
八不淨財 43
포상정 372
表訓 40

< ㅎ >

下淸寺址 120
학곡리 237
학정리 390
漢山 18
寒山寺址 118, 124
한적사지 243
海東寺址 131
海東華嚴初祖 45
해보리 305
海眼 46
海堰寺址 132
海院寺址 131
海月里寺址 149
海印寺 40
海鼎寺址 142
해정사지 335
행정리 228
향림사 221
헌안왕 295
헌안왕 68
현광
현광은 19
玄昱 60
玄奘 27

현정리 239
穴巖寺址 154
逈微 52, 84
瑩原寺 65
慧思 18
慧昭 60, 61
惠仁 21
惠哲 60
慧聰 19
慧顯 19, 182
護國寺址 102
호기리 362
護法 28
호암사 291
弘敎院 47
홍법대사 217
洪陟 61
화산리 331
華山寺 40
華嚴經疏 34
華嚴佛國寺 48
華嚴寺 40
華嚴寺 龍門庵址 132
華嚴宗 27
華藏寺址 133
黃龍寺址 117
皇甫氏 62
黃壑蘭若 68
檜寺洞寺址 153
효공왕 77
효소왕 29
후지리 336
后地里寺址 143
黑龍寺址 152
黑石寺址 130, 137
홍덕왕 63
興浪寺址 168
興龍寺址 112
興輪寺 21
曦陽山門 61

참고문헌

(광주・전남지역)

『元曉寺』, 國立光州博物館・元曉寺, 1983.
『光陽郡 文化遺蹟 地表調査報告書』, 全南地域開發協議會, 1983.
『昇州郡 文化遺蹟 地表調査』, 昇州文化院, 1984.
『和順郡 文化遺蹟 地表調査報告書』, 全南地域開發協議會, 1985.
『羅州郡 文化遺蹟 地表調査報告書』, 全南大學校 湖南文化研究所・羅州郡, 1985.
『住岩댐 水沒地域 地表調査報告書』, 全南大學校博物館, 1985.
『文化遺蹟總覽』, 全羅南道, 1986.
『靈巖郡의 文化遺蹟』, 木浦大學校博物館・靈巖郡, 1986.
『務安郡의 文化遺蹟』, 木浦大學校博物館・務安郡, 1986.
『珍島郡의 文化遺蹟』, 木浦大學校博物館・珍島郡, 1987.
『麗川郡의 文化遺蹟』, 朝鮮大學校 國史研究所・麗川郡, 1988.
『東光陽市 文化遺蹟 學術調査報告』, 全南大學校博物館・東光陽市, 1989.
『長興郡의 文化遺蹟』, 木浦大學校博物館・長興郡, 1989.
『康津郡의 文化遺蹟』, 木浦大學校博物館・康津郡, 1989.
『羅州市의 文化遺蹟』, 木浦大學校博物館・羅州郡, 1989.
『全南의 寺刹 Ⅰ』, 全羅南道, 1990.
『文化財圖錄』, 光州直轄市, 1990.
『光州의 佛蹟』, 光州直轄市, 1990.
『高興郡의 文化遺蹟』, 木浦大學校博物館・高興郡, 1991.
『寶城郡 文化遺蹟 學術調査』, 全南大學校博物館・寶城郡, 1992.
『湖南高速道路 文化遺蹟 地表調査報告書』, 全南大學校博物館・全羅南道, 1992.
『順天市의 文化遺蹟』, 順天大學校博物館・順天市, 1992.
『光陽郡의 文化遺蹟』, 順天大學校博物館・光陽郡, 1992.
『文化財圖錄』(國家指定文化財編), 全羅南道, 1992.
『文化財圖錄』(道指定文化財編), 全羅南道, 1992.
『文化財圖錄』(文化財資料編), 全羅南道, 1992.

『全羅南道誌』, 全羅南道, 1993.
『靈光郡 文化遺蹟 學術調査』, 全南大學校博物館・靈光郡, 1993.
『咸平郡의 文化遺蹟』, 木浦大學校博物館・咸平郡, 1993.
『求禮郡의 文化遺蹟』, 木浦大學校博物館・求禮郡, 1994.
『莞島郡의 文化遺蹟』, 木浦大學校博物館・莞島郡, 1995.
『潭陽郡 文化遺蹟 學術調査』, 全南大學校博物館・潭陽郡, 1995.
『谷城郡 文化遺蹟 學術調査』, 全南大學校博物館・谷城郡, 1996.
崔淳雨, 「長興出土 金銅藥師如來立像」, 『考古美術』 6卷 5號, 1965.
崔夢龍, 『全南考古學地名表』, 全南每日新聞社出版局, 1975.
文明大, 『韓國彫刻史』, 열화당, 1980.
秦弘燮, 『韓國의 佛像』, 一志社, 1980.
金元龍, 「光州 藥師庵 石造如來坐像」, 『湖南文化研究』 5집, 全南大學校 湖南文化研究所, 1973(『韓國美術史研究』, 一志社, 1987에 재수록).
金春實, 「三國時代의 金銅藥師如來立像」, 『美術資料』 36, 1985.
文明大, 「全南 佛教美術의 理解」, 『금호문화』 6월호, 금호문화재단, 1984.
―――, 「高麗後期 端雅樣式(新古典樣式) 佛像의 成立과 展開–坐像을 中心으로」, 『古文化』 제22집, 한국대학박물관협회, 1983.
成春慶, 「尋香寺 阿彌陀如來坐像 調査報告書」, 전라남도 유인물, 1982년 9월.
―――, 「全南의 文化財에 대한 考察」(上・下), 『금호문화』 7・8, 9・10월호, 금호문화재단, 1983.
―――, 「羅州・靈巖地域의 佛像에 대하여」, 『道林』 6輯, 木浦大學, 1987.
―――, 「月出山의 佛教美術」, 『月出山』, 全羅南道・光州民學會, 1988.
―――, 「長興 天冠寺 佛教遺蹟의 考察–玉龍寺址 石佛을 中心으로」, 『鄉土史研究』 1輯, 韓國鄉土史研究全國協議會, 1989.
―――, 「潭陽地域 石佛의 몇 例」, 『文化史學』 創刊號, 韓國文化史學會, 1994.
―――, 「高興 鶴谷里 石造菩薩坐像에 대한 小考」, 『文化史學』 6・7合輯, 1997.
申榮勳, 「谷城郡 石谷面 石谷里 石造如來立像」, 『考古美術』 4卷 12號, 고고미술동인회, 1963.
鄭永鎬, 「谷城의 塔・像」, 『考古美術』 7卷 5號, 1966.
―――, 「谷城 石谷, 竹谷의 石佛三軀」, 『考古美術』 7卷 7號, 1966.
―――, 「谷城 堂洞里 逸名寺址 調査」, 『考古美術』 7卷 8號, 1966.
―――, 「住岩댐 水沒地區 美術史分野調査報告」, 『住岩댐 水沒地區 地表調査報告書』, 全南大學校博物館, 1985.
―――, 「寶城 柳新里 磨崖如來坐像–中國佛 '어깨걸치개' 樣式 傳播의 一例」, 『孫寶基博士 停年紀念 考古人類學論叢』, 知識產業社, 1988.
秦弘燮, 「求禮 鼇山 彌勒如來立像」, 『考古美術』 4卷 9號, 고고미술동인회, 1963.
崔聖銀, 「後百濟地域 佛教彫刻 研究」, 『美術史學研究』 204號, 한국미술사학회, 1994.

崔仁善,「寶城郡의 磨崖佛」,『全南文化財』4輯, 全羅南道, 1991.
─────,「南岳祠址주변 佛教遺蹟」,『南岳祠址地表調查報告書』, 木浦大學校博物館, 1992.
─────,「新羅下代의 鐵佛에 대한 考察─長興 寶林寺 鐵佛을 중심으로」,『全南文化財』5輯, 全羅南道, 1992.
─────,「求禮 大田里 石造毘盧遮那佛坐像에 대한 考察」,『南佛會報』2집, 南道佛教文化研究會, 1992
───── 外,「尚武臺移轉地域의 美術史遺蹟」,『尚武臺移轉地域 綜合學術調查報告書』, 全南大學校博物館・長城郡, 1992.
───── 外,「湖南高速道路 擴張豫定地域과 周邊의 美術史遺蹟」,『湖南高速道路 文化遺蹟地表調查報告書』, 全南大學校博物館・全羅南道, 1992.
─────,「仙巖寺의 佛像」,『仙巖寺』, 昇州郡・南道佛教文化研究會, 1992.
─────,「統一新羅・高麗時代 佛教美術」,『全羅南道誌』 第3卷, 全羅南道誌編纂委員會, 1993.
─────,『雲住寺』V, 全南大學校博物館・和順郡, 1994.
─────,『迦智山 寶林寺』, 順天大學校博物館・寶林寺, 1995.
─────,「順天 金芚寺址 石佛碑像에 대한 考察」,『文化史學』5집, 韓國文化史學會, 1996.
─────,「불교유적과 문화재」,『順天市史』(문화・예술편), 順天市史編纂委員會, 1997.
─────,「韓國鐵佛研究」, 韓國教員大學校 博士學位論文, 1998.

(전북지역)

『全北文化財大觀』(道指定篇), 全羅北道, 1997.
『文化財誌』, 全羅北道, 1990.
『萬福寺』, 全羅北道・全北大學校博物館, 1986.
『禪雲寺東佛庵 발굴 및 마애불 실측조사보고서』, 扶餘文化財研究所, 1995.
『高敞地方文化財地表調查報告書』, 全北大學校博物館, 1984.
『金堤地方文化財地表調查報告書』, 全北大學校博物館, 1985.
『南原地方文化財地表調查報告書』, 全北大學校博物館, 1987.
『全州・完州地域文化財調查報告書』, 全北大學校博物館, 1979.
『完州地方文化財地表調查報告書』, 全州市立博物館・全羅北道・完州郡, 1987.
『沃溝地方의 文化遺蹟』, 群山大學校 博物館, 1985.
『任實地方文化財地表調查報告書』, 全北大學校 全羅文化研究所, 1990.
『井邑 普化里石佛調查報告書』, 圓光大學校 馬韓百濟文化研究所, 1985.
『살아 있는 전주 문화유산』, 전주문화원, 1997.

『百濟의 彫刻과 美術』, 公州大學校博物館, 1992.
金理那, 「統一新羅時代 藥師如來像의 한 類型」, 『佛教美術』 11, 東國大學校博物館, 1992.
金鍾太, 「南原 大福庵과 佳仁寺址의 石佛」, 『考古美術』 97號, 1968.
金鍾太, 「南原鄭嶺峙磨崖佛銘文과 淨蓮堂碑銘幷序」, 『考古美術』 98號, 1968.
申榮勳, 「群山中央路 石造如來立像」, 『考古美術』 10號, 1961.
申榮勳, 「南原郡 大山面 石造如來立像」, 『考古美術』 29號, 1962.
오병무, 「전북 전주와 완주지역 廢寺址」, 『廢寺址調査報告』, 韓國鄕土史研究全國協議會, 1992.
尹德香, 「鄭嶺峙 磨崖佛像群 調査報告」, 『全羅文化研究』 5輯, 1991.
李興宰, 「南原地域 佛像研究」, 東國大學校 佛教大學院 碩士學位論文, 1995.
鄭永鎬, 「南原 周生面의 石佛二軀」, 『考古美術』 32號, 1963.
鄭永鎬, 「完州 高山里 小向里의 石佛」, 『考古美術』 33號, 1963.
鄭永鎬, 「完州郡 三奇里의 石佛二軀」, 『考古美術』 44號, 1964.
鄭永鎬, 「南原 禪院寺의 鐵佛坐像」, 『考古美術』 46號, 1964.
鄭永鎬, 「任實의 石佛二軀」, 『考古美術』 49號, 1964.
鄭永鎬, 「益山郡 德基里 石佛立像」, 『考古美術』 77號, 1966.
鄭永鎬, 「南原 新村里의 石佛坐像과 塔材」, 『考古美術』 79號, 1967.
趙容重, 「益山 蓮洞里 石造如來坐像 光背의 圖像研究」, 『美術資料』 49號, 1992.
秦弘燮, 「南原 女院峙의 磨崖如來像」, 『考古美術』 12號, 1964.
崔聖恩, 「百濟地域의 後期彫刻에 대한 考察」, 『百濟의 彫刻과 美術』, 公州大學校 博物館, 1992.
崔聖銀, 「鳳林寺址 石造三尊佛像에 대한 考察-後三國時代 彫刻의 一例」, 『佛教美術 研究』 1, 東國大學校 佛教美術文化財研究所, 1994.
黃壽永, 「全北 金堤出土 百濟 銅版佛像」, 『佛教美術』 5, 1981.
黃壽永·鄭明鎬, 「井邑 부처당이 石佛立像 二軀에 對한 考察」, 『佛教美術』 7, 1983.
黃鎬均, 「智異山 鄭嶺峙 磨崖佛像群의 性格과 造成 背景」, 『불교문화연구』 4輯, 남도불교문화연구회, 1994.

호남의 불교문화와 불교유적

제1쇄 찍은날 : 1998년 9월 10일
제1쇄 펴낸날 : 1998년 9월 20일

지은이 : 윤덕향 외
펴낸이 : 김 철 미
펴낸곳 : 백산서당

등록 : 제10-42(1979.12.29)
주소 : 서울 서초구 서초동 1550-14 서호빌딩 4층
전화 : 522-0046(代)
팩스 : 523-0012

값 20,000원

한국사회 지방연구 시리즈를 간행하며

우리는 세계화와 지방화라는 국내외적 도전을 맞이하여 나라의 안위를 지키고 겨레의 복지를 증진시켜야 할 중차대한 역사의 전환점에 서 있다. 지구상의 모든 국가들이 생존과 번영을 위해 자기개혁에 온 힘을 기울이고 있는 작금 우리는 그 어느 때보다도 내발적인 발전 능력을 키워야 한다.

해방 이후 한국사회는 역사적으로 미증유의 급속한 사회변동을 겪어오면서 바깥에 대한 관심에 비해 안에 대한 발견에 인색하지 않았는가 자성하고자 한다. 대체로 선진된 나라들은 이미 오래 전부터 지방화를 정착시키면서 자신의 풍토와 역사에 걸맞는 공동체를 이루어 왔다. 우리도 이제는 지방 중심의 정치경제적 구조와 사회문화적 기반을 조성하여 지역사회의 자치적 발전을 이루어야 할 것이다.

이에 본 재단은 지방연구 시리즈라는 새로운 기획을 시작하려 한다. 우리의 생활구조와 문화유산에 관하여 8도 7광역시에 대한 기초연구가 그 출발이다. 그러나 이것으로 자족하지 않고 우리의 역량이 닿는 대로 앞으로 통일시대를 겨냥하여 남북한을 아우르는 한층 더 진전된 지방연구를 계획하고 있다. 건국 50주년을 맞이하여 한국사회 지방연구가 국제통화기금 시대라는 국난을 극복하고 새로운 희망과 약속의 미래를 만드는 지적 토양과 축적의 계기가 되기를 간절히 바라면서 뜻있는 이들의 협조와 동참을 바라는 바이다.

1998년 1월 1일
대상문화재단